世界は危機を克服する

Beyond the Great Recession

ケインズ主義2.0

野口 旭［著］

東洋経済新報社

はしがき

本書の目的は、２００８年のリーマン・ショックを画期とする世界経済危機がいかに生じたのか、各国の政策当局がその危機にどう対処してきたのか、そしてその政策対応がどの程度まで成功あるいは失敗したのかを解明することを通じて、今後のマクロ経済政策運営にとっての教訓を引き出すことにある。

今回の世界経済危機については、その発端であるサブプライム危機の経緯も含め、アカデミズムとジャーナリズムの双方において、すでに数多くの分析や論考が公表されている。そのようななかで、筆者があえて本書のような長大な著書を明らかにすることを企図したのは、以下の理由による。

筆者の見るところ、今回の世界経済危機は、世界大恐慌以来の「百年に一度の危機」と呼ばれるにふさわしい、歴史的経済事象である。その経緯が、経済政策の今後のあり方、とりわけ危機予防のための事前規制や危機克服のためのマクロ経済政策に対して、数多くの教訓を残していることは、きわめて明らかであった。

１９３０年代の世界大恐慌は、それ以前に支配的であった自由放任主義という経済政策思想への疑義をもたらし、それはやがて、ケインズ経済学と呼ばれる新しい経済学と、それに基づく新たな経済政策思想として結実した。それがケインズ主義である。それは、少なくとも政策世界においては、さまざまな批判や攻撃を乗り越えつつ、各国経済のマクロ安定化を方向づける基本的な枠組みとして機能しつづけてきた。しかし、今回の世界経済危機は、そのケインズ主義を含む既存の経済政策思想に対して、再び重大な反省を迫るものとなったのである。

こうした問題状況を背景として、すでに数多くの専門家たちが、本書と同じ課題に対して、核心をとらえた有益な議論を提起してきている。筆者が、それらの議論から多大な影響を受けつづけてきたことはいうまでもない。

にもかかわらず、筆者には、それら既存の議論に対して、一つの大きな不満があった。それは、サブプライム・ショックからリーマン・ショック、さらにはギリシャ・ショックへと至る一連の危機の経緯、さらには危機に直面した各国の政策対応とその政策スタンスの変転といった政策面における推移を含む、危機の全体像を視野に入れた議論が、意外なほど少ないという事実である。

それはおそらく、危機から8年あまりもの年月が経過した2015年時点においてさえも、その帰趨が未だ十分には明らかになっていないという事情の反映である。とはいえ、個々の事象の正しい意味は、その全体のなかでの位置づけを明確にしないかぎり、われわれにとって十分に理解可能なものにはならないのである。

筆者はこうしたことから、みずからの議論を展開する前提として、まずは今回の世界経済危機の全体像を描き出す必要があると考えた。もちろん、それが筆者の能力をはるかに越えた仕事となることは明らかであった。にもかかわらず、筆者は本書で、その無謀な試みにあえて挑戦した。それは、リーマン・ショック後に世界各国で実行されてきた経済政策、とりわけ量的緩和政策に代表される非伝統的金融政策に対して、筆者がこれまで、強い関心と思い入れを持ちつづけてきたからである。

筆者は、日本経済がデフレに陥った1990年代末から、日本経済の正常化のためには、何よりもまずデフレからの脱却が必要であることを訴えつづけてきた。そして、その目標の達成には金融政策の転換が必要不可欠であり、具体的にはインフレ目標という枠組みに基づく積極的な量的緩和政策の導入が必要なことを指摘しつづけてきた。その後、このような政策的立場は、学界やメディアの一部では「リフレ派」と呼ばれるようになった。そして、デフレ脱却を最優先の政策目標とする「アベノミクス」を掲げた第2次安倍晋三政権が2012年12月に成立し、さらに黒田東彦総裁率いる日銀の新体制が翌13年3月に発足し、金融政策の転換が現実化されるに及んで、リフレ派という呼び名は一般的にも定着した。メディアではそれ以降、アベノミクスの第1の矢である「大胆な金融政策」をめぐって、賛否両方の側から数限りない論議が提起されることとなった。

筆者は、リフレ派が政策的立場として認知される最初期の段階であった1990年代末以来、マクロ経済政策をめぐる論争にリフレ派の側から関与しつづけてきた。そして、筆者はその間一貫して、各国の専門家によって展開されていた非伝統的金融政策をめぐるさまざまな議論を追いつづけてきた。この15年あまりをそうした問題関心とともに過ごしてきた筆者にとっては、現実に行われるに至った非伝統的金融政策の推移を見据えたうえで、その政策に対して筆者なりの総括を行うことは、自らが行うべき当然の仕事であり、大げさにいえば自らの職業的責務とさえ思われたのである。

筆者にとって明らかであったのは、現時点でそのような総括を行うとすれば、その対象は、単に日本のみではなく、世界各国でなくてはならないということであった。それは、リーマン・ショックののちには、日本以外の主要先進諸国もまた、ゼロ近傍の政策金利という「伝統的金融政策の機能停止」状況に追い込まれていたからである。それは、リーマン・ショック以前とは異なり、非伝統的金融政策をめぐる論議の対象が、日本から世界へと拡大したことを意味していた。本書が、日本だけではなくアメリカ、イギリス、ユーロ圏諸国といった主要先進諸国および地域を対象としているのは、まさしくそのためである。

筆者が本書の執筆に取り組みはじめたのは、2013年初夏のことである。結局、本書本文の脱稿までには、それからほぼ1年半近くを要した。それは、世界経済危機をめぐる推移の複雑さもさることながら、各国の経済事情が執筆中にも刻々と変転していったためである。

アメリカでは、FRB議長がベン・バーナンキからジャネット・イェレンに交替し、その新しい金融政策主導者によって、テーパリングすなわち量的緩和政策の巻き戻しが着々と実行された。日本では、2014年4月の消費増税が大方の想定を上回る民間消費の減少をもたらし、安倍政権は結局、2015年10月に予定されていた再増税の延期を決定した。ユーロ圏では、ユーロ崩壊の危機は遠のいたと思われていたなかで、2014年末からギリシャのユーロ離脱問題が再燃しはじめた。

残念ながら、主に本文の脱稿以降に生じたこれらの諸展開は、本書本文に組み込むことはできなかった。しかし幸いにも、刻々と生じるこうした事態の推移が、本書が示した枠組みから大きく逸脱することはなかった。アメリカが先進諸国のなかで最も早く経済正常化への歩みを進めていること、消費増税は必ず恒常的消費の縮小をもたらすこと、ユーロ崩壊の回避はユーロ諸国の新たな苦境の始まりにすぎないこと等は、すべて本書に論じられている。しかし、その把握の適否は、読者の評価にゆだねたい。

本書の内容に関しては、じつに数多くの方々から、直接あるいは間接に示唆を受けている。当然ながら、それらの方々の名前をすべて列挙することは不可能である。そこでここでは、本書の内容から判断して、筆者がその学恩に対して謝辞を欠くことができない方々のみを挙げるにとどめる。それは、浜田宏一先生、岩田規久男先生、そして岩田先生をリーダーとする「昭和恐慌研究会」のメンバーの方々である。

浜田宏一先生（イェール大学名誉教授）には、２００３年から04年にかけてイェール大学への留学機会を与えていただいて以来、マクロ経済政策に関する共同研究を通じて、海外の研究者たちとの貴重な交流の場に導いていただいた。それは、それまで留学機会を持たなかった筆者にとっては、きわめて有意義かつ刺激的な経験であった。浜田先生にはまた、本書の一部を草稿段階でお読みいただき、貴重なコメントを拝受することができた。

岩田規久男先生（日本銀行副総裁）には、『昭和恐慌の研究』（岩田規久男編著、東洋経済新報社、２００４年）の出版を目的とする共同研究の場としての昭和恐慌研究会が発足して以来、研究会メーリングリストや、関連して行われたさまざまな研究会および会合を通じて、金融政策に関する筆者の問題意識を絶えず喚起していただいた。岩田先生の存在がなければ、マクロ経済政策に関する筆者自身の研究はもとより、リフレ派という存在自体が現在のような形ではありえなかったことは明らかである。

この浜田先生と岩田先生という、日本のリフレ政策を主導してきた経済学知の両巨人とつぶさに接する機会を得たのは、筆者のこれまでの研究生活における最大の幸運であった。

残念ながらその名前をすべて挙げることはできないが、筆者はまた、昭和恐慌研究会の各メンバーにも、多大な学恩を負っている。特筆すべきは、この研究会が、『昭和恐慌の研究』出版という当初の目的が完遂された後も、新たなメンバーを加えつつ、日本を含む各国のマクロ経済政策を論議する知的フォーラムとしての役割を果たしつづけたことである。本書の内容に関して、筆者がそこでの議論からどれだけ多くのものを負っているかは、計り知れないという以外にはない。

決して他の研究会メンバーを軽視するという意味ではなく、その果たした重要な役割を世に訴えるという意味で、昭和恐慌研究会メンバーのなかから、ここにあえて一人だけ名前を挙げさせていただくことにする。それは、無念にも日本銀行による異次元金融緩和の実現を目の当たりにすることなく2010年4月に急逝した、岡田靖氏である。岡田氏は、大学院では岩田規久男門下生として研究生活を送りながらも、その後は学界ではなく証券業界に進み、長らくマーケット・エコノミストとして活躍されていた。そのため、岡田氏自身が学術的な論考を数多く発表することはなかった。しかしながら、のちにリフレ論として知られるようになるマクロ政策論は、じつは氏の問題提起に触発されて生み出された部分がきわめて大きかったのである。そのことは、そもそも「リフレ派」という呼称それ自体が岡田氏の発案によるものであったという事実が示すとおりである。

最後ではあるが最小ではなく、東洋経済新報社出版局の中山英貴氏には、単に個人としてではなく、昭和恐慌研究会のメンバーの一人として、深く感謝したい。昭和恐慌研究会がかくも長く存続し、結果として日本の政策転換を導く一つの拠点となりえたのは、ひとえに中山氏の下支えによるものである。筆者個人としては、何よりも、このような大部の本を書くことを許していただいただけではなく、遅れに遅れる脱稿を辛抱強く待っていただいたことに対して、ここに記して感謝したく思う次第である。

2015年1月

野口　旭

目次

はしがき iii

第1章 世界経済危機の変質 1

第2章 世界的金融危機はなぜ起きたのか 31

第3章 世界経済危機と危機下の経済政策 77

1 危機の推移とマクロ経済政策の三局面 78

2 非伝統的金融政策の展開 97

3 ケインズ的財政政策の復活とその暗転 125

第4章 主要国のマクロ経済政策とその中間的総括 161

第5章 不況下における財政政策の基本原理 189

1 マクロ財政政策の政治経済学 190
2 赤字財政政策の負担と効果
——ラーナー命題とリカード＝バロー命題 219

第6章 非伝統的金融政策の論理Ⅰ
——ポートフォリオ・リバランスと為替チャネル 247

1 バーナンキの理論的および政策的貢献 248
2 ゼロ金利下の為替チャネル 278

第7章 非伝統的金融政策の論理II
――期待チャネルと政策レジーム転換 301
◇1 クルーグマン提案と日本のリフレ政策 302
◇2 安倍総裁再就任から金融政策のレジーム転換へ 324

第8章 財政と金融の統合政策
――ヘリコプター・マネー 345
◇1 ヘリコプター・マネーとシニョレッジ 346
◇2 マクロ経済政策としてのヘリコプター・マネー 376

第9章 世界的マクロ安定化への課題
――金融政策と財政政策の正常化 401
◇1 量的緩和政策の「副作用とリスク」について 402

◇2 ユーロ危機の本質と展望 450

第10章 政策パラダイムとしてのケインズ主義と反ケインズ主義 467

◇1 ケインズ主義政策パラダイムの漸進的進化 468
◇2 反ケインズ主義の中核と防備帯 508

終章 ケインズ主義の終わりなき闘い 523

参考文献

第1章

世界経済危機の変質

回復の足取りはあまりに遅い

世界経済は、果たしていつになれば、2008年9月のリーマン・ショック以来の危機を最終的に克服し、再び成長への歩みを取り戻すことができるのだろうか——それは、リーマン・ショックからの弱々しい回復が始まって以来、常に発しつづけてきた問いであった。

危機が生じた当初、各国はただちに、経済回復のためのケインズ的マクロ政策、すなわち拡張的な金融および財政政策を発動した。そしてそれによって、経済危機の破局的な拡大を何とか封じ込めることができた。

しかし、リーマン・ショックから3年そして5年が経過した後にも、多くの国では、所得の伸びや雇用の水準が危機以前における平常時のそれを大きく下回る状態が続いた。長期に及ぶ歴史的な低金利が示すように、それは先進諸国においてはとりわけ顕著であった。

今回の世界経済危機はしばしば、1929年に始まる世界大恐慌以来の「百年に一度の危機」と呼ばれる。たしかに、2008年末から2009年初頭の間に生じた世界的な経済収縮は、その拡がりや深さにおいて、世界大恐慌以来のものとなった。幸いにも、その後に世界各国で遂行されたケインズ的マクロ政策によって、危機の進展は2009年の半ばにはほぼくい止められた。しかし、そこからの回復の足取りは、あまりにも重い。

バーナンキも失望した

それは、危機の震源地であるアメリカの状況を振り返れば明らかである。

2000年代初頭のITバブル崩壊からの回復のなかで、2006年～07年には4％台半ばまで低下していたアメリカの失業率は、2008年以降、とりわけリーマン・ショック以降に急上昇し、2009年秋にはついに10％台にまで到達した。それはその後、徐々に低下していったが、雇用の回復ペースの遅さは、その間のアメリカの金融政策を担ってきた米連邦準備理事会（Federal Reserve Board：FRB）議長ベン・バーナンキを絶えず失望させつづけてきた。

アメリカの失業率は2013年の春に7％台半ばまで低下したが、その数字は、10％というピークからすれば、2・5％ポイント程度改善したにすぎない。つまりアメリカ経済は、バーナンキが主導した懸命の量的緩和にもかかわらず、景気の反転から3年以上経過しても、失われた雇用のようやく半分を取り戻したにすぎなかった。こうしたことから、バーナンキは2012年2月2日の米下院予算委員会では、「回復のペースはいら立たしいほど遅い」と証言せざるをえなかったのである（「ブルームバーグ・ニュース」2012年2月2日）。

欧州の状況はさらに悲惨であった。EU諸国およびユーロ圏諸国でも、2008年以降、多くの国で失業率が上昇した。最も深刻だったのは、世界経済が回復基調に入った2010年以降も、ドイツを例外として、欧州各国の失業率が低下する徴候が見られなかったという点である。ユーロ圏に至っては、2013年以降も失業率は平均的に上昇しつづけていた。それはいうまでもなく、2010年春に顕在化したギリシャ・ショックを契機とした欧州債務危機の影響によるものである。

ケインズ主義と緊縮主義の対立

なぜこのような事態になってしまったのであろうか。そして、「将来になればこのような経済状況はすっかり過去のものになっている」と本当に確信をもっていえるのであろうか。資本主義経済に景気循環はつきものであり、この不況もいつかは克服されるにしても、ジョン・メイナード・ケインズがいうように、「長期では皆死んでいる」のである。

本書の目的は、リーマン・ショック以来の世界経済危機がどのように生じ、各国の政策当局がそれにどう対処したのかを振り返ることを通じて、その危機克服のための政策対応がどのような意味を持ち、さらに問題点を持っていたのかを解明することにある。世界経済が本格的な回復軌道にようやく乗りはじめたのは、２０１３年ごろになってからのことである。そこにたどり着くまでに、なぜこれほどの時間が必要だったのであろうか。その根本的な原因は、経済状況そのものというよりは、その背後にある世界的な政策動向にある。

世界経済危機が発生した当初、各国の政策当局の多くは、極限的なまでの金融緩和政策を行うとともに、ケインズ主義の伝統であったマクロ財政政策を復活させた。しかし、その局面は2年もたたないうちに終焉を迎え、世界はやがて財政緊縮の時代に突入する。

その背後にあったのは、ケインズ主義と緊縮主義という二つの政策パラダイムの対立であった。そして、緊縮主義が一時的にせよ世界的に蔓延したという事実は、ケインズ主義の従来的な政策戦略が大きな弱点を持つものであったことを示唆していた。つまり、世界経済危機は、ケインズ主義に対して、政策戦略の根本的な再構築を要求していたのである。

壮大な失敗を積み上げた

リーマン・ショックの影響が世界経済に伝播しつつあったころ、専門家の多くは当初、危機の想定外の大きさに驚愕しながらも、その拡大を封じ込めて経済を早期に本来の成長軌道に戻すことは十分に可能と考えていた。つまり彼らは、今回の危機を世界大恐慌と比較しつつも、世界大恐慌時のような悲惨な状況に人々が長くとどめおかれることはないだろうと考えていたのである。世界大恐慌のときには、アメリカの失業率は１９２９年以降４年間にわたって上昇しつづけ、そのピークでは25％にまで達したのである。彼らは、今回はそのようなことはよもやありえないと考えていた。

専門家が抱いていたそのような楽観的な見通しの一つの根拠は、マクロ経済学とマクロ経済政策についての、世界大恐慌時と現在との知識水準の相違にあった。

現在に生きるわれわれにとっては、景気が悪化したときに政府がどのような政策を行うべきかに対する答えは、ほとんど中高生レベルの経済常識となっている。その経済常識の源は、さかのぼればジョン・メイナード・ケインズの主著『雇用・利子および貨幣の一般理論』（１９３６年）に行き着く（Keynes［1973a］）。

そこで明らかにされたのが、経済安定化のためのケインズ的マクロ財政政策および金融政策である。それは、ケインズが、世界大恐慌を横目に見ながら、そのような事態が再び起きないようにするために紡ぎ出した、知的格闘の一大成果である。

それに対して、世界大恐慌時には当然ながら、現在のわれわれがケインズの名と結びつけて理解しているような、経済回復のための定型的な政策的処方箋は、まだ体系だった形では存在しなかった。そのため、当時の世界各国の政策当局者たちは、経済危機への対応において、数多くの重大な過ちを犯すことになった。

そのなかで、各国はやがて、ほぼ試行錯誤の形で、ケインズ的ともいえるような政策に転換していくことになる。しかし、そこに至るまでには、壮大な失敗の経験を積み上げなければならなかったのである。

世界大恐慌の経験

結果からみると、「今回の危機は世界大恐慌のように深刻なものにはならない」という専門家たちの当初の見通しは、相当に甘すぎたといわざるをえない。たしかに、今回の危機におけるアメリカの失業率のピークはせいぜい10％であるから、大恐慌時と比較すると十分に低い。また、世界大恐慌のころとは異なり、社会保障制度をはじめとするさまざまな経済的セーフティネットが存在する現在の多くの先進諸国では、たとえ人々が失業したにしても、生存をも脅かされるような困窮に陥ることはほとんどない。

しかし、世界大恐慌時には、日本を含む一部の国は１９３０年代半ばにはほぼ十分に回復を遂げていたのに対して、今回は、リーマン・ショックから5年以上を経ても、先進諸国の多くは不況から十分に回復することはなかった。欧州の一部の国に至っては、回復の糸口さえ見出せずにいた。

このような状況は明らかに、専門家の多くが想定していたものとは異なっていた。さらに、それは必ずしも、各国の政策当局が最初から世界大恐慌時のような誤った対応をしたからではなかった。

世界大恐慌が始まった当初、多くの国々は、金本位制の維持と財政収支の均衡のために、金融と財政の両面において引き締め政策を行った。それは、単に自国経済の収縮を招いただけではなく、金本位制のメカニズムを通じて、自国の経済的収縮を他国に波及させる結果となった。つまり、当時の各国政府は、金本位制に固執して、景気が悪化するなかで金融緩和よりもむしろ金融引き締めを行い、財政を拡張させるよりもむしろ縮小させたのである。

世界経済の回復は、各国が金本位制という「金の足かせ」を放棄し、金融政策と財政政策を緊縮から拡張へと方向転換させたところからようやく始まった。ちなみに、1929年のアメリカに始まった恐慌を世界全体に拡大させたのは金本位制であったこと、したがって恐慌からの離脱にはまずは金本位制からの離脱が必要であったことは、バリー・アイケングリーンとジェフリー・サックスの論文「1930年代における為替レートと経済回復」(Eichengreen and Sachs [1985])を画期として形成された、世界大恐慌研究における「国際学派」の中心的命題である。[1]

2010年からの「新たな危機」

それに対して、今回の危機においては、国によって重点の置き方や程度にはばらつきはあるが、各国はおおむね、リーマン・ショック後にすみやかに金融緩和政策と財政拡張政策を行った。それは

▼1　大恐慌研究の新たなパラダイムとしての国際学派は、現在では専門家が大恐慌を論じる共通の土俵としての地位を占めるに至っている。その派の代表的な著作に、Temin [1989]、Eichengreen [1992] がある。岩田編著 [2004] は、この国際学派のパラダイムに依拠して、世界大恐慌の一部としての日本の昭和恐慌を歴史学的手法および計量経済学的手法の両者を用いて分析したものである。

まさしく、世界大恐慌の苦い経験を経て確立された、ケインズ的な処方箋であった。

そして、こうした政策の方向を支持する専門家たちの多くは、リーマン・ショックを頂点とする世界的金融危機によってもたらされた経済的ショックの大きさを考えれば、世界経済全体の回復にはそれなりの時間が必要になるとはいえ、各国が金融と財政の両面における拡張政策を十分な規模で行うかぎり、それが効果を持たないはずはないと考えていた。事実、各国経済は２００９年半ばごろから、着実な回復過程に入ったようにもみえた。

しかし、この拡張的マクロ政策を背景とした世界的な経済回復は、２０１０年には早くも終焉を迎えることになる。その契機は、２００９年末に顕在化し、２０１０年春に深刻化した、ギリシャの財政危機であった。

このギリシャ・ショック以降、政府財政赤字の拡大がやがて財政危機へと発展する可能性が、現実的には財政危機にまったく無縁なはずの国においてさえ、きわめて強く意識されるようになっていく。それは、単に回復しつつあった世界経済の先行きへの期待に冷水を浴びせかけただけではなく、各国におけるマクロ財政政策を大きく制約し、やがてはそのスタンスを拡張から緊縮へと転換させていくことになる。

最も典型的だったのは、財政危機が顕在化し、２０１０年ごろから国債金利が上昇しはじめた、ギリシャ、スペイン、ポルトガルなどである。それら南欧のユーロ圏諸国では、ドイツやオランダなど財政健全国からの外圧を背景に、過酷な財政緊縮措置の実行を余儀なくされるようになっていくのである。

このような各国財政政策スタンスの拡張から緊縮への転換は、各国の金融政策運営に対しても一定の抑制的効果を持った。各国の中央銀行はもちろん、財政危機を根拠に金融政策を引き締めるようなことまではしていない。しかしながら、各国の金融政策担当者たちはそれ以降、国債購入のような通常の金融政策運営上の措置に対してさえ、政府財政のファイナンスを目的とするものでないといった無意味な但し書きをいちいち付け加えなければならなくなったのである。そのことは、政府の財政政策に対するイデオロギー的な反感が強いアメリカにおいては、とくによく当てはまる。

このように、2010年春のギリシャ・ショックと、それに強く影響された各国の財政スタンス転換を背景に、2010年から11年にかけての世界経済は、明らかな減速局面に入っていく。

この状況は表面的には、1930年代の世界大恐慌が、当時は根強かった「政府は政策的な介入を行うべきではない」とする政策的無為主義を背景として深刻化していったことに似ていなくもないが、本質は大きく異なる。というのは、2010年からの世界経済の新たな危機は、世界大恐慌時とは異なり、ケインズ的処方箋が不在であったがゆえにではなく、「不況時には政府財政赤字の循環的な拡大を積極的に許容すべし」というケインズ的な政策指針の有効性が、現実からきびしい挑戦を受けるなかで生じたものであったからである。

緊縮主義の台頭

マクロ経済学の領域において、現在でも多くの流派のケインジアンが存在することからもわかるように、ケインズ主義という言葉が意味するものはきわめて多様である。

最も一般的には、ケインズ主義とは、資本主義経済の安定性の確保のためには、市場を自由放任に任せておくべきではなく、政府が積極的に反循環的なマクロ経済政策、具体的には景気安定化のための財政政策および金融政策を行うべきであるとする立場といってよいであろう。

この反循環的マクロ経済政策への要請から派生する重要な系論に、「不況時における循環的な政府財政赤字の許容」がある。これは、ケインズ自身による「大蔵省見解」批判にルーツを持っている。この大蔵省見解とは、「政府がその歳入を超えて歳出を行うことは、民間が必要とする投資資金を政府が奪うことを意味するので、政府はその歳入と歳出を会計期間ごとに均衡化すべきである」という、ケインズが活躍していた当時のイギリスの財政当局すなわち英大蔵省で支配的であった均衡財政主義の考え方である。▼2

政府財政を単に政府の支出に対する収入の不足としてではなく、ケインズのようにマクロ経済を安定化させる政策手段として位置づけるならば、それが均衡財政主義とはまったく相容れないのは明白である。というのは、民間企業や家計が投資や消費を減らして貯蓄を増やすような経済の不況期には、政府は逆に支出を増やして所得を減らさないかぎり、政府と民間の両者を含めたマクロ経済全体の安定化、すなわち所得と支出の望ましい均衡は実現できないからである。

より具体的には、政府はそのような不況期には、公共投資等の支出拡大や、減税などを通じた歳入削減を行う必要がある。必然的に、政府財政は不況期には赤字化する。

逆に、好況期には民間企業や家計が積極的に支出を増やすため、政府は支出を政策的に拡大する必要はない。他方で、政府の収入である税収は、民間の所得拡大にともなって自動的に増加する。結果として、好況期には一般に政府財政は改善する。

ケインズ的赤字財政主義はこのように、「政府の財政均衡は、会計期間ごとにではなく、景気循環の全過程を通じて実現されればよい」という考え方に基づく。好況期には政府財政が自ずと改善されるとすれば、当然ながら、不況期の一時的な政府財政赤字＝循環的財政赤字は積極的に許容されるべきことになるからである。

ギリシャ・ショックに始まる各国の財政危機は、ケインズ主義の根幹をなすこの赤字財政主義の考え方に、大きな疑念を突きつける結果となった。それ以降、各国における政策の推移は、明らかにケインズ的赤字財政主義を否定する方向に動いていくことになる。

それは、財政危機の震源地であった南欧諸国においてだけではない。アメリカでは、オバマ民主党政権の主導による景気刺激策が、財政赤字の拡大を批判する議会共和党の抵抗によって次々と縮小を与儀なくされていった。イギリスでは、景気対策としての減税が早々と打ち切られ、消費税（付加価値税）の増税が行われた。日本では、民主党の菅直人政権時に財政再建に向けた増税路線への方向転換が唐突に進められ、それは結局、野田佳彦政権下における消費増税のための三党合意（2012年6月）として具体化されることになった。

旧来型ケインズ主義の問題点とは何か

ポール・クルーグマンやジョセフ・スティグリッツに代表されるケインズ派のエコノミストたちは、当然ながら、この緊縮主義をきびしく批判しつづけた（Krugman［2012］, Stiglitz［2012］ch. 8）。

▼2　ケインズによる大蔵省見解への批判は、1929年5月18日の『ネイション・アンド・アシニーアム』誌に掲載された彼の論考「白書に対する大蔵省の貢献」において展開されている。Keynes［1981］に所収。

彼らの批判はまったく正当ではあったが、それらが各国マクロ財政政策の反ケインズ的方向への揺り戻しに対する十分に有効な反撃になっていたとは必ずしもいえない。それは、ケインズ主義の側も、進行しつつある新たな危機に対処する、旧来型ケインズ主義の欠陥を克服するような処方箋を、人々に対して十分に説得的な形で提起はできていなかったからである。

結局のところ、ギリシャ・ショック以降の各国の状況は、「不況時における政府財政赤字は積極的に許容されるべきである」とするケインズ的赤字財政主義が、一連のあまりにも楽観的な想定に依存するものであることを浮かび上がらせたのである。その想定はまず、政府財政赤字の拡大は、単に不況期における民間支出の減少を補うだけでなく、十分速やかに民間部門主導の自律的回復をもたらす、というところから始まる。

この民間部門の自律的回復とは、民間部門の支出拡大あるいは貯蓄余剰の縮小にほかならない。このとき、マクロ経済全体の安定化のためには、逆に政府は財政赤字を縮小させていくことが望ましい。つまり、政府はこの局面では、財政を黒字の方向に動かすことができる。この場合、不況期の財政赤字拡大が好況期の財政赤字縮小ないしは黒字拡大によって相殺されるので、政府財政の持続可能性に問題が生じることはない。以上が、ケインズ的赤字財政主義が依拠する基本的な想定である。

要するに、ケインズ的赤字財政主義は、財政赤字の循環的な拡大が生じたとしても、財政の長期的な持続可能性は決して損なわれることはないという、ある意味できわめて予定調和的な想定に依拠しているのである。

この想定が常に実現されるわけでないことは、現実には多くの国で、財政危機や財政破綻が、景気が悪化する局面のなかで生じていることからも明らかである。それらの事例においては、政府財政赤字の拡大は、経済の安定化に寄与するよりもむしろ、「債務不耐性」に関するカーメン・ラインハートとケネス・ロゴフによる詳細な歴史事例研究が示すように、財政危機を経て財政破綻に転じ、結局は経済全般の破局的崩壊を招くに至っている（Reinhart and Rogoff［2009］）。

おそらく、そのような財政破綻国の多くは、公務員天国であり脱税天国でもあったギリシャがまさにそうであったように、循環的というよりは構造的な財政赤字を持つ、本来的な財政破綻国であった。景気悪化による財政赤字の拡大は、単にそれまでは隠蔽されていた財政破綻の可能性を、誰もが否定しようがない形でさらし出したにすぎない。実際、ギリシャ危機は、２００９年10月のギリシャの政権交替によって、財政赤字の国家的粉飾が明るみになったところから始まったのである。

問題となるのは「長期不況」

明白なのは、ケインズ的赤字財政主義は、財政破綻の現実的可能性に直面しているギリシャのような国には適用できないということである。ケインズ派のエコノミストたちはこれまで、「循環的財政赤字を縮小させようとする不況下の緊縮財政は、必ず経済全般を縮小させることになる」と警告しつづけてきた。その警告がおおむね正しかったことは、緊縮政策の実行を余儀なくされて以降のギリシャ、スペイン、ポルトガル、イタリアといった国々の経済状況からも明らかである。

しかし、だからといって、ケインズ主義に従って循環的財政赤字の拡大を許容しつづけてさえいればよい、というわけでもない。というのは、これらの国々が示しているように、政府財政の持続可能性にいったん疑念が生じてしまった場合には、拡大しつつある財政赤字の字面そのものが、財政破綻が近いことの何よりの証拠と考えられてしまうからである。

状況判断が難しいのは、必ずしも財政破綻の現実的可能性に直面しているわけではないが、不況に際して政府財政赤字の拡大を許容したにもかかわらず、民間部門主導の自律的回復が事前に想定されていたほどには十分速やかでないような「長期不況」のケースである。

長期不況とは、民間企業や家計が消費や投資の拡大を忌避している状態が長く続いていることを意味する。そこで政府が財政の循環的赤字を縮小させようとして不況下の緊縮財政を行えば、経済全体の縮小は避けられない。他方で、政府財政赤字をそのまま許容しつづければ、年々の財政赤字の累積である政府債務残高が増加しつづけることになる。それは、財政破綻には至らなくとも、少なくとも財政当局や一部メディアによる財政危機プロパガンダのもっともらしさを強めることには寄与する。

これはまさに、１９９０年前後に地価と株価の資産バブルが崩壊してから現在に至るまでの日本の状況そのものである。日本の財政は１９９０年代以降、景気が相対的に良好だった一時期を除いて、趨勢的に悪化しつづけてきた。それは、不況にともなって自動的に拡大する循環的財政赤字を許容したにとどまらず、政府が景気対策として積極的な支出拡大策や減税政策を行ってきたからである。そのことは、１９９７年から98年に生じた経済危機に対応して財政支出を拡大した小渕恵三政権期と、２００８年リーマン・ショックの後に財政支出を拡大させた麻生太郎政権期においては、とくによく当てはまる。

このような政策にもかかわらず、日本はこれまで、バブル崩壊以降の長期不況を完全に払拭することはできなかった。その結果、日本の政府債務残高は拡大しつづけた。そして、メディアやエコノミストの一部は、その数字をあげつらっては財政破綻を喧伝しつづけてきた。

幸いなことに、日本の場合、国債市場の動向等から判断するかぎり、20年以上にもわたる長期不況を経たのちにも、財政破綻に至るような徴候は少しも見られなかった。しかし、日本のようなケースが一般的であるわけではない。

景気回復が思うように進まず、政府財政の循環的赤字の拡大が続けば、必ずしも既存の政府債務残高が大きくはなくても、政府財政の持続可能性に疑念が生じることは避けられない。実際、リーマン・ショック以降の財政危機国の一部、たとえばスペインやアイルランドは、リーマン・ショック以前までは財政健全国として認識されていたのである。

ケインズ主義の知的怠慢の「つけ」

おそらく、日本やアメリカのような主要先進国においては、10年や20年といった近い将来に財政破綻が生じる可能性は限りなくゼロに近い。だからといって問題がないわけではない。日本が典型的であるように、政府債務額が拡大していけば、財政当局や財政破綻派のメディアやエコノミストは、「赤ん坊からお年寄りまで1人当たり数百万の借金」などのスローガンを用いて、一般の人々が漠然と持つ政府財政についての懸念により強く訴えかけることができる。それは必然的に、増税や歳出削減を求める政治的動きを勢いづけることになる。

アメリカの政治世界では、政府の財政拡張政策を批判する草の根保守主義運動が、いわゆる「ティーパーティー」派を主要な担い手として2009年ごろから急激に拡大したが、その背後にも、リーマン・ショック後の景気悪化のなかで急膨張したアメリカの財政赤字があった。

こうした各国政府財政の反ケインズ的緊縮主義への転換は、明らかに世界経済の顕著な減速の原因となった。その事実は、たしかにその部分だけを取り上げれば、「循環的財政赤字を縮小させようとする不況下の緊縮財政は景気回復を確実に遅らせ、結局は財政再建それ自体をも遅らせることになる」という、ケインズ派が繰り返し述べてきた批判の正しさを実証したものと位置づけることができるであろう。

ケインズ派にとって悩ましいのは、だからといって、単に赤字財政主義を堅持しつづければそれですむ、というわけではないというところにある。というのは、そのような反ケインズ的緊縮主義への政策転換の原因の一つは、ケインズ主義的処方箋に従って財政赤字を許容したにもかかわらず、景気の回復が十分に進まず、結果として各国の財政赤字が想定を越えて拡大した点にあったからである。

振り返ってみると、ケインズ主義の側はこれまで、不況時における政府財政赤字の許容という赤字財政主義をその根幹としながらも、循環的に拡大する政府財政赤字が想定されるような自律的景気回復には結びつかず、むしろ財政への懸念をもたらすような事態に発展していく可能性については、ほとんど何の対応も考えてこなかった。それはおそらく、財政危機という現象が、ケインズ的処方箋の有効性に重大な疑念を突きつけかねない「不都合な真実」だったからである。

その意味で、リーマン・ショック後のケインズ主義の世界的な復活が2年もたたないうちにその終焉を迎えてしまったのは、財政危機を意識的あるいは無意識的に無視しつづけてきたケインズ主義の側の知的怠慢の「つけ」であったともいえる。

財政緊縮は大きな犠牲をともなった

世界経済が本格的な回復軌道に乗りはじめたのは2013年ごろからのことであるが、その背後にはやはり、各国の政策スタンスの再転換があった。それは、ギリシャ・ショックを契機として始まった各国の財政緊縮政策が、想定以上の大きな犠牲をともなうものであったことが明らかになったためである。

それがとりわけ顕著だったのは、未曾有の財政緊縮措置が実施されたギリシャ、スペイン、ポルトガル等の南欧諸国である。

ギリシャの完全失業率は、ユーロを導入した2000年代初頭から徐々に低下し、2007年から08年にかけては7%台後半まで改善していたが、リーマン・ショック以降は一貫して上昇しつづけ、2012年には25%を超え、2013年5月には過去最悪の27・6%を記録した。若年層の失業はとりわけ深刻であり、2013年5月時点で、ギリシャにおける15~24歳層の労働人口の約65%が無職となった。ギリシャの実質経済成長率は、ユーロ導入以降は4%前後で推移していたが、リーマン・ショック以降はマイナスに転じ、2011年にはマイナス7%まで悪化した。その後は徐々に改善したものの、2013年においても成長率は依然としてマイナスのままであった。

スペインの雇用状況もギリシャとほぼ同様であった。スペインの完全失業率は2007年の8%前後から、2012年には25%、そして2013年には27%まで上昇した。若年層の失業率は高く、2013年の第1四半期には、16~24歳層の労働人口の約57%が無職となった。象徴的なのは、スペインの実質経済成長率が、リーマン・ショック後にマイナスに転じたあと、2010年ごろから回復し、2011年にはいったんプラス成長に持ち直したにもかかわらず、2012年以降は再びマイナス成長に逆戻りしてしまったことである。それは明らかに、財政危機を受けた2010年以降の財政緊縮の影響によるものであった。

ポルトガルの完全失業率は、ギリシャやスペインとは異なり、2000年代を通じて上昇する傾向にあったが、リーマン・ショック後にはさらに上昇が加速し、2013年第1四半期の時点では17・7%という過去最悪の水準となった。実質経済成長率の動きはスペインと同様であり、リーマン・ショック後にマイナス成長になったあと、2010年にはいったんプラス成長に転じたが、2011年以降は再びマイナス成長となった。

このギリシャ、スペイン、ポルトガルという三つの南欧諸国は、ユーロ圏における代表的な財政危機国であることから、その経済状況は悪化すべくして悪化したともいえる。むしろ深刻なのは、数字的にはそこまで危機的ではなかったにしても、それに近い状況の国が数多く存在していたという点にある。

なかでも最も懸念されていたのは、ユーロ圏の中核を担うイタリアとフランスであった。この二つの国もまた、リーマン・ショック以降の世界不況と、その後の財政緊縮に基づく不況の深刻化を背景に、完全失業率はほぼ一貫して上昇し、経済成長率はマイナスと、若干のプラスを行き来する状況が続いていたのである。

「トロイカ」が求めたきびしい財政健全化

このように、ギリシャをはじめとするユーロ圏の財政危機国は、百年に一度の危機のショックが癒える間もなく実行された財政緊縮によって、未曾有の失業拡大と所得低下にもがき苦しんだ。それは、これら財政危機国がみずから望んだ事態ではまったくない。

これらの国々も、財政緊縮がよりいっそうの景気悪化をもたらすことを、忘れていたわけではない。しかし、不況のなかで拡大しつづける政府財政赤字が財政破綻に転化することを防ぐには、関係国際機関からの金融支援に頼る以外にはなく、そのためには支援の条件として押しつけられた財政健全化措置を実行する以外にはなかったのである。

ユーロ圏の財政危機国への支援において最も大きな役割を果たしてきたのは、欧州中央銀行（European Central Bank：ＥＣＢ）、欧州連合（European Union：ＥＵ）、国際通貨基金（International Monetary Fund：ＩＭＦ）の三つの組織である。このいわゆる「トロイカ」は、金融支援を行うに際しては、当該国に必ずきびしい財政健全化措置を求めてきた。というのは、彼らは、一方ではユーロ圏の分裂や崩壊を阻止するためには財政危機国への相応な金融支援が必要不可欠なことを認めつつも、他方ではその支援が財政危機国に対してさらなる支援を期待させ、痛みをともなう財政健全化への取組みを忌避させる結果になることを、おそれていたからである。

財政危機国の側はそれに対して、過度な財政健全化措置は、単に自国の雇用や成長を阻害するのみならず、そもそも目標である財政再建をも遅らせる結果になりかねないと訴え、より寛大な条件での金融支援を求めた。とはいえ、財政危機国の政府としても、国民の大多数がユーロからの離脱を望んではいない以上、結局はトロイカの求める財政緊縮を渋々ながら実行する以外に手立てはなかったのである。

緊縮から成長重視への再転換

しかし、２０１２年になると、ユーロ圏諸国の経済的低迷と「緊縮疲れ」を背景に、こうした状況にも徐々に変化が生じはじめる。一つの大きな契機は、ドイツに次ぐユーロ圏の主要国であるフランスに現れた。その年の春の大統領選において、ドイツのアンゲラ・メルケル首相と二人三脚で財政緊縮を基本とする欧州債務危機対策を牽引してきた現職のニコラ・サルコジが、両首脳主導の財政緊縮路線を批判して経済成長と雇用の重視を訴えてきたフランソワ・オランドに敗れるという波乱が起きたのである。

フランスのその後の政策的推移を見るかぎり、オランド政権の政策スタンスはきわめて曖昧であり、自国の政策を明確に転換させたとは、まったくいえない。しかし、それは少なくとも、これまでユーロ圏のなかで抑圧されてきた、経済実態を無視して財政規律のみをひたすら求めるような独仏政府主導の財政緊縮路線に対する批判を政治の表舞台に引き出すことには成功したのである。

同様な変化は、財政規律を押しつけられる側のみではなく、押しつける側においても現れはじめた。トロイカの一角をなすＩＭＦはこれまで、経済危機に陥った国に対して、緊急融資プログラムという支援の条件として、過酷な財政緊縮措置を押しつけることを常としてきた。それは、当該被支援国からの怨嗟の声のみならず、その措置が結果として経済回復を促すよりはむしろ妨げてきたと指摘する専門家のきびしい批判の声をも招いてきた。

その悪名高いＩＭＦのトップであるクリスティーヌ・ラガルド専務理事が、２０１２年10月12日に行われたＩＭＦ・世銀年次総会での挨拶で、公的債務こそが、今の世界経済の最大の課題と指摘する一方で、その解決は「成長なしには解決できない」と発言したのである。その共同声明においても、先進国の財政政策運営は可能なかぎり成長に資するように行われるべきことが盛り込まれた。

ＩＭＦはその後も、チーフ・エコノミストであるオリビエ・ブランシャールを中心に、財政緊縮の行き過ぎが各国の経済成長を想定以上に抑制していることを指摘しつつ、各国の財政再建は状況に応じてより柔軟に行われるべきだというメッセージを発信しつづけた。ＩＭＦは同時に、経済成長には緩和的な金融政策の継続が非常に強い力となるという点をも強調した。こうした動きは、ＩＭＦが明確に、経済成長よりも財政再建を優先した従来の財政再建至上主義路線から、財政再建のためにも経済成長が必要であるとする成長重視路線に転換したことを意味していた。

日本でも大きな転換が現れた

もう一つの大きな転換は、日本において現れた。それは、２０１２年12月の衆議院選挙での自民党・公明党の勝利を受けて成立した第2次安倍晋三政権であり、その政権が打ち出した新たな経済政策、いわゆるアベノミクスである。

アベノミクスの最大の意義は、「デフレ脱却」その政策目標として位置づけると同時に、そのための政策手段を金融政策に割り当て、日本銀行の体制刷新によって「異次元の金融緩和」を実現させたところにある。

その効果は、すでに安倍政権が成立する以前から、為替市場での円安と株式市場での株高となって現れた。その市場の動きは明らかに、近く行われる衆議院選挙における与党民主党の敗北、自民党公明党連合の勝利と、その後に実現される金融政策の転換を見越したものであった。２０１３年に入ると、この円安と株高を起点とした景況の改善は、所得や雇用などの実体経済にも及んだ。

アベノミクスの全容が明らかになったのは、政権成立後の２０１３年1月である。それは、「大胆な金融政策」、「機動的な財政政策」、「民間投資を喚起する成長戦略」という「3本の矢」からなるとされていた。とはいえ、政策目標が物価安定であり「デフレ脱却」であるかぎり、本質的に重要な政策手段は金融政策以外にはありえなかった。

実際、円安と株高から始まった2013年以降の景気回復は、基本的にはアベノミクスの第1の矢＝「大胆な金融政策」に負うものであったことは明らかである。金融政策において根本的な転換を実現させた点こそが、第2次安倍政権の最も重要な政治的成果だったのである。

リーマン・ショック以降、世界の主要中央銀行は、金融市場の安定化と景気悪化の阻止を目的に、いっせいに金融緩和を実行した。それを先導したのは、非伝統的金融政策としての量的緩和(Quantitative Easing：QE)を実行したアメリカのFRBとイギリスのイングランド銀行(Bank of England：BOE)である。

財政政策についていえば、英米両国ともに、ギリシャ・ショック以降はそのスタンスを徐々に緊縮方向にシフトさせざるをえなくなっていく。しかしながら、金融政策に関しては、その担い手であるFRBとBOEの両者とも、内外からのさまざまな批判を受けつつも、量的緩和を粘り強く続けてきた。それに対して、日本の場合には、自民党の麻生政権によってリーマン・ショック後に巨額の財政出動が行われたものの、日本銀行は常に金融緩和に消極的であった。それは、当時の白川方明日銀総裁が、教条的なまでの量的緩和無効論者だったからである。

そもそも、日本の長期デフレ不況の元凶は、「デフレは金融政策では克服できない」という教義に依拠してデフレ許容的な金融政策を続けてきた白川総裁時代以前の日銀にあった。しかし、自民党と民主党の歴代政権は、デフレ脱却を課題としながらも、物価安定の主要な手段である金融政策には何ら方針を示さず、その運営を日銀の恣意にゆだねてきた。そのような状態では、盗人に鍵を預けてしまえば防犯がすべて無意味になるように、政府が何の政策をやろうがデフレ克服が実現されるはずもなかったのである。

第2次安倍政権はそれに対して、インフレ目標の導入と日銀の体制刷新によって、まずはデフレ脱却のための必要条件を確保した。まさにその点こそが、第2次安倍政権と、第1次安倍政権を含む歴代政権との、経済政策における最大の相違だったのである。

消費税増税が政策課題に

第2次安倍政権の誕生は、2012年9月の自民党総裁選での安倍のきわめて幸運な勝利が生んだ政治的偶然であった。しかしそれは結果として、財政再建重視から経済成長重視へという、マクロ経済政策における世界的な再転換を象徴する出来事となった。事実、ポール・クルーグマンは、日本向けに書かれたその著作『そして日本経済が世界の希望になる』において、アベノミクスについて「この政策実験がうまくいけば、まさに日本は世界各国のロールモデルになることができる」と述べていた（クルーグマン［2013］52ページ）。

他方で、その同じ政権によって2013年10月1日に発表された消費税増税の実施決定は、劇的な政策転換が行われたはずの日本においても、アメリカや欧州と同様に、「財政再建優先レジーム」と「経済成長優先レジーム」という二つの政策路線が、政治や政策形成の舞台で未だにきびしく拮抗しつつせめぎ合っていることを改めて示した。

日本で消費税増税を現実の政策課題として提起したのは、民主党の菅直人政権であり、それは2010年7月の参議院選挙を前にしてのことであった。財務大臣時代にはむしろケインジアンを自称していた菅が、総理大臣就任後に唐突に増税を打ち出した背景には、明らかにそのころに拡大しつつあったギリシャ危機があった。

のちに、ジャーナリストの伊藤裕香子から、このときに増税を提起した理由について問われた菅は、「財政を考えれば、どこかの時点で消費税の増税は必要と考えていました。とくに急ぐ必要があると強く意識しはじめたのは、ギリシャ危機が起きてからです」と述べている（伊藤［２０１３］37ページ）。ちなみに、この伊藤の手による『消費税日記』は、消費税増税への政治的決定がどのように行われたかを検証したものであり、菅をはじめとする当事者たちへの興味深いインタビューを含んでいる。

菅政権は、２０１１年3月に発生した東日本大震災への対応の不手際もあり、２０１１年8月に崩壊した。それを引き継いだ民主党の野田佳彦政権は、むしろ菅政権以上の財政再建優先路線を打ち出し、民主党の分裂を招きつつも消費税増税に邁進した。また、そのときの最大野党であった自民党においては、かねてから「消費税10％」を持論としていた、財政再建論者の谷垣禎一が総裁をつとめていた。

野田は、この谷垣と連携し、さらにかつて自民党との連立政権を担っていた公明党をも巻き込んで、事実上の政権移譲と引き替えに、２０１２年6月に「社会保障と税の一体改革に関する合意」を成立させた。このいわゆる「三党合意」の焦点は、消費増税関連法案であり、そこには、従来5％の消費税率（国および地方を含む）を２０１４年（平成26年）４月１日からは8％とし、２０１５年（平成27年）10月1日からは10％とすることが定められていた。

アベノミクス「成功」が生み出した皮肉な状況

２０１２年９月に自民党総裁となった安倍は、２００６年９月から07年８月までの第１次安倍政権では、経済成長を通じた財政再建という、いわゆる「上げ潮」路線に重きを置いていたこともあり、デフレ下での性急な増税には懐疑的であった。

安倍は実際、２０１２年９月の自民党総裁選出馬表明時には、「消費税引き上げの前にデフレ脱却をして経済を力強い成長軌道に乗せていく必要がある」と述べ、他の総裁候補者が消費税増税を自明とするなかで、消費増税法における「景気弾力条項」に基づく増税延期の可能性に唯一言及していた。さらに総裁就任後にも、インタビューなどにおいて、「日本経済がデフレ脱却に向かっていないと判断した場合には消費税の引き上げ延期を検討する」と明確に述べていた。

ちなみに、安倍が依拠するこの「景気弾力条項」とは、消費増税法案にある附則18条のことであり、そこでは、消費増税の実施はあくまでもその時点での経済状況の判断に依存するものであり、具体的には３％程度の名目経済成長率と２％程度の実質経済成長率の達成および維持が前提とされることが明示されていた。

その安倍が結局は増税実施に追い込まれたのは、端的にいえば、財務省を中核とする増税派の勢力が、マスメディア、政界、財界、学界等々において圧倒的だったからである。

アベノミクスを支持する立場の論者や専門家の多くは、安倍政権が真にデフレ脱却を優先するのであれば、増税は延期するか、あるいはより緩やかな形で行うべきだと主張していた。財政赤字削減よりもマクロ政策とりわけ拡張的金融政策を用いたデフレ脱却を優先すべきとする立場の論者は、メディアにおいては「リフレ派」と呼ばれていたが、彼らの主張する政策は、アベノミクス以前には異端的とみられていた。[3]

実際、彼らはメディアや学界においては明らかな少数派であったし、政界においても限られた数の理解者を持つにすぎなかった。その勢力関係は、アベノミクスによってリフレ政策が現実化したのちにも、大きく変わることはなかった。そして、政界における数少ないリフレ政策の理解者たちも、さまざまな政治力学のなかで、結局は増税の側に転じることになったのである。

消費増税決定のもう一つの重要な要因は、2013年に入ってからの顕著な景気回復である。とくに決定的だったのは、速報値では2・6％であった2013年第2四半期（4月～6月）の実質経済成長率（年率換算）が、9月9日に発表された改定値では3・8％へと大幅に上方修正されたことである。名目経済成長率（年率換算）も、速報値の2・9％から改定値の3・7％へと上方修正された。

このアベノミクスを契機とする突発的な景気拡大により、3％の名目経済成長率および2％の実質経済成長率という景気弾力条項の規準が、一時的にせよ形式的には満たされることになったのである。つまり、アベノミクスの成功は、その最大の目標である「デフレ脱却」を頓挫させるリスクをはらむ増税を後押しするという、きわめて皮肉な結果をもたらしたわけである。

浮かび上がりつつある新たなケインズ主義

こうした各国それぞれの政治経済状況の相違や紆余曲折を含みつつも、俯瞰してみれば、リーマン・ショック以降の世界のマクロ経済政策スタンスは、拡張的財政政策と金融緩和政策を総動員した真性ケインズ主義路線から、反ケインズ的な緊縮主義路線へ、そして再び経済成長重視路線へと転換してきたと整理することができる。

その展開は、容易に進展しない景気回復のなかでの循環的財政赤字の拡大に直面した各国が、財政赤字抑制と経済成長という二つの目標をどう両立させるかに悩み、政策的な試行錯誤を繰り返した結果として位置づけることができる。

その試行錯誤のなかで、新たなケインズ主義を特徴づける本質的要素が浮かび上がりつつある。それは、マクロ財政政策と金融政策との統合である。

既述のように、旧来的ケインズ主義の最大の弱点は、赤字財政主義に基づく財政運営が景気回復よりもむしろ財政危機に結びつく可能性をあまりにも軽視しすぎていたところにあった。しかし、それを批判して単純にケインズ以前的な均衡財政主義に先祖返りすることは、問題の解決にはまったくならない。ユーロ圏諸国の現実が示しているように、不況下の緊縮財政は不況をさらに深刻化させることにしかならないからである。

必要なのは、財政の持続可能性を確保しながらも、循環的財政赤字の拡大を可能なかぎり許容し、正常な成長経路への速やかな復帰を可能にさせるような政策指針である。そして、その鍵は、財政政策よりもむしろ金融政策にある。

リーマン・ショック以降、先進諸国の中央銀行の多くは、金融市場の秩序回復と実体経済の回復のために、未曾有の金融緩和を実行した。その結果、多くの国において、政策金利はほぼゼロに近い

▼3　リフレ派の出発点は岩田編著［2004］である。リフレ派の論者によるマクロ政策論は数多いが、岩田編［2003］はその最も初期のものである。

水準まで低下した。それは、政策金利の操作という金融政策の伝統的手段がもはや失われたことを意味していた。

その状況のなかで、アメリカのＦＲＢとイギリスのＢＯＥは、非伝統的な金融緩和政策としての量的緩和を導入した。量的緩和それ自体は、ＦＲＢとＢＯＥ以前にも、速水優総裁時代の日銀が、世界的なＩＴバブル崩壊後の２００１年３月に導入していた。ただし、日銀の場合のそれは、１９９０年代の末に導入されていたゼロ金利政策の解除失敗を隠蔽するために、やむをえず導入されたものであった。それに対して、ＦＲＢやＢＯＥは、伝統的金融政策を超える新しい次元の金融緩和政策として、量的緩和を積極的に導入したのである。

量的緩和をめぐる論戦

この英米の量的緩和をめぐっては、かつての日銀の量的緩和がそうであったように、各国のメディア、学界、政策現場において、否定論と肯定論、無効論と有効論が激しく対立した。ＦＲＢ議長ベン・バーナンキは、量的緩和政策の最大の唱導者であり、かつ実践者でもあった。それに対して、金融政策の伝統的枠組みに固執しつづけてきた白川時代の日銀は、典型的な量的緩和無効派であった。

アメリカ、イギリス、日本、ユーロ圏諸国といった主要諸国におけるその後の経済的推移を踏まえて評価すれば、「循環的財政赤字の拡大を許容しつつ、正常な成長経路への復帰を実現させる」というケインズ主義の新たな課題にとって、金融の量的緩和政策が必要不可欠なものであったことは明らかである。それは、マクロ経済と金融市場という二つの領域において重要な意味を持つ。

それは第一に、財政支出に頼りすぎることなく景気回復を促進し、不況下の財政緊縮を避けつつ経済成長を通じた財政の健全化を実現するという課題の達成を容易にする。この点を確認しておくことは、多くの国がギリシャ・ショックというパニックのなかで条件反射的に財政緊縮に動き、結果として回復を頓挫させるという失敗を犯したからこそ重要なのである。

それは第二に、国債市場を含む金融市場全般の安定化に寄与する。というのは、量的緩和を通じた中央銀行の国債購入の拡大は、財政赤字拡大にともなう国債発行増加が国債市場に対して与える負荷を吸収し、循環的な財政赤字の拡大が財政危機に転じることを未然に防ぐからである。

もちろん、量的緩和批判派の側からは、量的緩和のこの二つの意義について、数多くの反論が予想される。第一の面についていえば、量的緩和無効論者の間では、「金融政策の効果は金利低下を通じてのみ実現されるものであり、それをともなわない量的緩和には効果はない」という、金融政策の伝統的思考様式への固執が根強い。

また、第二の面については、「中央銀行が国債購入を無制限に行うことは、政府の財政支出を国債ではなく貨幣の発行でまかなおうとするマネー・ファイナンス（日本でいう財政ファイナンス）にほかならず、中央銀行の独立性への懸念から、財政危機の可能性をより高めることにつながる」という定番的批判が存在する。

リーマン・ショック以降明らかになった「真実」

以下の各章で吟味するように、量的緩和を通じた財政政策と金融政策の一体化に対するこのような「伝統的」把握の多くは、単なる既得観念にすぎない。あるいは、実証的根拠が希薄な「仮説」にすぎない。しかし、伝統的教義の信奉者は、その立場で論陣を張るエコノミストたちだけではなく、一般のメディアの間でも未だ数多い。その傾向は、日本の大手マスメディアにおいてはとりわけ強い。

実際、彼らの間では、「財政ファイナンス」をハイパー・インフレーションに通じる問答無用の禁じ手とする中央銀行伝統の古い教義は、疑問の余地のない「真理」なのである。中央銀行による国債購入を肯定的に示唆することすら、時にはメディアの批判の対象になるのは、そのためである。

実際のところ、リーマン・ショック以降の現実が明らかにしてきたのは、伝統的金融政策が機能停止状況に陥り、循環的財政赤字が拡大しつづけるなかでは、量的緩和を通じた財政政策と金融政策の統合こそが、まさに必要とされていた政策そのものだったという真実である。主要国のマクロ経済政策は、それぞれが置かれた状況の相違にもかかわらず、そして、さまざまに矛盾した要素を抱えながらも、大局的にはその方向に収斂した。

これは、財政政策主導の旧来型ケインズ主義を超えた、ケインズ主義の新段階ともいえる。かつての世界大恐慌においては、各国は試行錯誤の末にケインズ的マクロ政策にたどり着いた。同様に、リーマン・ショック後の世界は、錯綜した現実の歩みのなかから、ケインズ主義の新しい形態を生み出したのである。

第2章

世界的金融危機はなぜ起きたのか

典型的なバブルの発生と崩壊だった

今回の世界経済危機の発端は、アメリカにおけるサブプライム住宅バブルの崩壊であり、それによって生じた未曾有の金融危機であった。サブプライム住宅バブルとは、サブプライム・ローン、すなわち低所得者に対する住宅ローンの拡大を主因として生じた、アメリカの住宅市場におけるバブルである。

その住宅バブルの崩壊は、住宅価格上昇の恩恵を受け続けてきたアメリカの金融機関、とりわけサブプライム住宅ローンの証券化を推し進めることで膨大な利益を得ていた投資銀行の経営状況を、急激に悪化させた。それは最終的に、２００８年９月におけるアメリカの大手投資銀行リーマン・ブラザーズの破綻と、それに誘発された世界的な金融危機を引き起こした。その危機はさらに、のちに「百年に一度の危機」とまで呼ばれる未曾有の世界経済危機へと拡大していくことになる。

アメリカの住宅市場にバブルが発生していたことは、住宅価格の動きを一瞥するだけで明らかである。図2-1は、アメリカ国内の住宅価格動向を示す最も一般的な指標の一つである、S&Pケース・シラー住宅価格指数である。

１９９０年にはきわめて安定的に推移していたアメリカの住宅価格が、１９９０年代末ごろから徐々に上昇しはじめ、それ以降２００６年半ばごろまで上昇しつづけ、その後に急落したことが確認できる。これはまさしく、典型的なバブルの発生であり、その崩壊であった。

図2-1　S&Pケース・シラー住宅価格指数（1990〜2013年）

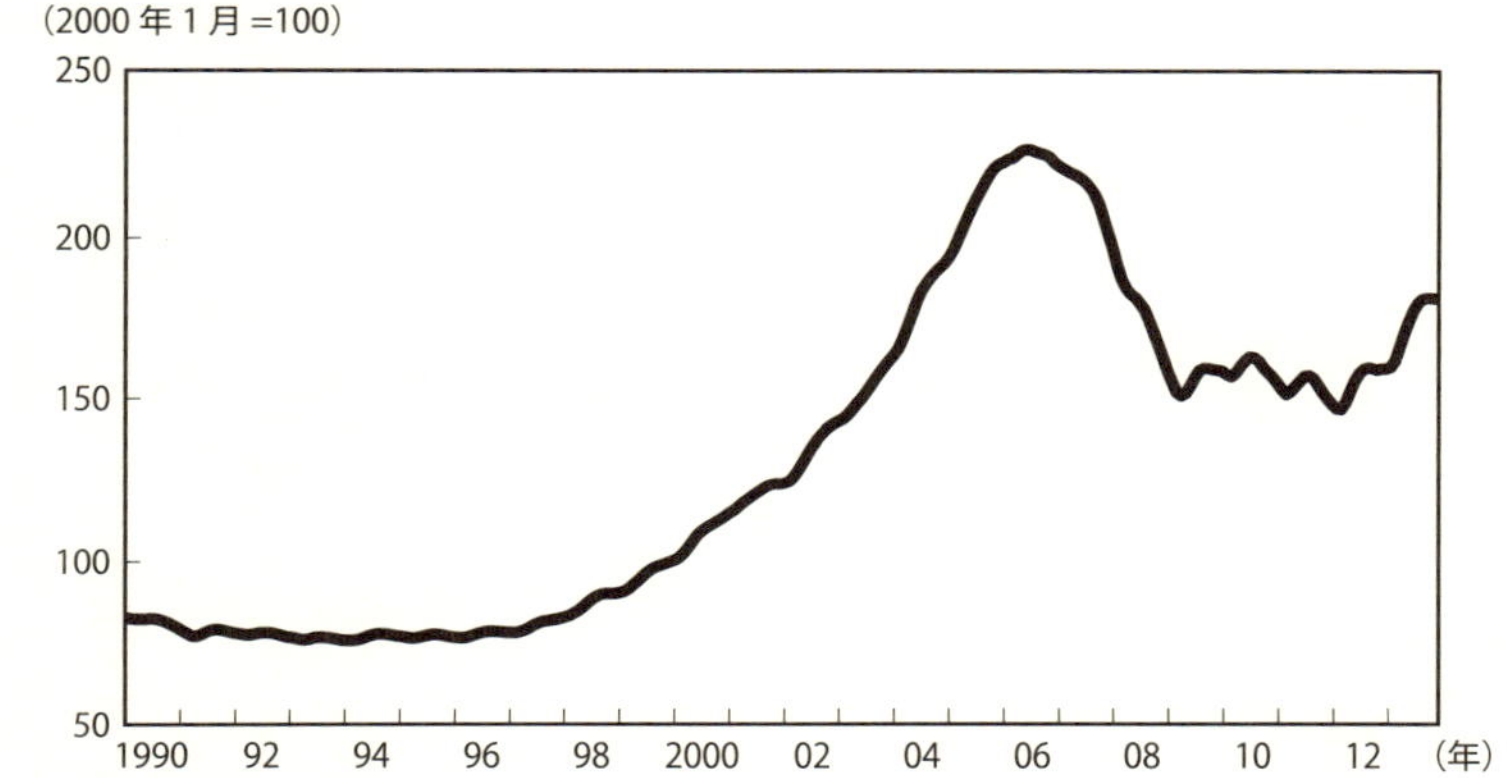

（注）全米10大都市圏（ボストン、シカゴ、デンバー、ラスベガス、ロサンゼルス、マイアミ、ニューヨーク、サンディエゴ、サンフランシスコ、ワシントン）の合成指数。
（出所）S&P Dow Jones Indicesデータより作成。

フランスでは「パリバ・ショック」

２００６年半ばに生じたこの住宅バブル崩壊の影響は、２００６年末ごろから金融市場において次第に具体的な形で現れはじめるようになる。サブプライム住宅ローンの焦げ付きが拡大し、住宅の販売が落ち込むなかで、サブプライム・ビジネスに関与していた欧米の金融機関に次々と問題が生じはじめたのである。

２００６年末には、アメリカの住宅ローン専門金融機関のいくつかが業務停止に追い込まれた。さらに２００７年3月には、サブプライム住宅ローン専門金融機関の最大手であったニュー・センチュリー・フィナンシャルが財務状況の悪化からニューヨーク証券取引所で上場廃止となり、その後の4月に破綻した。

こうしたサブプライム住宅ローン会社の破綻拡大は、住宅ローン担保証券（Residential Mortgage-Backed Securities：ＲＭＢＳ）や不動産担保証券（Mortgage-Backed Securities：MBS）といった、サブプライム住宅ローンを組み込んだ証券化商品の値崩れをもたらし、それはさらにヘッジファンドの破綻へと波及した。その理由は、サブプライム関連の証券化商品を最も積極的に購入し、資産として保有していたのが、ヘッジファンドだったからである。

ヘッジファンドの破綻は、それに融資していたUBS銀行やベア・スターンズといった大手金融機関にも打撃を与えていく。そして、2007年8月には、フランスの大手銀行BNPパリバ傘下のヘッジファンドが解約を凍結したことで、フランスの株式市場に「パリバ・ショック」が生じた。こうして、アメリカで発生したサブプライム金融危機は欧州に飛び火し、それ以降に世界的な拡がりをみせるようになっていくのである。

長期金融緩和に踏み出した

2007年夏ごろに、進展しつつあったサブプライム危機の深刻さを最も強く印象づけたのは、2007年7月19日に行われたFRB議長バーナンキによる議会証言であった。バーナンキはそこで、サブプライム住宅ローンに関連する金融機関の損失は最大で1000億ドルに達するおそれがあると証言した。

バーナンキは、それまでの講演等においては、サブプライム問題のリスクを指摘しつつも、そのリスクは金融システムや実体経済を脅かすまでには至らないという見通しを付け加えるのが常であった。そのバーナンキが、従来の予想のおよそ2倍にも達するような損失の可能性について言及したことは、FRBがサブプライム問題のリスク認識を大きく修正しつつあることを意味していた。市場は当然ながら、それを大いなる警告として受け取ったのである。

ＦＲＢは実際、２００７年８月17日に臨時の連邦公開市場委員会（Federal Open Market Committee：ＦＯＭＣ）を開き、金融市場の安定化のために、ＦＲＢが民間金融機関に資金を貸し出す際の金利である公定歩合の引き下げを決定した。さらに９月18日には、サブプライム問題にともなう景気後退のリスクに対する予防的措置として、長く中立的水準に据え置かれていた政策金利そのものの引き下げを決定した。その利下げは結果として、量的緩和にまで至る長期金融緩和にＦＲＢが着手する、その第一歩となったのである。

２００７年の秋になると、欧米金融市場の混乱がよりいっそう拡大するなかで、アメリカ以外の各国においても、サブプライム危機への政策対応が論議されるようになった。しかし、住宅バブルの余韻と新興諸国の経済成長を背景に、世界経済全体としては拡大基調が維持されていたこともあり、マクロ政策の方向性は景気悪化防止よりも景気過熱抑制に重点が置かれていた国も多かった。

金融市場に関しても、サブプライム関連の証券化商品に手を出していた一部金融機関に問題が生じることはあっても、金融システム自体の危機には至らないという見方が強かった。つまり、世界的には危機意識よりも楽観論のほうが支配的だったということである。

しかし、水面下ではそのとき、金融市場の危機が着実に進行していた。まず、２００８年３月に、米投資銀行ベア・スターンズが実質的に破綻した。そして、２００８年９月に、米投資銀行リーマン・ブラザーズの破綻という決定的事態が訪れることになるのである。

金融危機をもたらした金融市場の「歪み」

サブプライム危機に関する一連の経緯を振り返ったときに、まず問われるべきは、その危機を引き起こした本質的な「原因」とは何かという問題である。

当然ながら、そこには相互にからみ合うさまざまな要因が存在していた。しかし、そのなかでも本質的に重要と思われるのが、アメリカの金融市場に存在していたインセンティブ構造の歪みである。というのは、アメリカの住宅バブルとその崩壊は、投資銀行に代表されるアメリカの金融機関がサブプライム住宅ローン等の債務の証券化を推し進め、その証券化商品を含むリスク資産に対して、みずからあるいは傘下のヘッジファンドを通じて過大な投資を行っていたがゆえに生じたものであったからである。

アメリカにおける金融市場の歪みは、問題の発端であるサブプライム住宅ローンの拡大そのもののなかにすでに存在していた。焦点は、従来は住宅ローンの対象にはなりえなかったような貸し倒れリスクの高い低所得層、いわゆるサブプライム層までもが簡単に融資を受け、結果として住宅投資が急激に拡大したところにある。

本来、貸し倒れが生じたときに最も大きな損失を被るのは、貸し手すなわち不動産融資を行った金融機関である。したがって一般的には、適正なリスク管理を行うべき金融機関が、貸し倒れリスクの高いサブプライム層への住宅ローンを無制限に拡大させるような事態は想定しにくい。

しかし、事後的に見れば、アメリカの金融機関は、一般的には想定できないほどの過剰なリスクテイクを行っていた。そこには明らかに、投資銀行などに代表されるアメリカの金融機関に過剰なリスクテイクを行わせるような、何らかのインセンティブ構造の歪みが存在していた。

アメリカの投資銀行は、サブプライム危機以前は、自己資本規制の適用を受けずに資本市場から資金を調達し、レバレッジの高い投資を行い、短期間に高い収益を実現させることができた。しかし、その異常な高収益とは、単に過大なリスクテイクの結果にすぎなかった。投資銀行の高いレバレッジと高い自己資本利益率は、まさにそのことを示していた。高い収益率と高いリスクは経済学的には常に表裏一体の関係にあるから、それは投資銀行のバランスシートが、おそるべきリスクにさらされつづけていたことを意味する。

金融機関がレバレッジを高めて巨額のリスク資産を抱え込んでいけば、たしかに市場が思惑どおり動いているときには巨額の利益が得られるにしても、いったん市場の逆潮が生じれば、バランスシートが急速に悪化していくことになる。場合によっては、直前まで栄華をきわめていた投資銀行が、一瞬のうちに債務超過に陥ることにもなる。サブプライム・バブルの崩壊後にアメリカの多くの金融機関に現実に生じていたのは、まさにそのような状況であった。

つまり、投資銀行の経営インセンティブには当初から、リスクを避けるよりもより大きなリターンを選好するような、構造的な歪みが存在したのである。問題は、そのような歪みがアメリカの金融市場全体を巻き込むまでに拡大したのはなぜかという点にある。

規制緩和が真犯人なのか

多くの論者は、その原因を、1980年代以降に進展した金融市場の規制緩和に求めている。その傾向は、「市場原理主義」を批判する立場の論者においては、とりわけ根強い。

しかし、市場の意義を重んじる主流派のエコノミストにとっては、規制緩和が金融市場に歪みをもたらしたという主張は、まったく受け入れがたいはずである。というのは、「市場におけるインセンティブの歪みは、その市場が規制されているからこそ生じるものであり、規制緩和の目的はまさにその歪みの除去にある」というのが、主流派あるいは規制緩和派のエコノミストが訴えつづけてきたことだったからである。

実際、通信や運輸といった領域でこれまで行われてきた規制緩和と、それによってもたらされてきた経済的成果を公平な目で観察するかぎり、規制緩和派エコノミストの主張が大きく的を外していたとはいえない。そこではたしかに、規制緩和はそのもくろみどおり、競争拡大による多様化と効率化を促進し、消費者に大きな便益を与えてきた。

金融市場の規制緩和の世界的展開は、経済における政府規制の緩和を最優先の政策アジェンダとして掲げ、実際にそれを実行した、1980年代におけるアメリカのレーガン政権とイギリスのサッチャー政権から始まる。とくに、サッチャー政権が1986年に実行した、「金融ビッグバン」とも呼ばれる大規模な金融制度改革は、日本を含む各国にとって、金融自由化のモデルとなった。それらの改革もまた、他の領域におけるそれと同様に、金融業の顕著な革新と進展をもたらした。しかし、それは現時点から評価すれば、進展というよりは「肥大化」というほうがふさわしい、いびつな要素をともなう拡大であった。

問題は、金融市場の規制緩和のみがなぜ、市場の歪みを減らすよりはむしろ、世界経済を揺るがすに至るような、大きなインセンティブの歪みをもたらしたのかにある。

公共財としての金融システム

その謎を解く鍵は、金融システムの持つ公共財としての性格のなかにある。この「公共財としての金融システム」の最も狭義の意味は、銀行システムであり、とりわけ銀行預金が持つ信用創造機能と決済機能である。

銀行というシステムは、それ自体が通貨として機能する預金を経済の必要に応じて拡大させるという「信用創造機能」を持っている。銀行システムによって創造された預金通貨は、人々の貯蓄手段としての役割を果たすだけでなく、さまざまな経済取引を媒介する決済手段としても機能する。

銀行システムが持つその機能は、個々の銀行そのものというよりは、顧客の持つ銀行預金を通じて相互に結びつけられている銀行のネットワークによって生み出されている。このネットワークは、その機能の利用者を選別的に排除することはできず、また他の利用者の存在によって利用が制約されることもない。すなわち、銀行システムは、「非排除性」と「非競合性」を持つという点において、公共財の基本的な性質を備えているのである。

重要なのは、この金融のネットワークは、それを利用するうえでの安全性が信頼されてはじめて正常に機能するという点である。銀行の破綻懸念が生じれば、人々は銀行への預け入れにより慎重になり、状況によっては預金を引き出しはじめる。つまり、システムは機能不全となる。

そして、いったん銀行の破綻が生じた場合には、システムは不安定化し、信用創造機能は阻害され、経済活動そのものが大きく阻害される。これが、資本主義の歴史とともに古い金融恐慌あるいは信用恐慌である。

資本主義経済の一つの宿命は、それが前記のような金融のシステムを一つの不可欠の制度的要件とするかぎり、そこに起因する内在的な不安定性を免れることができないという点にある。というのは、銀行による信用創造機能とは、銀行による民間経済主体への信用供与の結果として生み出されるものであり、それは必然的に銀行によるリスクテイクをともなうからである。むしろ、有用なモノを何ら生産しない銀行が社会から収益を得られる根拠は、みずからの情報生産機能に基づいて与信すなわちリスクテイクを行うところにある。

ナイト的不確実性

ところで、市場経済においては、さまざまな予期せざるショックが不可避である。そのショックの多くは、必ずしも一定の確率で生じるというものではなく、どのような頻度や規模で起きるのかさえわからないという性質のものである。

20世紀初頭に活躍したアメリカの経済学者フランク・ナイトは、その主著『危険・不確実性および利潤』（1921年）において、確率的に予測できる不確実性＝リスクと、確率的事象ではない「不確実性」とを明確に区別し、利潤の源泉はこの後者の意味での不確実性にあると主張した（Knight [1921]）。こうした「発生する確率の分布が明らかでない」という性質の不確実性は、その後「ナイト的不確実性」と呼ばれるようになった。

経済において各種のショックが不確実な頻度と規模で生じるときには、銀行にも想定外の損失や利得が発生する。他方で、投資とはそもそも期待収益すなわち将来の利益を求めて行われるものであるから、市場のユーフォリア（陶酔的熱狂）が支配的な状況では、銀行においても過大なリスクテイクが行われる傾向が強まる。不確実な世界における投資は、みずからの確信に基づくというよりは、誰が美人かではなく誰が人々に美人と思われているかに投票するような、ケインズ的な意味での「美人投票」原理に基づいて行われがちだからである。[1]

そのようにして行われた銀行の過大なリスクテイクは、一時的には大きな収益を生んだとしても、長期的には必ず銀行に維持不可能な水準の損失をもたらす。金融危機とは、こうして生じた銀行の危機が、金融システム全体の危機へと転化したものである。

セーフティネットのパラドックス

現代の金融システムの内部には、過去に生じた金融危機の歴史的経験を通じて、危機を防止し危機の波及を抑制するためのさまざまな制度的枠組みが構築されている。それは、過度なリスクテイクの抑制を意図した自己資本比率規制、個別銀行の経営破綻が銀行間の債権債務関係を通じて銀行システム全体へ波及するというシステミック・リスクの発生防止を目的とした預金保険制度、流動性危機に陥った銀行への「最後の貸し手」としての中央銀行貸し付け、金融機関が破綻したときの公的救済措置など、多岐にわたっている。これらは、公共財としての金融システムの保全の必要性から生み出された制度的枠組みであり、一般に「信用秩序維持政策」と呼ばれている。

こうした金融市場の規制体系は、大きく分ければ、業務分野規制、自己資本比率規制などの「事前的規制」と、預金保険、中央銀行特融、公的救済などの「事後的な保護」の二つに分類できる。この

▼1　ケインズは『一般理論』第12章第5節で、金融市場における投資家行動は、「100枚の写真のなかから最も美人だと思う人に投票してもらい、最も投票が多かった人に投票した人たちに賞品を与える」というやり方の美人投票にたとえることができると述べた。現実の金融市場ではしばしば、投資対象のファンダメンタルズ（基礎的条件）よりもその風評や世間的な先行きへの期待感が評価されるが、それは美人投票において「投票者は自分自身が美人と思う人へ投票するのではなく、平均的に美人と思われる人へ投票するようになる」のと同じだからである（Keynes [1973a] ch. 12)。

「規制」と「保護」は、国ごとに重点の置き方は異なっていたが、金融市場の規制がまだ強固だった時代には、表裏一体のものと考えられてきた。というのは、金融機関の公的保護は、それだけを無制約に保証してしまえば、金融機関のモラルハザード的行動を助長する大きな原因となってしまうからである。

資本主義経済においては、金融機関の多くもまた、さまざまな経済的および法的な制約のなかで最大限の利益を追求するという意味での営利企業である。金融取引においてはリターン（収益）とリスクは常に一体の関係にあるから、金融機関にとっての利益の追求とは、リスクテイクの拡大を意味する。

金融業の本質とは、利益を求める一方でリスクを適正水準に抑えるという意味でのリスク管理にある。しかし、利益を求めてリスクテイクを行った結果として経営が困難な状況に陥ったとしても、最後には政府が救済してくれることがわかっているのであれば、個々の金融機関は当然、リスクを避けるよりもより大きなリターンを選好するようになる。これはまさしく、モラルハザードそのものである。

つまり、金融システム保全のための金融機関の事後的保護は、その存在がむしろシステム全体をより脆弱にしてしまうという逆説的な事態を生み出す。それは、「セーフティネットのパラドクス」と呼ばれるべきものである。

金融業に伝統的にさまざまな事前的規制が行われてきた根拠の一つは、そうしたモラルハザード的なリスクテイクの規制にあった。その意味で、金融業の「規制」は、公共財としての金融システムの保護の必要性から生み出された、ある種の必要悪であったと考えられる。

規制と保護は次第に形骸化していった

ところで、今回の世界的金融危機の最大の特徴は、危機の発生源が、このような形で一方では規制され他方では保護されてきた伝統的な銀行（アメリカでいう商業銀行）の外側にあったという点にある。この外延的な金融システムは、しばしばシャドー・バンキング・システムと呼ばれる。その主役となったのが、投資銀行である。

アメリカでは、1929年の株価大暴落から始まった大恐慌のなかで生じた銀行破綻を受けて、1933年に銀行法（通称グラス＝スティーガル法）が制定され、銀行と証券の分離が定められた。それにより、通常の銀行業務は商業銀行が行い、顧客の株式売買への助言や仲介等の証券業務は投資銀行が行うという業務分離が実現された。

これは、預金を受け入れて貸付を行うことで信用創造機能を果たすことになる「銀行システム」の部分を金融システムの「中核」と位置づけ、その周辺に「防火壁」を設け、その中核部分を証券業その他の「外延」から隔離したことを意味する。そのうえで、「外延」は比較的自由に活動させる一方で、「中核」としての商業銀行には政府による一定の規制と保護を設定することにしたのである。ここにおいて初めて、現代的な形態での「金融業における規制と保護のシステム」が確立された。

しかしながら、ある時期までは盤石のように思われた、この規制と保護のシステムは、その後の金融市場の構造変化と、規制の網をかいくぐるさまざまな手法の拡大によって、次第に形骸化していった。

商業銀行は、証券子会社を設立するなどにより、投資銀行業務に進出しはじめた。また、本来は顧客の株式売買の仲介を行うだけで、自己勘定でのトレーディングは原則として行わないはずの投資銀行が、次第にトレーディング業務を主体とするものに変貌していった。1980年代以降のアメリカで金融業の規制緩和が進んだのは、「市場原理主義」的な政策思潮の浸透もさることながら、このように実態として進んでいた規制緩和を法的に追認したという意味合いも大きい。

肥大化したシャドー・バンキング・システム

そうしたなかで、アメリカの金融業においては、伝統的商業銀行が縮小する一方で、投資銀行やヘッジファンドをはじめとする規制外の金融機関、すなわちシャドー・バンキング・システムが肥大化していった。その状況ではもはや、グラス＝スティーガル法的な規制と保護の考え方が時代にそぐわなくなっていることは明白であり、同法は結局、1999年の金融サービス近代化法（通称はグラム＝リーチ＝ブライリー法）の成立によって停止された。

ここにおいて、金融システムの「中核」と「外縁」を区別するグラス＝スティーガル法の考え方は、事実上のみならず法的にも葬り去られた。こうした事態の進展は、一方で金融機関としてのさまざまな公的保護の恩恵を享受しつつも、公的規制を受けることもなく自由にリスクテイクを行って収益を短期的に拡大させようとする投資銀行などの行動を、ほぼ野放しにする結果となった。

結局はそのことが、ついには世界経済に未曾有の危機をもたらしたともいえるのである。

以上のような歴史的経緯を踏まえていえば、「サブプライム危機の根源は、1980年代以降に進展した金融市場の規制緩和にある」という幅広く信じられている反市場原理主義的命題は、まったくの間違いではないにしても、明らかに問題を単純化し過ぎている。

というのは、金融機関のモラルハザード的な行動を助長する「インセンティブ構造の歪み」は、金融市場の規制緩和それ自体というよりは、公的保護が陰に陽に存在しつづける一方で、事前的規制のみが実態として形骸化し、さらには法的にも無効化されるという事態によってもたらされていたからである。

モラルハザードの根源は、いうまでもなく公的保護にある。規制緩和の問題点は、それが公的保護の意識的な撤廃をともなうことなく、既成事実の積み重ねによってなし崩しに行われたという点にこそあったといえる。

金融規制改革の二つの方向性

サブプライム金融危機はその後、金融規制改革に向けた世界的な政策努力を生み出した。それは、問題の本質が金融市場の「歪み」にある以上、当然のことであった。

リーマン・ショック後の世界的な金融危機の拡大がようやく終息しつつあった2009年4月に、イギリスのロンドンにおいて、G20首脳会議（いわゆるロンドン・サミット）が開催された。その首脳声明「回復と改革のためのグローバル・プラン」では、「当局がマクロ健全性上のリスクを特定し、考慮に入れることができるよう規制システムを再構築する」こと、そして「規制および監督を、システム上重要なすべての金融機関、商品および市場に拡大する」こと等が明記された。

実際、各国はその後、この方向に沿った規制強化策を具体化していくことになる（その全体像は、佐藤［2011］にくわしい）。以下では、危機の震源地であったアメリカで進展した金融規制改革に関して、簡単に概観しておく。

既述のように、金融危機の根源には、「金融システム保全のためには公的保護が不可欠な一方で、公的保護それ自体はむしろモラルハザードを生み、システムをより脆弱にしてしまう」という、セーフティネットのパラドクスが存在していた。危機の本質を以上のように把握した場合、金融規制の改革には、方向性としては正反対ともいえる二つのアプローチが必要なことがわかる。

一つは、モラルハザードを抑止するための事前的な金融規制の拡大強化である。それは、この数十年間にわたって進展してきた金融部門における規制緩和の流れを逆転させることを意味する。しかし、規制の拡大や強化だけでは十分とはいえない。というのは、規制の抜け道をすべて防ぐことは事実上不可能であり、そうである以上、公的保護が存在するかぎりモラルハザードは不可避だからである。それを防ぐには、モラルハザードの根源である公的保護それ自体を縮小させ、損失を他に転化させる可能性を封じるしかない。これは、規制の拡大というよりは、市場経済の自己規律原則への回帰を意味する。

ボルカー・ルールの眼目は

この二つの方向性は、アメリカのその後の金融規制改革のなかにも確認できる。危機が進展しつつある2009年1月に成立したアメリカ民主党のバラク・オバマ政権は、これまで金融規制の外側に置かれてきた商業銀行以外の金融的活動をも監視・監督することを目的に、グラス＝スティーガル法の現代的再興を目指し、2009年6月に金融規制改革案を提起した。その改革案はその後、議会の民主党と共和党、そしてウォール街を中心とする金融業界を巻き込んだ錯綜した政治的駆け引きを通じてさまざまな修正が加えられ、2010年7月21日にドッド＝フランク・ウォール街改革・消費者保護法（通称ドッド＝フランク法）として成立した。

この金融改革の動きのなかで最も注目を集めたのは、オバマ政権のブレーンの一人と目されていたポール・ボルカー元FRB議長が提起した規制改革、いわゆるボルカー・ルールである。

その眼目の一つは、銀行によるファンド投資の制限と高リスクな自己勘定取引の制限にあった。規制が改めて銀行に向けられることになったのは、今回の金融危機のなかで、投資銀行がほぼ壊滅し、形式としてはすべて商業銀行に吸収統合されてしまったからである。それは、預金を受け入れていることから、より公的保護の度合いが強い商業銀行が、トレーディング業務やファンド投資という従来は投資銀行が行ってきたような高リスク分野で活動を活発化させるという、新たな問題状況を生み出した。この銀行に対する自己勘定取引制限は、それを抑制するための事前的規制である。

ボルカー・ルールのもう一つの眼目は、「他の金融機関買収後の連結負債のシェアが全米金融機関総合計の10％以上となることを禁止する」という、金融機関への負債規模制限の導入である。これは、単に事前的規制の強化というだけでなく、公的保護の必要性縮小を目的としたものである。というのは、今回の金融危機の一つの大きな教訓は、金融機関の巨大化は、それ自体が大きなモラルハザードを生み出すという点にあったからである。これは、“Too big to fail”（大きすぎて潰せない）問題として、かねてからよく知られている。

今回の危機において、アメリカの政策当局は、モラルハザードの拡大を覚悟のうえで金融機関を救済するか、巨大金融機関の倒産がその巨大さゆえに経済に多大な影響を及ぼすことを覚悟のうえでそれを市場の淘汰にまかせるかという、究極の選択に何度も直面した。このジレンマを解消する最も単純な方法は、「破綻しても大きな影響が生じない程度にまで金融機関の規模を縮小させる」ことである。負債規模制限の意図は、まさしくそこにあった。

"Too big to fail" を終わらせる

その点で象徴的だったのは、今回の世界的経済危機の最大の分水嶺が、２００８年9月に生じた投資銀行リーマン・ブラザーズの破綻にあったことである。そのショックがもたらした影響のあまりの甚大さは、当然ながら、リーマン・ブラザーズを救済せずに破綻させたアメリカ政府の対応に批判を集中させることになった。

しかし、サブプライム危機の主因が前述のようなインセンティブの歪みにある以上、仮に政府がリーマン・ブラザーズを救済していたとするならば、それはそれで別の大きな問題を引き起こしていたことは明らかである。というのは、過大なリスクテイクを行い短期で大きな収益をあげるという投資銀行のビジネス・モデルがそもそも歪んでいたにもかかわらず、その歪みの結果として生じた損失を政府が負担してしまうことになれば、リスクは取れるだけ取ったほうがよいというすでに存在する歪んだインセンティブに基づくモラルハザードを市場にますます蔓延させてしまうことになるからである。

ドッド＝フランク法はその冒頭に、「金融機関の説明責任と透明性を向上させることでアメリカの金融安定性を促進し、"Too big to fail"（大きすぎて潰せない）を終わらせ、納税者のため特定の企業への財政出動を終わらせ、新たな金融危機を防止するための堅固な経済基盤を創出する」ことを、法の目的として掲げている。

たしかに、アメリカの巨大金融機関の経営者たちは、"Too big to fail" を背景として無謀なリスクテイクを行い、巨額の報酬を懐にする一方で、企業や社会に対しては結果として巨大な損失をもたらした。彼らの多くは、当初の想定どおり納税者の負担による公的救済を享受しながら、十分な償いをすることもなく、居場所を変えて復活したのである。これは、「みずからがリスクをとって行動した結果は、みずからが引き受けるしかない」という市場経済本来の原則とは対極的な行動様式であった。

つまり、「市場原理」を錦の御旗にした金融市場の規制緩和は、皮肉なことに、金融機関の巨大化を促進することによって、自己規律という市場経済の最も本質的な特性を機能不全にしてしまったのである。ドッド＝フランク法はその意味では、市場経済の自己規律原則を再興する試みと捉えることもできる。

ＢＩＳが唱えたグリーンスパン真犯人説

サブプライム危機に関しては、その原因を金融機関の行動以外に求める見解も存在する。そのなかでも有力なのは、サブプライム住宅バブル発生の原因を、２０００年代前半の米ＦＲＢの金融政策に求める見方である。それは時期としては、１９８７年から２００６年までＦＲＢ議長をつとめたアラン・グリーンスパンの任期の最末期に対応する。

端的にいえば、この「金融政策の失敗」仮説とは、サブプライム危機を生み出した住宅バブル発生の主因を、この時期の米ＦＲＢによる金融緩和政策の「行き過ぎ」に求めるものである。

この仮説の最も強力な発信源は、国際決済銀行（Bank for International Settlements：ＢＩＳ）である。ＢＩＳは、バーゼル合意（いわゆるＢＩＳ規制）等の銀行監督に関する指針を定める役割を果たしたことがよく知られているが、本来的には各国中央銀行の相互協力を円滑化するための組織であり、いわば「中央銀行の銀行」の役割を担っている。金融政策のあり方に関するＢＩＳの立場は、しばしばＢＩＳビューと呼ばれており、それはＦｅｄビューとも呼ばれるＦＲＢ的な金融政策運営理念へのきびしい批判を含んでいる。

このBISビューは、学界においては必ずしも主流とはいえないが、各国中央銀行においては一定の支持基盤を持っている。とりわけ、白川方明総裁時代の日銀は、BISビューと強く共鳴し合っていた。[2] ちなみに、白川はその総裁任期中の2011年に、BIS理事会の副議長に指名されている。

危機の前後で評価が一転した

グリーンスパンが主導した2000年代前半のFRBの低金利政策が、すでに拡大しつつあった住宅バブルの火に油を注ぐことになったことは、おそらく確かであろう。しかし、S&Pケース・シラー住宅価格指数の動向（図2-1）を確認すれば明らかなように、1990年代半ばまできわめて安定的に推移していたアメリカの住宅価格が顕著に上昇しはじめるのは、FRBが「ITドットコム・ブーム」を背景とする景気過熱の抑制のために政策金利を中立的水準よりもやや引き上げていた1990年代末からのことである。

アメリカの住宅価格はその後、2006年ごろまで上昇しつづけたのちに急降下することになるが、その変動は政策金利の動向とはほとんど無関係に生じている。つまり、アメリカの住宅バブルは、2000年代前半にはすでに自律的に拡大しはじめていたのである。

仮にFRBが2000年代前半に「バブル潰し」を目論んだとすれば、その目的の達成のためには、経済状況からは許容しがたい大幅な政策金利の引き上げが必要になったであろうことは明らかである。それは、金融政策の第一義的な目的が資産価格の安定ではなくマクロ経済の安定であることからすれば、本末転倒という以外にはない。

その状況を確認しておこう。図2-2はアメリカの政策金利であるフェデラル・ファンド・レートの推移を示したものである。そこには同時に、5・2%というアメリカの「中立的」政策金利が示されている。中立的金利とは、経済が潜在成長経路上にあるときに実現されるような、平常時の金利のことである。1990年代後半のアメリカ経済は、消費者物価上昇率は2〜3%、失業率は5%前後で安定していたので、ほぼ潜在成長経路上にあったと想定できる。したがって、その時期にFRBが維持していた5%強のフェデラル・ファンド・レートは、アメリカにおける「中立的」な政策金利と考えることができる。

図2-2が示すように、FRBは、ITドットコム・ブームが過熱化した2000年ごろにはフェデラル・ファンド・レートをいったん6・5%程度まで引き上げたが、バブル崩壊が明らかとなった2001年からは一転して、1年間でほぼ4・5%ポイントもの急激な利下げを行った。そして、その後の2002年からの景気回復過程においても、1%台の政策金利を2年以上にわたって維持した。FRBが政策金利の中立化に着手しはじめたのは、景気の「谷」から4年近くも経過した2004年半ば以降になってからのことである。

▼2　白川の総裁就任以前に出版された白川［2008］の第20章（資産価格上昇と金融政策）、日銀エコノミストを代表する存在であった翁邦雄による翁［2011］の第6章（「資産価格バブル」と二つの金融政策戦略――「後始末」か「風に逆らう」か）は、FedビューとB-Sビューの意義と問題点を公平に整理するという体裁を取りながらも、内実はともにB-Sビュー的観点への親近性が顕著である。

図2-2　アメリカの政策金利（1995～2010年）

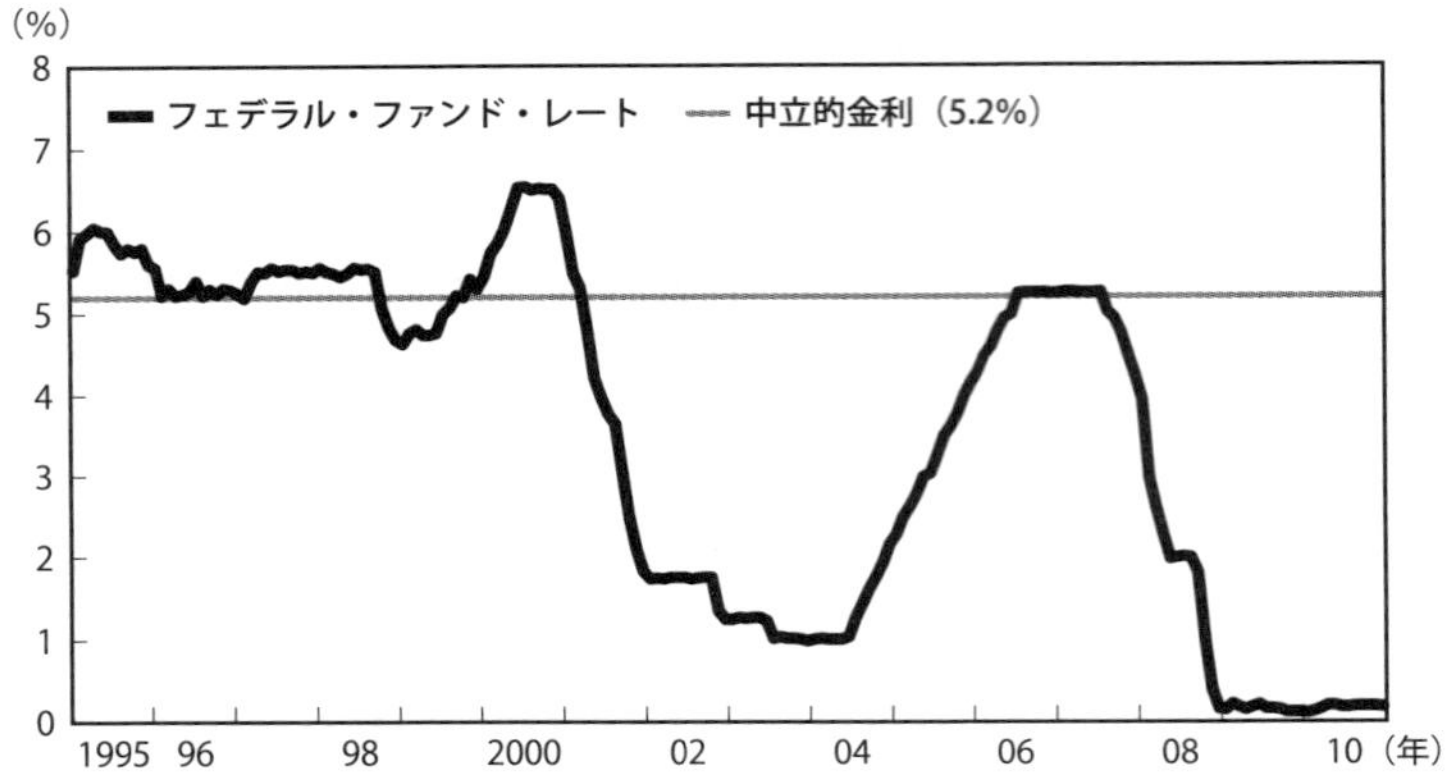

（出所）アメリカ The Federal Reserve Boardデータより作成。

前記の金融政策失敗仮説とは、このＦＲＢの「異例な」金融緩和の結果として発生した「過剰流動性」こそが、アメリカの住宅市場にバブルをもたらし、その後の住宅バブル崩壊によるサブプライム危機をもたらしたとする見解である。

このときの米金融政策を主導していたグリーンスパンは、ＦＲＢ議長在任中は、その巧みな金融政策運営によって「マエストロ」（「巨匠」を意味するイタリア語）とまで呼ばれ、市場関係者の間で大いなる威信を保ちつづけていた。しかし、グリーンスパンの退任後に生じた世界経済危機は、その名声を大きく失墜させる結果となった。

危機が生じる前は、グリーンスパンがＩＴバブル崩壊後に迅速かつ大胆な金融緩和を行ったからこそバブル崩壊後の不況がきわめて短期間に終わったとする評価が一般的であった。しかし、リーマン・ショック後は一転して、サブプライム住宅バブルはグリーンスパンの「異例な」金融緩和政策によって引き起こされたと批判されるようになったのである。

不可避だったグリーンスパンの低金利政策

問題は、当時の米金融政策に対するこうした批判が、どの程度の妥当性を持つかである。グリーンスパンは果たして、政策金利の中立化をより早い段階に実行すべきだったのであろうか。結論からいえば、その答えは否である。というのは、当時のアメリカ経済が直面していた「過度なディス・インフレ」という経済状況を考慮すれば、グリーンスパンが政策金利の中立化を慎重のうえにも慎重に行ったのは当然であったからである。

マクロ経済におけるインフレ率を算出する指標として最も一般的なのは、消費者物価指数(Consumer Price Index：CPI)である。ただし、中央銀行が金融政策を遂行するうえでの目標としては、価格変動の激しい食料およびエネルギー価格を除いたCPI上昇、いわゆるコアCPI上昇率が用いられることが多い。

図2-3は、アメリカにおけるコアCPI上昇率の推移を示したものである。図2-3には同時に、2・2%という「望ましいコアCPI上昇率」が示されている。これは、先進諸国の中央銀行の多くが、2%強程度のコアCPI上昇率を達成しかつ維持することを目標にして金融政策を運営しているという事実に基づいている。実際、アメリカにおいても、1990年代後半以降は、ほぼその水準が維持されている。

そのコアCPI上昇率がアメリカで例外的に1%台にまで大きく低下したのが、2002年から03年にかけてであった。こうしたインフレ率の急激な低下は、グリーンスパンに「日本の二の舞にな

図2-3　アメリカのインフレ率（1995～2010年）

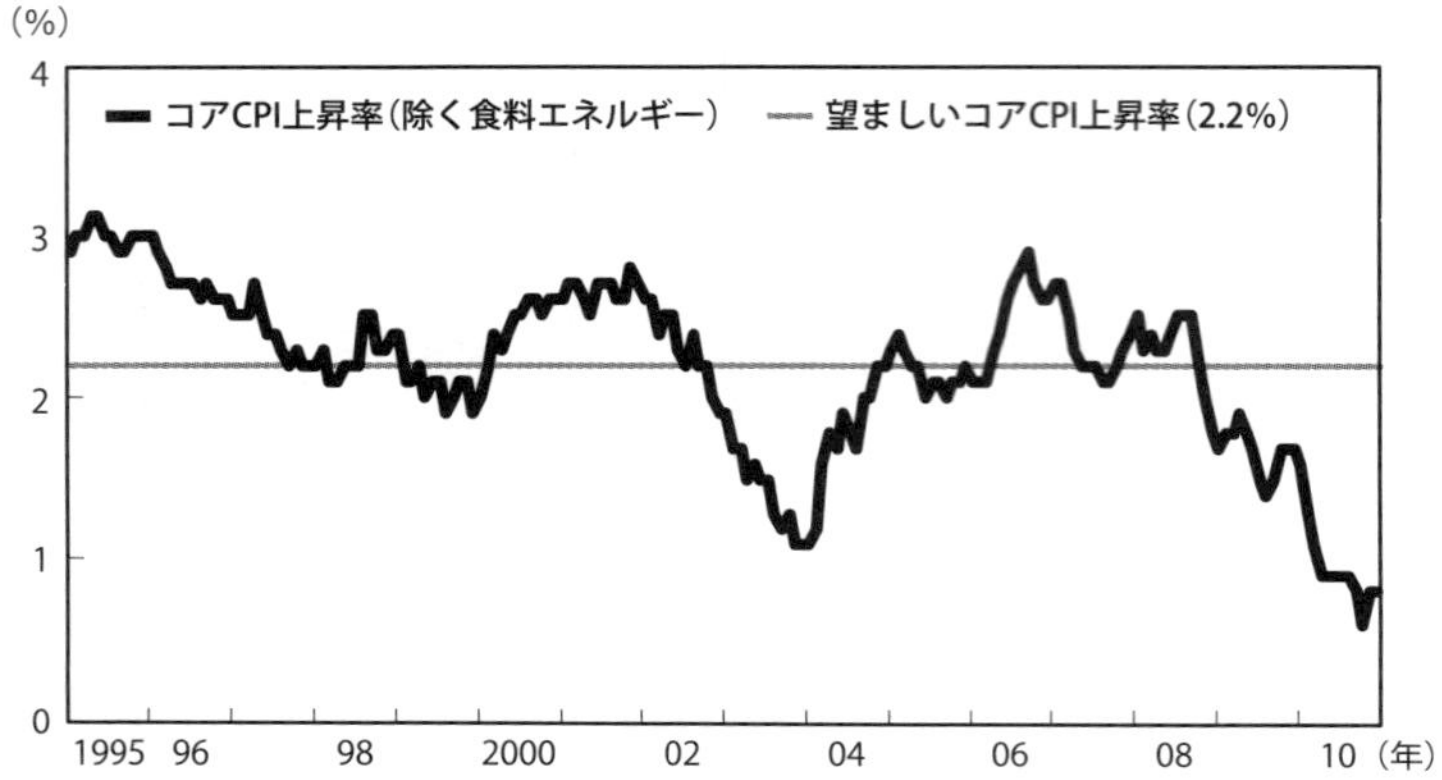

（出所）U.S. Bureau of Labor Statisticsデータより作成。

るかもしれない」という危機感を抱かせた。日本では、1990年代半ばから政策金利がほぼゼロとなり、それ以上の利下げ余地がなくなるなかで、1990年代後半からはデフレすなわち一般物価の下落が進行しつづけていた。

このように、政策金利の操作という金融政策の伝統的手段を奪われた状況でデフレに対処しなければならないという事態は、中央銀行が最も避けるべきものであった。その厄介さは、日本経済がデフレ下のゼロ金利という「デフレの罠」に20年近くもはまり込んだままになっており、そこから脱却しようともがき苦しんできたという事実からも明らかであろう。

そのことを考えれば、コアCPI上昇率が低下しつづけているなかであえて政策金利の引き上げを行うという選択肢は、グリーンスパンにとってはまったくありえなかったのである。グリーンスパンは、このときのみずからの認識を、以下のように述べている。

2003年になると、景気の落ち込みとディス・インフレが長期にわたって続いてきたため、FRBはさらに変わった危機を考慮せざるをえなくなった。物価が下落する現象、デフレーションである。つまり、13年にわたって日本経済の沈滞をもたらしていたのと同様の悪循環に、アメリカ経済が陥る可能性だ。これはきわめて心配な問題だった（Greenspan［2007］p. 228，邦訳上巻332ページ）。

仮に、FRBが2003年ごろの段階で、住宅バブル抑制のために政策金利の大幅な引き上げに踏み切っていれば、アメリカの住宅バブルはより早い段階で潰れていたかもしれない。しかしそれは、金融政策の本来の目標であるインフレ率や失業率の適正化を限りなく困難にしたであろうことは間違いない。最悪の場合には、グリーンスパンが危惧していたように、アメリカ経済は日本的な真性デフレーションに陥っていたかもしれない。

グリーンスパンは小さな声で「あなたに同意だ」といった

資産価格の急激な上昇と下落は、これまでにも各国において、さまざまな経済的混乱を引き起こしてきた。その資産バブルをどうしても抑制したいのなら、とりあえずは金融の引き締めを徹底的に実行すればよい。実際、日本では、1980年代末に拡大した資産バブルの抑制のために、日銀が政策金利を8％前後にまで引き上げ、「バブル潰し」に成功している。そのことから、金融政策を単に物価安定のためだけではなくバブルの抑制にも用いるべきだという考え方が提起されるのは、ある意味では自然である。

それに対して、マクロ経済の専門家の多くはこれまで、「金融政策を用いてバブルを抑制するのは必ずしも得策ではない」と主張してきた。そこには主に二つの理由があった。

第一は、バブルは崩壊した後にのみバブルであったことが明らかになるのであり、特定の資産の価格上昇を事前にバブルと見きわめることは政策当局ですら難しいということである。

第二は、仮に政策当局がバブルを見きわめたとしても、それを政策的に潰すことは、経済を安定化させるよりもむしろ不安定化させる可能性が高いということである。事実、日銀による1990年代初頭の金融引き締めは、「バブル潰し」というその目的こそ達成したものの、それによって生じた資産デフレが深刻な経済停滞を招き、結果としてはその後の長期経済低迷の引き金になってしまったのである。

この考え方を経済学的に裏づけた最も代表的な文献は、ベン・バーナンキがプリンストン大学教授時代に朋友マーク・ガートラーとともに公刊した諸論考である（Bernanke and Gertler [1999; 2001]）。その要点は、「資産バブルとその崩壊は経済に大きなダメージを与えるが、金融政策は、その資産価格変動が期待インフレ率変動のシグナルでないかぎりは、決してそれに対して反応すべきではない」というものである。というのは、資産価格の安定化を目標に金融政策を運営することは、金融政策の本来の目標である物価や雇用の安定化を脅かす危険性があるからである。

この主張は、「金融政策をバブル潰しに用いるべきではなく、バブルに対してはそれが潰れた後に積極的な金融緩和を行うことで対応すべきである」という、グリーンスパンがＦＲＢ在任中に実践してきた金融政策運営の適切さを裏づけるものと考えられたため、その後はＦｅｄビューと呼ばれるようになった。バーナンキとガートラーは、１９９９年夏にジャクソン・ホールで行われた連邦準備銀行主催のカンファレンスに招待されたときに、この見解を初めて発表した。米『ニューヨーカー』誌の記事によれば、彼らの見解はそのとき、何人かの学者やエコノミストの強い批判を受けたが、そこに出席していたグリーンスパン本人は、セッション中は何も発言しなかったものの、セッション終了後にバーナンキに歩み寄り、限りなく小さな声で「あなたに同意だ」と述べたという（Cassidy [2008]）。

BISは絶えず「警告」を行っていた

それに対して、BISを代表するエコノミストであったウィリアム・ホワイトは、危機が顕在化する以前の2006年に、のちにBISビューと呼ばれることになる通説批判を展開していた（White [2006]）。その要点は、「資産価格の過度の上昇は、それがいったん崩壊した場合、金融システムの不安定化と実体経済の悪化を招くので、それを回避するためには、資産価格上昇を抑制するような金融引き締め政策が、仮に物価が安定している場合でも必要である」というものである。

ホワイトはさらに、バブルが生じている場合にはそれを放置し、バブルが潰れたときに初めて金融緩和を行うというFRB流の非対称的な金融政策運営は、それ自体がバブルの発生を促進する要因となると主張した。ホワイトのこの見解は、第10章で詳述するオーストリア学派由来の「マクロ緊縮主義」に影響を受けていた。

アメリカのサブプライム住宅バブルが崩壊し、世界が未曾有の経済危機に陥ったとき、専門家や政策当局者の一部は、その事態をFedビューに対するBISビューの勝利として受け取った。それは、BISがその危機の以前に、資産バブルのリスクを警告していたからである。

しかし、サブプライム危機とその後の世界経済危機を、ＢＩＳの政策命題やその「予言」の正しさを示す証拠と考えることには問題がある。というのは、ＢＩＳは、世界経済危機後の各国の金融政策に関しても同様に、年次報告リポートなどを通じて、各国の政策金利が過度な低水準に陥っているとか、各国中央銀行のバランスシートが拡大し過ぎているといった、まさしくＢＩＳビュー的な内容の「警告」を絶えず行っているからである。

たとえば、ＢＩＳが公表した２０１１年の年次報告（81st BIS Annual Report 2010-2011）では、主要国の中央銀行が歴史的にみて異例の低金利政策を3年近くも続け、危機対応の国債買い入れや自国通貨高防止のための為替介入によって各国中央銀行のバランスシートが拡大した結果、物価上昇や資産価格の急上昇などの深刻な金融の歪みが生まれる可能性があると指摘している。

要するに、ＢＩＳはその緊縮主義的政策論を、景気変動の局面を無視して一貫して開陳しつづけているだけなのである。それは、サイコロ賭博で6の目に常に賭けつづけても6分の1の確率では勝てるように、時宜を得れば正しいように見えるというにすぎない。

ＢＩＳビューの非現実性

幸いなことに、白川時代以前の日銀はともかくとして、ＦＲＢをはじめとする他の主要中央銀行が、その金融政策運営において、ＢＩＳの「警告」に対して何らかの配慮を行った痕跡はほとんどない。そして、将来的にも、ＢＩＳビューが各国の金融政策運営の指針になる可能性は低い。

それは、「特定の資産価格の上昇がファンダメンタルズの反映なのかバブルなのかを事前に判断する確実な方法は存在しない」、「金融政策という単一の政策手段によって物価安定と資産価格の安定という二つの目標を同時に達成することはできない」という、Fedビューに代表される従来の支配的見解に対して、BISビューが何ら有効な反論を提起できていないからである。

付言すれば、従来のFRB流の金融政策運営においても、資産価格の変動がまったく無視されていたわけではない。事実、ITバブルが発生していた1990年代末から2000年代初頭には、グリーンスパンもかなり強い姿勢で政策金利引き上げという形での金融引き締めを行っていた。しかしそれは、資産価格の上昇が明確に景気過熱と結びついていたからである。つまり、そこでのグリーンスパンの政策意図は、IT株価の抑制にあったのではなく、あくまでも景気過熱の抑制にあったわけである。

それとは対照的に、グリーンスパンはとくに2002年から04年にかけては、住宅価格の上昇にもかかわらず、低金利政策を意図的に継続した。それは単に、物価や雇用の適正化のためにはそれが必要だったからにすぎない。

BISビューの観点からは、グリーンスパンはその時点で住宅価格抑制のための利上げを実行すべきだったということになるが、それが正しい選択であったとは到底いえない。というのは、それはとりもなおさず、ITバブル崩壊後に顕著に進んでいた失業の拡大や過度なディス・インフレの進行をよりいっそう促進させることを意味するからである。

結局のところ、バーナンキらが指摘したように、金融政策が資産価格の安定化を目標に行われるとすれば、一国の物価や雇用の安定は偶然以外には望めないものとなってしまうのである。バーナンキ自身は、金融政策はあくまでも「マクロ経済の全体的な安定を達成するため」に使われるべきものであり、それをバブルや資産価格の抑制に用いるのは、「蚊を殺すのに大槌を使うようなもの」としている（Bernanke［2012a］Lecture 2）。

自由主義理論の欠陥を思い知る

グリーンスパンに関して批判されるべき点があったとすれば、それは金融政策運営においてというよりも、金融市場の規制緩和の帰結に対する彼のあまりにも楽観的な見方にあった。

グリーンスパンは、ＦＲＢ議長在任中に進展したアメリカにおける金融市場の規制緩和や金融技術の「革新」をほぼ無批判に肯定してきたし、新たな金融規制に対しては常に否定的な態度を取りつづけてきた。リバタリアンの教祖の一人である小説家アイン・ランドの熱烈な信奉者であったグリーンスパンは、その点に関しては、まさに生粋の「市場原理主義者」であった。

しかし、本章で確認したように、現実に進展した金融規制緩和は結局、市場本来の機能を回復させるよりはむしろ、市場に大いなる「歪み」をもたらしたのである。グリーンスパン自身が、その問題点を危機の後に強く認識するに至ったことは、みずからの「誤り」を認めたことで有名となった２００８年10月23日の議会公聴会証言に示されている。グリーンスパンはそのとき、デリバティブ（金融派生商品）の規制に対して反対する姿勢を取りつづけてきた誤りを認めるとともに、彼自身が長く信奉していた「自由主義理論」の欠陥を思い知らされてショックを受けていることを赤裸々に吐露したのである（Andrews［2008］）。

グローバル・インバランスの真の意味

サブプライム住宅バブルに関連してしばしば言及されるもう一つの問題は、経常赤字国であったアメリカと経常黒字国であった日本や中国等の国々との間に存在する、経常収支の不均衡である。この経常収支の世界的な不均衡は、とりわけ2000年代に入ってから顕著に拡大した。それは、2000年代半ばごろからはグローバル・インバランスと呼ばれ、専門家や政策当局者の多くが注目するところとなった。

アメリカの経常収支赤字は、2000年代前半にはサブプライム住宅バブルの拡大と歩調を合わせて急速に拡大していたが、バブルが崩壊した2006年をピークに減少し、2008年の経済危機の後にはさらに減少した。そして、2010年以降の経済回復のなかで、再び緩やかに拡大している（表2-1）。

これらの事実は、アメリカのサブプライム住宅バブルとグローバル・インバランスとの間には深い関連が存在することを示唆している。一部の専門家はそのことから、グローバル・インバランスは「異常な状態」であり、世界経済の安定にはその縮小が必要と論じている。そのような主張は、果たして妥当なのだろうか。

結論的にいえば、グローバル・インバランスの縮小は、マクロ政策をその目的に割り当てれば可能ではあるが、それが世界経済の安定化に寄与するとはまったくいえない。というのは、各国の経常収支の赤字や黒字は、基本的に各国のマクロ経済的バランス、すなわち貯蓄投資バランスを反映した「結果」にすぎないからである。

2000年代半ばまでのグローバル・インバランスの拡大は、たしかに「異常」ではあった。しかし、その異常さの原因は、それをもたらしたアメリカの過大な住宅投資にあった。アメリカの経常収支赤字の拡大それ自体は、アメリカの住宅投資拡大を原因とする対外資本流入の拡大によってもたら

2007	2008	2009	2010	2011	2012	2013
212.1	142.6	145.3	217.6	126.5	58.7	33.6
4.9	2.9	2.9	4.0	2.1	1.0	0.7
−718.6	−686.6	−380.8	−443.9	−459.3	−460.8	−400.3
−5.0	−4.7	−2.6	−3.0	−3.0	−2.9	−2.4
−62.5	−25.5	−31.4	−61.9	−36.0	−94.6	−113.8
−2.2	−0.9	−1.4	−2.7	−1.5	−3.8	−4.5
237.3	217.6	199.4	194.6	228.2	252.3	254.9
7.1	6.0	6.0	5.9	6.3	7.4	7.0
353.2	420.6	243.3	237.8	136.1	215.4	182.8
10.1	9.2	4.8	4.0	1.9	2.6	1.9

された、純粋に会計上の現象にすぎなかった。つまり、グローバル・インバランスの原因を解明することに意味はあったとしても、経常収支赤字それ自体を問題視する意味はまったくなかったのである。

2000年代に始まった大きな変化

国民所得の会計原則によれば、一国の経常収支は民間と政府部門を含めた一国のマクロ的な貯蓄投資差額と常に等しい。すなわち、「経常収支＝民間貯蓄投資差額＋政府投資差額」である。したがって、一国の経常収支の赤字（黒字）とは、民間貯蓄投資差額と政府貯蓄投資差額のどちらかあるいは両方が赤字（黒字）であることを意味する。

ここで政府貯蓄投資差額とは、政府財政の赤字あるいは黒字のことであるから、政府財政赤字を拡大させるような政府の財政政策は一般に経常収支を赤字化させる傾向を持つ。その顕著な歴史的実例は、1980年代前半に実行された米共和党ロナルド・レーガン政権による減税政策である。その政策

表2-1　各国の経常収支（2000～13年）

国＼年	2000	2001	2002	2003	2004	2005	2006
日本	130.7	86.2	109.1	139.4	182.0	170.1	174.5
	2.8	2.1	2.7	3.2	3.9	3.7	4.0
アメリカ	－410.8	－395.3	－458.1	－521.3	－633.8	－745.4	－806.7
	－4.0	－3.7	－4.2	－4.5	－5.2	－5.7	－5.8
イギリス	－42.9	－34.4	－33.3	－31.0	－44.6	－42.9	－70.7
	－2.9	－2.3	－2.1	－1.7	－2.0	－1.8	－2.8
ドイツ	－34.2	－7.1	39.3	35.9	126.9	133.8	173.4
	－1.8	－0.4	2.0	1.5	4.6	4.8	6.0
中国	20.4	17.4	35.4	43.1	68.9	132.4	231.8
	1.7	1.3	2.4	2.6	3.5	5.8	8.3

（注）上段：金額（10億ドル）、下段：対GDP比（％）。
（出所）International Monetary Fund, World Economic Outlook Database, October 2014.

はアメリカ経済に、「双子の赤字」と呼ばれる財政赤字と経常収支赤字の同時並行的な拡大をもたらした。

この事例は、もし一国が経済収支を黒字化（赤字化）させたいならば、増税（減税）などを行って政府財政を改善（悪化）させればよいことを示している。しかし、増税や減税などのマクロ財政政策は本来、自国の景気回復や財政健全化等の政策目標を達成するために行われるべきものである。経済収支の黒字化や赤字化をマクロ財政政策の政策目標に設定するのは、その本来の目標の達成を妨げるという意味では有害無益である。

実際、日本は1980年代にはしばしば経常収支の「黒字減らし」のための内需拡大をアメリカから要求され、それに応じてみずからの財政健全化目標を棚上げして政府財政支出の拡大を行ったが、それは後に日本経済をバブルに導く一つの大きな原因となったのである。

じつは、現在に至るグローバル・インバランスの発端は、レーガン政権による減税を含むいわゆるレーガノミクスが前記のメカニズムを通じてアメリカ経済に「双子の赤字」をもたらした1980年代にさかのぼる。その同じ時期に経常収支黒字国として立ち現れたのが、日本であった。

日本はアメリカとは対照的に、1980年代前半に「増税なき財政再建」のスローガンのもとに政府財政支出の一律的削減政策を行っていた。さらに、高齢化を控えて家計貯蓄率が平均的に高まっていたことで、民間貯蓄余剰も拡大しつつあった。1980年代から90年代に日米経済摩擦が激化した背景には、このようにして定着した赤字国アメリカ対黒字国日本という構図があった。

しかし、2000年代に入ると、もっぱら日米間の問題として捉えられていた経常収支の世界的不均衡の図式に、大きな変化が生じはじめる。その変化とは、それまでは目立つほどの黒字を持ってはいなかったアジアの中進国や一部の新興諸国が、恒常的な経常収支黒字国に転じはじめたことである。その代表は中国である。

中国は2006年には、1990年代における世界の二大経常収支黒字国であった日本とドイツを追い越し、世界最大の経常収支黒字国となった。他方のアメリカは、2001年に誕生した共和党ジョージ・W・ブッシュ政権がITバブル崩壊後の対策として減税を行い、政府財政赤字が再び拡大したこと、さらには住宅投資が本格化しはじめて民間部門の貯蓄不足が急拡大したことによって、経常収支赤字が2000年代前半を通じて年を追うように拡大していった。

つまり、2000年代以降の世界経済では、圧倒的な経常収支赤字国であるアメリカがその赤字をますます拡大させていく一方で、中国をはじめとする新興諸国の多くが黒字国へと転じ、その黒字幅を顕著に拡大させていったのである。これが、新たな焦点となったグローバル・インバランスである。

グリーンスパンが提起したコナンドラム（謎）

ところで、国際収支においては、経常収支黒字は資本純輸出を意味し、経常収支赤字は資本純輸入を意味する。つまり、経常収支赤字国アメリカは巨額の対外借り入れを行い、逆に日本や中国等の黒字国はそれだけの資金供給を行っていることになる。これまでの世界経済の常識では、先進国は資本輸出国すなわち経常収支黒字国であり、後発国あるいは新興諸国は資本輸入国すなわち経常収支赤字国と考えられてきた。それは、後発国は一般に投資機会に対して資金が不足しており、先進国はその逆と想定されてきたからである。

しかしながら、現在の世界では、中国その他の新興諸国が最大の経済的先進国であるアメリカに対して資本供給を行っているのである。このように一見すると逆説的な資本の流れが世界経済において成立しているのは、アメリカがマクロ的には常に消費過剰かつ貯蓄不足の状態にあるのに対して、中国等の新興諸国は、高い所得の伸びに国内支出の伸びが追いつかず、結果として貯蓄過剰が発生しているからである。

グローバル・インバランスのこの構図は、新興諸国の貯蓄過剰がアメリカの住宅投資の急拡大に密接に関連していることを示唆している。その事実をサブプライム危機が顕在化する以前に指摘していたのが、ＦＲＢ理事時代のベン・バーナンキであった。バーナンキは、ＦＲＢ理事として行った２００５年の講演のなかで、２０００年代以降のアメリカの住宅投資の拡大は、中国等の新興諸国からの資金流入によって支えられたものであることを指摘していた（Bernanke［2005］）。

たしかに、政府の財政赤字と民間の貯蓄不足が恒常化していたアメリカ経済において、こうした新興諸国からの資本供給が存在しなかったとすれば、アメリカの資金市場は逼迫して金利が上昇し、アメリカの住宅投資はより抑制されていたであろう。グリーンスパンは、退任後に著した自伝のなかで、２００４年ごろからＦＲＢが政策金利を引き上げはじめたにもかかわらず資本市場では長期金利が低いままに推移した異例の事態を振り返り、それをコナンドラム（謎）と名づけている (Greenspan［2007］ch. 20)。

バーナンキが２００５年に提起したこの「グローバルな貯蓄過剰」仮説は、ＦＲＢ議長としての彼の前任者が在任中にＦＲＢ内部で問題提起していたはずのこの「謎」に対する「謎解き」でもあった。グローバル・インバランスは、本来はそれによって自国でのより大きな消費や投資が可能であったはずの新興諸国の貯蓄が、アメリカの「不健全」な消費や投資に振り向けられたことを示唆していたという意味では、たしかに問題をはらむものではあった。しかし、バーナンキも前記講演で指摘していたように、経常収支の不均衡とは本来、さまざまなマクロ的な条件によって決まる「結果」であり、その数値それ自体には大きな意味はない。真の問題は、グローバル・インバランスの拡大にではなく、それを生み出したアメリカの過剰な住宅投資にあった。

そうであるにもかかわらず、経常収支の不均衡は是正されるべきだという考え方は、国際的な政策協議においても後を絶たなかった。２０１０年10月に韓国の慶州で行われたG20財務相・中央銀行総裁会議において、アメリカのティモシー・ガイトナー財務長官は、アメリカのような赤字国だけではなく黒字国も経常収支不均衡を抑制すべきという立場から、経常収支黒字額ないし赤字額の対ＧＤＰ比率に関して、各国がその水準に向けて削減努力を行うような数値目標の設定を求めた。

これに対して、そのような数値目標が設定されれば最もきびしい削減義務を負わされることになる黒字国の中国とドイツは強く反発し、結局その数値目標の設定は見送られた。それは、単に中国やドイツ等の黒字国にとってだけではなく、最大の赤字国であるアメリカを含む世界全体にとって幸いなことであった。

市場の失敗をもたらす情報の非対称性

結局、今回の世界経済危機の発端であった金融危機の本質的な「原因」とは何であったのであろうか。少なくとも、それがグリーンスパンの金融政策やグローバル・インバランスではなかったことは明らかである。それに対して、債務の証券化等々を通じてサブプライム住宅ローンの拡大を無分別に推進した投資銀行は、危機の明らかな「主役」であった。

しかしながら、投資銀行やヘッジファンドを規制してさえいれば問題はなかったかといえば、必ずしもそうとはいえない。というのは、今回の危機は、その規模こそ「百年に一度」のものであったとはいえ、本質的には資本主義の歴史とともに古い金融危機にほかならなかったからである。それぞれの金融危機には、ある共通因子を持つそれぞれの主体が存在していたのであり、今回はその担い手が投資銀行であったにすぎない。

既述のように、資本主義経済の一つの宿命は、それが信用の連鎖としての金融システムを不可欠の制度的要件としており、そこから派生する内在的な不安定性を免れることができないという点にある。その不安定性の根源に存在するのは、おそらくナイト的不確実性である。[▼3]

現代の経済学においては、市場が十分に機能しない状況は「市場の失敗」と呼ばれ、さまざまな事例が幅広く研究されている。市場の失敗がもたらされる最も典型的な状況は、取引を行う経済主体の双方に正しい情報が共有されていないという「情報の非対称性」のケースである。[4]金融市場を例とすれば、確実な収益を生む事業機会を持つ借り手が存在するにもかかわらず、貸し手にそのことが伝わらないために資金貸借が成立しないとすれば、それは情報の非対称性に基づく市場の失敗である。

そのような状況が、とくに金融市場において広範に存在していることは、おそらく間違いない。実際、経済学においても、情報の非対称性に基づく分析が最も積極的に行われてきた領域の一つは、金融経済学であった。[5]

しかしだからといって、金融市場の不安定性の本質は情報の非対称性にあると単純に決めつけることはできない。情報の非対称性はたしかに市場がうまく成立しないことを説明するが、その条件だけでは、金融的不安定性を最も典型的に特徴づける「ブーム」、「バブル」、「パニック」といった現象は十分に説明できないからである。

根源にはやはりナイト的不確実性

右の設例に即していえば、問題は「確実な収益を生む事業機会」という前提にある。ある企業が行う事業の成功が事前的のみではなく事後的にも確実であれば、「この企業が行う事業は成功する」という情報は「真の情報」といえる。その場合、その情報を金融市場参加者が共有しさえすれば、市場の失敗は解消される。

しかし、現実の経済においては、確実な事業機会などというものは独占事業等を除けばほとんど存在していない。もちろん、新しい事業に挑戦する企業や個人は、そこに一定の勝算があるからこそそうしているはずである。とはいえ、将来に何が起きるかわからない現実の世界においては、その「勝算」の多くは、客観的な裏づけのない主観的な「思い込み」にすぎない。それが、ヨーセフ・シュンペーターが「企業家精神」と名づけ、ケインズが「アニマル・スピリット」と名づけたものの本質である。

つまり、市場経済を支配しているのは、成功や失敗の確率分布さえ定かでないような、ナイト的不確実性である。あらゆる企業家は、そのナイト的不確実性のなかで、多かれ少なかれ賭博に近いような意志決定を行っているのである。

重要なのは、そのことが金融市場に関して持つ意味である。金融市場は、資本主義経済において、一般家計等の資金余剰主体から成長企業のような資金不足主体への金融仲介を通じて、あるいは銀行の信用創造を通じて、潜在的な事業機会を現実化させる役割を担っている。つまり、金融市場を通じて実現される信用供給は、企業家精神を資本主義経済にとってのエンジンとすれば、そのエンジンを

▼3　金融危機におけるナイト的不確実性の役割を強調したのは竹森［2007］である。

▼4　情報の非対称性は、ケネス・アローによって、医者と患者との間の問題として最初に提起された（Arrow［1963］）。「情報の非対称性」という用語それ自体は、ジョージ・アカロフの論文に初めて登場した（Akerlof［1970］）。中古車市場における売り手と買い手との間の情報の非対称性を取り扱ったこの業績によって、アカロフは2001年のノーベル経済学賞を受賞した。

▼5　最も代表的な研究の一つに、保険市場における情報の非対称性の問題を分析した、マイケル・ロスチャイルドとジョセフ・スティグリッツの論文がある（Rothschild and Stiglitz［1976］）。ちなみに、スティグリッツは、2001年にアカロフおよびマイケル・スペンスと共同で、情報の非対称性に関する業績によってノーベル経済学賞を受賞した。

動かすのに不可欠なガソリンとでもいうべき性質を担っている。しかし、そのガソリンは時に、過剰なエネルギーを生み出すことで、資本主義経済を暴走させてしまうことにもなるのである。

その根源にはあるのはやはり、ナイト的不確実性である。それは、金融市場の働きを著しく不安定なものにする。仮に、事業資金の借り手が確実な投資機会を持っているのであれば、資金の貸し手は単にそれを見きわめればすむ。たとえば、政府によって保護された独占事業者であれば、その保護されているという事実が市場で共有されてさえいれば、その事業者はきわめて有利な条件で、どの金融機関からでも簡単に融資を受けることができるであろう。

しかし、競争的状況が支配的な市場経済においては、事業がどの程度確実に成功するかなどは、資金の貸し手はおろか、借り手である事業主体の側においてさえ、きわめて漠然とした「希望的観測」としてしか把握されていない。つまり、競争的資本主義のもとでは、あらゆる金融機関は、そのようなナイト的不確実性のなかでリスクテイクを行い、信用供与を行わなければならないのである。

バブルと恐慌は宿命か

とはいえ、金融機関は必ずしも、その信用供与を、何の手がかりもなしに行っているわけではない。というのは、ナイト的不確実性の世界ではたしかに「真の情報」は存在しないかもしれないが、少なくとも「多くの人々が真と考える情報」なら存在するからである。金融市場の担い手の多くは、とりあえずはそれに頼ることになるであろう。なぜなら、その情報が事後的にも真に近い確証は、そのような人々の心理以外のどこからも得られないからである。

問題はまさにそこにある。そのようにして行われる意志決定は、ケインズが喝破したように、「誰が美人か」にではなく、「多くの人々が美人と考えているのは誰か」に票を入れるような、倒錯した美人投票にすぎない。それは、金融機関が、事後的に真である客観的確証はないが、少なくとも人々の多くがたしかにそれを真と考えているという意味での「集団心理」に基づいてリスクテイクを行い、信用供給を行っていることを意味する。

集団心理は一般に、ある情報を信じ込む人の数が増えるほどそのもっともらしさが高まり、さらに多くの人がそれを信じ込むようになるという、自己強化的な性質を持っている。その集団心理と通常の「社会常識」との相違は、後者と異なり前者にはその真理性を裏づける客観的根拠が存在しないという点にある。

人々に信じられている情報が明確に虚偽である場合には、その集団心理は「風評」と呼ばれる。風評の多くは、一時的には急速に拡大するが、その情報の虚偽性が客観的に明らかになれば、潮が引くように消え去っていく。おそろしいことに、これはまさしく金融資本主義の姿そのものである。

金融市場における「ブーム」や「バブル」は、資本主義の歴史とともに古い。それらは基本的に、人々が確かな根拠もなく「繁栄」や「値上がり」を信じたときに起きる。それはまさに、風評と同様な集団心理的現象である。ブームやバブルの崩壊としての「恐慌」や「パニック」は、多くの人々が信じていた楽観的見通しが実は真ではなく偽であったことが事後的に明らかになったときに生じる。それらが資本主義にとってのある種の宿命であるのは、資本主義経済とは本質的に、人々の心理以外には真理性や虚偽性を確認するすべがないような、ナイト的不確実性が支配する世界だからである。

ケインズが成し遂げた革命とは

資本主義経済はそのごく初期の時代から、バブルや金融恐慌に絶えず翻弄されてきた。経済学の先駆者たちは、きわめて素朴な形ではあったが、その問題の解明に取り組んできた。その知的格闘の歴史は、古典派経済学の成立以前にまでさかのぼる。[6]

その成果は、経済の本質を解明した「実物経済学」を補完する「貨幣経済学」の領域の問題として、古典派経済学のなかにも引き継がれてきた。しかし、古典派経済学は、「古典派的二分法」に基づいて実物体系と貨幣体系を分離し、市場経済の自律的秩序を解明する実物経済学を理論体系の中核として位置づけたうえで、貨幣経済学はそれを補う「攪乱期」の理論として扱ったにすぎなかった。

ケインズが経済学の歴史において果たした革命とは、単純にいえば、実物体系と貨幣体系の分離という古典派的二分法を前提として構築されていた経済学の枠組みを解体し、彼自身が「貨幣的経済理論」と呼ぶ、実物体系と貨幣体系とが本質的に結びついた経済理論体系を生み出したことにある。それが、ケインズの『一般理論』である。これは、単に経済学における理論的革命を意味していただけではなく、市場経済あるいは資本主義経済の本質をどう把握するのかについての理念的な転換をも意味していた。

アダム・スミス以来の古典派経済学は、市場経済の本質を、価格を通じた自己調整機能のなかに求めていた。彼ら古典派は、市場システムを、需要や供給のどのような攪乱をも自己調整する自律的秩序の体系として把握していたのである。

古典派においても、スミスの朋友であったデビッド・ヒュームが行っていたように、貨幣的要因が攪乱的影響を持つことは古くから分析されてはいた。しかし古典派は、その攪乱はあくまでも短期的なものにすぎず、長期においては自ずと安定的な均衡がもたらされると想定していたのである。

それに対してケインズは、資本主義経済の本質を、古典派のように「安定的均衡」や「自律的秩序」のなかにではなく、まさしく不確実性に基づく不安定性のなかに求めていた。ケインズはさらに、金融市場を、その資本主義の不安定な本質が最も鮮明に現れる場として把握していた。

ケインズはこのように、みずからの資本主義把握の中核に「不確実性」を据えたが、その点に関して、ナイトの著作から影響を受けた痕跡はない。両者はほぼ同時代人ではあったが、ナイトが主著『危険・不確実性および利潤』（1921年）を出版した当時のアメリカは、経済学のメッカであったイギリスにとっては、学問的周辺国にすぎなかったからである。

しかし、ケインズにとって不確実性の問題は、みずからの処女作『確率論』（1921年）以来の最重要のテーマであった（Keynes［1973b］）。ケインズは、それ以降の考察のなかで、ナイトとほぼ同じ含意を持つ不確実性の概念にたどり着いていたのである。ケインズが提起した「アニマル・スピリット」や「美人投票」等は、その最も顕著な実例である。

ケインズにとっての究極的な課題は、そのような不確実性に基づく不安定性を本質的な属性とし

▼6　アントワン・マーフィーの著書『マクロ経済学の誕生』（Murphy［2009］）は、今日マクロ経済学として了解されている問題領域の枠組みや概念がどのように形成されてきたのかを、ペティー、ロー、カンティロン、ヒューム、ケネー、チュルゴ、スミス、ソーントンといった経済学の先駆者たちの論述のなかから浮かび上がらせている。興味深いことに、そこにおいて最も大きな位置づけを与えられているのは、古典派経済学の父や母であったケネーでもスミスでもなく、18世紀金融バブルの主犯と目されてきた、悪名高き実業家であり財政家、ジョン・ローなのである。

て持つ資本主義を、いかに救うのかにあった。それは、1917年のロシア革命によって、資本主義を代替する社会主義という経済体制が現実のものとして成立し、さらに1929年に始まる世界大恐慌によって資本主義経済がまさに全般的な崩壊の危機に直面していたことからすれば、切実かつ緊急の課題であった。そして、ケインズがそのための方策として提起したのが、ケインズ的マクロ経済政策、すなわち金融政策とマクロ財政政策であった。

ケインズ主義の本質とは

ところで、ケインズ以前の時代においては、恐慌は経済を浄化する役割を持つ資本主義経済の自然的摂理であり、そのまま甘受すべきであるという考え方が支配的であった。世界大恐慌期の初期までは、経済学者や政策当局者の多くは、「清算主義」と呼ばれるその思考様式に強く影響されていた。世界大恐慌が生じたときに、多くの国がそれを野放しにし、恐慌を進行するにまかせたのは、そのためである。

アメリカのハーバート・フーヴァー政権の財務長官アンドリュー・メロンによる「労働者、株式、農民、不動産などを清算すべきである。古い体制から腐敗を一掃すれば価格は適正になり、新しい企業家たちが再建に乗り出すだろう」という発言は、とくに有名である。▼7

それに対してケインズは、政府は恐慌を放置すべきではなく、負のマクロ的影響を可能なかぎり抑制あるいは反転させるような措置を積極的に講じることが必要であると考えた。ケインズが提起したマクロ経済政策とは、まさしくそのための手段であった。

その点に関して、ケインズはおそらくは以下のように考えていたに違いない――たしかにユーフォリアに無分別に同調し、それを拡大させた企業や金融機関は、市場から淘汰されてしかるべきであり、それが資本主義を律する基本原則である。問題は、そのことが単に個別の企業にとどまらず、経済全体に負の影響を及ぼし、まったく無関係な人々をも巻き込んでしまうという点にある。資本主義が、陶酔とは無縁であった人々までをも一蓮托生にし、失業と貧困を人々に押しつけることを常とする体制であるとすれば、それはもはや存続可能なものとはいえない、と。

ケインズ主義の本質とはそのように、資本主義に内在する自己破壊的な要素を見据えたうえで、市場経済の基本原則を維持しつつも、政府の関与によって資本主義経済を可能なかぎり安定的に存立させようとする志向性にあると考えることができよう。次章以降で確認するように、このケインズ主義と清算主義あるいは緊縮主義との対立は、今回の世界経済危機への政策対応のなかにおいても再び鋭く顕在化することになる。

▼7　メロンのこの発言は、フーバーによる回顧録に登場する（Hoover［1952］p. 29）。

第3章

世界経済危機と危機下の経済政策

1 危機の推移とマクロ経済政策の三局面

世界的金融危機はクライマックスへ

前章で確認したように、アメリカにおいてサブプライム住宅バブルの崩壊が始まったのは、2006年ごろのことである。2007年に入ると、サブプライム住宅ローンに関与していた金融機関、サブプライム関連の証券化商品に投資していたヘッジファンド等のいくつかが、経営危機や破綻に追い込まれていく。さらに2007年夏には、金融不安は欧州に波及していく。

2008年3月には、米投資銀行ベア・スターンズが破綻する。そして、2008年9月に米投資銀行リーマン・ブラザーズが破綻し、サブプライム危機に発する世界的金融危機はクライマックスを迎えることになる。

このリーマン・ブラザーズの破綻は、金融不安は蔓延していたとはいえ多かれ少なかれ個別金融機関の経営危機にすぎなかったサブプライム危機を、信用の連鎖が次々と分断され、金融市場そのものが崩壊するという意味での真の金融危機に移行させる転機となった。それは、公共財としての金融システムが、信用の崩壊によって完全に機能停止に陥ったことを意味していた。

リーマン・ブラザーズの破綻が、システム全体を崩壊させるまでのショックを金融市場にもたらした理由は、巨大金融機関の資産内容の悪化はきわめて深刻であり、もはや清算という手段を避けることが不可能となりつつあることを、その破綻が否応なしにさらけ出したからである。

ベア・スターンズが財務基盤に問題はないと繰り返し発表してきたにもかかわらず2008年3月に事実上破綻したときにも、金融市場はたしかに大きなショックに見舞われた。しかしその危機は、JPモルガン・チェースによる救済買収がFRBの支援も受けて成立したことで、金融システムそれ自体を崩壊させるまでには至らなかった。

それに対して、リーマン・ブラザーズの場合には、複数の金融機関との売却交渉がことごとく不調に終わり、最終的には負債総額にして約64兆円という史上最大の倒産劇に発展した。それは、リーマン以外のどの巨大金融機関も財務状況は似たり寄ったりであり、リーマンのあまりにも巨額な損失を負担するだけの財務余力を持つ金融機関など、すでにどこにも存在していなかったからである。

こうなってしまえば、生き残った金融機関は、次はどこが破綻するのかという疑心暗鬼のなかで、より以上の損失を避けるために、ひたすら与信を縮小し、リスク資産の売却に邁進するしかない。こうして、金融システムは崩壊した。そのことは、リーマン・ショック後に生じた銀行間金利の急騰に示されている。

図3-1は、一般にTEDスプレッドと呼ばれる、米国債3カ月物金利とロンドン銀行間取引金利(London Interbank Offered Rate：LIBOR)ドル3カ月物との金利差である。一般に、金融市場で信用不安が高まると、信用度の高い米国債が買われその利回りは低下する一方で、ユーロドル金

図3-1　銀行間ドル金利、米短期国債金利、および金利スプレッド（2006～09年）

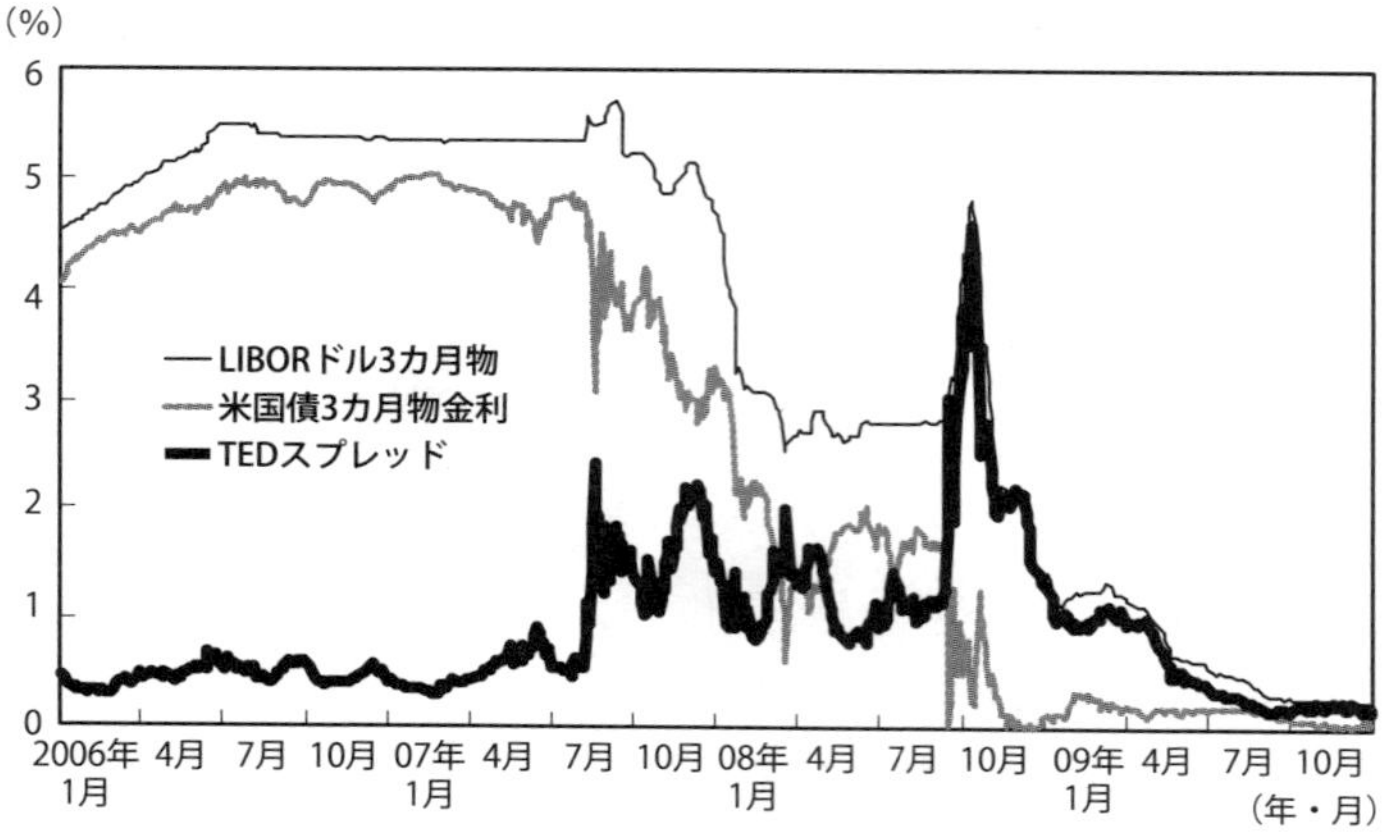

（出所）The Federal Reserve Bank of St. Louisデータより作成。

利は信用コストの高まりが懸念されて上昇することから、ＴＥＤスプレッドは拡大する。逆に、金融市場の信用不安が後退すると、ＴＥＤスプレッドは縮小する。ユーロ市場では、２００７年８月のパリバ・ショック以来、断続的に金融市場の信用不安が発生してはいたが、リーマン・ショック後に生じたそれは未曾有のものであり、まさに典型的な金融パニックであり、金融恐慌であった。

危機は実体経済にも波及した

リーマン・ブラザーズ破綻の影響は、まずはこのような金融危機として現れたが、もちろんそれにとどまるはずはなかった。金融は資本主義経済を動かすガソリンであり、その崩壊は経済そのものの運行停止を意味するからである。

アメリカの住宅市場においてはすでに、住宅価格の上昇が頭打ちとなった２００６年から、住宅着工の顕著な縮小が始まっていた（図3-2）。しかし、設備投資や純輸出が堅調だったことで、鉱工業

図3-2　アメリカの住宅着工件数（1998～2010年）

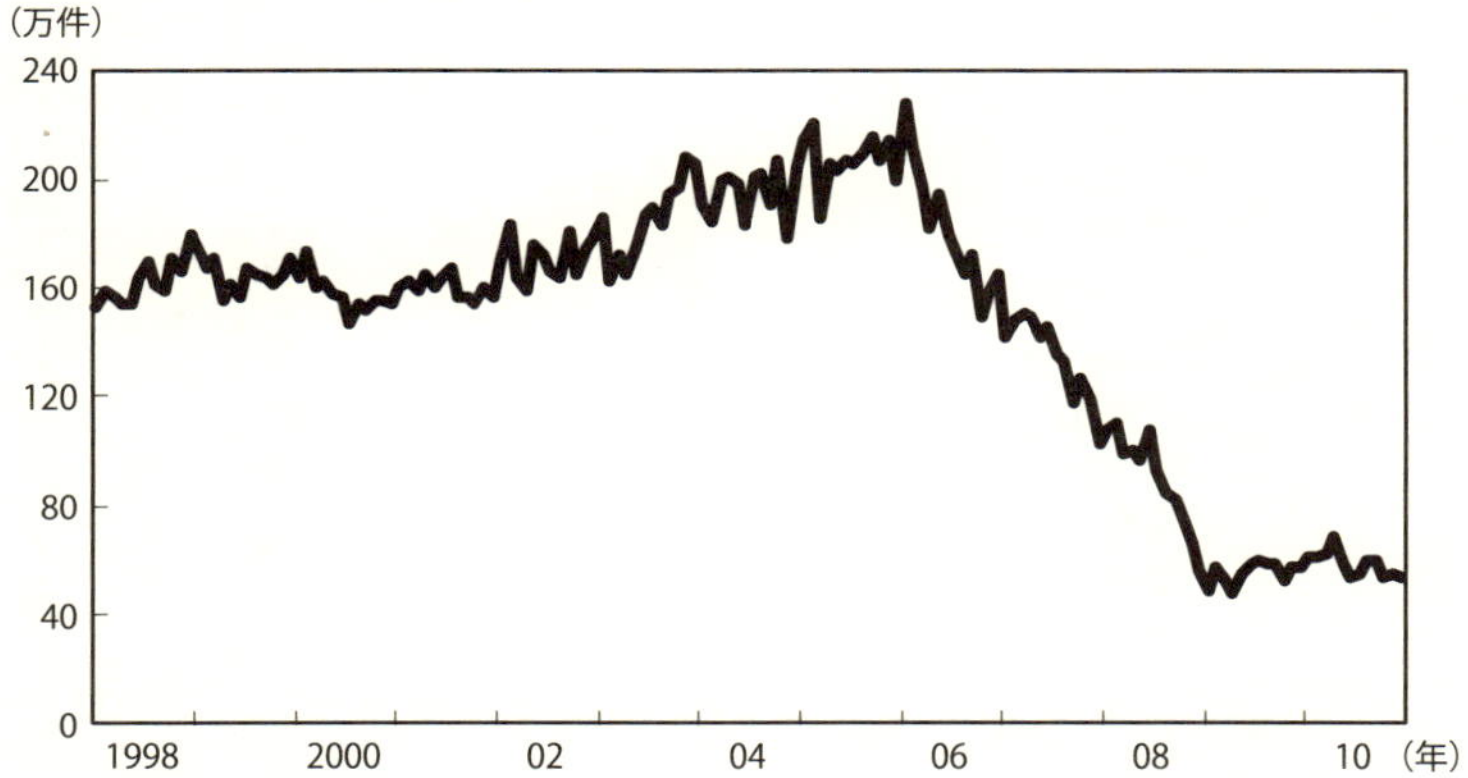

（出所）U.S. Department of Commerce, Census Bureauデータより作成。

図3-3　アメリカの鉱工業生産指数と設備稼働率（2005～10年）

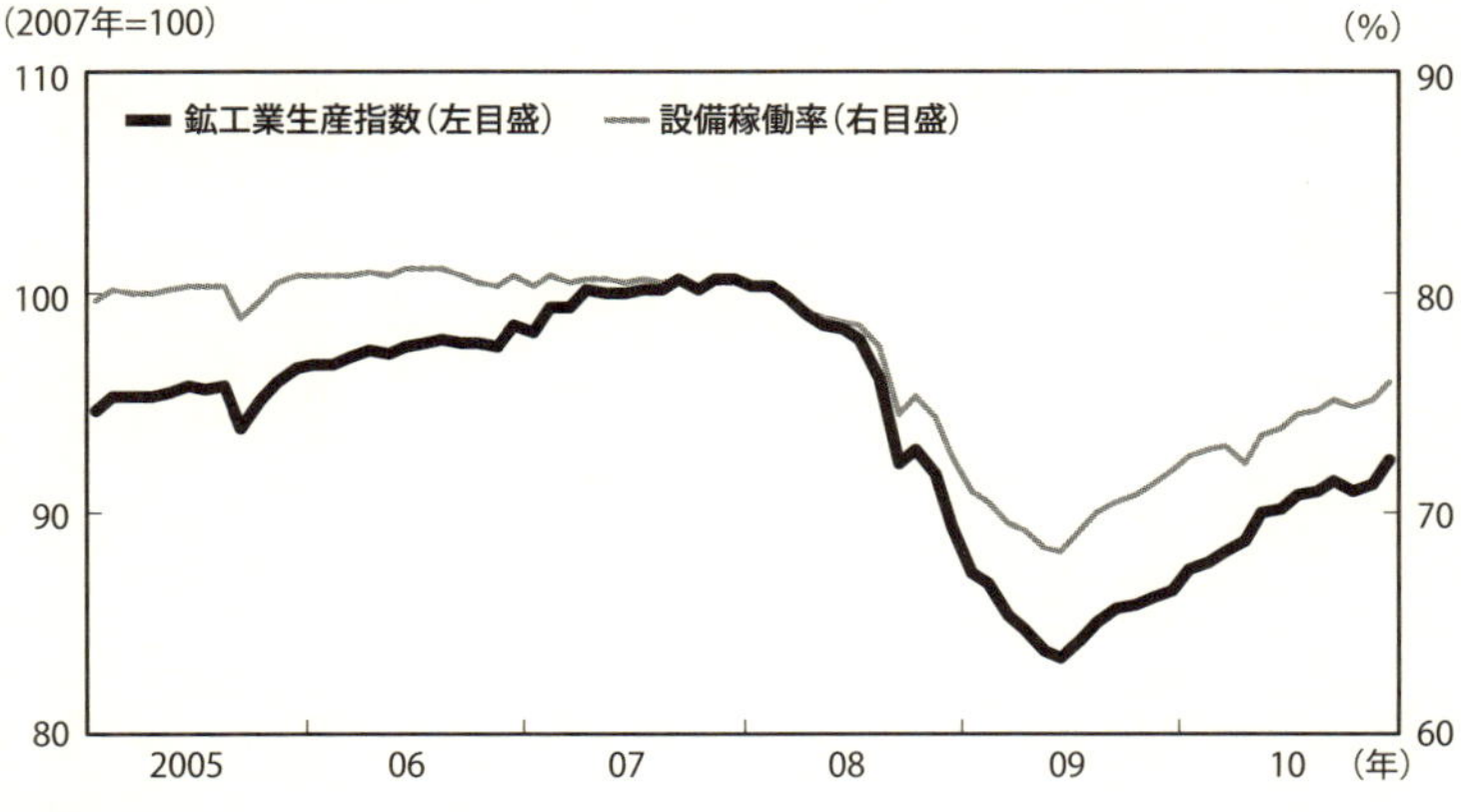

（注）季節調整値。
（出所）The Federal Reserve Boardデータより作成。

図3-4 アメリカの民間設備投資とその内訳（2004～09年）

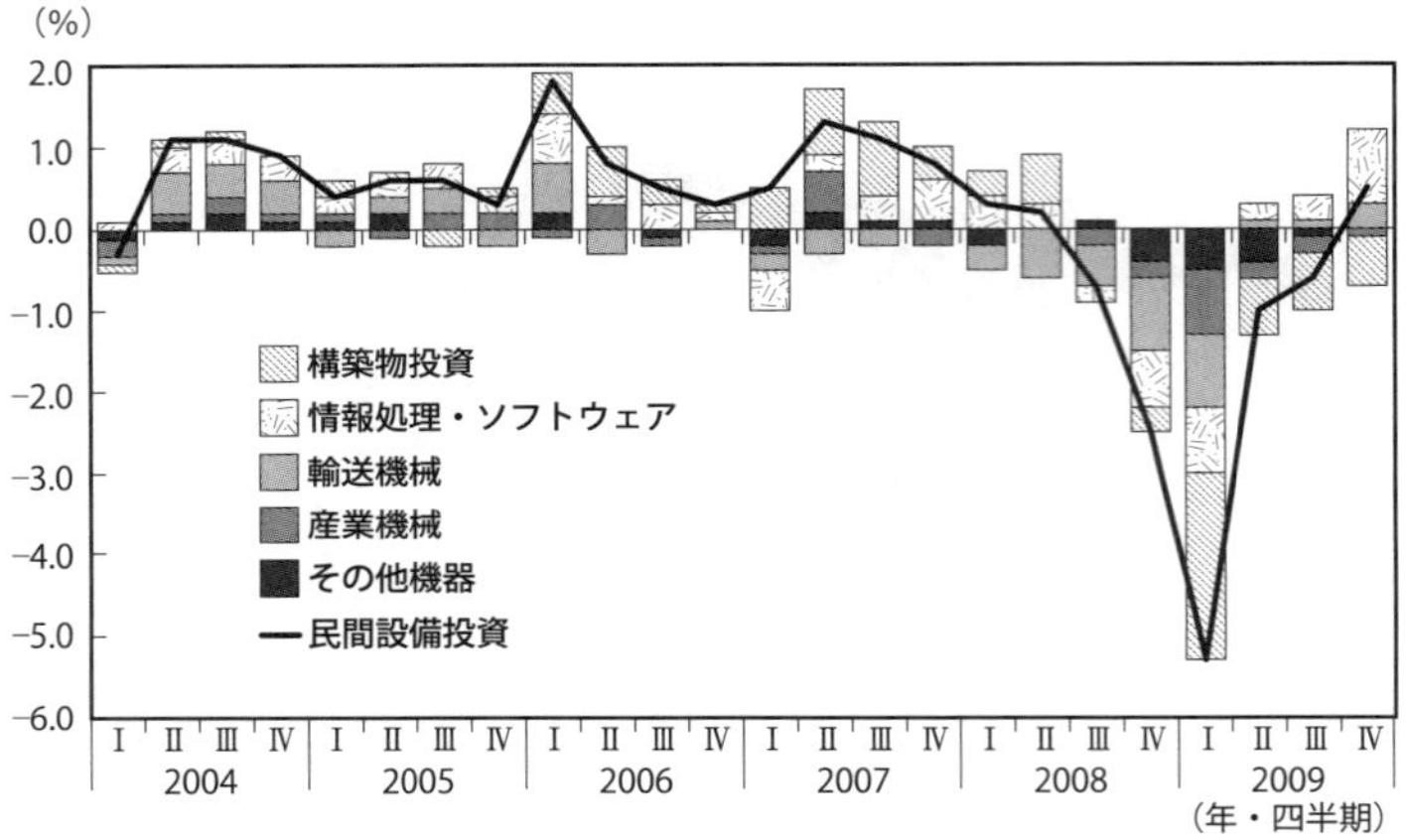

（注）実質GDP成長率への寄与度。
（出所）U.S. Department of Commerceのデータに基づいて作成された経済産業省『通商白書2010』第1-2-1-12図を転載。

生産指数や設備稼働率は、2008年半ばごろまではそれなりに維持されていた（図3-3）。そこに生じたのが、リーマン・ショックであり、金融収縮である。それらは、アメリカの設備投資をまさに直撃した（図3-4）。それは、金融市場を通じた外部資金という「ガソリン」を絶たれた企業が、事業拡大や設備更新を放棄せざるをえなくなったためである。

この内需の減少は、ただちに非農業部門雇用者数の減少となって現れ、若干のラグをともなって失業率の上昇となって現れた（図3-5）。こうして、金融収縮は実体経済そのものの収縮へと転移したのである。

リーマン・ショックによって生じた金融危機と経済危機は、アメリカのみにとどまらず、たちまちのうちに世界全体に波及していった。とりわけ深刻であったのが2008年第4四半期から2009年第1四半期にかけてであり、世界経済はその間、まさに世界大恐慌以来の大

図3-5　アメリカの非農業部門雇用者数増減および失業率（2000～09年）

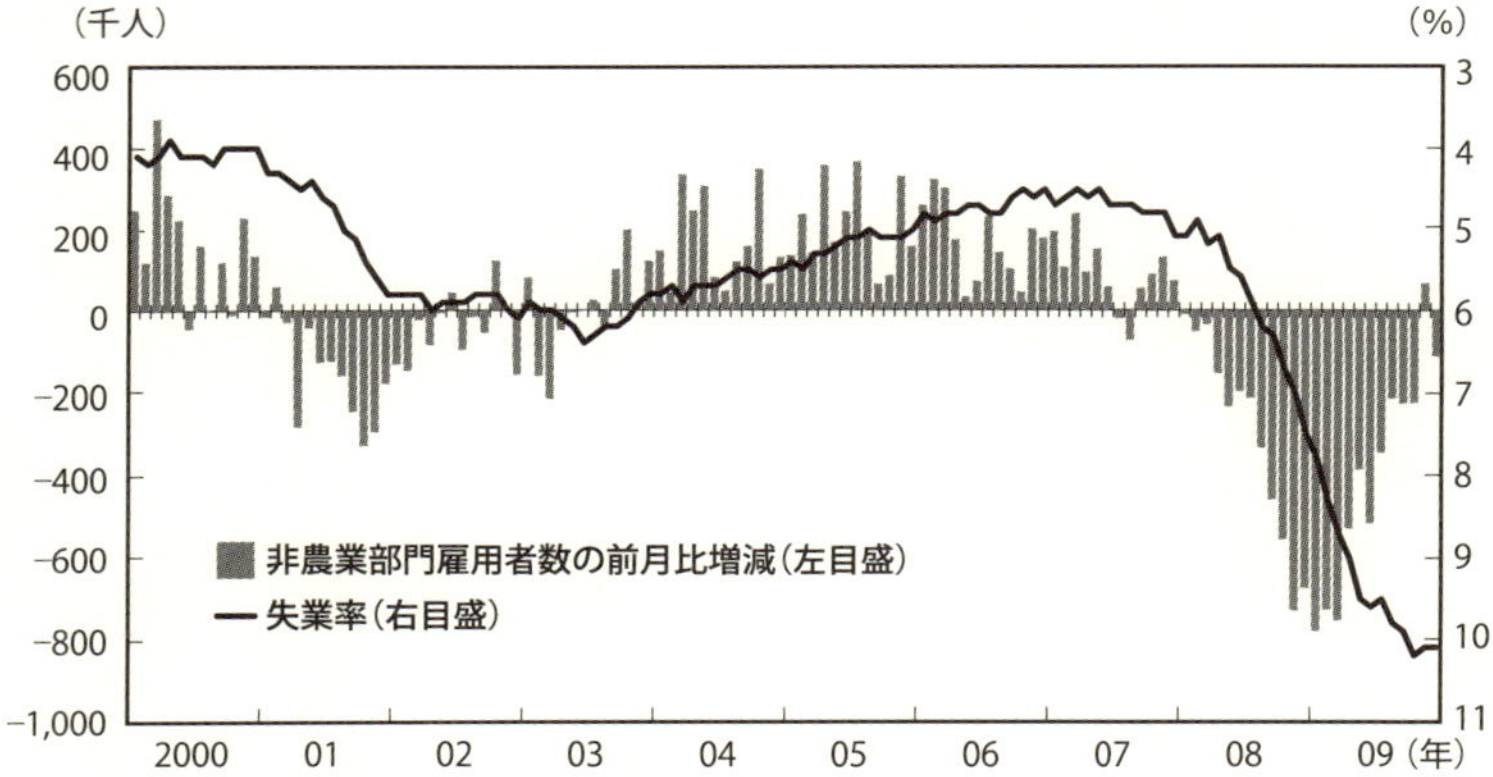

（注）失業率は季節調整値、逆目盛。
（出所）U.S. Bureau of Labor Statisticsデータより作成。

図3-6　各国の実質経済成長率（2006～10年）

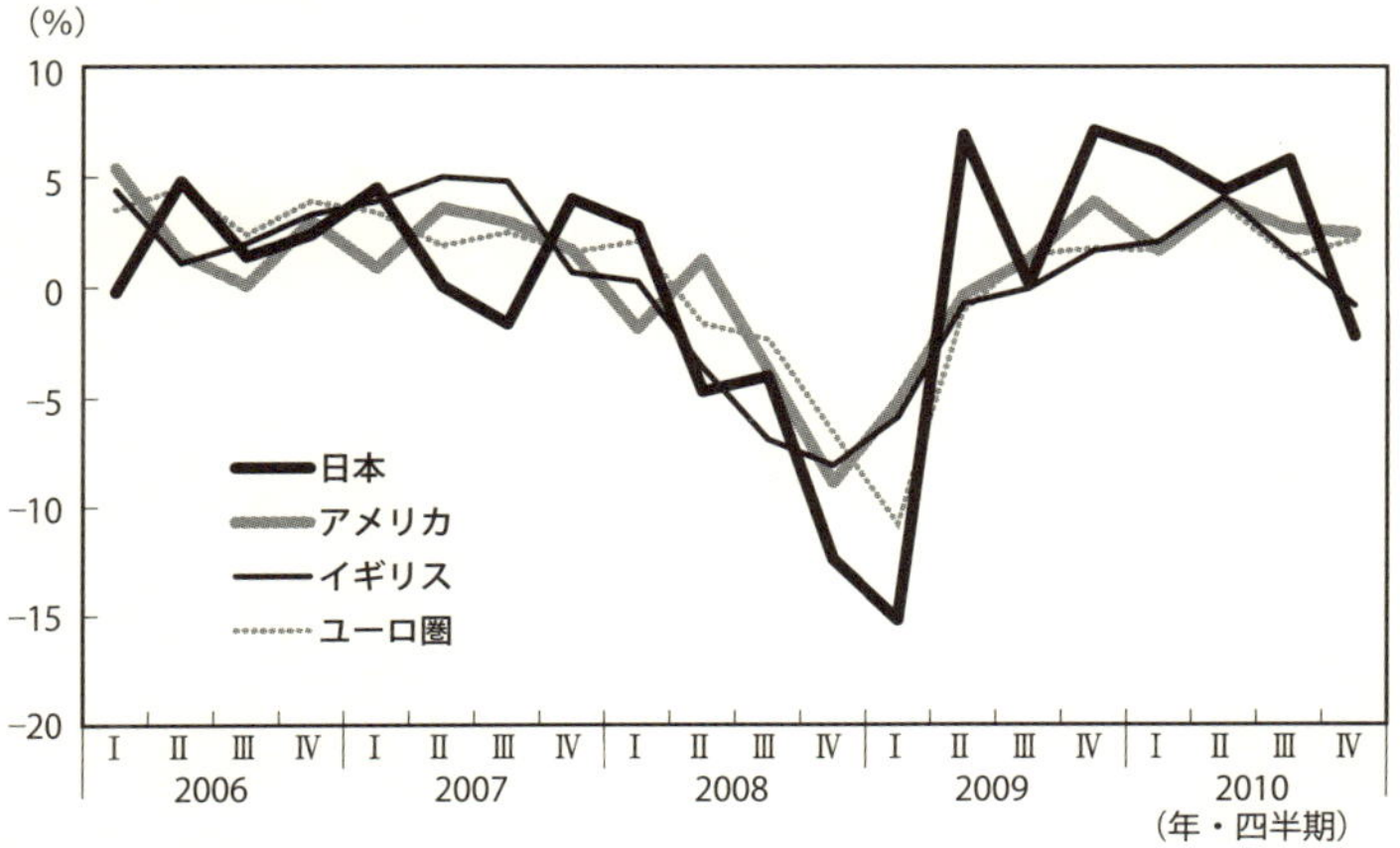

（注）季節調整値、前期比年率。
（出所）外務省経済局国際経済課『主要経済指標』各号。

ドイツ	フランス	ユーロ圏	ロシア	中国	韓国
3.8	2.6	3.5	7.3	10.4	6.7
6.4	4.5	4.5	8.1	13.6	2.6
3.5	0.8	2.4	8.2	12.2	6.0
4.9	3.1	3.9	8.9	12.5	3.3
1.2	2.4	3.4	8.1	14.0	5.9
2.4	2.1	1.9	8.6	14.8	5.9
3.5	1.7	2.5	8.2	14.4	4.7
1.0	1.2	1.6	9.2	13.6	6.8
4.1	1.4	2.1	9.2	11.3	3.9
−1.7	−2.6	−1.6	7.9	10.8	1.5
−1.6	−1.8	−2.3	6.4	9.7	0.5
−7.9	−6.1	−6.6	−1.3	7.6	−17.1
−15.3	−6.7	−10.8	−9.2	6.6	0.3
1.0	−0.1	−1.0	−11.2	8.2	10.5
3.0	0.6	1.5	−8.6	9.7	12.0
4.2	2.7	1.8	−2.6	11.4	1.5
1.9	1.6	1.7	4.1	12.1	9.2
8.3	2.7	3.7	5.0	10.3	7.2
3.3	2.3	1.4	3.8	9.6	4.1
3.4	2.2	2.2	5.1	9.8	3.9
6.3	4.5	3.2	3.3	9.8	3.7
0.4	−0.3	0.3	3.3	9.5	3.0
1.7	1.0	0.2	5.1	9.2	3.0
0.4	0.8	−0.9	5.2	8.9	2.5
2.7	0.9	−0.3	4.9	7.9	2.2
−0.3	−1.0	−1.0	4.3	7.6	2.0
0.8	1.1	−0.6	3.0	7.4	1.6
−1.8	−1.1	−2.1	2.0	7.9	2.6
0.0	0.1	−0.8	0.8	7.7	2.5
2.9	2.7	1.2	1.0	7.5	4.1
1.3	−0.3	0.5	1.3	7.8	4.4
1.5	0.7	1.2	2.0	7.7	3.6

表3-1　各国の実質経済成長率（2006～13年）

		日本	アメリカ	イギリス
2006年	1-3月	−0.2	5.4	4.4
	4-6月	4.8	1.5	1.1
	7-9月	1.4	0.1	2.0
	10-12月	2.4	3.0	3.3
2007年	1-3月	4.5	0.9	3.9
	4-6月	0.1	3.6	5.0
	7-9月	−1.6	3.0	4.8
	10-12月	4.0	1.7	0.7
2008年	1-3月	2.8	−1.8	0.3
	4-6月	−4.7	1.3	−3.6
	7-9月	−4.0	−3.7	−6.9
	10-12月	−12.4	−8.9	−8.1
2009年	1-3月	−15.2	−5.2	−5.9
	4-6月	6.9	−0.3	−0.7
	7-9月	0.2	1.3	0.0
	10-12月	7.1	3.9	1.7
2010年	1-3月	6.1	1.7	2.1
	4-6月	4.4	3.9	4.1
	7-9月	5.8	2.7	1.6
	10-12月	−2.2	2.5	−0.8
2011年	1-3月	−6.9	−1.5	1.9
	4-6月	−2.7	2.9	0.4
	7-9月	10.8	0.8	2.4
	10-12月	0.6	4.6	−0.4
2012年	1-3月	4.1	2.2	0.0
	4-6月	−2.2	1.6	−1.5
	7-9月	−2.7	2.5	3.1
	10-12月	−0.5	0.1	−0.9
2013年	1-3月	5.1	2.7	2.1
	4-6月	3.4	1.8	2.7
	7-9月	1.8	4.5	3.4
	10-12月	−0.5	3.5	2.6

（注）1. 季節調整値、前期比年率（%）。
2. ユーロ圏：アイルランド・イタリア・オーストリア・オランダ・ギリシャ・スペイン・スロベニア・ドイツ・フィンランド・フランス・ベルギー・ポルトガル・ルクセンブルクのほか、2008年からキプロス・マルタ、2009年からスロバキア、2011年からエストニアを含む。

（出所）外務省経済局国際経済課『主要経済指標』各号。

収縮を経験した。その状況は、各国の実質経済成長率の推移を一瞥するだけで明らかである（図3―6、表3―1）。

アイスランドの悲劇

危機が各国に波及していく経路には、主に「金融ルート」と「貿易ルート」の二つがあった。金融ルートとは、リーマン・ショックから始まる金融収縮が国内の金融市場に波及し、それが信用収縮を通じて国内経済に波及するという経路である。貿易ルートとは、金融収縮によって生じた海外における需要収縮、とりわけ設備投資の縮小が、海外需要の縮小すなわち純輸出の減少という形で国内経済に波及する経路である。

金融ルートからの収縮圧力を最も強く受けたのは、イギリス、アイルランド、アイスランド等の、金融立国と呼ばれる、国内経済において金融セクターの比重が比較的に高かった国々である。欧州の金融市場は、2007年8月のパリバ・ショックが示すように、アメリカのサブプライム住宅バブルが破裂し、サブプライム関連証券の下落が始まっていた2007年にはすでに、それによって深刻な影響を受けていた。しかしその影響は、サブプライム関連証券を資産として過大に保有しており、その価格下落によって損失を被ったような一部金融機関の経営問題にとどまっていた。

それに対して、リーマン・ショックが欧州の金融市場に与えた影響は、まさに桁違いであった。リーマン・ショック以降、巨大金融機関の多くは自己保全のために、ひたすら与信を縮小し、リスク資産を売却し、安全資産であるキャッシュの確保に努めたが、金融市場が本質的に国家を超えたグローバルなものである以上、そのような「貸し剥がし」や「引き剥がし」の対象がアメリカ国内にとどまるはずもなかったからである。

そうした世界的金融収縮の最も悲惨な犠牲者として注目を浴びた国の一つは、アイスランドである。長らく欧州の最貧国の一つであったアイスランドは、1980年代からの世界的な金融規制緩和の潮流に乗って、スイスやルクセンブルクをモデルとした金融立国化政策を推進した。そのもくろみは成功し、リーマン・ショック前の2006年には、海外からの資金流入によって、国内大手3銀行の総資産はGDPの9倍強にまで膨張するに至った。そして、アイスランドのその年の1人当たりGDPは、ルクセンブルク、ノルウェーに次ぐ世界3位となった。

しかし、リーマン・ショック後の金融危機のなかで、海外資金がいっせいに引き揚げられたことで、各行はたちまち資金繰りに行き詰まった。アイスランド政府は結局、大手3行を管理下に置き、海外口座を凍結するに至ったのである。

アイスランドの事例は、金融業へ過度に特化した小国という状況が生んだ特異なものではあったが、それだけに、グローバル経済における金融危機とはいかなるものかをきわめて象徴的に示すことになった。実際、開放された金融市場を持ち、金融業に依存する度合いが強かった国々の多くは、多かれ少なかれ同様の困難に直面したのである。

東アジア各国への影響は

それに対して、貿易ルートからの収縮圧力を最も強く受けた国は、東アジアを中心とする工業製品輸出国であった。欧州においても、製造業大国であるドイツは、2008年第4四半期から2009年第1四半期にかけて、貿易の収縮による国内経済の急激な落ち込みを経験した。これは、

図3-7　中国人民元の対ドル為替レート（2004〜12年）

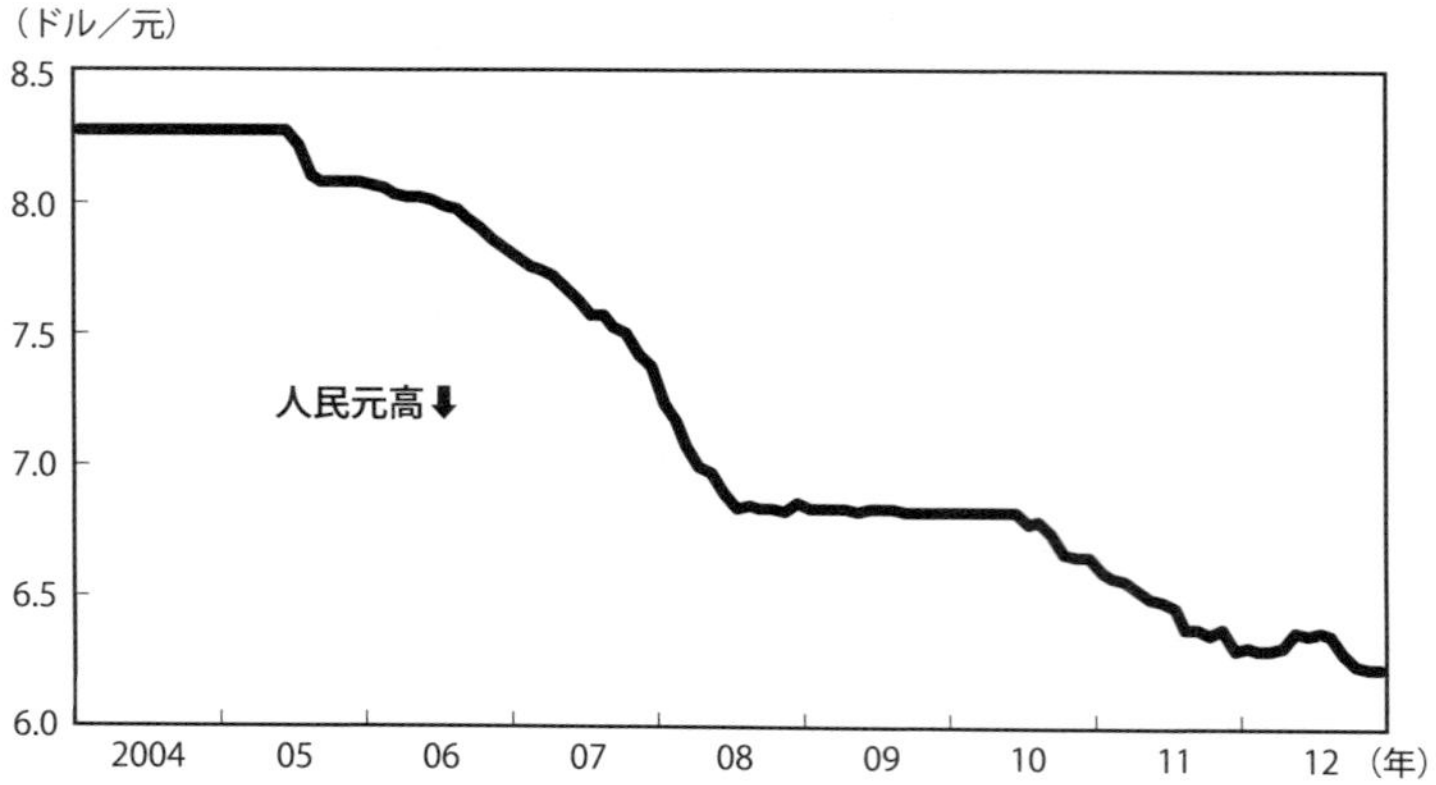

（出所）Investing.comデータより作成。

世界的な設備投資需要や耐久消費財需要の縮小が、製造業に特化していた国の経済に最もきびしい収縮圧力を与えたからである。

ただし、この貿易ルートによる各国経済への影響は、各国の為替レート動向によっても左右されたことに注意する必要がある。たとえば、2000年代に入ってから「世界の工場」としての地位を確固たるものにしていた中国は、本来なら大きな輸出の落ち込みが予想されるところであったが、結果として貿易ルートの影響をそれほど大きく受けることはなかった。それは中国が、人民元の切り上げ政策をリーマン・ショックの直前に停止し、ドルペッグ政策に復帰していたからである。

中国は2005年半ばまでは、輸出促進のために人民元の対ドル為替レートを割安な水準で固定するドルペッグ政策を行っていたが、諸外国において強まりつつあった「為替操作」という批判を回避するためと、自国の資産インフレや物価上昇の抑制のために、人民元の対ドル為替レートを徐々に切り上

図3-8　韓国ウォンの対日本円為替レート（2004～13年）

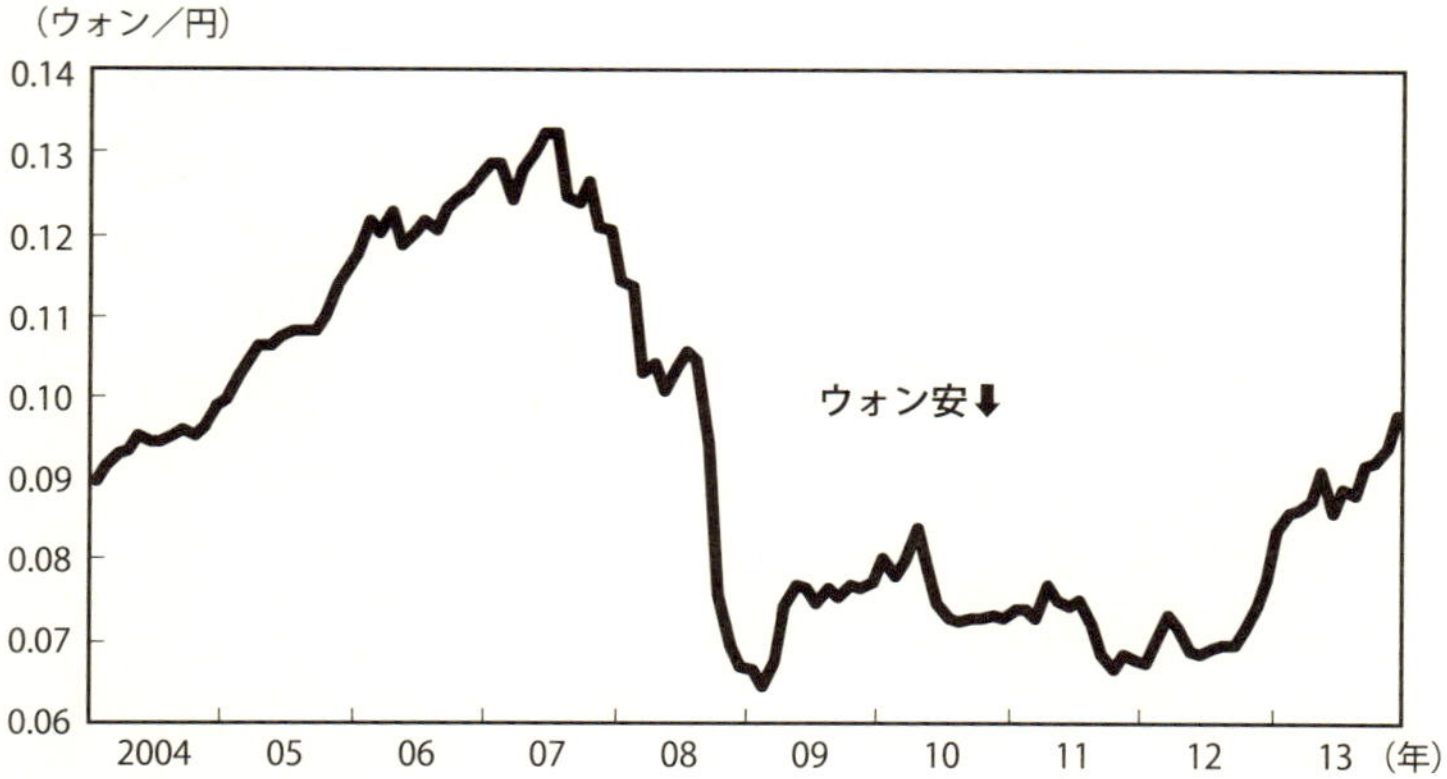

（出所）Investing.comデータより作成。

げる政策を行っていた。しかし、世界経済の変調懸念と２００８年夏の北京五輪後の景気後退懸念から、再びドルペッグ政策に戻っていた（図３―７）。このドルペッグ政策によって、リーマン・ショック後のドルの為替下落とともに人民元も下落することになり、中国は自国の工業製品輸出を有利化することができたのである。

その点は、韓国もほぼ同様であった。経済成長率の動向（表３―１）に示されているように、韓国はリーマン・ショックの直後こそ国内生産の大きな落ち込みを経験したものの、その後は急速な回復を実現した。それは、韓国の金融市場がリーマン・ショックの余波で信用収縮に見舞われ、２００８年9月から09年初頭にかけて、韓国ウォンが為替市場で大幅に下落したからである。

皮肉なことに、その金融危機と為替下落は、海外資金への依存度が高い韓国の金融市場にとっては大問題ではあったが、世界経済危機によって工業製品輸出の急減に直面しつつあった韓国の輸出産業にとっては、干天の慈雨となったのである。

このウォンの下落から最も大きな恩恵を受けたのは、ソニー、シャープ、パナソニックに代表される日本の電気・電子メーカーと直接的な競合関係にあった、サムスン電子、LG電子などの家電企業である。それは、リーマン・ショック以降、ウォンが対ドルで下落しつつあるなかで、円のほうは逆に対ドルで上昇しつつあったからである。その結果、ウォンの対円為替レートは、2007年のピークから09年の最安値まで、ほぼ50％近く下落した（図3-8）。そして、薄型テレビと半導体メモリで世界第1位のシェアを持つサムスンは、2009年に売上高でドイツのシーメンスとアメリカのヒューレット・パッカードを超え、世界最大のIT・家電メーカーに躍り出たのである。

貿易ルートから痛手を被った日本

この中国や韓国と対照的だったのが、日本である。日本の場合には、韓国などとは異なり、リーマン・ショックによる金融ルートからの影響はごく軽微なものにすぎなかった。

欧州の金融機関とは異なり、アメリカでサブプライム住宅バブルが拡大していた時期にも、日本の金融機関の多くはサブプライム関連投資には積極的ではなかった。2002年から07年までの「いざなぎ越え」景気回復のなかで、1990年代のバブル崩壊以来の長きにわたる不良債権の重荷からようやく解放されたという段階にあった日本の金融機関にとって、積極的なリスクテイクを行うだけの準備はまだ十分に整っていなかったということである。

また、この時点の日本は、マクロ的には投資よりも貯蓄が上回る貯蓄過剰国であり、海外への資金供給国であったから、そもそも海外への資金流出が問題化する可能性は少なかった。

世界的金融危機の発生はむしろ、安全資産としての「円」への逃避という形での、海外からの資金流入をもたらした。それによって生じた急激な円高は、日本の輸出をよりいっそう困難なものとした。結果として、日本の実質経済成長率は、2008年第4四半期で年率マイナス12・4%、2009年第1四半期で年率マイナス15・2%となり、日本は先進諸国のなかで最大の経済収縮を記録することになったのである（表3-1）。

このように、日本はリーマン・ショック後も金融市場には混乱が生じなかったにもかかわらず、円高により増幅された貿易ルートを通じた経済収縮により、ようやく解消されつつあるかに思われたデフレと高失業をともなう経済停滞の状況に再び舞い戻ったのである。これは、中国がドルペッグ政策によってリーマン・ショック後も輸出と国内生産の維持に成功し、韓国が国内金融危機に発するウォン安を奇貨としてリーマン・ショック直後の経済危機をすみやかに乗り切ったのとは対照的であった。

日本はその結果、世界の工業地帯としての東アジアのなかで、リーマン・ショック後の世界的な工業品需要縮小の影響を最も深刻に受ける国となったのである。

日本においてさらに問題だったのは、円高が日本経済に重大な収縮的効果を与えていることが明らかだったにもかかわらず、政府と日銀の双方において、その円高を是正しようとする政策努力がまったく行われなかった点にある。

白川方明を総裁とする日銀の体制が発足するのは、リーマン・ショックに先立つ2008年4月のことである。リーマン・ショック後に進んだ円高の是正のためには、何よりもまず金融緩和が必要であったにもかかわらず、頑迷な量的緩和無効論者であった白川は、日本の金融市場には問題は生じていないことを根拠として、量的緩和に踏み込むことを拒否しつづけた。

リーマン・ショックの直後に成立した自民党の麻生太郎政権も、景気対策としてのケインズ的財政政策こそ積極的に行ったものの、金融政策に関しては白川日銀の不拡大方針を是認しつづけた。麻生政権は2009年8月総選挙での自民党の記録的大敗によって崩壊し、9月には民主党の鳩山由紀夫政権が誕生したが、その財務大臣に就任した藤井裕久は、為替市場で円高が急激に進むなかで「円高の良さは非常にある」と発言し、円高の進行をさらに加速させた（「共同通信ニュース」2009年9月17日）。こうした政策状況の根本的な転換は、結局は2012年12月の第2次安倍政権の誕生を待たなければならなかったのである。

リーマン・ショック後のマクロ経済政策の三局面

リーマン・ショック後の世界的経済収縮はその後、世界規模でのマクロ経済政策のうねりを生み出した。ただしそれは、世界において統一的な政策が一致した意志のもとで行われたという意味ではない。マクロ経済政策の主体は、あくまでも各国政府と各中央銀行であり、それらは部分的に政策協調を行うことはあっても、基本的には相互に独立した意志決定を行っているからである。そもそも、各国の経済状況や政策決定の基礎にある政治状況がそれぞれ異なる以上、マクロ経済政策の重点も各国ごとに異なるのは当然のことである。

それにもかかわらず、リーマン・ショック後の各国のマクロ経済政策のなかには、明らかな共通の政策的志向性が存在した。それは、各国はリーマン・ショック後、多かれ少なかれ共通の困難に直面したからである。その困難とは、「金融市場の機能不全」、「マクロ的な経済停滞」、そして「財政赤字の拡大」の三つである。

つまり各国は、具体的な政策はそれぞれ異なっていたにしても、基本的には「金融政策」と「財政政策」という二つの政策手段を用いて、この三つの困難を解決し、「金融市場の安定化」、「安定的な経済成長への復帰」、「財政健全化」という三つの政策目標の実現を目指したといえる。

しかしながら、その三つの目標の比重は、それぞれの国によって異なっていただけでなく、危機の各局面において異なっていた。第1章で概観したように、それは危機の性質と危機に対するマクロ政策対応に基づいて、大きく以下の三つの局面に分けて考えることができる。

○第1段階＝真性ケインズ主義的局面（2008年後半～10年初頭）

各国がリーマン・ショック後の金融的混乱と経済的収縮を阻止すべく急激な金融緩和＝政策金利引き下げを行い、結果として伝統的金融政策が機能停止する。そこで各国は非伝統的金融政策に移行し、さらにケインズ的な財政政策を復活させる。

○第2段階＝反ケインズ的緊縮財政局面（2010年半ば～12年半ば）

ギリシャ・ショックに続き、スペイン、ポルトガル、アイルランドといったユーロ圏諸国に財政危機が拡大し、各国の政府財政赤字拡大が問題化されるようになるなかで、各国の財政スタンスが緊縮方向へ移行する。

○第3段階＝経済成長重視への回帰局面（2012年後半以降）

非伝統的金融政策を含む拡張的金融政策を前提としつつ、循環的財政赤字を許容しながら経済成長を追求する。

第1段階＝真性ケインズ主義的局面

まず、第1段階における欧米諸国の緊急課題は、崩壊した金融市場の立て直しという意味での「金融市場の安定化」であった。その基本的な手段は主に金融政策であったが、その政策目標は、マクロ経済の安定化というよりも「信用秩序維持」にあった。

ここで用いられた金融政策は、バーナンキが「信用緩和政策」と呼んだものである。バーナンキは、リーマン・ショック後に展開されたＦＲＢの政策の意図を明らかにした２００９年1月13日のロンドンでの講演のなかで、初めて信用緩和（Credit Easing）という言葉を用いた（Bernanke [2009]）。彼がそこで信用緩和という概念を提起したのは、そのときにＦＲＢが実施していた政策を、日銀が２００１年から06年まで行っていた量的緩和（ＱＥ）と区別するためであった。バーナンキは、量的緩和と信用緩和との区別は、日米観の政策思想の相違に基づくというよりは、日米両ケースの間での金融市場の機能不全の度合いの相違に基づくと指摘した。

他方で、この時期に「安定的な経済成長への復帰」のための政策手段として、世界規模での復活に向けて動きはじめたのが、かつてはケインズ的マクロ経済政策の代名詞でありながら日本以外の先進諸国ではほぼ放棄されていたマクロ財政政策であった。それは、金融市場の秩序回復を目的とした信用緩和の結果として、各国の政策金利がゼロに近づき、伝統的金融政策が機能停止するという状況が生じたためである。

ただし、欧米の金融市場が一定の安定を取り戻す2009年春ごろになると、金融政策の目標もまた「金融市場の安定化」から「マクロ経済の回復」に切り替えられていった。それによって、金融緩和の性格も、「信用緩和」から「量的緩和」に移行していくことになる。

第2段階＝反ケインズ的緊縮財政局面

しかし、この第1段階＝真性ケインズ主義的局面は、およそ2年でその終焉を迎えることになる。その後の2010年半ばごろからの約2年が、第2段階＝反ケインズ的緊縮財政局面である。その決定的契機は、前年末の財政粉飾発覚を背景として2010年5月に生じたギリシャ国債金利の急上昇、すなわちギリシャ・ショックであった。このショックは、スペイン、ポルトガル、アイルランドといったユーロ圏諸国への財政懸念に拡大し、やがてはそれらの国々の国債金利上昇へと波及していく。

ギリシャ・ショックに発するユーロ危機あるいは欧州ソブリン危機は、単に第1段階において世界的に推し進められていたケインズ的財政政策の終焉をもたらしただけではなく、景気のビルトイン・スタビライザー（自動安定化）機能を果たしていた循環的財政赤字拡大さえも否定する、世界的な緊縮主義のうねりを生み出した。つまり、ギリシャ・ショックは、マクロ経済安定化よりも「財政健全化」を優先させるような政策目標の転換を多くの国にもたらしたのである。それは、ケインズ主義の根幹である赤字財政主義を根本から否定するような、マクロ経済政策における反ケインズ主義的方向へのバックラッシュ（反動）を意味していた。

第3段階＝経済成長重視への回帰局面

そして最後が、第3段階＝経済成長重視への回帰局面である。ただし、これは必ずしも、各国のマクロ政策が明確にその方向に切り替わっていったことを意味してはいない。明らかなのは、第1章で確認したように、増税や財政支出削減等の緊縮財政を実行した国の多くが経済回復の遅れに苦しむ結果になったことから、とりわけ２０１２年後半以降、世界的にマクロ緊縮主義に対する懐疑の念が高まりつつあったということである。

その一つの証左は、２０１２年12月に日本において、第２次安倍政権が有権者の圧倒的な支持によって誕生したことである。安倍が政権成立以前から掲げていたデフレ脱却という政策目標と、その手段として政権成立後に打ち出したアベノミクスは、一部メディアやエコノミストの批判にもかかわらず、国民一般にきわめて肯定的に受け入れられた。それは、長年にわたる政治と経済の沈滞にうんざりした日本の有権者が、「経済格差是正」や「財政再建」よりも、まずは景気回復と経済成長を望んでいることを示した。

マクロ緊縮主義の厚い岩盤

しかしながら、事はそれほど単純ではない。財政再建の大前提はデフレ脱却と経済成長と唱えてきた安倍政権が、ギリシャ危機に過剰に反応して進められてきた菅政権から野田政権に至る増税計画を結局は阻止できなかった事実に示されているように、マクロ緊縮主義は、日本の政策当局や政治世界のなかで根強い基盤を持ちつづけていた。

アメリカにおいては、共和党内外の保守派が、政府機能の停止をも顧みず、社会保障等の財政支出削減を強硬に要求し、オバマ政権に揺さぶりをかけつづけていた。

さらに、現代世界における緊縮主義の牙城であるドイツは、「欧州の覇権国家」として、ユーロ圏各国のマクロ政策に対して圧倒的な影響力と支配力を保持しつづけていた。「メルケルノミクス」とも呼ばれるドイツ流の緊縮的経済政策を主導してきたアンゲラ・メルケル首相は、2013年9月の総選挙で歴史的大勝利を収め、その政治基盤をよりいっそう強固なものとした。

緊縮政策の転換を公約に掲げて大統領に当選したフランスのオランドも、財政緊縮を求める圧力に抵抗はできず、結局はサルコジ以来の緊縮主義に舞い戻った。そうしたなかで、フランスの失業率は上昇しつづけ、オランドの支持率は歴代大統領のなかでも最低の水準にまで低下した。

その意味で、世界のマクロ経済政策の潮流は、2012年後半ごろから、たしかに緊縮主義から方向転換しつつあったとはいえ、状況はきわめて錯綜しており、オセロのように局面が移り変わっていったといえる。このような状況整理を踏まえたうえで、以下ではまず、第1段階から第2段階に至る主要先進国のマクロ経済政策、すなわち金融政策と財政政策の展開を確認しておくことにする。

2 非伝統的金融政策の展開

金融危機のなかで機能停止した伝統的金融政策

リーマン・ショック後に先進諸国で展開されたマクロ経済政策の最大の焦点は、伝統的金融政策

図3-9　各国中央銀行の政策金利（2005～13年）

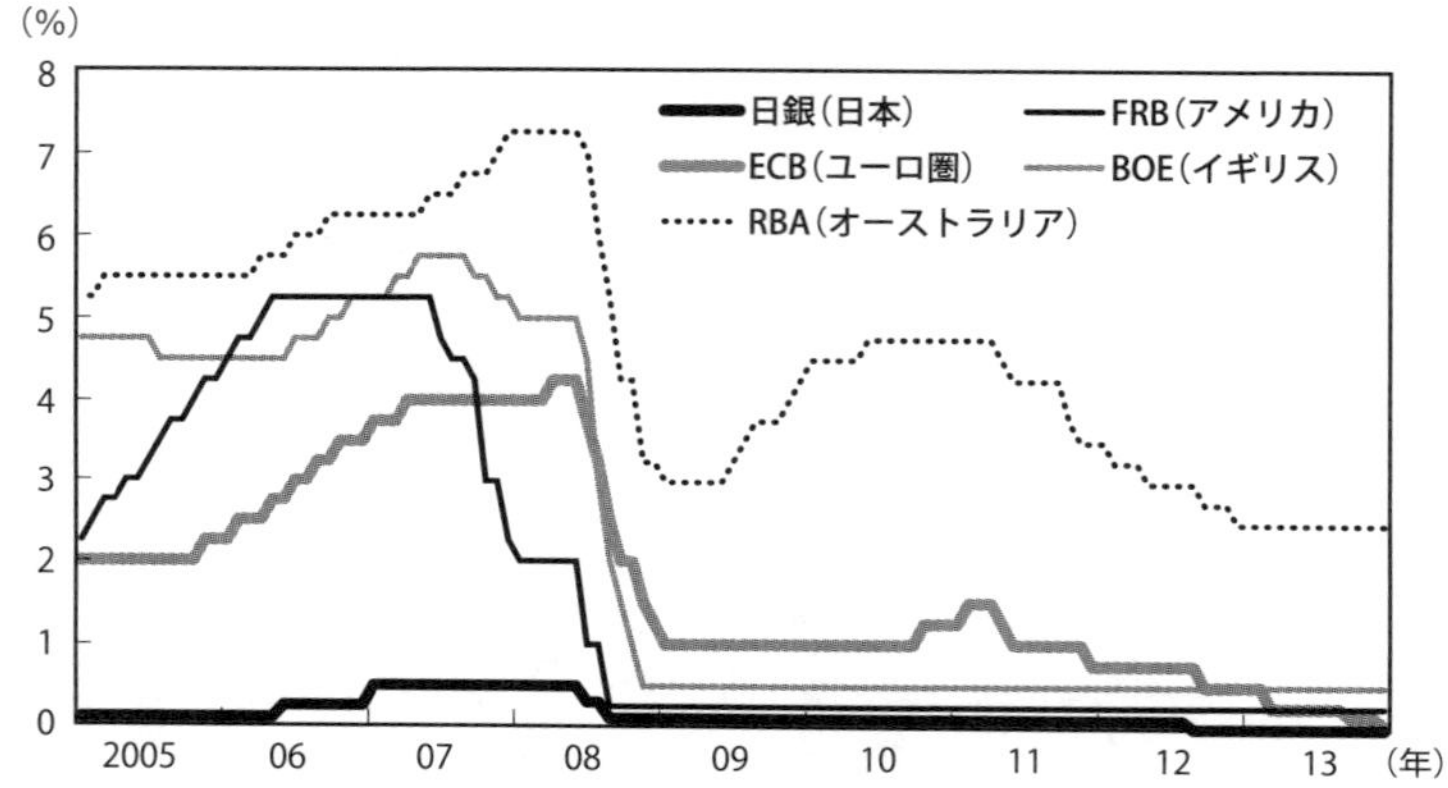

（出所）外務省経済局国際経済課『主要経済指標』各号データより作成。

が機能停止し、非伝統的金融政策が実現された点にある。とりわけアメリカとイギリスの両国は、マクロ経済の回復を実現させるために量的緩和（QE）という手段を積極的に用いた点において、この時期の非伝統的金融政策の展開を代表する。

その量的緩和政策を最初に導入したのは、じつは1990年代末の日本である。ただしそれは、当時の日本銀行が、デフレが深刻化するなかで、組織防衛のためにやむをえず行ったものにすぎなかった。しかし、日銀の政策的経験は結果として、リーマン・ショック後の世界的な非伝統的金融政策にとっての先駆となったわけである。

英米両国の中央銀行が伝統的金融政策から非伝統的金融政策に移行した理由は単純である。リーマン・ショック後に生じた未曾有の金融ショックと景気後退に対応して、可能なかぎりすみやかに政策金利を引き下げていくことが必要となり、結果として政策金利がその下限に逢着してしまったからである（図3-9）。

アメリカのサブプライム・バブルが拡大しつつあり、世界的にも景気拡大局面にあった2006〜07年ごろまでは、先進諸国の中央銀行の多くは、景気過熱の抑制のために、政策金利を徐々に引き上げつつあった。しかし、2008年になると、いくつかの国は依然として金利引き上げを続けるなかで、英米両国は政策金利を引き下げはじめた。それは、2008年3月のベア・スターンズ破綻が示すように、この時期にはすでにサブプライム住宅バブルの崩壊が欧米の巨大金融機関に深刻な経営上の問題を引き起こしており、景気それ自体も明らかに下降しはじめていたからである。

金融市場ではその後はやや小康状態が続いたが、2008年9月にリーマン・ショックが生じたことで、その状況も一変する。それ以降、世界経済においては、金融危機とマクロ経済の収縮が未曾有の深度と速度で拡大していくのである。

英米は先駆けてゼロ金利政策へ

その危機拡大に対応すべく、各国中央銀行は、リーマン・ショック以降、2009年の年初にかけて、怒濤のような政策金利の引き下げを行った。その動きがとくに顕著だったのが、英米両国である。

アメリカの政策金利フェデラル・ファンド・レートは、サブプライム住宅バブル崩壊の影響がまだそれほど顕著ではなかった2007年夏ごろまでは、5%強の水準が維持されていた。しかし、それから段階的に引き下げられ、2008年の春には、一般的な景気後退期の水準である2%まで切り下げられていた。それが、2008年9月のリーマン・ショックを契機にさらに引き下げられ、2008年12月以降はほぼゼロに近い0・25%という政策金利が常態化するようになっていく。

イギリスのほうは、さらにドラスティックである。イギリスの政策金利オフィシャル・バンク・レートは、2007年にはまだ引き上げの方向にあり、その秋までは5％台後半の水準にあった。2007年末からは緩やかな引き下げが始まったが、2008年9月のリーマン・ショック直前でもまだ5％台が維持されていた。しかし、そこから急激な利下げが始まり、その政策金利は2009年3月には0・5％まで切り下げられたのである。

このアメリカとイギリスという二つの国は、5〜6％をピークとする好況時の政策金利を、リーマン・ショックを挟む約1年の間にゼロ近くまで引き下げ、その後は非伝統金融政策に移行したという点で、危機の第1段階＝真性ケインズ主義的局面を代表する。それに対して、その他の多くの国々の金融政策は、リーマン・ショック後もおおむね伝統的金融政策の枠内にとどまっていた。

たとえば、オーストラリアの中央銀行であるオーストラリア準備銀行（Reserve Bank of Australia：RBA）は、政策金利オフィシャル・キャッシュ・レートを、リーマン・ショック後から2009年4月までに7％台から3％まで段階的に引き下げたが、2009年秋からは逆に引き上げに転じた。つまりRBAは、リーマン・ショック後には他国と同様に大幅な政策金利の引き下げを強いられたものの、結局それをゼロ近傍まで低下させることはなかった。RBAはまた、その後の政策金利の引き上げによって、伝統的金融政策すなわち「政策金利の操作を通じたマクロ経済の安定化」を実際に遂行する意志があることを示したのである。

伝統的金融政策の基本的枠組み

以上のように、伝統的金融政策と非伝統的金融政策は、政策金利を金融政策の操作目標と設定しているのか否かで区別される。

中央銀行が政策金利として定める金利は、一般的には銀行間の短期金融市場金利である。日本、アメリカ、ユーロ圏諸国、イギリス、オーストラリアの中央銀行、すなわち、日本銀行、米連邦準備制度理事会（ＦＲＢ）、欧州中央銀行（ＥＣＢ）、イングランド銀行（ＢＯＥ）、オーストラリア準備銀行（ＲＢＡ）はそれぞれ、日銀はコールレート（無担保翌日物）、ＦＲＢはフェデラル・ファンド・レート、ＥＣＢは短期オペ最低応札レート、ＢＯＥはオフィシャル・バンク・レート、ＲＢＡはオフィシャル・キャッシュ・レートを政策金利としている。

端的にいえば、伝統的金融政策とは、政策目標である経済のマクロ的安定化を実現させるために、金融調節を通じて、これら政策金利をある公表された水準に誘導することである。そこでの金融政策の目標である経済のマクロ的安定化とは、第一義的には適正な物価上昇率の達成という意味での物価の安定化であり、究極的には適正な失業率と経済成長率の実現という意味での雇用や所得の安定化である。

ここで、金融政策の目標を仮に物価上昇率と失業率と経済成長率の三つとすれば、政策目標と政策手段の数が一致しないので、「三つの目標を同時に達成することは不可能ではないか」という疑問が生じるかもしれない。しかしじつは、この三つのマクロ変数の適正水準からの乖離は、いずれも適正なＧＤＰである潜在ＧＤＰと現実のＧＤＰとの乖離である「ＧＤＰギャップ」という共通のマクロ変数に依存しているので、ＧＤＰギャップがゼロに近づけば、物価上昇率、失業率、経済成長率もまた適正な水準に収束していくことになる。

つまり、金融政策によって物価上昇率を一定の水準で安定化させれば、ＧＤＰギャップはゼロとなり、マクロ的に望ましい失業率と経済成長率、すなわち「自然失業率」と「潜在成長率」は自ずと達成されるのである。実証的にも、物価上昇率と失業率、失業率と経済成長率との間には、短期的には負の相関関係が存在することが知られており、前者は「フィリップス曲線」、後者は「オークン法則」と呼ばれている。

なぜ「2%前後」が望ましいのか

現代の中央銀行の多くは、消費者物価指数（ＣＰＩ）といった何らかの物価指標の上昇率を、あらかじめ設定された一定の許容変動幅を持つ水準に安定化させることを、金融政策の目標として掲げている。このような枠組みは、インフレ目標政策あるいは「インフレ・ターゲティング」と呼ばれる。

先進国においては、目標とされるインフレ率は、中心を２%として上下に１%程度の許容変動幅を持つように設定されることが多い。つまり、現実的な意味での「物価の安定」とは、決して物価が変動しないことではなく、「物価が安定的なペースで上昇しつづける」という状態なのである。

インフレ率がゼロではなくてプラスでなければならない理由は、インフレ率が低すぎると、インフレ率と失業率との間のトレードオフが大きくなり、高い失業率と低い経済成長率が恒常化する状態に陥るからである。つまり、過度に低いインフレ率は、フィリップス曲線の水平化をもたらす。その典型的な実例は、１９９０年代以降の日本である。この事実は、原田泰と岡本慎一によって指摘された（原田・岡本［２００１］）。図3-10は、その原田と岡本の論考において示された日本のフィリップス曲線である。

ただし、インフレ率はプラスのほうが望ましいといっても、その値は高ければ高いほどいいとい

図3–10　日本のフィリップス曲線（1980～2001年）

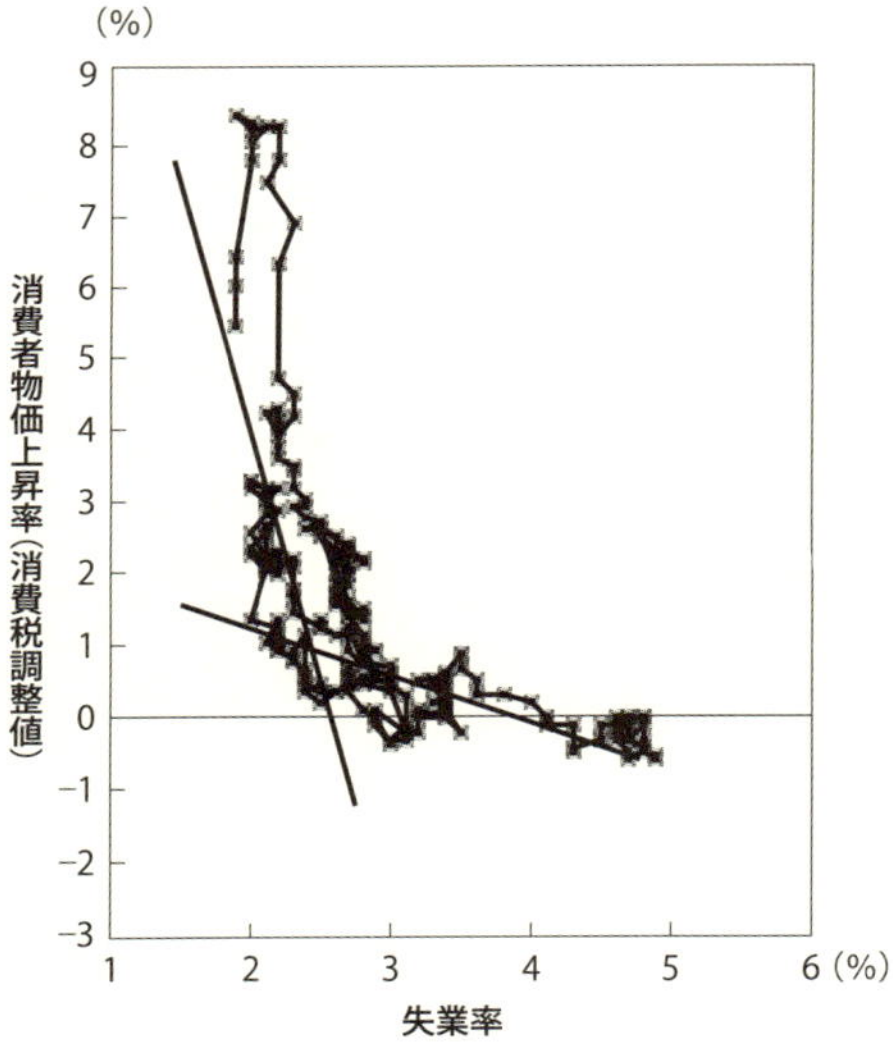

（出所）原田・岡本［2001］図1。

うわけではない。インフレ率と失業率の間のトレードオフは、インフレ率がある値以上になるとほとんど存在しなくなるからである。

たとえば、インフレ率がゼロ％から2％になれば失業率は確実に低下するが、インフレ率が2％から5％に上昇したとしても、失業率はほとんど低下しない。つまり、インフレ率が2％以上の領域では、フィリップス曲線はほぼ垂直となる。多くの中央銀行が、インフレは常に人々の不満の種であることを知りつつも、目標とするインフレ率をゼロ％ではなくあえて2％前後に設定しているのは、失業を拡大させることのない最も低いインフレ率は経験的に2％前後であることが知られているからである。

適正なインフレ率がゼロ％ではなく2％程度のプラスの値であることに関して

は、理論的な根拠も存在する。その一つは、名目賃金の下方硬直性である。経済にマイナスの需要ショックが生じたとき、企業は実質賃金を切り下げないかぎり雇用を維持できない。そこでインフレ率がゼロであるとすると、名目賃金を引き下げないかぎり雇用は維持できないから、名目賃金が下方硬直的である場合には雇用は減少する。しかし、インフレ率がプラスであれば、名目賃金の切り下げなくして実質賃金の切り下げが可能になるので、マイナスの需要ショックが生じた場合でも雇用が維持できるのである。▼1

バーナンキは最善の選択をしていた

中央銀行はこのように、物価を安定化させることを通じて、構造的な要因によって自然的に生じる失業以外の失業をできるかぎり減らし、既存の生産資源のもとで潜在的に達成可能な経済成長を実現しようとする。ここで注意すべきは、伝統的金融政策においては、それを達成するために中央銀行が持つ政策手段は、基本的には政策金利の操作というただ一つのものでしかないという点である。

中央銀行は、操作目標とされた政策金利を維持するために、金融市場に日々、資金供給を行っている。その実務は、金融調節と呼ばれる。中央銀行における伝統的金融政策とは、端的にいえば、日々の金融調節において達成されるべき政策金利の水準に関して、それを維持するのか、あるいは変更するのか、変更するならばどれだけの幅を変更するのかを決めることに尽きている。

その意志決定を行うのは、政府によって任命される中央銀行の執行部や政策委員である。中央銀行はしたがって、そのための会合を定期的に開く必要がある。日本における金融政策決定会合、アメリカにおける連邦公開市場委員会（ＦＯＭＣ）等がそれである。

中央銀行はこうして、その時々の政策金利を維持あるいは変更する。その決定が、さまざまな波及経路を通じて、マクロ的な総需要に影響し、所得、雇用および物価に影響していくのである。政策金利のわずか0・25%の変更は、めぐりめぐって人々の生活にまで及ぶ。政策金利が変更された影響は、単に金融市場のみならず、それを経由して為替市場や株式市場に及び、さらには財市場や労働市場にまで及ぶということである。

このように、中央銀行の金融政策運営は、一国のマクロ経済状況に決定的な影響を及ぼす。その巧拙は、物価上昇率、失業率、経済成長率が、その適正水準の近傍にどれだけ長く維持されていたかによって判断される。

1987年から2006年までFRB議長をつとめたグリーンスパンは、在任中は「マエストロ」と呼ばれて市場関係者の間で神格化されていたが、それは彼が、1990年代のアメリカ経済を特徴づける低いインフレ率、低い失業率、高い経済成長率を、ほぼこの政策金利の操作一つで実現させてきたからである。

それに対して、白川体制以前の日銀が内外の専門による批判の対象になってきたのは、1990年ごろのバブル抑制のための強引な金利引き上げ、バブル崩壊後の1990年代前半におけるバブル再発を過度におそれた金利引き下げの遅れ、さらにはデフレの最中の2000年における拙速なゼロ金利解除といったバブル期以降の稚拙な政策運営によって、日本経済に継続的な物価下落、高い失業

▼1　この論理は、ジョージ・アカロフ、ウィリアム・ディケンズ、ジョージ・ペリーによる1996年の論文「低インフレーションのマクロ経済学」(Akerlof, Dickens, and Perry[1996])において初めて提示された。

率、そして低い経済成長率を定着させてしまったからである。

既述のように、２００８年9月のリーマン・ショックによって、各国の中央銀行は、政策金利の大幅な引き下げを強いられた。そのなかで、いくつかの中央銀行は、政策金利引き下げの余地がもはや存在しない「伝統的金融政策の機能停止」状況に追い込まれた。

そうなってみると改めて驚かされるのは、アメリカ以外の多くの中央銀行は、リーマン・ショックの直前までは、むしろ政策金利を引き上げつつあったという事実である。それは、各国の中央銀行が、その時点では景気後退のダウンサイド・リスクよりもむしろ景気過熱によるアップサイド・リスクのほうをおそれており、ましてやリーマン・ショック後のような事態の進展などはまったく予期していなかったことを意味する。

そうしたなかで、ＦＲＢのみは、リーマン・ショックのほぼ1年前から、サブプライム住宅バブル崩壊の悪影響が現実化することを見越して、政策金利を引き下げ始めていた。２００７年秋には5％超だったフェデラル・ファンド・レートが２００８年9月のリーマン・ショック前には2％にまで引き下げられていた点からすれば、ＦＲＢは相当に大胆な金融緩和を予防的に実行しつつあったと評価できる。それは、グリーンスパンを引き継いで２００６年2月にＦＲＢ議長に就任したベン・バーナンキの先見性を示している。

バーナンキの在任中にアメリカ経済と世界経済に生じた事態はまさに最悪であったが、彼自身は、その最悪の状況に至るなかでも、その時点においてはほぼ最善の選択をしていたということである。

1990年代に形成された「リフレ派」の原型

非伝統的金融政策としての量的緩和を英米両中央銀行に先駆けて導入したのは日本銀行であり、それは速水優総裁時代の2001年3月19日に導入され、速水の後任である福井俊彦総裁の任期中の2006年3月9日に解除された。

日本銀行による量的緩和の導入は、たしかに先駆的ではあったが、その導入に至る経緯は、先駆という言葉が持つイメージとはまったく程遠いものであった。というのは、日銀は決して、量的緩和をみずから望んで導入したわけではなかったからである。

従来の日銀は、「金融政策の最も重要な役割は、経済の必要に応じて通貨を供給し、金融市場を安定化させることであり、経済自体の安定化という役割は補完的なものにすぎない」といった、その批判者たちにより「日銀流理論」あるいは「日銀理論」と呼ばれていた考え方に色濃く支配されていた。[2] この理論は、金融政策の基本的な目標を物価と雇用と所得の安定化という意味でのマクロ安定化として規定する、現在の標準的な把握とはまったく相容れないものであった。

バブルの崩壊による日本経済の長期低迷が始まった1990年代前半においてすでに、エコノミストの一部は、バブルの再発をおそれて積極的な金融緩和に踏み出そうとしない日銀への批判を展開

▼2　小宮隆太郎は1976年の論文「昭和48、9年インフレーションの原因」において、当時の日銀の当局者たちに特徴的な金融政策把握を「日銀流理論」と名づけた（小宮［1976］）。小宮の薫陶を受けた岩田規久男もまた、1992年の論文「『日銀理論』を放棄せよ」において、バブル期前後の日銀の金融政策を批判した（岩田［1992］）。皮肉なことに、小宮と岩田はその後、1990年代末のデフレ期の日銀の金融政策をめぐって、小宮は擁護の立場から、岩田は批判の立場から、政策論争を展開した（小宮ほか編［2002］）。

していた。その代表は、岩田規久男、原田泰、嶋中雄二、新保正二、宮尾尊弘らである。
デフレが深刻化する１９９０年代末になると、この日銀批判の流れのなかから、岩田規久男と浜田宏一を中心とする、のちの「リフレ派」の原型ともいえる日銀批判派のエコノミスト集団が形成された。彼らは、マクロ経済の正常化のためには、日銀が量的緩和やインフレ目標を含むより大胆な政策転換を行う必要があることを主張していた。それに対して、翁邦雄、白川方明、小宮隆太郎、白塚重典らに代表される日銀側のエコノミストは、彼らへの反論を積極的に行ったが、それはもっぱら量的緩和やインフレ目標等の意義を否定することが目的であった。[3]
この時期の日銀は、日銀原理主義とでもいえるような偏狭な思考様式に凝り固まっていた。その日銀が、速水時代の２００１年3月19日に、量的緩和という当時において前例がない新奇な政策を導入したのは、端的に組織防衛のためであったといってよい。

速水体制から福井体制へ

日銀は、１９９７年から98年にかけて生じた金融危機と、その後のきびしい景気後退に対応して、１９９９年2月に遅ればせながら政策金利コールレートをゼロ％近傍に維持する「ゼロ金利政策」を導入した。しかし、ゼロ金利政策を当初から「異常な政策」として捉えていた速水は、その政策の最中にも早期解除の意志を示しつづけていた。そして結局、デフレの深刻化を危惧する日銀批判派のエコノミストや景気の先行きを懸念する政府の反対を押し切り、２０００年8月11日にゼロ金利政策の解除を決定したのである。

しかし、その後に生じたのは、世界的なＩＴバブル崩壊と、日本のデフレの深刻化であった。ゼロ金利解除の失敗はもはや明らかであり、総裁であった速水の責任を問う声が政府の内外で拡がりつつあった。日銀は、その責任を回避するためには、単なるゼロ金利政策への復帰ではない形で政策転換を行う必要があった。そこで、日銀政策審議委員であった中原伸之が毎回の金融政策決定会合において訴えながらも、政策審議委員の多数派によって拒否しつづけられていた量的緩和政策を、やむなく導入するに至ったのである。

速水はしかし、量的緩和の導入によって政府を慰撫し、総裁責任論の回避に成功すると、量的緩和拡大の忌避に終始し、そのまま2003年3月までの任期を全うした。そこには、量的緩和直後の2001年4月に森喜朗政権が崩壊して小泉純一郎政権が誕生し、ゼロ金利解除の失敗に関する総裁の責任問題がうやむやになったという事情もあった。

ところで、そのときに大方の予想を裏切って成立した小泉政権は、「構造改革なくして景気回復なし」をスローガンに掲げて有権者の絶大な支持を集め、異例の小泉構造改革ブームを巻き起こした。とはいえ、当時の経済状況はITドットコム・ブームの終焉による世界的な景気後退局面にあり、構造改革の進展等々とは無関係に、日本のデフレ不況はますます深刻化していかざるをえなかった。そのことで、政権の政策の重点も、2002年10月30日に公表された「総合デフレ対策」を転機として、次第に構造改革からデフレ対策にシフトしていった。

小泉は、速水の総裁任期終了が近づいた2002年末に、「デフレ克服の意志を持つ人物」を新総

▼3　日銀擁護派と批判派の間の1990年代前半から半ばまでの論争に関しては、野口［2006a：2006b］を参照のこと。1990年代末のデフレ期以降に関しては、主要な論考を集めたモノグラフに、岩田編著［2000］、小宮ほか編［2002］がある。

裁に指名すると発言した。この小泉の発言から、日銀内の反主流派でありながらも量的緩和政策の真の主導者であった中原伸之の総裁指名が、にわかに現実味を帯びることになる。しかし、日銀筋の抵抗は強く、さまざまな働きかけを受けた小泉が実際に指名したのは、日銀出身の「プリンス」と目されていた福井俊彦であった。

福井は、2003年3月20日に日銀総裁に就任すると、デフレ克服という政府の政策目標をある程度は尊重する姿勢を見せ、日銀内部の抵抗を抑えつつ、速水時代にはきわめて消極的にしか行われていなかった量的緩和政策を積極的に実行した。ちなみに、この福井による量的緩和拡大方針に最もあからさまに抵抗したのが、やがて福井を引き継いで日銀総裁に就任することになる、当時は金融政策担当理事であった白川方明である。

白川は2003年の秋に、福井に対して「総裁、私は量的緩和を拡大すべきではないと思います。効果が見込めません」と直言したが、居合わせた数人の幹部に緊張が走るなかで、福井は「量的緩和に一定の効果はある」と反論したとされる（「金融危機と中央銀行」『朝日新聞GLOBE』2008年12月21日）。このときには福井と対立した白川であるが、2006年に福井日銀が量的緩和からの出口戦略を実行するに際しては、中心的な役割を果たすことになる。

英米欧の中央銀行はバランスシートを急拡大

日本の量的緩和政策は、このような日銀内外における政治的駆け引きのなかで唐突に実現され、そして解除された。

それに対して、アメリカとイギリスの量的緩和は、リーマン・ショック後の金融危機に対応して中央銀行が極限的な資金供給を続け、結果として政策金利が下限に達した状況から、ほとんどごく自然にそこに移行した。それはもはや、それ以外に選択肢がないような、不可避的な過程であった。

その状況は何よりも、中央銀行のバランスシート（貸借対照表）によって確認できる。中央銀行のバランスシートにおける「資産」とは、金融調節によって貨幣を供給する結果として市場から買い上げられた資産のことである。それに対して、そのバランスシートにおける「負債」とは、そのようにして市場に供給された貨幣そのものである。ただし、ここでの「貨幣」とは、中央銀行が供給するベースマネー、すなわち銀行券および準備預金（金融機関から中央銀行に預け入れられた預金）である。ちなみに、この資産と負債との差額は「資本」であるが、中央銀行にとっての資本は形式的なものにすぎない。

図3-11は、リーマン・ショック後の主要中央銀行（日銀、FRB、ECB、BOE）のバランスシートにおける資産構成の推移を示したものである。ここでまず明らかなのは、日銀を除く三つの中央銀行のバランスシートに、2008年9月のリーマン・ショックを境として、量的にも質的にも非連続的な変化が生じているという点である。

そこには、金融危機時における中央銀行の「最後の貸し手」としての流動性供給と、政策金利の引き下げを実現するための市場への資金供給という二つの要素が混在していた。

流動性危機とは何か

第2章で確認したように、リーマン・ショックは、世界の金融市場に未曾有のパニックと信用収縮をもたらした。とくに、1980年代から始まる世界的な金融規制緩和を先導し、アメリカと並ぶ

図3-11　各国中央銀行のバランスシート資産（2008年～12年5月）

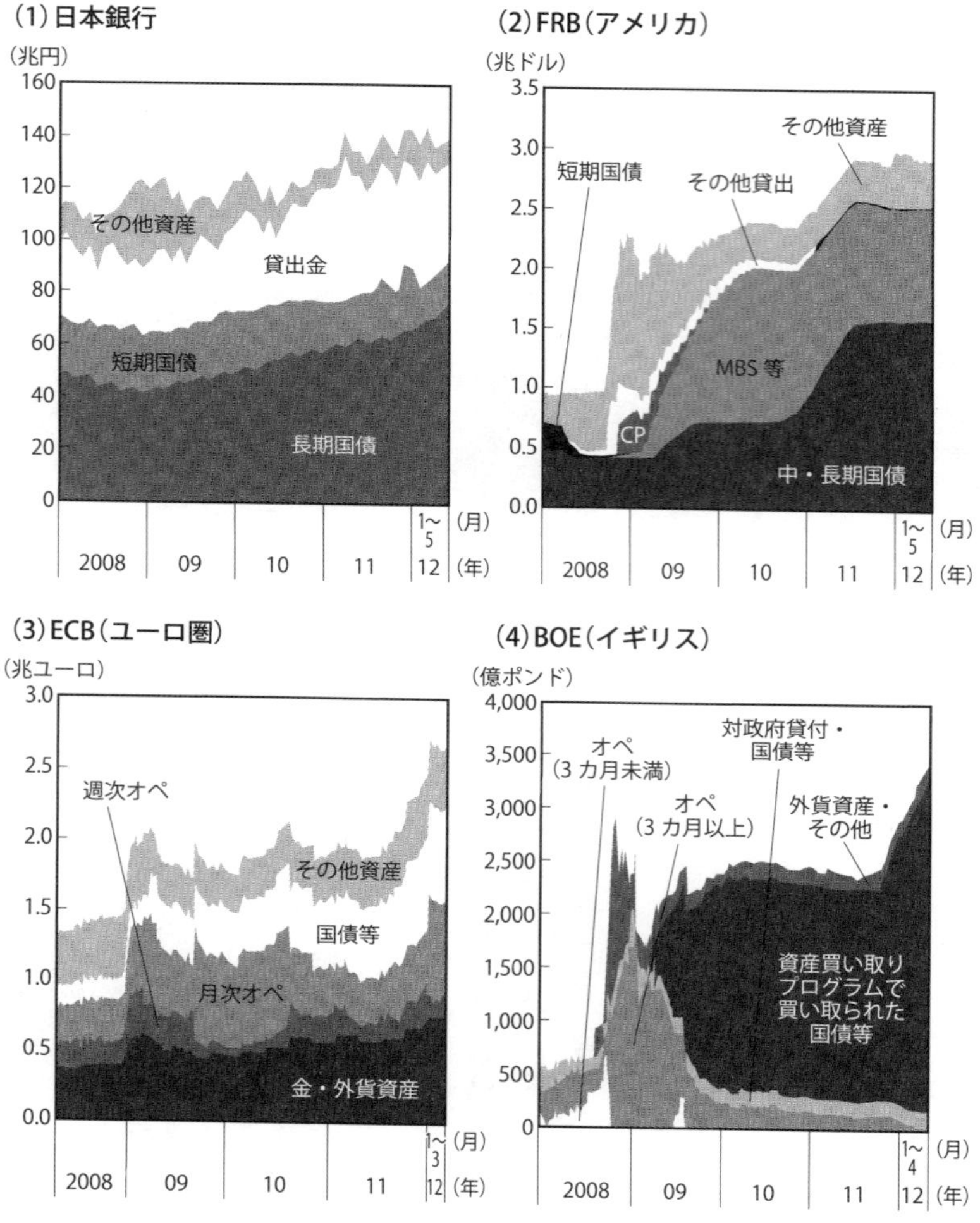

（出所）日銀、FRB、ECB、BOEのデータに基づいて作成された内閣府『平成24年度　年次経済財政報告』第3-1-19図。

「金融大国」としての地位を築き上げてきたイギリスは、その金融市場にとりわけ大きな打撃を受けた。また、イギリスほどではなかったとはいえ、英米両国の金融市場と密接な結びつきを持っていたフランスやドイツ等のユーロ圏諸国の金融市場も、同様の大きな打撃を受けた。

金融恐慌の最大の特徴は、一つの金融機関の破綻が別の金融機関の破綻の引き金となるという形で、破綻の連鎖があたかも伝染病のように拡大していくという点にある。それは、ある金融機関が債務超過になったことが明らかになれば、別の金融機関も同様な状況に陥りつつあるのではないかという疑心暗鬼が生じるからである。

そのような懸念がいったん生じると、実際には財務的には十分に健全であった金融機関でさえ、他の金融機関から取引を忌避されることで資金繰りに行き詰まり、最悪の場合には破綻するということにもなる。このような状況は、流動性危機と呼ばれる。

政府による銀行システムの公的保護がまだ十分に制度化されていなかった初期資本主義の時代には、銀行破綻には、破綻前に自分の預金を引き出そうとして銀行の窓口に預金者が殺到する「取り付け騒ぎ」がつきものであった。

銀行が破綻しても一定の上限までの預金の払い戻しを保証する預金保険制度が一般化している現代では、取り付け騒ぎが局所的に生じることはあったとしても、それが金融システム自体を揺るがすまで拡大することはない。しかし、銀行等の多くの金融機関は、単に一般の預金者から資金を集めているだけではなく、短期金融市場を通じて他の金融機関との間で日常的に資金を融通し合っている。仮に預金の流出がなくても、金融機関相互の資金融通が途絶すれば、流動性危機はやはり生じるのである。

流動性危機においては、民間金融機関は破綻の連鎖に巻き込まれまいとして、破綻リスクが高い金融機関との取引を忌避しようとする。しかし、金融機関の現実の財務状況はインサイダー以外には知りえないので、金融市場では金融機関が互いに疑心暗鬼のなかでにらみ合うような状況が蔓延していくことになる。それは、金融機関の存続可能性はひとえに保有する資産のリスク状況に依存している以上、当然のことである。

このように、民間金融機関がリスクからみずからを守ろうとする合理的な行動が、システム全体のリスクをますます深めてしまうのが、流動性危機である。しかし、金融市場には、破綻のリスクからみずからを守る必要のない経済主体がただ一つだけ存在する。それは、根源的な流動性供給主体としての中央銀行である。

中央銀行は、収益は生まないながらも、あらゆる金融資産のなかで最もリスクが低く、かつ最も流動性の高い資産である「貨幣」を、市場から資産を購入してみずからのバランスシートを拡大させるだけで創出することができる。

なぜ「信用緩和」と呼ばれたのか

流動性危機がいったん生じた場合、民間金融機関はリスク資産を手放して流動性資産の確保を最優先せざるをえないから、市場では流動性としての貨幣のいわば「奪い合い」が発生する。他方で、リスク資産は市場でたたき売られ、その価格は暴落する。その市場の自己破壊を阻止できる主体は、中央銀行以外にはありえない。

中央銀行はそのとき、市場が必要とする流動性=貨幣を、そこで必要とされている分だけ無制限に供給しなければならない。それが、ジャーナリストでありまた偉大なエコノミストでもあったウォルター・バジョットが主著『ロンバード街』（1873年）で提起し、やがて各国中央銀行の政策慣行として定着した「最後の貸し手」機能である（Bagehot [1999]）。

リーマン・ショックが生じたのちに、FRB、BOE、ECBがまず行わなければならなかったのは、この「最後の貸し手」としての流動性供給であった。これは、流動性を渇望する金融機関に必要なだけの流動性を供給し、その資金繰りを確保すると同時に、各種リスク資産を市場から買い上げることで崩壊しつつあった資産市場を支え、金融システムの瓦解をくい止めることを目的としたものであった。

FRBとBOEのバランスシートがリーマン・ショック直後にとりわけ顕著に急拡大したのは、そのときに生じた流動性危機が両国の金融市場において最も深刻だったからである。また、2008年末から09年初頭にかけて両中央銀行のバランスシートがいったん縮小したのは、初期のパニック的な流動性危機がそこでようやく終息に向かったからである。

このように、リーマン・ショック後からの各中央銀行バランスシートの急膨張は、まずは信用秩序維持のための「プルーデンス政策」の結果として生じた。この時期のFRBの政策が、バーナンキによって量的緩和ではなく信用緩和と呼ばれていたのはそのためである。その基本的な役割は、パニックのなかで資金の調達先を失ってしまった金融機関や企業に対して中央銀行が流動性を供給するという点にあり、それは本質的にはバジョット以来の原則に則ったものであった。

しかし、各中央銀行とりわけFRBは、今回の危機においては、その金融危機対応としての流動性供給を、単に通常の銀行だけを相手して行うだけではすまされなかった。FRBは、伝統的な割引窓口（discount window）を通じた銀行への特別融資だけではなく、銀行以外の金融機関や企業にも流動性供給を拡大する必要に迫られた。そしてそのために、さまざまな特別プログラムを新たに設けた。それは、今回の金融危機が、金融システムの中核としての正規の銀行システムにおいてではなく、その外側の肥大化したシャドー・バンキング・システムの領域において発生していたからである。リーマン・ショック直後の信用緩和の段階に現れていた、ＦＲＢによって購入された各種資産の多様性は、そのことを示している。

このリーマン・ショック後の「金融市場の安定化」を政策目標とした各中央銀行の金融政策は、２００９年春ごろにはその当初の目的をほぼ終了することになる。それは、中央銀行による懸命の流動性供給が奏功し、そのころになると各国の金融市場もようやく落ち着きを取り戻しはじめたからである。

その結果、各中央銀行による危機対応のための流動性供給も、２００９年春ごろには一段落した。それは、ＦＲＢ、ＥＣＢ、ＢＯＥのバランスシートが２００８年末から09年初頭にかけていったん縮小したことに示されている。

非伝統的金融政策への移行

他方で、このように流動性危機対応のための資金供給が遂行されている間に、ＦＲＢにおいては２００８年末に、ＢＯＥにおいては２００９年初頭に、その政策金利はすでにその下限に到達していた。それは、世界的には日銀による１９９９年のゼロ金利政策以来のことである。その後、２００９年春になって金融市場が落ち着きを取り戻すと、ＦＲＢとＢＯＥの金融政策は、金融危機対応としての信用緩和から、「非伝統的金融政策としての量的緩和」に、ごく自然に移行していくことになる。

ＦＲＢは、２００８年12月16日に政策金利の誘導目標を０・25％に引き下げ、さらに12月18日には市中銀行がＦＲＢに預け入れる準備預金への付利を０・25％に設定した。これは、ＦＲＢが０・25％という水準を市場金利の下限として設定したことを意味する。というのは、仮に市場の金利が０・25％以下であれば、市中銀行は余剰資金をその０・25％以下の金利で貸し出すよりも、ＦＲＢに準備預金として置いておき０・25％の金利を得るほうが有利になるため、市場では０・25％以下の金利は成立しないはずだからである。こうして、ＦＲＢの伝統的金融政策は停止した。

ＦＲＢはその後、ＱＥ１（２００９年３月～10年６月）、ＱＥ２（２０１０年11月～11年６月）、ＱＥ３（２０１２年９月～14年10月）と、段階的に３回にわたる量的緩和拡大政策を行った。[4] そこには、それ以前の信用緩和とは異なる二つの特徴が存在していた。

第一は、量的緩和の各段階において、バランスシートそのものが政策的に拡大されている点である。第二に、そのバランスシート拡大の手段として、大規模資産購入（Large-Scale Asset Purchases：ＬＳＡＰ）プログラムが導入され、中長期国債および不動産担保証券の大規模な買い取りが実行された点である。

リーマン・ショック以降のＦＲＢの政策目標が、金融危機対応の信用緩和から純粋な量的緩和に

▼4　アメリカの金融政策に関して、量的緩和を意味するQEという表現が定着したのはもっぱらQE2からであり、QE1に関しては、それ以前の信用緩和と一体化しているため、その開始時期に関しては文献によってばらつきがある。ここでの時期区分は、Bernanke [2012a] Lecture 4に依拠している。

図3-12　FRB資産の政策目的別内訳（2007年～12年3月）

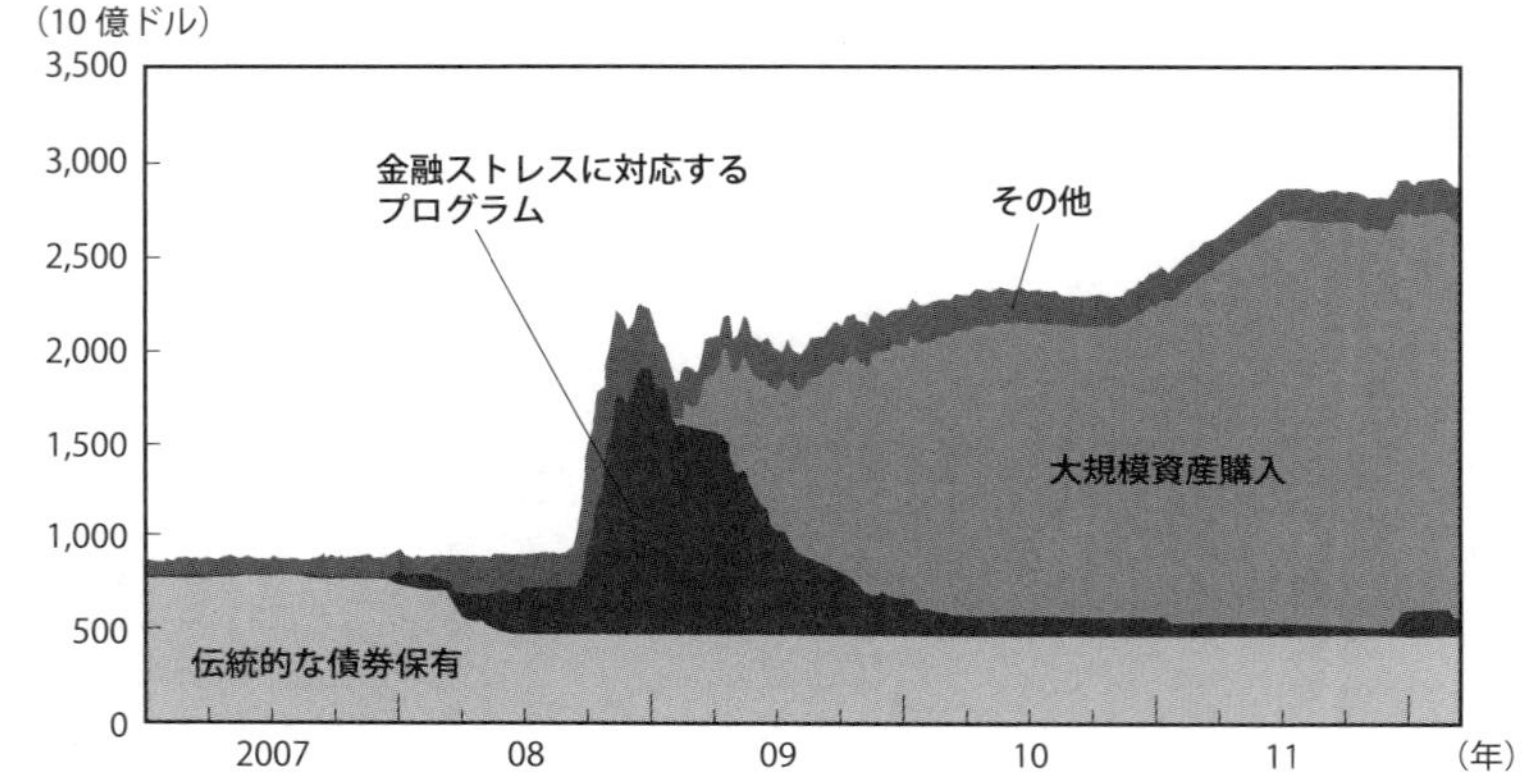

（出所）Bernanke［2012a］図4.2.

いかにシフトしたかに関しては、それを主導したバーナンキ自身による説明が最もわかりやすい(Bernanke［2012a］Lecture 4)。図3-12は、FRBのバランスシートにおける資産の構成を、資産種別によってではなく政策目的別に示している。リーマン・ショック前後には「金融ストレスに対応するプログラム」すなわち金融危機対応としての資金供給が大きく膨れあがっているが、それが次第に縮小し、QE1が導入された2009年3月前後からは、量的緩和に対応する「大規模資産購入」が拡大したことが明瞭に示されている。

BOEの政策も、ほぼ同様の推移を経て金融危機対応から量的緩和へと移行した。BOEは2009年3月5日に、政策金利を0・5%に引き下げ、銀行が中央銀行に預け入れる準備預金への付利を0・5%として、その水準を市場金利の下限に設定するとともに、国債を中心とした資産の購入を通じた量的緩和を実行する方針を決定した。

BOEのバランスシートから明らかなように、

この第一弾の資産購入プログラムはほぼ2010年1月まで続いた。しかし、このときの量的緩和拡大方針は、2009年後半の景気回復によりいったん打ち止めとなった。そこに生じたのが、ギリシャ・ショックと、それに続くユーロ圏諸国の財政危機である。

その危機を受けて、イギリス政府は2011年1月に、消費税（付加価値税）をそれまでの17・5％から20％へと引き上げた。それは、イギリス経済の回復に大きく水を差す結果となった。BOEはそこで、2011年10月から量的緩和第二弾を開始し、それを2012年11月まで継続した。その第二弾の量的緩和は、結果として第一弾を上回る規模となった。

審議委員の多数派に押し切られてのゼロ金利

ところで、この英米両国による量的緩和政策の先駆であったはずの日銀は、リーマン・ショック後にはどのような政策運営を行っていたのであろうか。

リーマン・ショックが生じたのは、白川方明を総裁とする日銀の新たな体制が発足してから、ほぼ半年後のことである。そして、白川は結局、その5年の任期のすべてを、リーマン・ショック後の危機への対応に費やすことになる。

白川方明が福井俊彦の退任を受けて日銀の新総裁に就任したのは、2008年4月9日である。それは、政府の新総裁案が、当時は野党ではあったが参議院では多数派であった民主党から拒否されつづけるという政治的混乱のなかで、白川自身が就任したばかりの副総裁職からやむをえず横滑りするという異例の経緯によるものであった。

白川は元来、「趣味は金融政策」があだ名であるような、良くも悪くも学者肌の人物であった。また、白川の東大学部学生時代の恩師でありイェール大学教授であった浜田宏一が日銀の金融政策を批判したときに、「最新の理論を教えてあげましょうか」と言い返して反論したという逸話が示すように、日銀的伝統への強いこだわりと自負によっても知られていた。

その頑固な日銀教条主義者であった白川が、政治的なめぐり合わせによって、学者とは異なり知識や信条よりも現実感覚や現実対応力のほうがはるかに重要となるはずの中央銀行の総裁職に就いたのは、単に日本にとってだけではなく、白川自身にとっても不幸なことだったのかもしれない。

白川日銀は、リーマン・ショックから1カ月半も経過した2008年10月31日になって、金融政策決定会合での激しい論争の末、ようやく政策金利を0・5%から0・3%へ引き下げた。さらに同年12月19日には、それを0・1%にまで引き下げた。

しかし、その引き下げは、白川自身は反対であったにもかかわらず、政策審議委員の多数派の要求によってやむをえず実行されていたのである。『朝日新聞GLOBE』によると、当時の状況は以下のようなものであった。

白川は粘った。12月18日、2日間にわたる金融政策決定会合が始まっても、利下げを見送る心づもりでいた。日銀出身の副総裁、山口広秀も同じ考えだった。初日は、具体的な金融政策に深入りしないのが通例。白川や山口は夕方に会合が終わると、審議委員たちと再び議論を重ねた。しかし、多くの審議委員は利下げ論を崩さない。もし、執行部が金利維持を提案すれば、10月末に続いて「4対4」の決着になることが濃厚だった。金融政策をめぐって、連続して異例の「議長裁定」になるような事態は避けたい。そんな気持ちが執行部に広がった。白川はその夜、「0・3%維持」を断念する。翌19日。賛成7反対1の賛成多数で議決。白川の「真意」は封印して、再利下げは決まった（「金融危機と中央銀行」『朝日新聞GLOBE』2008年12月21日）。

白川日銀の牛歩的対応

日銀はこのようにして、福井体制下の2006年3月に量的緩和を解除し、さらに同年7月にゼロ金利を解除して以来、約2年半ぶりに政策金利の下限の世界に舞い戻った。しかし、生粋の量的緩和無効論者であった白川は、そこから再び以前と同様な枠組みでの量的緩和に踏み込もうとはしなかった。それを求める声は存在したが、白川日銀はそれを拒み続けた。

量的緩和を否定する白川のその論拠は、「欧米の中央銀行が行っているのは量的緩和というよりは金融危機対策としての信用緩和であり、量的緩和に経済それ自体を回復させる効果がない以上、欧米の金融市場でのような流動性危機が生じているわけではない日本では欧米のような緩和はとくに必要ない」というものであった。

白川は、2010年2月16日に行われた衆議院予算委員会において、自民党の山本幸三の質問に答えて、2001年から06年までの間に日銀が採用していた量的緩和政策について、「金融システムの安定維持には大きな効果があった」ものの、「人々の支出活動を刺激し、その結果物価が上がっていく」という点では「効果は非常に限定的だった」と述べている。

また、日銀のバランスシートの拡大が欧米の中央銀行に比べて小さい点については、日本では「相対的に金融機関の、あるいは金融市場の傷みは小さかった」のに対して、欧米では「いろいろな資本市場に対して中央銀行が代替せざるをえない状況になった結果としてバランスシートが拡大している、当座預金の量がふえているだけ」と述べて、欧米とは異なり金融市場には問題のない日本では、日銀がバランスシートを拡大させる必要はとくにないと主張した（「第174回国会・予算委員会・会議録」第12号、平成22年2月16日火曜日）。

たしかに、日本ではリーマン・ショックが生じた後も、欧米のような金融危機が生じることはなかった。それは、2002年から07年までの「いざなぎ越え」景気回復のなかで、バブル崩壊以来の懸案だった銀行の不良債権問題がようやく解決される一方で、日本の金融機関の多くが幸いにもサブプライム関連投資には出遅れた状態にあったからである。

その意味で、日銀のバランスシートがFRB、BOE、ECBのそれのようなリーマン・ショックを境とした「断絶」を示していないのは、基本的には白川の主張するように、日銀が金融危機対応のための流動性供給を行う必要はなかったからともいえる。

問題はむしろ、その後の対応にあった。欧米の中央銀行がリーマン・ショック直後に積極的な流動性供給を行い、バランスシートを急拡大させた直接の目的はたしかに、半ば崩壊状態にあった金融市場の回復と安定化にあった。しかし、それはせいぜい2009年の春ごろまでのことであり、FRBとBOEによる信用緩和から量的緩和への移行が示すように、それ以降はまったく異なる段階に入っていたのである。

既述のように、2009年春から始まるFRBとBOEによるバランスシートの再拡大は、金融市場の安定化というよりは、明確にマクロ経済状況の回復を目的にしていた。しかし、量的緩和無効論を唱えつづけてきたことで、結果として量的緩和への復帰という政策的選択肢をみずから放棄していた白川日銀は、そのような事態の進展に目を背け、その推移をただ傍観しつづける以外にはなかった。

前掲の衆議院予算委員会での２０１０年2月16日答弁が示すように、白川は２０１０年初頭の時点でも、英米の中央銀行が量的緩和を実行している事実を意図的に無視しつづけていた。[5] 白川日銀が、事実上の量的緩和への復帰である「包括緩和」政策を打ち出すのは、欧米中銀に遅れること約２年後の２０１０年10月のことである。

マーケットに冷水を浴びせつづける

ＦＲＢやＢＯＥが量的緩和によってバランスシートを政策的に拡大させたのに対して、量的緩和を無意味とする日銀がそれを行わなかったことは、必然的に外国為替市場でのドル安、ポンド安、円高をもたらした。

円高の進行は、世界不況による海外市場の縮小によって大きな痛手を被っていた日本の輸出産業を、さらなる苦境に陥れた。その影響は、中国企業や韓国企業と激しく競合していた電気・電子産業においては、とりわけ死活的であった。結果として、２００９年の日本の経済成長率は、欧米諸国のような金融危機とは無縁だったにもかかわらず、先進諸国中で最悪の数字となったのである。

▼5　２０１１年春に出版された翁邦雄『ポスト・マネタリズムの金融政策』（翁［２０１１］）第7章では、ＢＯＥの量的緩和政策については「量的緩和」と括弧を付けたうえできわめて否定的に整理されているものの、ＦＲＢの政策に関しては、前掲の２００９年1月時点でのバーナンキ講演に依拠して、もっぱら信用緩和政策としてのみ位置づけられている。

白川日銀は結局、アメリカ経済の回復鈍化を受けてFRBによるQE2の導入が迫っていた2010年10月5日に、QE2導入の思惑を背景に急激な円高ドル安が進む状況下で、資産買い入れ基金の創設等を柱とする「包括緩和」政策を決定した。これは、金融市場に問題がない以上はマネーの「量」の拡大は必要ないという、白川日銀が固執する政策理念を事実上放棄したことを意味していた。

しかし、日銀当座預金やベースマネーの「量」ではなく、わざわざ「資産買い入れ基金」を増やすという迂回した枠組みを設けたのは、ひとえに量的緩和への復帰という評価を避けるためであったことは明らかである。

白川日銀はその後、この基金の枠を、渋々ながらも拡大させていくことになる。しかしながら、白川自身は、マネーの「量」の拡大に経済回復効果はないという量的緩和無効論を最後まで撤回することはなかった。つまり白川日銀は、みずからが無効とする政策に、何らの政策方針の転換もなく移行し、実行しつづけたのである。

白川はむしろ、新たな政策対応のたびに、それが日銀の従来の政策指針の転換を意味するわけではないことを念入りに説明し、日銀は変わったのではないか、すなわち「量的緩和の有効性を認めてそれを積極的に遂行しはじめたのではないか」というマーケットの思惑に冷水を浴びせつづけた。それは、白川日銀は本当に景気回復を望んでいるのだろうかという疑念を呼び起こすのに十分であった。

白川時代の日銀政策審議委員のなかでも最もタカ派として知られていた須田美矢子は、この白川の執拗な「既存方針確認」について、「日銀が変わったわけではないとその後説明することが、サプライズのほうが間違いだったとの認識を生じさせ、期待の（正当な）変化が剥落していくということもみられた」と述懐し、日銀に対するマーケットの見方に不満を呈している（須田［2013］）。しかし、マーケットに生じたこの「期待の剥落」は、量的緩和政策は無効という従来の政策理念を白川日銀が堅持しつづけていることを明らかにした以上、まったく当然の反応であった。

その「期待の剥落」を避け、量的緩和の有効性を高めるためには、まずは日銀の側の明確な方針転換が必要だったのである。白川日銀がそのことを忌避しつづけるかぎり、量的緩和の効果などは望むべくもなかった。うがった見方をすれば、白川はあるいは、その「包括緩和」政策を、量的緩和は無効であるというみずからの教条を証明するだけのために進めていたのかもしれない。

3 ケインズ的財政政策の復活とその暗転

主要国は2008年から大規模経済対策を実行

リーマン・ショック以降の世界経済危機の第1段階を真性ケインズ主義的局面として位置づけることができるのは、非伝統的金融政策の展開と並んで、ケインズ的なマクロ財政政策がこの時期に世界的な復活を遂げたからである。リーマン・ショックが世界経済全体に深刻な事態を引き起こしつつあることは、その直後から明らかだったこともあり、各国における財政政策の立ち上がりは早かった。

2008年11月にアメリカのワシントンで開催された日米欧と中国インドなど新興諸国を含む20

カ国・地域（G20）による緊急首脳会合（ワシントン・サミット）では、危機の克服に向けて「財政の持続可能性を確保する政策枠組みを維持しつつ、状況に応じ、即効的な内需刺激の財政施策を用いる」ことを求めた首脳宣言が採択された（「第1回金融・世界経済に関する首脳会合宣言」外務省ホームページ）。

また、２００９年４月にイギリスのロンドンで開催されたG20ロンドン・サミットの首脳声明「回復と改革のためのグローバル・プラン」では、「成長と雇用の回復」という項で、「われわれは、前例のないかつ協調された財政拡大を行っている。これは、何もしなければ失われていたであろう何百万人もの雇用を維持するか、または創出し、来年末までに5兆ドルに上り、生産を４％拡大し、また、環境に優しい経済への移行を加速する。われわれは、成長を回復するために必要な規模の継続した財政努力を行うことにコミットしている」という宣言が行われた（第2回金融・世界経済に関する首脳会合首脳声明「回復と改革のためのグローバル・プラン」外務省ホームページ）。

実際、国によって具体策や規模にばらつきはあるものの、中国や韓国を含むG20の主要国は、２００８年末から10年初頭にかけて、不況克服のための「経済対策」として、政府財政支出の拡大や減税政策などのマクロ財政政策を相当な規模で実行した。図3-13は、リーマン・ショック後から２０１０年４月までに行われたG20主要国の財政政策の額を、経済産業省の推計に基づいて整理したものである。

なぜかこの時期の財政政策への評価は低い

この時期に世界各国で行われたマクロ財政政策への評価は、一般的には十分に高いとはいえない。

図3-13　主要国・地域の景気対策（2008年9月〜10年4月）

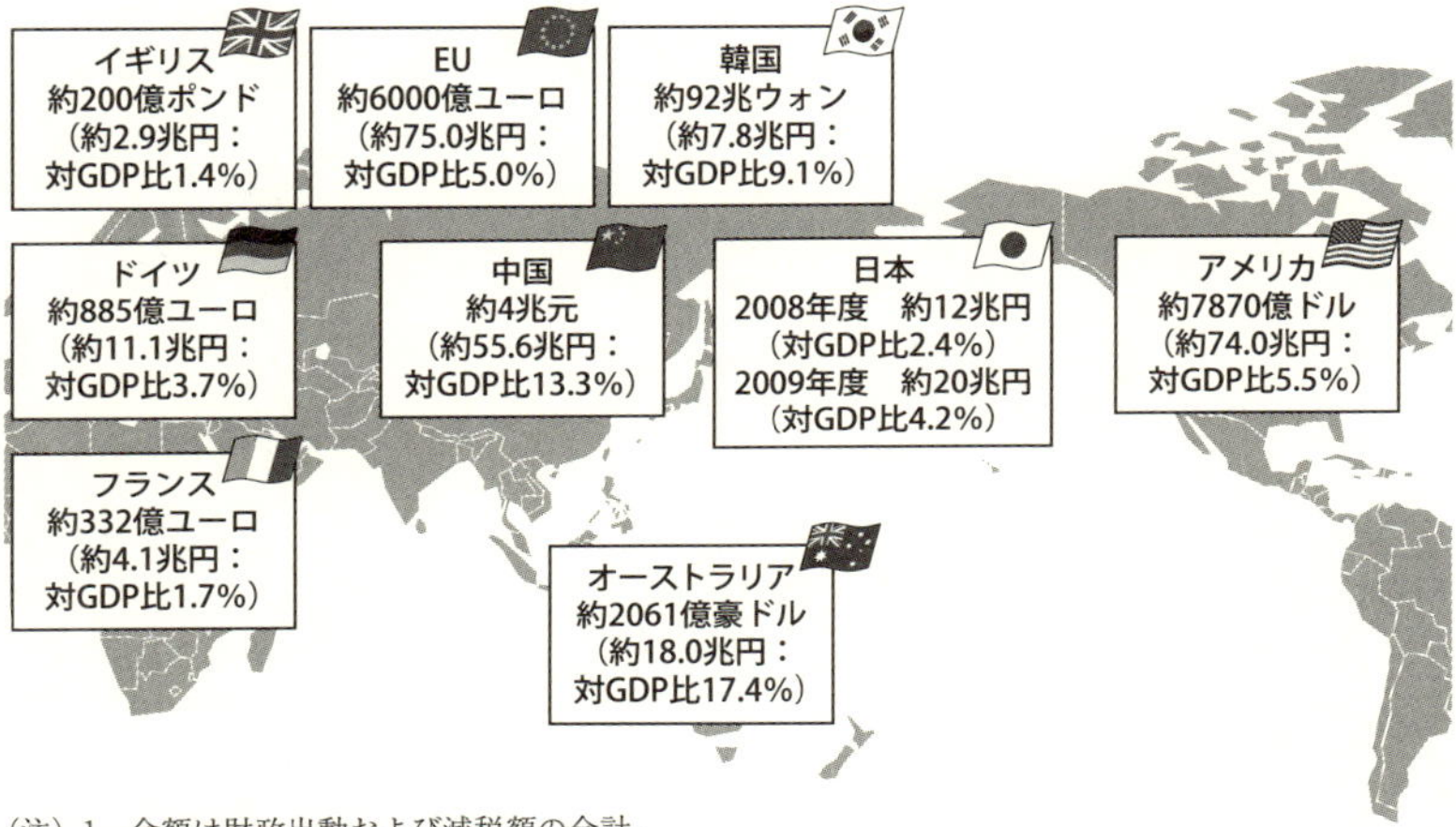

（注）1. 金額は財政出動および減税額の合計。
2. 円換算の金額は、各国通貨の対円為替レートの2010年4月平均値で換算。
（出所）各種報道資料に基づいて作成された経済産業省『通商白書2010』第1-1-1-17図。

そのことは、ギリシャ・ショック以降の世界経済危機の第2段階において、各国財政政策スタンスの急転換が生じた、という事実そのものによって示されている。

世界の主要各国で展開された大規模な財政政策にもかかわらず、2010年の段階では、各国とも最悪期をようやく脱出したにすぎず、景気回復という状況とは程遠かった。そのような事態は、不幸なことに、マクロ財政政策は財政赤字をもたらすだけで景気回復にはつながらないという否定的な印象を、世界的に幅広く浸透させることになった。実際、米オバマ政権が推進する拡張的財政政策を批判するアメリカの草の根保守主義運動は、そのような視点から一貫して、経済的な意味での「反政府」的プロパガンダを展開していた。

その状況はやがて、政府の財政赤字そのものを問題視するような政治風潮を生み、それがギリシャ・ショックを契機にケインズ的マクロ財政政策に対する世界的なバックラッシュのうねりとなって拡大し、各国の政策状況を大きく左右することになるのである。

もちろん、事態をより冷静かつ公平に把握していた専門家たちも数多く存在していた。たとえば、IMFはこの時期の各国の経済対策について、「危機発生以降、各国は異例の支援策を講じた。これが回復の基礎となり、第二の大恐慌が発生するリスクを取り除いた。また、金融システムを含む経済全体に困難をもたらすデフレ・スパイラルに陥るのを妨げた」という評価を与えている（World Economic Outlook, April 2010）。また国連は、「支援策は世界的な信用を再構築し、金融市場を安定化させ、需要を下支えし、金融危機による経済的、社会的な影響を緩和した」と評価している（World Economic Situation and Prospects 2010）。

つまり、こうした国際経済機関の専門家たちによれば、リーマン・ショック後の各国のマクロ財政政策は、財政赤字を残しただけで効果はなかったという一般的な印象とは異なり、経済危機がより深刻化し長期化することを防いだという意味では、十分に効果があったといえるのである。

そのことは、今回の「百年に一度の恐慌」を、その約80年前に生じた世界大恐慌と比較してみれば明らかである。世界大恐慌時においては、アメリカの失業率は恐慌が始まった1929年以降、ほぼ4年間にわたって悪化しつづけた。またその間には、実質GDPと物価がともに下落しつづけた。

しかし、今回の危機においては、実質GDPは各国とも2009年前半にはほぼ下げ止まっているし、失業率もリーマン・ショックから約2年後の2010年秋にはピークアウトしている。さらに、日本を例外として、物価下落はどの主要国にも生じていない。ここには、清算主義的な考えに基づいて景気悪化を放置しつづけていた世界大恐慌時の初期対応と、金融と財政の両方で拡張的な政策を各国一斉に行ったリーマン・ショック後のそれとの違いが、明確に現れている。

アメリカではマクロ財政政策はお蔵入りしていた

このように、リーマン・ショック後には世界各国で、景気回復を目的としたケインズ的なマクロ財政政策、具体的には財政出動および減税が行われた。留意されるべきは、そのようなケインズ的財政政策は、今回の危機が生じる以前までは、日本を例外として、主要国ではほとんど過去の遺物視されていたという事実である。

たとえば、アメリカで財政政策が明示的に景気刺激を目的として行われたのは、民主党ケネディ政権によって準備され、ケネディ死後の1964年に成立した減税政策、いわゆるケネディ減税以来のことである。後述のように、ケネディ政権においては、この時代を代表するケインズ派経済学者たちが、こぞって政策アドバイザーをつとめていた。じつは、彼らの多くは、景気回復のためには減税よりも財政出動のほうが望ましいとケネディに助言していた。しかし、最高税率が91%にも達していた当時のアメリカの所得税率は高すぎると考えていたケネディが実際に選択したのは、減税政策であった。

アメリカでは、1981年に成立した共和党レーガン政権も減税政策を行ったが、それは、減税による経済インセンティブの改善というサプライサイド経済学の論理に基づいていた点で、需要拡大を目的としていたケネディ政権の減税とは性格が異なる。2001年と03年の2度にわたって実施された共和党ブッシュ政権の大型減税も、事実上は景気対策であったにもかかわらず、表向きはサプライサイド経済学を根拠としていた。したがって、アメリカでは結局、景気対策としての財政政策は、ケネディ政権以降はお蔵入りになっていたのである。

そのようにマクロ財政政策が長く放棄されていたのは、「マクロ安定化のための第一義的な政策手段は財政政策ではなく金融政策である」とする考え方が、理論と政策実践を通じて、確固として定着していたからである。このマクロ安定化とは、具体的には、適正な物価上昇率、失業率、経済成長率の達成および維持を意味する。前節で述べたように、「伝統的金融政策」の目標は、まさにその意味でのマクロ安定化にあった。

それに対して、財政政策の目的は本来、公共財や公共サービスの提供、そして所得再分配にある。たしかに、財政政策は、政府の税収や支出の操作を必然的にともなうことから、マクロ経済にも大きな影響を与える。しかし、その効果は、財政政策本来の目的からすれば、副次的なものにすぎない。その意味で、「金融政策でマクロ安定化が実現できるのならば、財政政策のほうは、マクロ安定化ではなく、その本来の役割である公的な資源配分に割り当てるべき」ということになるのは、ごく自然な成り行きであった。

高インフレによってケインジアンたちは追い詰められた

じつは、ケインズ経済学の黄金期である1960年代半ばごろに活躍していたケインジアンの多くは、マクロ経済政策としては金融政策よりも財政政策を重視していた。

1961年に誕生した民主党ケネディ政権では、ジェームズ・トービンやロバート・ソローといった当時のケインズ派を先導する経済学者たちが政策アドバイザーとして活躍した。彼らは、完全雇用の達成を目標とするケインズ的マクロ経済政策を主導したが、その重点はどちらかといえば財政政策のほうに置かれていた。こうした経済政策論は当時、「ニュー・エコノミクス」と呼ばれていた。

しかし、彼らケインジアンの政策的立場は、その後は次第に脆弱なものとなっていく。その原因は、1960年代末に生じた高インフレにあった。

ケネディ政権を引き継いだ民主党ジョンソン政権は、泥沼化するベトナム戦争に直面して財政支出を拡大させると同時に、成長の鈍化をおそれて緩和的な金融政策を続けた。ジョンソン政権による、そうしたきわめて弛緩したマクロ経済政策運営は、アメリカ経済にやがて雇用の改善をともなわない加速的なインフレをもたらしはじめた。1960年代前半には1％台できわめて安定していたアメリカの消費者物価上昇率は、1960年代末には6％近くにまで達したのである。

こうした状況は、インフレは雇用拡大のためのコストにすぎないと唱えてきたケインジアンの政策的立場を、危うくせずにはおかなかった。

そうしたなかで、ケインジアンへの理論的な批判によって、ケインズ主義的政策パラダイムの後退をより決定的なものとしたのが、ミルトン・フリードマンによるケインジアン批判である。ケインジアンは当時、インフレ率と失業率との間のトレードオフを示すフィリップス曲線に依拠して、「失業を減らすにはインフレを甘受するほかない」と論じていた。

フリードマンは、1968年に行われたアメリカ経済学会での会長演説「金融政策の役割」のなかで、フィリップス曲線が描くようなインフレと失業のトレードオフは、労働者がインフレーションを予想していない「短期」においてのみ成立し、インフレが期待に織り込まれた「長期」には成立しないことを主張した（Friedman［1968］）。これは、フィリップス曲線に関するケインジアンによる従来的解釈への批判を意味していた。

フリードマンは、経済にはインフレもデフレも引き起こさないような中立的な利子率が存在するように、インフレ率の水準とは無関係な定常的な失業率が存在するとする。彼は、スウェーデンの偉大な貨幣理論家であったクヌート・ヴィクセルが、その中立的な利子率を「自然利子率」と名づけたことを踏襲し、経済の定常的な失業率を「自然失業率」と名づけた。

フリードマンは、現実の失業率がこの自然失業率から乖離するのは、物価の変化を労働者が予想しておらず、人々の期待インフレ率と現実のインフレ率が乖離している間のみであると論じた。

一般に、物価が上昇する過程においては、企業の労働需要は拡大し、賃金もそれにともなって上昇する。しかし、労働者たちが、賃金の上昇には気づいていても、物価がそれにともなって上昇していることに気づかない場合には、実質賃金そのものが上昇しているような錯覚が生じ、労働者の労働供給は増加し、失業率は減少する。つまり、現実の失業率は本来の失業率＝自然失業率よりも低くなる。

ところが、労働者たちはやがて、賃金の上昇と同時に物価も上昇しており、実質賃金は決して上昇していないことに気づく。このように、当初の貨幣錯覚が是正され、現実のインフレ率が人々の期待インフレ率に織り込まれていくにつれて、労働供給は減少し、失業率は元の自然率に戻っていく。現実のインフレ率が人々の期待インフレ率を下回る場合には、これとは逆に、失業率は一時的にその自然率よりも高くなるが、貨幣錯覚が是正されれば、やがては元の自然率に戻っていく。

以上のようなフリードマンのフィリップス曲線解釈が示しているのは、インフレと失業のトレードオフは、期待インフレ率と現実のインフレ率が一致するという意味での長期においては成立せず、したがって長期フィリップス曲線は自然失業率の水準において垂直の直線になるということである。

他方で、インフレと失業のトレードオフを示す短期のフィリップス曲線は、現実のインフレ率の

図3-14　長期および短期フィリップス曲線

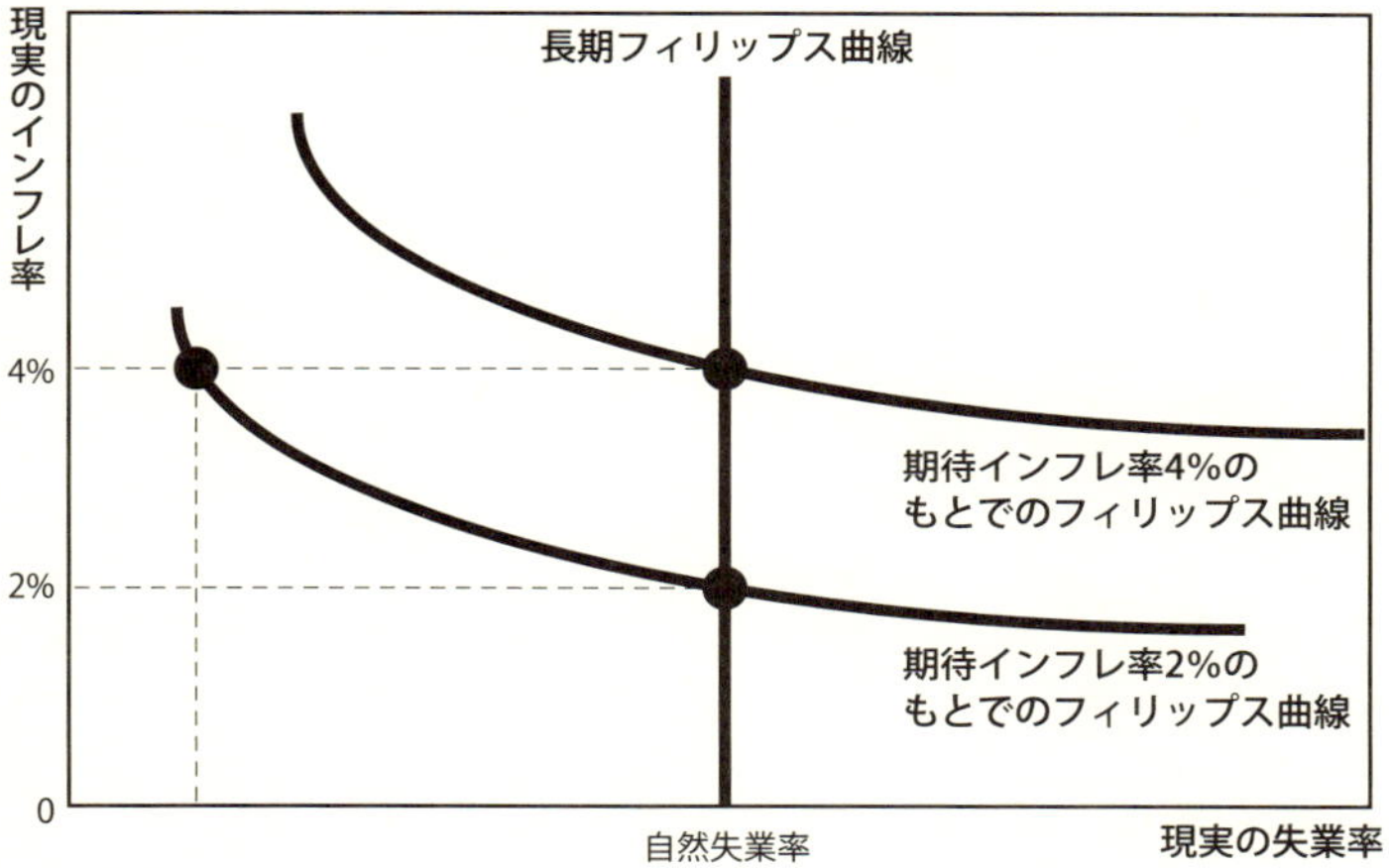

期待インフレ率からの乖離が、現実の失業率を自然失業率から乖離させる関係を示すことになる。そして、期待インフレ率に現実のインフレ率がいったん織り込まれれば、短期のフィリップス曲線自体がシフトし、失業率は元の自然率に戻るのである（図3-14）。

マネタリスト反革命へ

このフリードマンの議論はその後、ケインズ主義に対抗するマネタリズム（貨幣重視主義）と呼ばれる政策的立場を築き上げることになった。マネタリズムは第一に、旧来のケインズ主義とは対照的に、「経済のマクロ的安定化において重要なのは金融政策であって財政政策ではない」ことを強調する。というのは、経済のマクロ変動は「インフレ期待の錯誤」によって生じるものであるのに対して、財政政策は基本的に資源配分のあり方を変化させるものにすぎないからである。

マネタリズムは第二に、「金融政策は政策当局の裁量によってではなくルールに基づいて行われるべき」ことを主張する。というのは、裁量的に行われる金融政策は、インフレ期待の錯誤をもたらすことで、それ自体が経済のマクロ変動の原因となってしまうからである。フリードマンが、貨幣供給をk％という一定の比率で拡大させるようなルールに基づいた金融政策を求めたのは、そのためである。

経済学史のなかでは、フリードマンによるケインズ経済学批判は、ケインズ『一般理論』の出現による「ケインズ革命」に対するアンチテーゼであることから、「マネタリスト反革命」と位置づけられている。

その反革命はその後、マクロ経済学の領域において、ケインズ経済学と対峙する「新しい古典派」マクロ経済学の進展をもたらした。また、マクロ経済政策の現場においても、マクロ安定化政策の基本は金融政策であって財政政策ではないというマネタリストの考え方は、幅広く受け入れられるようになっていった。

金融政策の運営に関しては、マネタリストは一貫して、貨幣量とりわけマネーサプライを重視し、それを安定化すべきことを主張していた。この考え方はその後、マネーサプライ・ターゲティングと呼ばれ、一時は中央銀行の政策運営のあり方に大きな影響を与えた。

しかし、各国の金融市場の制度的変化がマネーサプライについての解釈を困難なものにしたこともあり、その政策指針は結局、そのままの形では定着はしなかった。そのことは、マネタリズムに対するその後の評価を、きわめて微妙なものとした。というのは、マネタリズムの核心をマネーサプライ・ターゲティングや「k％ルール」と呼ばれるマネーサプライの拡大ルールに求める場合には、それが必ずしも有効ではなかったことは明らかだからである。

しかし、マネタリズムの核心を「マクロ変動の源泉はインフレ期待の錯誤にある」という基本的洞察にさかのぼって求める場合には、まったく異なった評価が可能になる。というのは、現在世界的に主流となっているインフレ・ターゲティングという金融政策枠組みは、まさに「インフレ期待の安定化」を目標としたものだからである。その点では、マネタリズムは現在の金融政策実践のなかに確実に受け継がれているのである。

大いなる安定の時代

マクロ安定化政策の主役を財政政策から金融政策にシフトさせたもう一つの大きな制度的要因は、1971年のニクソン・ショックによるブレトン・ウッズ体制の崩壊である。ニクソン・ショックにより、1945年発効のブレトン・ウッズ協定に基づいて構築された、ドルを基軸とした世界的な固定相場制、いわゆるブレトン・ウッズ体制は崩壊した。そして、1973年には、先進諸国の多くが変動相場制へと移行した。

この通貨制度の転換は、財政政策と金融政策の位置づけの転換をもたらした。そのことを明らかにするのが、長きにわたって国際マクロ経済学の基本モデルでありつづけてきたマンデル＝フレミング・モデルである。

ロバート・マンデルとジョン・マーカス・フレミングという二人の経済学者によって1960年代に創始されたこのモデルは、固定相場制下とは変動相場制下では財政政策と金融政策の効果がまったく異なることを示していた。それによれば、固定相場制下では金融政策が無効化して財政政策が有効化するのに対して、変動相場制下では逆に財政政策が無効化して金融政策が有効化する。その理由は、固定相場制においては金融政策を為替レートの維持に割り当てなければならないので、国内マクロ経済の調整には財政政策を用いるほかないのに対して、変動相場制においては、財政政策の効果は自国通貨高によって打ち消される一方で、金融政策の効果は自国通貨安によって増幅されるからである。

実際、ニクソン・ショックによる世界的な固定相場制の崩壊は、各国の金融政策を為替レートの維持という役割から解放し、それを国内経済のマクロ的安定化に用いることを可能にさせたのである。

こうした経済政策思想と通貨制度の転換を背景として、1970年代以降、マクロ安定化政策の主役はもっぱら金融政策が担うようになっていく。とはいえ、1970年代から80年前半までは、世界各国とも、ニクソン・ショックとオイル・ショックにともなう経済的混乱に翻弄されていたため、そのことの意味は必ずしも明確に認識されてはいなかった。その時代には、多くの国がスタグフレーションすなわち高いインフレ率と高い失業率の並存に直面し、各国中央銀行はそれに対処する金融政策運営に苦しんでいた。

しかし、1980年代半ばになると、それらの混乱も収束し、各国中央銀行は次第に、金融政策によるインフレ抑制と経済成長の両立に成功しはじめるようになる。現在では、1980年代半ばからリーマン・ショックまでの約20年間を、世界経済における「大いなる安定（Great Moderation）の時代」と呼ぶ言い方が定着しつつある。それは、この時期が歴史的には、経済成長率やインフレ率や失業率の観察された変動が主要国において顕著に小さかったからである。

1987年から2006年までFRB議長をつとめたアラン・グリーンスパンが、その巧みな金融政策運営によってマエストロと呼ばれたのも、まさにこの時代のことであった。バーナンキは、この時期にマクロ経済の世界的な「大安定」が実現された原因に関しては、多くの研究、多くの論争があるものの、彼自身は「より望ましい安定性をつくり出すうえで金融政策が役割を演じたことを示す証拠がかなりある」と考えていることを明らかにしている（Bernanke［2012a］Lecture 2）。

つまり、各国のマクロ安定化政策がある時期から金融政策に一本化したのは、各国が金融政策を通じた物価や雇用の安定化に十分に成功し、結果として景気対策としての財政政策に頼る必要がなかったからである。そのことは逆に、リーマン・ショック後の世界経済危機に際して、各国が再びマクロ財政政策に目を向けた理由をも説明する。それは、リーマン・ショック後に進んだ各国の大規模な金融緩和の結果、多くの国が伝統的金融政策の機能停止に直面するか、それに近い状況に陥ったからである。

そのような極限的な金融緩和政策を遂行しても「百年に一度の世界不況」を克服するにはまだ足りないとすれば、残された手段はマクロ財政政策以外にはない。各国の政策当局が、もっぱら金融政策にのみ頼る既存のマクロ政策運営を一変させたことの背後には、明らかにそうした判断が存在した。

財政主導ケインズ主義の元祖

こうして、世界の政策当局は、リーマン・ショックを機に、マクロ財政政策を長きにわたる休眠から呼び起こした。ところが、このストーリーには一つの大きな例外がある。それは、日本である。日本では、不況期の「経済対策」といえば何よりも政府の財政政策であり、とりわけ公共投資を中心とする財政出動であるとする通念が、幅広く存在していたからである。金融政策の役割についての

表3-2　日本政府の経済対策（バブル経済崩壊以降）

時期	名称	首相	規模（兆円）	内容
1992年8月	総合経済対策	宮澤	10.7	公共事業、中小企業対策
1993年4月	新総合経済対策	宮澤	13.2	公共事業、新社会資本整備
1993年9月	緊急経済対策	細川	6.15	公共事業、規制緩和
1994年2月	総合経済対策	細川	15.25	所得減税、公共事業
1995年6月	緊急円高経済対策	村山	−	阪神大震災復興、輸入促進
1995年9月	大型経済対策	村山	14.22	公共投資、特別減税
1997年11月	緊急経済対策	橋本	−	規制緩和
1998年4月	総合経済対策	橋本	16.65	公共事業
1998年11月	緊急経済対策	小渕	23.9	新社会資本整備、所得減税
1999年11月	経済新生対策	小渕	約18	公共事業、創業支援
2000年10月	新発展政策	森	約11	公共事業（IT、都市基盤）
2001年3月	緊急経済対策	森	−	金融システム対策

（出所）田口［2002］。

認識が一般社会に浸透しはじめたのは、せいぜい1980年代末のバブル期以降のことであった。

そのバブル期以降についてみても、日本における「経済対策」の主役は、依然として財政政策であった。他の主要先進国とは対照的に、世界的「大安定」期における日本は、1980年代後半のバブルからバブル崩壊後の長期デフレ不況にいたる、戦後最大のマクロ経済的混乱と停滞を経験していた。そして日本政府は、表3-2が示すように、長期不況に突入した1990年代以降、ほぼ毎年のように、公共事業を中心にとした「総合経済対策」や「緊急経済対策」を実施しつづけてきた。

つまり、日本はいわば、リーマン・ショック後の世界を先取りするような、財政主導ケインズ主義の先導者であったわけである。しかし、日本がはからずもそうなった事情は、「先導」というイメージとはかけ離れたものであった。

まず、日本においては1970年代以降、財政政策としての公共投資が、単に景気対策としてだけではなく、都市部と農村部との地域間経済格差を縮小させるための地域開発政策として用いられてきた。さらにいえば、それは単なる地域開発だけではなく、都市部と農村部との間の所得再分配をも意図した政策であった。

そうした日本型財政政策の歴史的画期は、自民党の田中角栄による『日本列島改造論』（1972年）である（田中［1972］）。田中が提起した列島改造論とは、政府が高速道路や新幹線の建設を主導することで、日本の都市部と農村部を結びつけ、繁栄から取り残された農村部の工業化を実現させるという政策ヴィジョンであった。1972年7月に田中政権が成立し、その政策が実現に向けて動き出すと、日本経済には「列島改造ブーム」が訪れ、翌年の1973年末まで景気拡大が続いた。

しかし、1971年のニクソン・ショック後に生じた円高への対応策として日銀が金融緩和を行っていたこと、さらに1973年にオイル・ショックが起きてエネルギー価格が高騰していたことで、日本経済は1974年には、消費者物価が24％も上昇するような高インフレ状態となった。この「狂乱物価」は、政府の政策への広範な批判を呼び起こし、田中政権は結局、緊縮的マクロ政策への転換を余儀なくされた。そして、1974年12月には、田中政権そのものが、田中自身の「金脈問題」によって崩壊した。

こうして、「列島改造」というヴィジョンは、田中政権の退場とともに、政策の表面からは姿を消した。しかし、政府による地域間所得再分配を本質とした日本型財政政策は、それ以降も自民党の歴代政権によって引き継がれた。というよりも、いわゆる「地方へのばらまき政策」が日本の政治と経済により広く深く制度化されていったのは、むしろ田中政権以降のことである。

その意味で、列島改造そのものは日本政治の一エピソードにすぎなかったにしても、田中によって確立された政治手法は、その後に続く日本型財政政策の基本的な「型」を生み出したのである。

ばらまきはこうして維持された

田中以降の自民党の政治家たちが、田中が先鞭をつけた日本型財政政策を積極的に踏襲したことには、少なくとも彼らにとっては合理的な理由があった。最も基本的な要因として、当時の自民党は、政治基盤を都市ではなく地方に持つ農村型政党であった。

日本では、田中政権以前の高度経済成長期を通じて、人口の都市集中と地方の過疎化が進んでいたが、選挙区の区割りが維持されていたことで、その地域間人口構成の変化はむしろ、地方の有権者に対して、実際の人口以上の大きな政治力を与えることになった。地方経済の縮小に危機感を持つ地方の有権者はそこで、地元の政治家に対して、公共事業等の形での「地元への財政ばらまき」を要求した。そして、政治家たちはその要求に応えることで、みずからの政治基盤を確保した。それが、この時代の「自民党政治」の典型的な様式であった。

この自民党による日本型財政政策はもちろん、野党やマスメディアの格好の批判の対象となった。彼らはしばしば、それを「利益誘導型政治」や「利権政治」と揶揄した。しかし結局、その批判が日本型財政政策の歯止めになることはなかった。それは、景気が悪くなればとにかく財政政策が必要であり、財政政策といえば公共事業であり、その公共事業は経済的に恵まれていない地方にこそ行われるべきだという命題が、少なくとも1990年代末までは、日本の財政政策運営における一つのコンセンサスとなっていたからである。首相であった小渕恵三がみずからを自嘲的に「世界一の借金王」と表現する原因となった、小渕政権による1990年代末の超拡張的財政政策は、その一つの頂点であった。

その意味で、2001年に成立した自民党の小泉純一郎政権が、ITバブル崩壊後の世界的不況の最中にもかかわらず、財政出動を中心とした従来型の「経済対策」をまったく行わなかったことは、特筆すべき政治的決断であった。それは、「地方の使われない道路」等に代表される無駄な財政支出の実態が問題視されるようになり、「財政ばらまき」への有権者の批判が高まるなかで、日本の財政政策運営に関する前記のコンセンサスが崩れはじめたことを意味していた。

財政政策が金融政策の尻ぬぐい

日本が財政主導ケインズ主義を先導することになったもう一つの理由は、バブル崩壊以降、とりわけ1990年代半ば以降のマクロ経済状況にあった。

既述のように、世界の主要先進諸国がある段階からマクロ安定化政策を金融政策に一本化し、財政政策のほうは、もっぱら公的資源配分のための政策に割り当てたのは、1980年代半ば以降の「大安定」期が典型的であったように、主要国の中央銀行が金融政策を通じた物価や雇用の安定化に十分に成功し、財政政策をマクロ安定化に用いる必要がなかったためである。しかし、1980年代後半の資産バブルとバブル崩壊後の長期デフレ不況に翻弄された日本は、その「大安定」の特異な例外であった。

日本の金融政策も、常に失敗であったというわけではない。むしろ、1980年代前半の日銀の金融政策運営は、世界的に高い評価を得ていた。それは、各国の中央銀行が1980年代初頭に生じた第2次オイル・ショックへの対処に苦しむなかで、1979年に日銀総裁に就任した前川春雄が、巧みな金融政策運営によって、インフレなき経済成長を実現させたからである。その時代の日本は、雇用や物価や成長というマクロ指標において、先進諸国のなかでも最も良好な成果を達成していた。それはひとえに、前川日銀の金融政策運営によるものである。

日本の金融政策が明らかな変調を示しはじめたのは、1985年のプラザ合意に始まる「国際マクロ政策協調」に巻き込まれてからのことである。とりわけ、1987年のルーブル合意は、その後の日本経済にきわめて大きな影響を及ぼした。というのは、プラザ合意後に進んだ為替市場での円高ドル安を反転させるために、ルーブル合意では日本は、金融緩和の継続にコミットさせられることになったからである。その金融緩和は結局、マネーサプライの急拡大を通じて、1980年代後半の資産バブルにつながっていくことになる。

日銀は、1989年に三重野康が総裁に就任したのち、バブル抑制のための強引な金融引き締めを行い、バブルを半ば人為的に弾けさせた。しかし、三重野はその後も、バブルの再発を過度におそれて、十分な金融緩和を行わなかった。その結果、資産デフレとディス・インフレが定着し、日本の政策金利は1995年半ばには0・4～0・5%まで低下した。

つまり、日本の伝統的金融政策は、すでに1990年代半ばの時点でほぼ機能停止に近い状態に追い込まれていたのである。表3-2が示すように、1990年代の日本は毎年のように「経済対策」を実行したが、それは、政策金利の引き下げ余地がほとんど残されていない「伝統的金融政策の半機能停止」という状況のなかでの不可避的な政策選択であったともいえる。つまり、日本の場合には、バブルとバブル崩壊後の長期デフレ不況をもたらした稚拙な金融政策運営の尻ぬぐいを、もっぱらマクロ財政政策が負わなければならなかったということである。それが、「財政主導ケインズ主義の先駆としての日本」の実態であった。

ギリシャ・ショックから緊縮主義へ

リーマン・ショック後に世界的に展開されたケインズ的マクロ財政政策は、2010年5月に生じたギリシャ・ショックを契機として、それ以降は打ち切られていき、さらには増税や政府支出削減などの緊縮政策にとってかわられていくことになる。

その契機となるギリシャ危機の発端は、2009年10月に起きたギリシャの政権交替である。新政権が財政状況を確認した結果、それまで対GDP比で4%弱とされていた財政赤字は、じつは国家的な粉飾であり、実際には12・5%であることが明らかになったのである。

この財政赤字の数字は、2010年4月にはさらに13・6%に修正された。また、債務残高の対GDP比は、113%にも至ることも明らかとなった。その後、格付会社は相次いで、ギリシャ国債の格付けを引き下げた。

こうした状況のなかで、ギリシャ政府財政のデフォルト（債務不履行）懸念の高まりからすでにじりじりと下落しつつあったギリシャ国債が暴落し、国債金利が急騰するという事態が起きたのが、2010年5月であった（図3-15）。これが、ギリシャ・ショックである。

このショックは、ギリシャと同様に政府財政が危機的な状況に陥りつつあると認識されていた、アイルランド、ポルトガル等への懸念となって波及し、それらの国の国債金利の高騰を招いた。それ

図3-15　欧州債務危機国の10年物国債利回り（2010年1月〜11月）

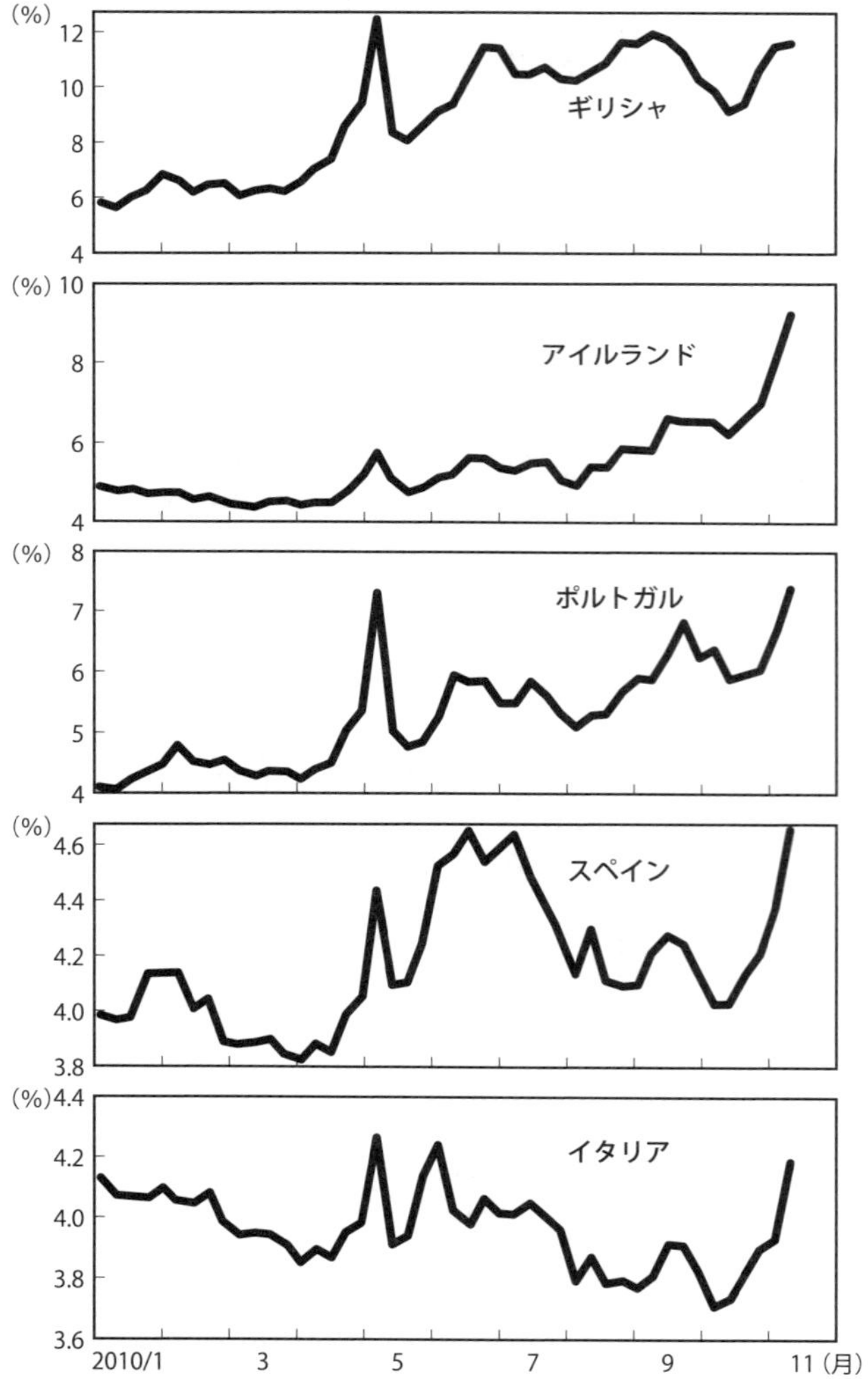

（出所）「日本経済新聞電子版ニュース」2010年11月12日。

はさらに、スペインやイタリアへの懸念として拡大し、欧州債務危機あるいは欧州ソブリン危機と呼ばれるまでに至る。実際、ギリシャ、ポルトガル、アイルランド等の国債金利は、翌2011年にかけて、まさに危機的な水準にまで上昇していくことになる（図3-15）。

このギリシャ・ショックは、その後に世界経済を席巻することになる緊縮主義の直接的な引き金となった。緊縮はまず、ユーロ圏の財政危機国において展開された。それは、ギリシャ等の財政危機国に対して支援を行う側の国は、それだけの国民負担を受け入れる以上、財政危機国に対して財政緊縮を求めることで、自国の有権者を納得させる以外には方法はなかったからである。

要するに、支援国の側からすれば、赤字を好きなだけ垂れ流した国の「つけ」を今になって負わされる以上は、それと見合うくらいの「痛み」を相手にも味わってもらう必要があったわけである。それは、理性というよりは、もっぱら感情の問題であった。

ユーロ圏の一員であったことが災いした

そもそも、欧州の一小国にすぎず、日本のGDPの5％強、ユーロ圏のGDPの3％にも満たないギリシャの財政破綻が、世界経済を揺るがすまでに至ったのは、なぜなのであろうか。結論からいえば、それはギリシャが折悪しくもユーロ圏の一員だったからである。

ギリシャがユーロへの加入を承認されたのは、2001年である。それは後に、ユーロ導入のための「収斂規準」が実際には満たされないままの「粉飾加入」であったことが明らかとなっている。

マーストリヒト基準とも呼ばれているこの収斂規準とは、ユーロ導入においてそれを達成することが求められている、物価上昇率や財政赤字などに関するマクロ経済規準のことである。じつは、ギリシャは実際の財政赤字を偽って欧州委員会に報告書を提出しており、ギリシャのユーロ圏加入が承認された時点では、この収斂基準は満たされていなかったのである。

仮に、このときに欧州委員会がギリシャをより厳密に審査し、ギリシャのユーロ加入を承認せず、ギリシャの通貨がその後もドラクマのままであったならば、ギリシャ危機は、2001年に生じたアルゼンチンのデフォルトと同様な、単なる世界の一小国のありがちな財政破綻事例にとどまっていたであろう。そして、その破綻は、ギリシャ経済には一時的に大きな混乱と苦痛をもたらしたとしても、アルゼンチンの場合と同様に、ギリシャ以外の国にとっては、ほとんど無視できる程度のものですんでいたであろう。

ギリシャはそもそも、近代の歴史を財政破綻とともに歩んできたような国である。ラインハートとロゴフが明らかにしているように、ギリシャは、19世紀以降に公的対外債務のデフォルトやリスケジューリングを4回繰り返し、「1世紀以上にわたって恒常的にデフォルト状態にある」ような、欧州最悪の財政破綻常習国であった（Reinhart and Rogoff［2009］ch. 6）。

しかし、ギリシャがすでにユーロ圏に入り込んでしまった以上、ギリシャの不始末は単にギリシャだけの問題ではすまされなくなっていた。というのは、もしギリシャがユーロを離脱するということになれば、同様な状況にあるユーロ圏の財政危機国のユーロ離脱を誘発し、最悪の場合にはユーロの解体さえも予想されたからである。それは、ドイツをはじめとするユーロ圏の中心国にとっても、何をおいても阻止すべき事態であった。

ユーロ圏の解体を防ぐためには、ギリシャをただ破綻するにまかせるわけにはいかないとすれば、方法は結局一つしかない。それは、それがいかに不本意にしても、ドイツをはじめとするユーロ圏の中心国が、ギリシャ等の財政危機国の財政負担を肩代わりしつづけるということである。

しかし、その支援を何の条件もつけずに行うのでは、支援国の有権者が黙ってはいない。そこで、ギリシャ危機以降の財政危機国への救済支援は、「緊縮なくしては支援なし」といった形の、アメとムチ的なやり方が定番となったわけである。

ドイツとギリシャのチキンゲーム

ユーロ圏の財政危機国への支援においては、「トロイカ」と呼ばれる三つの組織、すなわち欧州中央銀行（ECB）、欧州連合（EU）、国際通貨基金（IMF）が大きな役割を果たしてきた。そのなかでも、EUの政策にはとりわけ、欧州の経済的覇者であるドイツの意向が強く反映されていた。

彼らは、金融支援を行うに際しては、当該国に必ずきびしい財政健全化措置を求めてきた。ギリシャに対しては、ユーロ圏諸国の財務相会合において、2010年5月にIMFとEUによる第1次支援が決定され、2012年2月にはIMFとEUと民間による第2次支援が決定されたが、IMFやEUは支援の条件として、増税、年金改革、公務員改革、公共投資削減などのきびしい緊縮財政や公益事業等の全面的な民営化をギリシャ政府に対して求めた。

ギリシャ政府は、一応の抵抗は試みたものの、最終的にはやむをえずそれらの緊縮条件を受け入れた。しかし、それはまさに、ギリシャ政府がギリシャ国民に大きな負担を強いること意味していた。ギリシャではその後、それら緊縮政策の導入に反対するデモや暴動が日常茶飯事化するに至った。

このように、トロイカによる支援の見返りとしての「緊縮」は、ギリシャにもくろみどおりの「痛み」を与えつづけた。にもかかわらず、ドイツをはじめとする支援国側の有権者たちは、それには満足せず、自分たちの「善意」を無視して反抗しつづけるギリシャ国民に怒りを向け、彼らをあからさまに侮蔑しはじめた。

こうして、ギリシャでは自国政府に対してというよりは緊縮を押しつけるドイツに対しての反発が強まるなかで、ドイツのほうでは騒ぐばかりで支援国のいうことを聞こうとしないギリシャに対する反発が強まり、国内ではギリシャ支援の停止や「ギリシャのユーロからの切り離し」を主張する声が急速に強まりはじめた。

ギリシャ支援問題に関する当時のドイツ国内世論を整理したレポート（新井［2012］）によれば、ギリシャの再選挙の前の2012年5月に実施されたドイツの世論調査では、ギリシャのユーロ離脱に賛成が56％、反対が26％、「わからない」が18％となっていた。また、「ギリシャの緊縮策を実行させるためには厳格に臨むべき」という項目には70％が賛成しているのに対し、「緊縮策の厳格な実施を求めることはかえってギリシャを崩壊に導くため、時間が必要」という意見には20％が支持するにすぎなかった。これはまさに、「ユーロ」を双方で人質にとったうえでの、支援と緊縮をめぐるギリシャとドイツとの間のチキンゲームであった。

幸いなことに、このチキンゲームは、その後にギリシャとドイツの双方が軟化することで、最終的な破局を迎える前に停止された。それは、ドイツのメルケル政権が、ギリシャに対してはきびしい緊縮を求めることでドイツの有権者を慰撫しつつも、ぎりぎりの局面ではギリシャ支援という犠牲をユーロ維持のために支払いつづけてきたからである。そうなれば、ギリシャとしても結局、緊縮を受け入れるしか選択肢はない。

とはいえ、ユーロ解体が現実味を帯びるような緊迫した局面は、2011年11月にマリオ・ドラギがジャン=クロード・トリシェの後任としてECBの総裁に就任し、長期資金供給を手始めとする一連の対応策を矢継ぎ早に展開し、その結果として欧州の国債市場が一応の安定を取り戻しはじめるまで続くことになる。

緊縮を主導するドイツ

トロイカに主導された緊縮政策はその後、ギリシャに対してだけでなく、アイルランド、スペイン、ポルトガルといった、財政危機に直面しつつある他のユーロ圏諸国にも拡大していくことになる。これらの国々は、緊縮政策の押しつけには反発しながらも、ギリシャほどの抵抗は示さず、それを渋々ながらも受け入れた。それは、これらの国々にとって、ユーロ圏にとどまりつづけることの政治的および経済的な意味は、ギリシャなどよりは格段に重かったからである。

これらユーロ圏の周辺国は、ユーロ導入からリーマン・ショックに至るまでは、ユーロ中心国である英仏両国の景気がどちらかといえば冴えないなかで、おしなべて堅調な経済状況にあった。それは、統一通貨ユーロの導入が、海外からの投資のリスク・プレミアムを引き下げることで、海外からそれらの国々への資本流入の拡大をもたらしたためであった。そのようなユーロの「旨み」を知ってしまった以上、それらの国にとっては、「ユーロ離脱」という選択肢は、単に政策としてだけではなく、交渉上の戦略としてもありえなかったのである。

こうして、ドイツによって後押しされた緊縮主義は、ギリシャなどの財政危機国を起点として、ユーロ圏全体に拡大した。厄介だったのは、緊縮主義の効能を信じて止まないドイツが、「だらしのない」周辺諸国に範を示すべく、みずから率先して財政緊縮を実行したことである。その倹約へのこだわりは、まさに病的であったといってよい。

財政問題へのドイツ的対応を象徴するのは、リーマン・ショックからの経済危機がその頂点にあった2009年に、憲法を改正して導入された「債務ブレーキ条項」である。これは、「連邦政府と州政府は原則として歳入と歳出を均衡させなければならない」という、均衡財政主義の規定である。

ドイツは、こうしたケインズ以前の時代に逆戻りするような財政ルールを、景気悪化による循環的財政赤字の拡大が不可避であり、その意味でケインズ的な赤字財政主義が最も必要とされていたまさにそのときに導入したのである。

ただし、さすがのドイツといえども、ケインズ以降の経済学的知見をまったく無視することはできなかった。ドイツのこの債務ブレーキ条項は、歳出と歳入の厳密な均衡を求めたものではなく、対GDP比で0・35％の範囲内という限定つきではあるが、政府財政の構造的赤字を認めていた。

さらに重要なのは、「平常の状態を逸脱する景気動向にある場合には、好況および不況における財政への影響を対称的に顧慮しなければならない」という例外規定が設けられたことである。その財政赤字の許容幅は、その時々の「経済全体の生産能力の活用過小または過多」すなわちGDPギャップによって判断されるべきことが、その施行法において規定されていた。つまり、債務ブレーキ条項は、一定程度の循環的財政赤字の拡大を認めていた。

病的なまでの倹約主義

そうした多少の柔軟性は認められるものの、国内インフラへの公共投資が従来から極端に手控えられており、ドイツを象徴する高速道路アウトバーンさえ劣化が進んでいることが国内において問題視されているなかで、依然として財政支出の拡大よりもその削減のほうに目を向けるという政策的志向性は、やはりあまりにもドイツ的なものであったといわざるをえない。

イェール大学の歴史学教授であったアダム・トーズは、憲法に連邦政府と州政府の双方に均衡予算の維持を求める条項が付け加えられたことで、政府による借り入れが事実上不可能となった結果、教育、エネルギー、育児など公的投資を必要としているセクターが数多くあるにもかかわらず、ドイツ政府は、既存のプログラムを打ち切ることで、民間投資の活性化に期待するしかない状態を招いていることを指摘していた。トーズはさらに、ドイツ政府が国債で資金を借り入れ、それを投資に用いるかつてないチャンスを手にしているにもかかわらず、それを手控えていることで、ドイツの各州や周辺諸国の経済成長が阻害される結果になっていることを主張していた（トーズ［2012］）。

こうした指摘にもかかわらず、ドイツはその緊縮路線を揺るぎなく実行しつづけた。ドイツ政府は2012年3月に、債務ブレーキ条項で許容された対GDP比で0・35％という財政赤字を、当初目標であった2016年ではなく2年前倒しの2014年には達成する見通しであること、そしてそれはまさに債務ブレーキ条項の成果であるということを、誇らしげに発表したのである。

ドイツはこのように、その病的な倹約主義の精神を、その精神とは程遠いギリシャなどの国の人々への「しごき」の手段として用いただけではなく、みずからをますますきびしく律することにも用いたのである。

しかし、ドイツにとっては、それでもまだ十分とはいえなかった。ドイツは、その倹約主義理念を欧州全体に浸透させるべく、「経済通貨同盟における安定、協調、統治に関する条約」（通称はＥＵ新財政協定）を提起し、それを実現させた。それは、ユーロ圏の財政規律と監視の強化を図るための政府間条約であり、ユーロ圏の各国にドイツに準じた厳格な財政均衡ルールを導入するものであった。各国はそれによって、「単年の財政赤字がＧＤＰの０・５％を超えない」という財政均衡義務を、２０１４年１月１日までに国内法に、可能であれば憲法レベルで定めることが求められた。その条約には、ルールを逸脱した場合は是正メカニズムが発動され、当該国に制裁が科されることも定められていた。このＥＵ新財政協定は、２０１２年３月にＥＵ加盟国中チェコとイギリスを除いた25カ国が調印し、２０１３年１月１日に発効した。

アメリカにおける反ケインズ主義の岩盤

リーマン・ショック後におけるケインズ的財政政策の一時的「復活」とその後の暗転という政策状況を示す、ユーロ圏と並ぶもう一つの典型的な実例は、民主党オバマ政権下のアメリカである。

本節で確認したように、世界各国はリーマン・ショック後、景気悪化阻止のためのケインズ的マクロ財政政策をほぼいっせいに展開したが、その象徴の一つは、２００９年１月に第44代アメリカ合衆国大統領への就任を果たしたバラク・オバマの政権による景気刺激策（stimulus package）であった。しかし、そのオバマ政権の景気刺激策はその後、アメリカの保守派の標的となり、縮小に続く縮小を重ねていくことになる。そしてついには、２０１３年10月の「政府閉鎖」にまで追い込まれていくのである。

オバマが「チェンジ」というスローガンを掲げて2008年の大統領選を闘っていたとき、アメリカ経済はまさにリーマン・ショック後の大混乱の最中にあった。オバマは、大統領選勝利後の11月初頭に、大統領就任後の最重点課題として、金融危機による信用収縮や国内の雇用情勢悪化を阻止するために「必要なすべての手段をとる」ことを表明した。

そして、就任直後の2009年2月には、「10年間で7872億ドルに達する過去最大規模の景気対策」とうたわれた、アメリカ再生・再投資法(ARRA)を成立させた。そこでは、ヘルスケア、交通輸送、再生可能エネルギー等々の分野に対して重点的に政府支出が行われることが計画されていた。少なくともその当初は十分に意欲的であるようにみえた、このオバマ政権のケインズ的財政政策が、その後は見る影もなく萎んでいったのはなぜなのであろうか。

アメリカの場合には、財政拡張から緊縮への転換に関しては、欧州におけるギリシャ危機のような画然とした契機があったわけではない。その転換をもたらした最大の要因をあえて特定化するとすれば、それはアメリカ的な保守主義の岩盤とでもいうべきものであった。

アメリカの保守主義は、政府の市場への介入を原理的に悪とみなす点で、ケインズ主義とは水と油のように相容れない。ケインズ主義とは、市場経済の不安定性という認識を前提に、マクロ経済政策という形ではあれ、経済の安定化のために政府に対して市場への介入者としての役割を求める立場だからである。アメリカの保守主義者たちは、オバマ政権がケインズ的政府介入政策を行う以上、それに反対する以外にはなかったし、実際に一貫してそうしていたのである。彼らが好んで用いていたオバマ批判のスローガンは、「政府の歳出を拡大させようとするオバマは社会主義者だ」というものであった。

ティーパーティーはどのようにして生まれたのか

結局のところ、オバマ政権のケインズ的財政政策が後退していったのは、アメリカにおいて、もともと強い基盤を持っていた、この反ケインズ主義な本質を持つ保守主義が、アメリカの拡大する政府財政赤字に触発されて、次第に一般国民の間にも浸透していったからである。そこにはもちろん、「チェンジ」を掲げて颯爽と登場したオバマに対するアメリカの有権者の当初の期待が、実際の政権運営のなかで次第に剥落していったという事情もあったが、それはおそらく副次的要因にすぎない。

問題の本質がアメリカの保守主義それ自体にあったことは、オバマ政権成立後にアメリカの政治世界を席巻した「草の根保守主義」の運動体としてのティーパーティーが、そもそもどのように生まれ、拡大していったのかを確認することで、よりいっそう明確になる。

宗主国イギリスの課税に反対してアメリカ独立の画期となったボストン茶会事件に由来する「ティーパーティー」という歴史用語を政治世界のなかで初めて用いたのは、共和党の超保守派であり、名うてのリバタリアンとして知られていた下院議員ロン・ポールであった。

現在に至るティーパーティー運動の起源については諸説あるが、一般には、そのポールが2007年12月に、翌年の共和党大統領予備選の資金集めのために、ボストン茶会事件を祝う集会を開催したことが、その契機になったとされている。ちなみにポールは、2008年と12年の2度のアメリカ大統領選挙において、共和党予備選挙に出馬している。ポールはそこで、いずれも台風の目としての注目は集めたものの、最終的にはその保守派的主張の過激さが危惧されて、共和党予備選挙からの脱落を余儀なくされている。

重要なのは、このポールに代表されるアメリカ保守主義の基本理念である「小さな政府」を求める潮流が、まさにオバマ政権の成立と同時に、それに対抗する政治運動体として、ポールの手を離れて独り歩きをしはじめたことである。その発端は、前述のオバマ政権の景気刺激策が2009年2月にアメリカ再生・再投資法として成立する前後に、それに対する反意を示すためにアメリカ各地で起きた自然発生的な抗議運動であった。

これらの動きは、当初はごく小規模かつ散発的なものであったが、保守系メディアによって大きく取り上げられるなかで、人々の注目を集めるようになり、その勢力を急速に拡げていくことになる。そして、アメリカの「タックス・デイ」（確定申告締切日）である2009年4月15日には、750以上もの大小ティーパーティー団体が全国各地で抗議集会を組織するまでに至ったのである。

つまり、「ティーパーティー」はその成立の当初から、アメリカの保守主義によるケインズ主義への拒絶を本質とする運動であった。オバマ政権によるケインズ的財政政策の「復活」は、皮肉なことに、「政府の拡大」に対するアメリカ保守派の根源的忌避を呼び覚ましてしまったのである。それは、アメリカでのケネディ政権以来の「景気刺激策」の発動が生んだ、一つの政治的反動であった。

オバマ政権によるケインズ的財政政策の終焉

ティーパーティー運動はその後、その勢力をさらに拡大させ、「草の根」を離れてアメリカの中央政界に影響を及ぼしていくことになる。その手始めは、民主党の大物上院議員エドワード・ケネディの死去にともなう2010年1月のマサチューセッツ州上院補欠選挙で、民主党とケネディ家が約半世紀その議席を守ってきたリベラル派の「牙城」が、共和党ティーパーティー系の無名の新人候補によって奪われたことである。これはその後、「マサチューセッツの奇跡」と呼ばれた。

ティーパーティーはこの勝利を契機に、単なる草の根政治集団というレベルを超えて全国的に組織化され、共和党本流の一部とも結びつくことで、議会圧力団体や集票および集金組織としての役割をも担うことになった。勢いを得たティーパーティーは、２０１０年11月の中間選挙では、数多くの共和党ティーパーティー系候補を誕生させ、２００８年大統領選挙の共和党副大統領候補であったサラ・ペイリンをシンボルに押し立てて選挙戦を闘い、オバマ民主党の歴史的大敗、共和党の大躍進という結果を生み出した。

この選挙結果によって、下院は共和党が多数派を占めることとなり、民主党がかろうじて多数派を維持した上院との間で「ねじれ」が生じた。この事態は、オバマ政権によるケインズ的財政政策の完全なる終焉を意味していた。

オバマ政権はじつは、その当初から、政権の目玉であった景気刺激策を議会で成立させることに大いに苦労していた。それは、経済状況を考えれば政権の景気刺激策は超党派で支持されるだろうというオバマの事前のもくろみを裏切り、共和党国会議員の多くがその法案に強硬に反対したからである。

この議会における政権への抵抗は、それ以降、アメリカの財政赤字の拡大という現実のなかで、ますます強まっていくことになる。２０１０年11月の中間選挙における民主党の敗北と共和党の勝利は、その流れを決定的なものとしたのである。

一大反ケインズ的マニフェスト

ティーパーティーに代表されるアメリカの保守主義は、本質的には「小さな政府」が善であり「大きな政府」が悪であるという価値判断に基づく思潮である。その意味で、2010年11月の中間選挙の結果は、アメリカの有権者の多くが、選挙という民主主義のプロセスを通じて、「小さな政府」という価値判断を是として政治的選択を行ったというにすぎない。有権者がどのような政府を選択するかは、何が正しいかという「実証」の問題ではなく、何が望ましいかという「規範」の問題であるから、その選択自体には何の問題もない。

問題は、保守派がオバマの景気刺激策に反対するに際して用いたレトリックにある。彼らは常に、アメリカで進行しつつあった失業率上昇と財政赤字拡大に関して、「オバマの財政支出拡大が財政赤字の拡大をもたらし、それが雇用の破壊をもたらした」と論じ、さらには「連邦政府が財政支出を削減すれば雇用は増える」と論じていた。

これらの主張は明らかに、何が好ましいかという「規範」の問題ではなく、その因果関係の正しさを論理と実証によって確認する必要があるような、一つの経済学的命題である。そして、それは深く吟味するまでもなく、誤りであることが自明であるような命題であった。ケインズが批判した古い大蔵省見解でさえ、「財政赤字によって雇用を増やすことはできない」とはいっても、「財政赤字を減らせば雇用も増える」などとはいっていなかったのである。

実際、ティーパーティーら保守派のこうした主張は、アメリカ国内でも、ケインズ派の経済学者たちにきびしく批判されてきた。元FRB副議長のアラン・ブラインダーは、アメリカ政府がもし「雇用増のためには財政支出の削減が必要」とする保守派の主張を真に受けて時期尚早の歳出削減を行えば、その結果は雇用増ではなく雇用破壊という悲劇的なものとなるであろうと警告した（ブラインダー［2011］）。

図3-16　オバマ景気刺激策に対するアメリカ経済学者たちの反対声明

"There is no disagreement that we need action by our government, a recovery plan that will help to jumpstart the economy."

—PRESIDENT-ELECT BARACK OBAMA, JANUARY 9, 2009

With all due respect Mr. President, that is not true.

Notwithstanding reports that all economists are now Keynesians and that we all support a big increase in the burden of government, we the undersigned do not believe that more government spending is a way to improve economic performance. More government spending by Hoover and Roosevelt did not pull the United States economy out of the Great Depression in the 1930s. More government spending did not solve Japan's "lost decade" in the 1990s. As such, it is a triumph of hope over experience to believe that more government spending will help the U.S. today. To improve the economy, policymakers should focus on reforms that remove impediments to work, saving, investment and production. Lower tax rates and a reduction in the burden of government are the best ways of using fiscal policy to boost growth.

（出所）Cato Institute ホームページ（http://www.cato.org/special/stimulus09/cato_stimulus.pdf）。

しかし、アメリカの経済学者たちがこぞって保守派を批判し、オバマの景気刺激策を支持してきたかといえば、それも現実とは異なる。その事実を典型的に示すのは、アメリカ再生・再投資法の成立直前にケイトー研究所（Cato Institute）によって提起された、オバマ政権の景気刺激策に対する一大反対宣言である。それは、「今やすべての経済学者はケインジアンであり、経済学者はこぞって政府支出の拡大を支持しているかのように報じられているが、それは誤りであり、われわれはより大きな政府支出が経済状況の改善に役立つとは考えていない」という一文から始まる、反ケインズ的マニフェストである（図3−16）。

その宣言文には、ジェームズ・ブキャナン、エドワード・プレスコット、ユージン・ファーマ、バーノン・スミスなどのノーベル経済学賞受賞者を含む、全米の237人の経済学者たちが署名した。[6]

アメリカの経済学者たちの「分裂」

ケイトー研究所は、リバタリアンの牙城として知られている保守系のシンクタンクである。また、このオバマ景気刺激策批判マニフェストに名を連ねているのは、反ケインズ的あるいは非ケインズ的な立場であることが明白な経済学者たちである。したがって、リベラル派の側からすれば、彼らがオバマの景気刺激策を批判したのは、彼らが単にそういう立場だったからだと切り捨てることもできるかもしれない。

しかし、そう簡単に切り捨てられそうにないケースもある。それは、アメリカにおけるケインジアンの動向である。というのは、じつは彼らケインジアンの一部もまた、オバマの景気刺激策に反対していたからである。

たとえば、オバマ政権の前の共和党ブッシュ政権において大統領経済諮問委員会（ＣＥＡ）委員長をつとめたグレゴリー・マンキュー、そのブッシュ政権において国際担当財務次官をつとめたジョン・テイラーは、ケインジアンであると同時に、政府財政支出拡大政策への明確な反対派であった。

こうしたアメリカの経済学者たちの政策的な「分裂」は、何を意味しているのであろうか。それはおそらく、たとえ経済学者といえども、その政策的な立場を最終的に決めるのは、理論や実証というよりは、彼らの持つ価値判断だという事実である。

▼6　その宣言文の原文および全署名者は、以下のサイトで確認できる。
http://www.cato.org/special/stimulus09/cato_stimulus.pdf

実証的にいえば、財政政策に関する経済学者たちの認識は、その表面的な対立にもかかわらず、じつはそれほど大きく分裂しているわけではない。おそらく、「連邦政府が財政支出を削減すれば雇用は増える」といったティーパーティー的な主張を堂々と展開する経済学者は、反ケインズ派のなかでもごく一部でかない。ケイトー研究所の右のオバマ批判マニフェストも、そこまではいっていない。

しかし、そのことは、現在の経済学者の多くが「財政政策によって所得と雇用が拡大する」という初期ケインジアン的な命題を信奉していることを意味しない。むしろ、ケインジアンも含む現在のマクロ経済学者の多数派は、次章で示すように、「マクロ財政政策の所得拡大効果は、ゼロではないにしても、少なくとも初期ケインジアンが想定していたように大きなものではない」と考えているのである。

もちろん、たとえ小さくとも幾ばくかの効果があるのなら、それを行うべきであるという主張は成り立つ。それが、オバマの景気刺激策を支持した経済学者たちの政策的立場である。しかし、幾ばくかの効果しかないのなら、政府を確実に肥大化させるような政策はできるだけ避けるべきという主張も、同様に成り立つのである。

この両者のどちらの立場をとるのかは、明らかに価値判断の問題である。そう考えると、経済学者たち間の政策的対立は、財政政策の効果に関する子細な判断に基づくというよりは、その党派的な立場に基づいていると考えたほうがより自然である。そして、それは本質的には、アメリカの政治世界における一貫した対立軸としての「リベラルと保守との対立」なのである。

第4章

主要国のマクロ経済政策とその中間的総括

PIIGSは次々に財政緊縮へ転換

リーマン・ショックを契機とする世界経済危機は、長きにわたって忘却されていたケインズ的マクロ財政政策の世界的な復活をもたらした。しかし、その復活とは、せいぜい2010年半ばごろまでの短い間のことでしかなかった。それは、拡張的財政政策によってというよりも、2009年前半までの未曾有の世界的経済収縮によって、各国の財政状況が急激に悪化したからである。

最も深刻な事態に陥ったのは、ギリシャ、スペイン、ポルトガル、アイルランド等の、ユーロ圏内における「周辺国」であった。リーマン・ショック後の景気悪化は世界のあらゆる国々の財政状況を悪化させたが、とりわけ問題視されたのが、自力での財政再建が不可能とみられていたギリシャであり、不可能ではないにしてもきわめて困難とみられていたスペイン、ポルトガル、アイルランドであった。

それらの国々に対する財政破綻懸念の高まりは結局、国債市場において国債価格の暴落=国債金利の急上昇をもたらした。このユーロ圏の四つの財政問題国は、やがて、それぞれの頭文字を合わせて「PIGS」と呼ばれ、さらにはイタリアを加えて「PIIGS」とも呼ばれるようになる。

こうした状況は、欧州諸国とりわけユーロ圏において、経済回復から財政再建へのマクロ政策目標の転換をもたらした。それを主導したのは、マクロ緊縮政策の世界的総本山とでもいうべきドイツであった。しかし、このギリシャ・ショックを契機としたユーロ圏における財政スタンスの転換は、その後はイギリスや日本など、ユーロ圏外の国々をも巻き込んでいく。実際、各国では２０１０年以降、増税を含む緊縮財政への動きが加速していった。

ＰＩＧＳのなかで最大の経済規模を持つスペインは、２０１０年７月に付加価値税率を16％から18％へと引き上げ、２０１２年９月にはそれをさらに21％に引き上げた。ユーロ圏においてＰＩＧＳに次いで財政状況が懸念されていたイタリアは、２０１１年９月に付加価値税率を20％から21％に引き上げた。イギリスもまた、財政悪化懸念に強く反応し、２０１０年１月に付加価値税率を15％から17・5％に、その１年後の２０１１年１月にはさらに20％にまで引き上げた。つまりイギリスは、わずか１年の間に５％もの増税を行ったことになる。

財政政策をめぐるアメリカ的特殊性

ギリシャ・ショックは、日本においても、その財政政策の方向性に大きな影響を与えた。この時期に政権を担っていた民主党は、政権交替を実現させた２００９年の衆議院選挙のマニフェストでは、消費税増税についての言及を行ってはおらず、社会保障支出の拡大はもっぱら無駄な政府支出の切り詰めによってまかなうことを公約として掲げていた。

その民主党の菅政権は、２０１０年の参議院選挙において、公約違反の声を振り払って、突如として消費税増税を掲げた。菅政権を引き継いだ野田政権は、党の分裂をも覚悟のうえで、消費税増税の実現にひたすら邁進した。その背景には明らかに、ギリシャ・ショック以降に世界的に蔓延した過剰な財政懸念があった。

第３章で確認したように、その状況は、危機の発信源であるアメリカにおいても、基本的には同様であった。しかしながら、より注意深く吟味してみると、リーマン・ショック後のアメリカにおけるマクロ経済政策の展開には、他国とは顕著に異なるアメリカ的特殊性が存在していた。

まず基本的な問題として、ＰＩＧＳ等とは異なり、アメリカには財政破綻の可能性が現実的にはほとんど存在していなかった。少なくとも、相対的にはその可能性が最も低かった。

各国の財政破綻の可能性を示す指標として最もよく参照されるのは、デフォルト（債務不履行）が生じた場合の「保険」としての機能を持つ、クレジット・デフォルト・スワップ（ＣＤＳ）と呼ばれる金融派生商品の価格である。いくつかの金融調査機関は、このＣＤＳの市況に基づいて「世界破綻確率ランキング」なるものを作成し公表している。アメリカはそこでは通常、北欧諸国などと並んで、財政破綻確率が最も低い国のうちの一つとして位置づけられている。つまり、アメリカの「巨額」の財政赤字にもかかわらず、少なくとも世界の投資家たちは、アメリカ国債を最も安全性が高くリスクの低い資産の一つと見なしているのである。

ちなみに、アメリカと同様に「巨額」の財政赤字を持つとされる日本も、この種のランキングでは、10位から20位といったあたりの「低リスク国」として位置づけられている。

アメリカ財政におけるアメリカ的特徴の一つは、このようにデフォルトの可能性が経済的にはほとんど存在しないにもかかわらず、それが「政治的」に引き起こされる可能性が必ずしもゼロではないという点にある。それが、アメリカ議会での与野党対立が激化するなかで、２０１２年後半から顕在化しはじめた、「債務上限によるデフォルト危機」である。

この政治的混乱により、２０１３年10月には、アメリカの政府機関の一部が閉鎖されるという事態が生じた。さらには、財政資金の枯渇によってアメリカ国債の償還が不可能となる一歩手前の状況にまで至ったのである。それはまさしく、デフォルトの危機を意味していた。

デフォルトの危険が「人質」となった

アメリカの連邦政府の債務に上限が設定されたのは、第1次世界大戦中の1917年のことである。それは、政府による積極的な戦費調達が必要になる一方で、それにともなって生じる政府債務を無制限に拡大させないためには、政府債務拡大に対する一定の制約が必要と考えられたためである。

この法的上限は、アメリカの経済規模の拡大にともなう財政赤字拡大のたびに、過去数十回にわたって周期的に引き上げられてきた。つまり、アメリカの債務上限の引き上げは、従来は単なる政治的儀式にすぎなかったのである。

その形式的措置が、このときのみは世界経済を揺るがしかねない大問題に発展したのは、2010年11月の中間選挙で与党民主党が敗北した結果、下院では共和党が多数派となり、民主党がかろうじて多数派を維持した上院との間で「ねじれ」が生じたからである。こうした政治状況は、仮に両党の間で債務上限引き上げに関する合意が成立しなかった場合には、債務上限引き上げ法案が未成立となり、強制的な歳出削減や増税が実施される可能性を生み出した。

そのような財政緊縮が突発的に生じれば、ようやく回復しつつあったアメリカ経済の「転落」は必至となる。そうした可能性が認識されはじめたことで、この事態はその後、財政の崖（fiscal cliff）と呼ばれるようになった。ちなみに、この「財政の崖」という言葉は、FRB議長バーナンキが2012年2月の議会証言で、債務上限引き上げ法案が万が一未成立となった場合のリスクをその言葉を使って表現したことを契機に一般化した。

たとえアメリカ議会の上院と下院に「ねじれ」が生じていたとしても、民主と共和両党の政治家たちに十分な分別があれば、債務上限引き上げ問題が政争の具にされることもなかったかもしれない。というのは、両党があくまでも妥協を拒否し、国債のデフォルトが現実化した場合に、アメリカ経済や世界経済にどのような破滅的事態が生じるかに少しでも思いをめぐらしてみれば、その問題を政治的駆け引きの道具に使うにはあまりにも危険すぎることは、誰の目から見ても明白だからである。

しかしながら、アメリカ保守原理主義運動としてのティーパーティーの政治的動員力を利用して2010年11月の中間選挙を勝利した共和党は、そのような政治的良識が通用するような党ではもはやなくなっていた。

共和党の政治家たちは、穏健派も含めて、ティーパーティーからの強い圧力によって、オバマ政権と与党民主党に対して決して妥協することなく、政府歳出の削減や、政府歳出増加につながる医療保険改革の廃棄を求めつづけることを強いられていた。債務上限引き上げ法案は、そのための「人質」であった。2013年10月に生じた政府機関の一部閉鎖と、アメリカの「政治的」デフォルト危機は、そのティーパーティーの戦略が行き着いた一つの終着点であった。

ティーパーティーはこのように、アメリカ経済や世界経済を危険にさらすことも厭わずに、みずからの要求を押し通そうとして譲ることがなかった。そのあまりの頑迷さは、単にアメリカのリベラル層からの反発だけではなく、オバマ政権の政策に反対してきたような保守層の一部の離反をも招いた。

たとえそうであったとしても、ティーパーティーにはおそらく、オバマ政権の政策にあくまでも反対し、その実現を妨害しつづけるという以外の政治的選択肢は存在しなかった。というのは、オバマ政権の政策のなかに伏在するケインズ的なものに対する反発こそが、ティーパーティーの原点であったからである。

この債務上限問題をめぐる政治的騒動は、アメリカにおける財政政策運営の特質を端的に示している。前述のように、ＰＩＧＳ諸国とは異なり、アメリカにおいては経済的な意味での財政危機は存在しない。にもかかわらず、オバマ政権の発足当初に展開されたケインズ的財政拡張政策はまったくの尻すぼみに終わり、政権は保守派からの政府歳出削減要求を退けるのに四苦八苦する状況となった。それは、政府の経済的役割の拡大そのものを悪とみなすようなアメリカ的保守主義の「岩盤」が、不況下の緊縮を求めて止まないほどに強固であったからである。

その意味で、アメリカの「緊縮」は、経済的圧力によってではなく、もっぱらイデオロギー的圧力によってもたらされていたといえる。

アメリカと欧州では緊縮の程度が違っていた

アメリカに特徴的な、こうしたイデオロギー主導の「緊縮」の持つもう一つの重要な特質は、その手段はもっぱら「歳出削減」であり、決して「増税」ではないという点にある。それは、アメリカの保守派にとっての本来的な目標は、政府財政の健全化それ自体ではなく、あくまでも「小さな政府の実現」だからである。歴代の共和党政権の政策が示すように、その目標のために必要なのは、むしろ「減税」である。要するに、保守派においては、経済がどのような局面にあるのであれ、増税が政策的選択肢に入ることは原理的にありえないのである。

これは、アメリカの保守派は必ずしも「財政赤字」を原理的に拒否するわけではないことをも意味する。ティーパーティーはたしかに、リーマン・ショック以降のアメリカの財政赤字拡大の原因はオバマ政権の景気刺激策にあると主張し、財政緊縮の必要性を訴えつづけてきた。しかしこれは、「財政赤字」という人目を引く経済指標を利用した、単なる政治的プロパガンダにすぎなかった。

オバマ政権下で拡大した財政赤字の多くは、拡張的財政政策の結果というよりは、景気悪化の結果として自然的に発生した「循環的赤字」であった。それに対して、1980年代以降に定着したアメリカの財政赤字の大部分は、景気動向とは無関係に存在する「構造的赤字」であった。そして、その原因は何よりも、1980年代以降ほぼ一方的に推し進められてきた減税政策であり、それによる税収不足であった。なかでも、1980年代のレーガン減税と2000年代のブッシュ減税は、アメリカの財政状況と経常収支を顕著に悪化させていた。そして、その二つの減税政策はともに、共和党政権の手によって、彼らが依拠する真正保守派的なイデオロギーに基づいて行われていたのである。

このような特異性を持つアメリカ的な緊縮政策は、ドイツが主導する欧州的なそれとは大きく異なる。欧州の緊縮政策においては、その目標はきわめて単純に財政赤字の抑制にある。したがってそこでは、歳出削減と同時に増税が重要な政策的オプションとなる。

事実、欧州各国は2010年以降、競い合うように付加価値税率の引き上げを実行した。むしろ、PIGSのような財政危機国以外の場合には、歳出削減よりも増税を財政健全化の主要な政策手段としていた国が多かった。それは、アメリカとは異なり、多くの国が社会民主主義や福祉国家に象徴される「大きな政府」の伝統を持つ欧州においては、国民の側に「高い負担」を厭わない土壌が存在するからでもある。

こうしたアメリカと欧州における緊縮のあり方の相違は、結果として、両者の間に「緊縮の程度」

の相違をもたらした。すなわち、緊縮の程度は、欧州よりはアメリカのほうがより軽微だったということである。オバマ政権は実際、保守派に対する政治的妥協という意味もあり、前共和党政権が2001年と03年の2度にわたって実行した大型減税、いわゆるブッシュ減税を延長しつづけた。

オバマ政権はたしかに、債務上限引き上げ問題をめぐって保守派の攻撃にさらされ、政府機関閉鎖という形での政府歳出削減を強要された。しかしそれは、オバマ政権が、保守派との対立を避けるために増税を手控え、財政赤字の拡大を許容したからでもあった。

アメリカや日本は「中立」のスタンスだった

こうした財政政策スタンスの微妙な相違は、アメリカと欧州以外の主要国についても見出すことができる。つまり、リーマン・ショック以降の世界各国の財政政策スタンスは、当初の拡張路線から緊縮路線への転換という大きな構図においては一致するものの、その「ぶれ」の程度は、アメリカ、イギリス、日本、ユーロ圏においてそれぞれ異なっていた。

また、それは金融政策についても同様であった。すなわち、各中央銀行はリーマン・ショック以降、ほぼ同時に金融緩和を行ったが、その積極性の程度は、FRB、BOE、BOJ、ECBの間で大きな差があった。

財政政策に関しては、ユーロ圏諸国の多くが、PIGS以外も含め、ドイツに先導されてきびしい緊縮路線に転換したことは既述のとおりである。欧州の非ユーロ圏のなかで政策的振幅が最も大きかった国の一つは、イギリスである。イギリスは、2008年12月に景気対策として付加価値税率を17・5%から2・5%引き下げて15%としていたが、2011年には逆にそれを20%まで引き上げた。また、２０１０年5月に保守党と自由民主党が連立して成立したデーヴィッド・キャメロン政権は、公務員削減や年金支給開始年齢の引き上げ等を実行した。つまり、イギリスは２０１０年以降、増税と財政支出削減の両方を同時に行ったのである。

このように、欧州諸国がおしなべて財政政策を「緊縮」の方向に急転換させたのに対して、アメリカや日本では、当初の拡張的財政政策こそ停止されたものの、その後の財政スタンスは、緊縮というほどではなく、せいぜい「中立」というべきものであった。前述のように、アメリカにおいてはブッシュ減税が維持されていた。日本においては、ギリシャ・ショック以降に政策スタンスが転換されつつあったとはいえ、少なくとも「消費増税のための三党合意」が成立する２０１２年6月までは、増税は将来的な課題にすぎなかった。

２００９年9月に発足した日本の民主党政権は、その政権成立以前から、消費税増税は当面行わないことを半ば公約としていた。政府支出については、一世を風靡した「コンクリートから人へ」というスローガンが示すように、従来の自民党的な「公共投資を中心とした景気対策」からは手を引くものの、それに替えて「子ども手当」などに代表される財政を通じた直接的な再分配を積極的に拡大させることを公約にしていた。そこには緊縮の色彩はほとんど見られず、むしろ党内において増税派が支配的になりつつあった野党自民党から「ばらまき」と批判されるほどであった。

ちなみに自民党では、小泉政権末期以来、財政再建を優先すべきとする増税派と経済成長を優先すべきとする反増税派が対立を続けていた。自民党内における成長重視派＝反増税派は、当時「上げ潮派」と呼ばれていた。この「上げ潮」という呼び名は、そのグループのリーダーであり、第1次安倍政権の幹事長でもあった中川秀直が、２００６年10月にみずからの政策的立論を取りまとめた著書

『上げ潮の時代』を公刊したことを契機としている（中川［２００６］）。それに対峙する増税派のリーダーは、第１次安倍政権では内閣官房長官をつとめた与謝野馨であった。「上げ潮派」は、第１次安倍政権においては党内で優位を保っていたが、２００７年８月の政権崩壊によって、その党内基盤が大きく失われていたのである

この状況が劇的に変わったのは、ギリシャ・ショックが生じた２０１０年春以降のことである。それは、与党民主党内部に増税派と反増税派とのきびしい対立を生み出し、ついには２０１２年夏の民主党分裂と同年末の政権崩壊をもたらすこととなる。

この民主党における反増税派の中核は、小沢一郎グループに代表される２００９年マニフェスト堅持派であった。しかし、そのような政治的動向は基本的には、現実の政策の推移とは無関係な、政治世界での出来事にすぎなかった。むしろ、２０１１年３月11日に発生した東日本大震災は、政府による復興支出を通じて、再び「コンクリートへ」の投資拡大を促した。そのため、政府の歳出総額自体は、結果として趨勢的に増加しつづけた。それを考えると、日本の財政政策は、リーマン・ショック直後の麻生自民党政権による積極的拡張政策が停止された後も、中立というよりは拡張に近い「拡張的中立」の状態が維持されていたといえる。

日銀は「量的・質的緩和」の導入へ

他方の金融政策に関しては、リーマン・ショック後の世界的金融緩和を先導したのは、非伝統的政策としての量的緩和を全面的に展開したアメリカのＦＲＢとイギリスのＢＯＥであった。それに対して、ユーロ圏の金融政策を担うＥＣＢは、リーマン・ショック直後には積極的な資金供給を行った

とはいえ、それは基本的には、金融危機にともなって発生した市場における流動性需要に対応した市場安定化政策としてのものであった。ＥＣＢの金融政策は、そのような状況においても、常に政策金利の操作の余地を残していた。つまりＥＣＢは、ＦＲＢやＢＯＥとは異なり、非伝統的金融政策に完全な形で踏み込むことはなかったのである。

日本の日銀は、民主党政権が続いた２０１２年末までは、白川体制のもとで、非伝統的金融政策を「きわめて消極的に」行っていた。その日銀の金融政策に劇的なレジーム転換をもたらしたのは、２０１２年12月の第２次安倍政権成立であった。

安倍は政権獲得以前から、政権を奪った暁には日銀に対してインフレ目標の導入を求めていくことを明らかにしていた。白川はそれに対して、講演等において「物価も賃金も上がらない状況が長く続いた日本ではインフレ目標は現実的ではない」と述べて、その安倍の立場をあからさまに批判していた（「共同通信ニュース」２０１２年11月12日）。

しかし、安倍を総裁とする自民党が「デフレ脱却のための大胆な金融政策」を政策公約に掲げて２０１２年12月の衆議院選挙を戦い、圧倒的な勝利によって政権を獲得したことで、白川の立場はきわめて微妙なものとなった。そして、白川日銀は結局、安倍政権の要請を受けて、２０１３年１月22日の金融政策決定会合後に、政府との共同声明「デフレ脱却と持続的な経済成長の実現のための政府・日本銀行の政策連携について」を公表し、２％のインフレ目標の導入を宣言したのである。

安倍はさらに、２０１３年４月に退任する予定であった総裁の白川と副総裁の後任として、かねてから積極的金融緩和派として知られていた元財務省財務官の黒田東彦を日銀総裁に、またリフレ派の主導的経済学者であった岩田規久男を副総裁に指名した。

**表4-1　リーマン・ショック以降の各国の財政政策
および金融政策のスタンスとその変化**

	財政政策	金融政策
アメリカ（FRB）	拡張から中立へ	積極的
イギリス（BOE）	拡張から緊縮へ	積極的
日本（BOJ）	拡張から拡張的中立へ	消極的から積極的へ
ユーロ圏（ECB）	拡張から緊縮へ	消極的からやや積極的へ

その黒田と岩田を中核とした新しい日銀は、新体制発足直後の２０１３年４月４日の金融政策決定会合において「量的・質的金融緩和政策」の導入を決定し、福井総裁時代の２００６年３月に解除されて以来ほぼ７年ぶりに量的緩和への復帰を行った。そして、日本経済が約２年後にはデフレから完全に脱却して２％程度のインフレ率を安定的に達成することを目標として、ベースマネーを２年間で約２倍に拡大させるような「異次元の金融緩和」の実行を宣言した。それによって、日本の金融政策は、それまでの「低金利を維持しながら環境の好転を待つ」といった受動的レジームから、「人々の期待をデフレからインフレへと転向させる」という能動的レジームへと根本的に転換されたのである。

以上から、リーマン・ショック以降のアメリカ、イギリス、日本、ユーロ圏における、財政政策および金融政策のスタンスは、表４-１のようにまとめることができよう。この表で、ユーロ圏の金融政策が「消極的からやや積極的へ」となっているのは、２０１１年11月にマリオ・ドラギが総裁に就任して以降は、ＥＣＢの金融政策も、その前任者のジャン＝クロード・トリシェの時代よりは明らかにより積極的なものになったからである。後の第９章で論じるように、ＥＣＢにおけるそのような変化は、ユーロ圏の財政危機、国債市場の混乱を乗り越えるためには、必要不可欠なものであった。

表4-2　リーマン・ショック以降の各国の失業率

（%）

年	アメリカ	イギリス	日本	ユーロ圏
2008	5.80	5.73	3.98	7.58
2009	9.28	7.65	5.05	9.55
2010	9.63	7.85	5.04	10.10
2011	8.93	8.10	4.57	10.12
2012	8.08	7.95	4.34	11.30
2013	7.35	7.60	4.03	11.94

（出所）International Monetary Fund, World Economic Outlook Database October 2014.

アメリカは相対的に早めに回復した

問題は、こうした各国におけるマクロ政策スタンスの相違が、マクロ経済状況のどのような相違を生み出したかにある。それを判断するためには、マクロ経済政策の最終目標である経済成長率や完全失業率を確認する必要がある。経済成長率は一般に短期的な振幅がきわめて大きいため、ここではとりあえず、景気の遅効指数ではあるが、振幅が比較的に少なく、マクロ経済状況の基本的動向をより明瞭に示すと考えられる完全失業率の動きに注目しよう。

表4-2は、リーマン・ショックが起きた2008年から13年までの、アメリカ、イギリス、日本、ユーロ圏における完全失業率の推移である。アメリカと日本では、完全失業率のピークは2009年から10年であり、その後は改善している。しかしイギリスとユーロ圏においては、完全失業率はそれ以降も横ばいないしは悪化を続けている。そこで、それぞれの経済における雇用改善あるいは悪化の「程度」を数値化してみよう。表4-3は、表4-2の完全失業率の数値に基づいて、「完全失業率が2010年から何%減少あるいは増加したか」を、減少の場合はプラスの値で、増加の場合はマイナスの値で示したも

表4-3　2010年を起点とした各国の雇用改善率

（%）

年	アメリカ	イギリス	日本	ユーロ圏
2011	7.2	−3.2	9.4	−0.2
2012	16.1	−1.3	13.9	−11.9
2013	23.6	3.1	20.2	−18.2

（出所）表4-2から算出。

のである。

この雇用改善率から、この四つの経済のうちで最も着実な雇用改善を示しているのは、結局のところはアメリカであることが明らかになる。アメリカに関してはこれまで、リーマン・ショック後の雇用回復の「遅さ」が絶えず指摘されてきた。たしかに、アメリカの失業率は、徐々に低下はしつつも、リーマン・ショックから5年以上を経た2013年においても、2000年代半ばや1990年代後半に記録されていた4%台の失業率からはまだ大きくかけ離れていた。このペースが続くとすれば、アメリカ経済は、その「自然失業率」と考えられる4～5%の水準に到達するには、2017年ごろまで待たなくてはならない。つまり、リーマン・ショックの年から数えれば、完全な回復にはほぼ十年という期間を要することになる。

そのペースは、戦後のアメリカにおけるこれまでの不況からの回復過程と比較すれば、気が遠くなるほど遅い。にもかかわらず、他の先進諸国との比較においては、アメリカの回復が最も早いということになるのである。

日本の場合には、2011年に雇用が大きく回復していることが認められる。それは、景気の自律的な回復によるものというよりは、その年の3月に起きた大震災による供給能力の一時的毀損と、その後の復興需要によるものであろう。

注目すべきは、2013年に前年よりも大きな雇用回復が実現されている点である。これは、アベノミクスの効果が、単に為替市場や株式市場といった資産市場に対してだけではなく、財市場や労働市場といったいわゆる「実体経済」にも確実に浸透していったことを示している。

イギリスの完全失業率は、2012年までは悪化しつづけており、ようやく改善の兆しが現れはじめたのは2013年になってからである。しかし、その回復ペースはきわめて遅い。ユーロ圏にいたっては、域内最大の経済大国であるドイツの雇用改善にもかかわらず、ユーロ圏全体の完全失業率は、2013年においてもまだ悪化しつづけていた。

2013年後半には、PIGS諸国において、国債市場の沈静化とともに、実体経済においてもようやく「下げ止まり」の徴候が見えはじめた。しかし、それらの国々の失業率がそれ以前の危機のなかで目を覆うほどに高まったことを考えれば、そこでの雇用正常化には気が遠くなるほどの時間が必要になるであろうことが予想される。

以上を整理すると、少なくとも雇用の改善率から判断するかぎり、リーマン・ショック後のマクロ経済的回復の状況は、アメリカが相対的には最も良好であり、その次に日本、さらにイギリスと続き、ユーロ圏が大きく引き離されて最悪ということになる。それは、この四つの経済における互いに異なるマクロ経済政策スタンスによって生み出された帰結の「中間的総括」と考えることができる。

垣間見えたケインズ主義の新段階

以上を踏まえて、リーマン・ショック以降の米、英、日、ユーロ圏におけるマクロ経済政策スタンスを整理しておこう。

まずアメリカは、リーマン・ショック直後の財政拡張政策こそ尻すぼみに終わったものの、その中央銀行であるFRBは、イギリスのBOEと並んで最も積極的に金融緩和政策を行っていた。その対極にあるのは、金融緩和が基本的には政策金利の引き下げという「伝統的」範疇にとどまるなかで、域内諸国の多くがとくに2010年以降にきびしい緊縮財政に転じたユーロ圏である。それに対して、イギリスでは、BOEによる積極的な金融緩和政策が行われたものの、やはり2010年以降に、増税と財政支出削減の両方からのきびしい財政緊縮が行われた。そのイギリスが雇用の回復においてアメリカや日本の後塵を拝していたという事実は、財政緊縮による経済収縮効果が金融緩和による拡大効果を帳消しにしてしまったことを示唆している。

他方で、財政緊縮の度合いが最も小さかった日本の回復がアメリカに後れをとっていたという事実は、金融政策における白川日銀の消極性が大きな足かせになっていたことを示している。アベノミクスの第1の矢＝「大胆な金融政策」が実現された後の日本の顕著な景気回復は、そのことを裏づけている。

以上から、二つの重要な結論が得られる。第一は、「不況下の緊縮的財政政策は、景気回復に対してきわめて否定的に作用する」ということである。この結論は、とりわけユーロ圏やイギリスの状況から導き出される。第二は、「不況期における能動的な金融緩和政策は、仮に政策金利がその下限に到達して伝統的な緩和の余地がなくなった場合においても大きな意味を持つ」ということである。これは、リーマン・ショック後のアメリカと日本との比較、そして日本における白川日銀時代と黒田日銀時代との比較から明らかになる。これらの結論は、マクロ経済政策に関する旧来のケインズ主義的思考様式に対して大きな修正を迫るものであり、ケインズ主義の新たな段階を示唆している。

「流動性の罠」の伝統的解釈

第3章で指摘したように、マネタリズムが浸透する以前の「ケインズ経済学の黄金時代」に活躍したケインジアンたちの多くは、マクロ経済政策としては金融政策よりも財政政策のほうをより重視していた。そこには、金融政策の効果に関する二つの否定的認識が存在していた。その第一は「流動性の罠」であり、第二は「投資の利子非弾力性」である。

流動性の罠という概念は、「利子率がある水準にまで低下した後では、ほとんどすべての人が、きわめて低い率の利子しか生まない債券を保有するよりも現金のほうを選好するという意味において、流動性選好が事実上絶対的となる可能性がある」という、ケインズ『一般理論』第15章における叙述から始まった（Keynes［1973a］ch. 15）。

ケインズのいう「流動性選好」とは、現金や債券を含む各種資産の持つ一般的受容性についての人々の評価を表す。それは、「債券とは異なり名目収益をもたらさない資産である現金を人々が保有しようとするのは、人々が現金の持つ資産としての流動性、すなわち財貨サービスへの交換の容易さを欲しているからである」という考え方に基づく。逆にいえば、「債券の利子は現金の持つ流動性を手放すことへの対価」なのである。

そのことから、債券の利子にはそれ以上は低下しないような「下限」が存在することがいえる。というのは、流動性を手放して債権を保有することによって得られる利子があまりにも低くなった場合には、人々はもはや債権を欲しようとはせず、最も流動性の高い資産である現金を持とうとするはずだからである。そして、もし債権の利子がその意味での「下限」にまで低下した場合には、経済がまさしく「流動性の罠」に陥ったことを意味する。

この「流動性の罠」論は、旧来のケインズ経済学の文脈においては、「金融緩和政策には一定の限界がある」ことの論拠として理解されてきた。初期のケインジアンたちの多くは、消費需要は所得に依存し、投資需要は利子率に依存するというケインズ自身の想定を受け継いでいた。そして、金融政策に経済を拡大させる効果があるとすれば、それは金融緩和によって利子率が低下し、民間の投資需要が拡大するからだと考えてきた。

ここで、金融緩和の結果として、利子率が前述の意味でのその「下限」に逢着したとしよう。その場合、金融緩和をさらに続けても、人々はその増大した現金を保有するようになるだけで、利子率はそれ以上低下しない。したがって、利子率が下限に達して以降の金融緩和には、もはや投資需要を拡大させる効果はない。それが、ケインズが提起した「流動性の罠」の伝統的解釈であった。

財政主導ケインズ主義の盛衰

ところで、ケインズ自身が『一般理論』第15章で指摘しているように、「流動性の罠」に近い事態が生じた歴史的な実例は、大恐慌期のアメリカに見出されるだけであった。また、第2次世界大戦後においても、1990年代後半以降の日本に真正の「流動性の罠」が生じるまでは、それはマクロ経済学における一つの寓話にすぎなかった。

にもかかわらず、初期ケインジアンの多くは、金融政策はマクロ政策としてはあくまでも補完的なものにすぎないと考えていた。その背後にあったのが、もう一つの「投資の利子非弾力性」という認識である。

前述のように、ケインジアンたちは一般に、「利子率が低下すれば投資需要は拡大する」と考えてきた。問題はその弾力性である。「弾力性悲観論者」と呼ばれていた一部のケインジアンは、利子率の低下に対する投資需要拡大の度合い、すなわち利子率の低下分に対する投資需要の拡大分の比率としての「投資の利子弾力性」は、必ずしも十分に大きなものではない可能性があると主張した。もしこの主張が正しいとすれば、金融政策の持つ経済拡大効果は、流動性の罠の如何にかかわらず、一般的にきわめて乏しいということとなる。

これらの認識から、初期のケインジアンたちの多くは、マクロ経済政策としての金融政策の効果に対しては、おおむね悲観的あるいは懐疑的な見方をしていた。そして逆に、マクロ財政政策の効果に対しては、きわめて楽観的な見方をしていた。それは、金融政策の効果が「利子率の低下を通じた民間の投資需要拡大」という間接的なものであるのに対して、マクロ財政政策は、政府が直接的に需要を増やすという性質のものだからである。

彼らはさらに、その政府による需要の拡大は、次章で考察する「乗数効果」を通じて、直接的な効果にとどまらない波及的な効果を持つと考えていた。それが、初期ケインジアンたちの一般的なコンセンサスであった。

第3章で詳述したように、この旧来的な「財政主導ケインズ主義」の影響力は、日本のような例外を除けば、1970年代以降、経済理論および政策実践の両方の領域において、急速に希薄化していった。それは端的にいえば、初期ケインジアンたちに一般的であった金融政策悲観論が、幸いにも誤っていたからである。そのことは、少なくともリーマン・ショックの前までは、各国中央銀行が伝統的金融政策を駆使することでマクロ経済の安定化に十分成功してきたという事実によって示されている。

ケインズへの関心は単なる学説史的興味を越えた

マクロ経済学の領域においても、マネタリズムの批判を消化した新しい世代のケインジアンたちは、関心の多くをもっぱら金融政策に集中させていくようになった。彼らは、金融政策の効果は、利子経路のみならず、資産経路や為替経路といった多様な波及経路を通じて発揮されるものであることを明らかにしていった。それは、ケインジアンが用いるマクロ経済モデルが、利子率低下を通じた投資需要拡大といった初期ケインジアン的な図式から、為替市場や各種資産市場を含む形で多方面に拡張されていったことを意味する。その経済学的展開は、財政政策がマクロ安定化の手段としては用いられなくなり、その役割がほぼ金融政策のみに割り当てられていくという、1970年代以降のマクロ経済政策の現実的展開に対応していた。

ところが、リーマン・ショックを契機として生じた「百年に一度」の世界不況は、こうして一度は死滅したかのように思われた古いケインズ主義の金融政策悲観論を、一時的にではあれ蘇らせた。というのは、各国中央銀行が政策金利をその下限までに引き下げたにもかかわらず、景気回復はそれだけでは実現されなかったからである。

それは、かつての弾力性悲観論者たちが懸念していた状況が初めて現実化したことを意味していた。それはまた、ケインズが懸念した「流動性の罠」が、単に日本においてのみならず、世界的規模において現実化したことをも意味していた。

表4-4 「Keynes」をタイトルに含む出版物の点数

年	2000	2001	2002	2003	2004	2005	2006
出版点数	46	40	34	32	45	36	48

年	2007	2008	2009	2010	2011	2012	2013
出版点数	54	41	87	101	80	105	81

（出所）アマゾン・コム（http://www.amazon.com）からの検索結果。

こうして、ケインズ主義は復活した。そのケインズ主義とは、とりあえずは、一度は消え去ったかのように思われた財政主導のそれであった。各国は実際、こぞって「景気対策としての財政政策」を実行した。

経済学の世界においても、ケインズ関係出版物の増加が示すように、ケインズへの関心は単なる学説史的興味を越えて拡大した。表4-4は、アマゾン・コムの英語サイトの検索システムを用いて、「Keynes」をタイトルに含む出版物が各年において何点出版されたのかを調べた結果である。リーマン・ショックが起きて以降、ケインズを主題とする書物の出版点数がほぼ倍増していることが確認できる。

財政政策楽観主義は現実によって否定された

しかし、事態は決して、単なる財政主導ケインズ主義の復興には終わらなかった。そのことは何よりも、各国の拡張的財政政策が1年あまりで雲散霧消し、財政緊縮によってとってかわられたという事実に示されている。つまり、旧ケインジアン的な財政政策楽観論は、現実によって裏切られたのである。

それに対して、金融政策についてはまったく逆のことがいえる。前述のように、ケインジアンの伝統的命題は、利子率がその下限に逢着し、経済が流動性の罠に陥った以上は、金融政策にはもはや効果はないというものであった。ところが、その後の各国の経済状況の推移は、そのような推論は金融政策の持つ効果を十分正しく把握したものではないことを明らかにしたのである。

たしかに、金融政策において最も重要なのは、利子率を通じた伝統的な波及経路である。しかし、金融政策はそれ以外にも多様な波及経路を持っている。その経路は、流動性の罠においても決して失われることはなかったのである。

その具体的な実例は、アメリカと黒田日銀成立以降の日本である。バーナンキの米ＦＲＢ、そして黒田日銀は、政策金利の下限という伝統的金融政策の限界点においても、単にそのゼロ近傍の金利を維持するだけにとどまらず、非伝統的金融政策としての量的緩和政策を積極的に展開した。それが、ＦＲＢのＱＥ１～ＱＥ３であり、黒田日銀の量的・質的金融緩和政策であった。後の章で明らかにするように、そのような非伝統的金融緩和政策は、経済が「流動性の罠」から脱出するうえでの絶対的な必要条件であった。

財政政策については、事情はもう少々複雑である。不況下の緊縮的財政政策がきわめて大きな経済収縮効果を持つことは、ユーロ圏諸国やイギリスの状況をみれば十分に明らかである。とりわけ、イギリスの事例はきわめて重要である。というのは、統一通貨という金融政策上の強い制約を持つユーロ圏諸国とは異なり、ポンドという独立した通貨を持つイギリスは、自律的な金融政策運営が可能だからである。ＢＯＥは実際、米ＦＲＢとともに、リーマン・ショック後の非伝統的金融緩和政策を主導してきた。にもかかわらず、イギリスの経済状況は、アメリカはもとより、アベノミクス以前の日本と比較してさえ、十分に良好とはいえなかったのである。

これは表面的には、財政政策は大きな効果を持つという初期ケインジアンたちの考えが、単に逆の方向で現れたにすぎないようにもみえる。しかし、その事実を単純に財政主導ケインズ主義の正しさを示す根拠ととらえることはできない。というのは、財政政策は大きな経済拡張効果を持つという初期ケインジアンたちの想定が本当に正しかったのであれば、そもそも各国はここまで景気回復に手間取ることもなく、各国の財政赤字問題があれほど深刻化することもなかったはずだからである。

第3章で確認したように、少なくともリーマン・ショック後の1年間は、各国はケインズ的財政政策を大々的に復活させ、それを大規模に実施した。しかし、その多くは不幸にも、その後の不十分な景気回復のなかで、拡大する財政赤字の圧力によって頓挫してしまったのである。それは、「財政政策の景気拡大効果は十分に大きいので、財政赤字を一時的には拡大させても、それを遅からず縮小させるように作用するであろう」という、初期ケインジアンたちの伝統的な財政政策楽観主義が、現実によって否定されたことを意味する。

緊縮と拡張の間には非対称性が存在する

初期ケインジアンたちは、たとえ拡張的財政政策の結果として政府財政赤字が拡大したとしても、それは一時的なものにすぎないと考えていた。それは彼らが、財政政策の持つ大きな効果によって経済がすみやかに拡大し、それに対応して政府税収が増大し、政府財政赤字は自ずと縮小に向かうと考えていたからである。

しかし、そのような見通しは、拡張的財政政策の景気拡大効果が彼らの想定どおりに十分大きい場合にのみ成り立つのである。そうでない場合には、政府税収の増加はきわめて小幅なものにとどまり、財政拡張によって生じた財政赤字のみが長く残ることになる。リーマン・ショック後に現実に起きたのは、明らかに後者であった。

他方で、マクロ財政政策は、それが緊縮的な方向に用いられたときには、単にマクロ経済に対してだけではなく、政府財政に対してもきわめて大きなマイナスの影響を与える。ユーロ圏諸国やイギリスにおける財政緊縮の経緯が示すように、財政緊縮の目的は一般に政府財政赤字の縮小にある。しかし、不幸なことに、その財政緊縮の遂行は結局、政府財政赤字の十分な縮小をもたらすことはなかった。それは、財政緊縮によって生じたきびしい経済収縮によって政府税収が減少し、増税や政府支出削減によって生じたはずの政府収入の増加分がそれによって食いつぶされてしまったからである。それはまさに、財政主義ケインジアンたちが警告したとおりの事態であった。

以上のような現実は、緊縮的財政政策と拡張的財政政策との間には、前者の効果は大きく後者の効果は小さいという、きわめて不愉快な「非対称性」が存在することを示唆している。つまり、「財政政策の効果は大きい」という伝統的ケインズ主義の財政政策観は、ネガティブな意味では正しかったがポジティブな意味では誤っていたということになる。なぜそうなのかは、次章で明らかにする。

新しい「ポリシー・ミックス」とは

結論は以下である。リーマン・ショックを契機として生じた世界経済危機は、「政府および中央銀行は、マクロ経済の安定化のためには、財政政策および金融政策を積極的に遂行すべきである」とするケインズ主義を、経済政策の基本的理念として世界的に復活させた。しかし、それは結局、旧来的なケインズ主義をそのままの形で復活させはしなかった。それは、財政政策には効果があるが金融政策には効果はないというケインズ主義の伝統的想定が、現実によって否定されたからである。

財政政策は景気の顕著な回復よりはむしろ財政赤字の拡大をもたらし、各国において結局は停止され、あるいは緊縮方向に反転された。それに対して、金融政策は非伝統的な領域にまで拡張され、財政緊縮による逆風のなかで、各国の景気回復を支えつづけたのである。

そこから浮かび上がる新段階のケインズ主義の理念型とは、以下のような意味での「受動的財政政策」と「積極的金融政策」のポリシー・ミックスである。まず、そこでの理想的な財政政策とは、旧来のケインズ主義が想定してきた裁量的な財政拡張というよりは、景気悪化にともなう政府財政赤字の自然的拡大をそのまま許容するような「受動的財政政策」である。その重点は、積極的な財政拡張よりはむしろ「財政引き締めの先送り」に置かれる。それは、不況下において最も避けるべきは、経済的あるいは政治的な圧力によって財政緊縮を強要されることだからである。

そうした「不況下の緊縮」は、景気回復を確実に遅延させる。それは最悪の場合には、日本の1997年の消費税増税がそうであったように、単に景気回復を頓挫させるだけでなく、新たな経済危機さえも引き起こす。政府財政の緊縮措置は、それが財政の長期的持続可能性の維持のために必要であるかぎりにおいて、十分な景気回復が実現された後にはじめて実行されるべきものである。

このように、「不況下の緊縮を避ける」ことを最も優先されるべき政策指針に据えるということは、同時に不況下の積極的な財政拡張の実行には十分に慎重でなくてはならないことをも意味する。というのは、前述のように、積極的な財政拡張政策は、景気回復よりもむしろ財政赤字の拡大につながり、結果としてはその反動によって最も避けるべき「不況下の緊縮」を招きがちだからである。

他方で、金融政策のほうは、政策金利がその下限に逢着して伝統的な手段が機能停止に至ったとしても、かつての日銀のように無為にそこにとどまるのではなく、量的緩和のような非伝統的な手段によって積極的に拡張されなければならない。

黒田日銀の「異次元緩和」が示すように、量的緩和政策の効果は、為替経路や資産経路といった利子経路以外の多様な経路を通じて、財市場や労働市場に確実に浸透していく。それは、裁量的な財政拡張に頼ることなく景気回復を実現させるという課題の達成のためには、必要不可欠な政策である。さらに、量的緩和を通じた中央銀行の国債購入拡大は、循環的財政赤字拡大にともなう国債発行の増加が国債市場に対して与える負荷を吸収することで、財政危機の発現を未然に防ぐことにも寄与する。

当然のことであるが、こうした「受動的財政政策と積極的金融政策のポリシー・ミックス」は、現実から抽出されたものではあるが、現実そのものではない。それは、リーマン・ショック後の各国におけるマクロ経済政策の現実的展開のなかから浮かび上がってきた理想としての「理念型」にすぎない。それが理想であるということの意味は、現実の政策がこの理念型に最も近い国ほど、あるいはそれに最も近づいたときほど、経済の回復も速かったということである。

具体的には、過度な財政緊縮を回避しつつ量的緩和を当初から最も積極的に実行したアメリカ、「大胆な金融政策」と「機動的な財政政策」の組み合わせをマクロ政策の指針に据えた第2次安倍政権以降の日本が、その理念型に最も近い。そして、それから最も遠いところにあったのは、金融政策では伝統的枠組みに拘泥しながら、財政政策では最も避けるべき不況下の緊縮を実行したユーロ圏諸国である。

以下の各章では、このような現実を踏まえたうえで、マクロ財政政策と非伝統的金融政策のそれそれに関して、その有効性や無効性を裏づける経済学的な論理を吟味する。

第5章

不況下における財政政策の基本原理

1 マクロ財政政策の政治経済学

サミュエルソンの「45度線モデル」の貢献

初期のケインジアンたちの多くは、マクロ経済政策の主軸は財政政策であり、金融政策は補完的なものにすぎないと考えていた。それは、彼らが想定した金融政策の効果は、利子から民間投資へという間接的な経路を通じたものでしかなかったのに対して、財政政策であれば政府が直接的に需要を創出できるように思われたからである。

彼らはさらに、そのようにして生み出された需要は、必ず人々の所得となり、その所得がさらに需要を生むという形で、社会全体に波及していくと考えた。つまり、政府の財政支出は、所得と需要の連鎖を通じて、増幅的な経済拡大を持つと考えられていたのである。これが、ある時期まではケインズ経済学の核心とさえ考えられていた乗数理論である。

初級のマクロ経済教科書では現在でも、マクロ経済を描写する最も初歩的な経済モデルとして、「45度線モデル」ともいわれるケインズ型の乗数理論が用いられている。ケインズ『一般理論』に提示された有効需要の原理を、教育的目的のために「45度線図」という分析用具によって再構成したの

図5-1　サミュエルソン『経済学』初版の45度線図

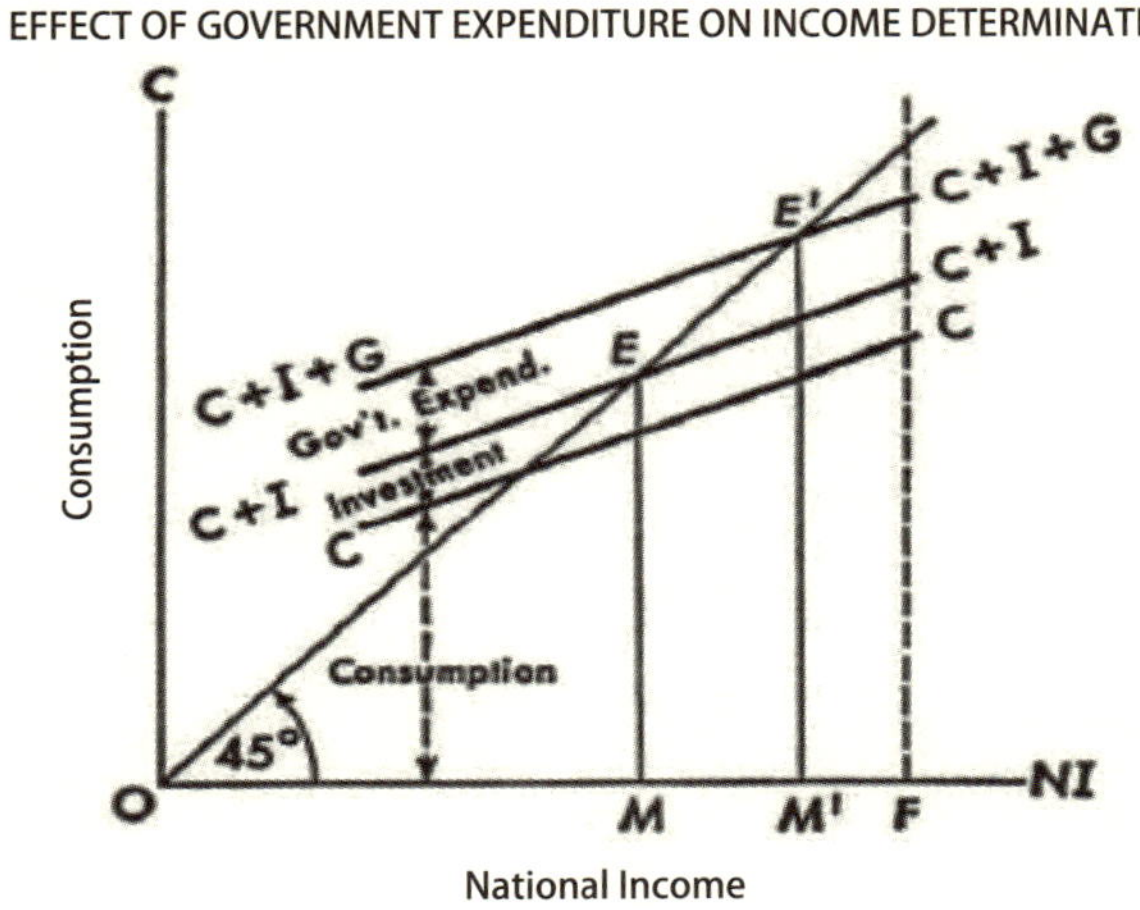

（出所）Samuelson［1997］ch. 12, p. 275.

は、アメリカの経済学者ポール・サミュエルソンである。

その初版が1948年に出版されたサミュエルソンの『経済学』は、ケインズ経済学に基づいて書かれた経済学教科書としては史上2番目のものであったが、ケインズ経済学の普及と大衆化という点に関しては、それ以前や以後のどの書物よりもはるかに大きな貢献を行った。[1] サミュエルソン『経済学』は、その出版以降、経済学の代表的な教科書として熱狂的に受け入れられ、最も単純なケインズ型モデルである45度線モデルと財政乗数の考え方を一般社会に幅広く浸透させていく役割を果たした（図5-1）。

45度線モデルとは、一国のGDPがもっぱら一国の総需要から決定される、最も単純なケインズ型モデルである。その分析的

▼1　Samuelson［1997］はその初版の復刻版である。

焦点は、政府の財政支出の拡大が一国のGDPをどのように拡大させるかにある。

一国のGDPとは人々の所得の総計であり、それは人々の支出の結果として生じるものである。したがって、政府が財政支出を拡大させれば、それは必ず誰かの所得となり、一国のGDPはその分拡大する。そのモデルの中核となる乗数理論は、財政支出の拡大等によって人々の所得が増えれば、人々はその増えた所得の一部を必ず消費に振り向けるだろうという仮定に基づく。その場合、その新たな消費は必ず誰かの所得となるから、その所得がさらに新たな消費を生むことになる。つまり、政府の財政支出の拡大は、この所得と需要の連鎖を通じて、一国のGDPの増幅的な拡大をもたらす。これが乗数効果である。

45度線モデルの「欠陥」

マクロ経済学の初級テキストで現在でも説明されているように、45度線モデルでは、政府の財政支出はその乗数倍だけGDPを拡大させることが示される。その乗数とは、人々の所得の増加分のうちの消費の割合を「限界消費性向」と呼ぶとすれば、「1/(1−限界消費性向)」という式から求められる。人々が増えた所得の一部を消費に、残りを貯蓄に振り向けるとすれば、限界消費性向はゼロから1の間のいずれかの値となるので、この「1/(1−限界消費性向)」は必ず1以上のプラスの値となる。したがって、政府の財政支出は、必ずその何倍かの総需要増加＝GDP増加をもたらすことになる。これが、ケインズ乗数理論の結論である。

マクロ経済学の初級テキストではよく、「限界消費性向が0・8のときの財政乗数の値を求めよ」といったような練習問題が載せられている。「1/(1−限界消費性向)」という乗数式に代入すれば

表5-1　ESRI短期モデルの財政乗数

公表年度	1987	1991	1995	1998	2001	2003	2004	2005	2006	2008
実質	1.16	1.33	1.24	1.21	1.12	1.14	1.13	1.12	1.02	1.00
名目	1.35	1.39	1.32	1.31	1.50	1.30	1.24	1.23	1.19	1.18

（注）「実質」は実質公共投資の増分と実質GDPの増分の比で、「名目」は名目公共投資の増分と名目GDPの増分の比。
（出所）猿山［2010］図表1。

わかるように、その答えは5である。政府の財政支出は、一国のGDPをその金額の5倍も拡大させるということである。まさしく魔術的な効果であり、これが本当なら、初期ケインジアンたちが財政政策を重視したのも当然である。

それでは、現実の日本経済においては、財政乗数はどの程度の値なのであろうか。それについてはさまざまな推計が存在するが、日本において最も信頼されているものの一つは、内閣府経済社会総合研究所の短期日本経済マクロ計量モデル（ESRI短期モデル）による推計である。表5-1は、その結果を整理したものである。

この推計結果は、日本の現実の財政乗数は、1を若干上回る程度にすぎないことを示している。こうした推計が信頼できるとすれば、それは、現在でも初級のマクロ経済教科書で定番的に用いられている45度線モデルが、どこかに大きな欠陥をかかえていることを意味する。というのは、政府の財政支出はたしかにGDPを拡大させはするが、その拡大効果は、乗数理論から導き出されるような大きさには程遠く、せいぜい政府によって使われた金額を若干上回る程度のものにすぎないからである。

教科書的45度線モデルから得られる理論的結論と、こうした現実の推計から得られる結論がこれほど大きく食い違っている理由は、端的にいえば、45度線モデルが必ずしも現実経済の適切な抽象になっていないからである。そして、じつはこの問題は、「静学モデルとしての制約」と「ミクロ的基礎の欠如」という、従来から指摘され批判されつづけてきた伝統的ケインズ経済学の欠陥と深く関連している。

ケインズ型マクロモデルの「無理」

伝統的ケインズ経済学は、教科書的45度線モデルも、長らくケインズ経済学のアカデミックな標準モデルとして君臨してきたIS＝LMモデルもともに、時間という要素が切り捨てられた「静学モデル」として構築されている。そして、それは必ずしも誤った選択ではなかった。

ケインズ『一般理論』が「ケインズ革命」という経済学における一大革命を成し遂げた理由は明らかに、『一般理論』が景気変動すなわち経済のマクロ的変動という課題の分析を、『一般理論』以前に主流であった錯綜した動学モデルによってではなく、より簡便な静学モデルを用いて行ったところにあった。しかし、そこにはやはり、大きな代償が存在した。それは、静学モデルを選択するということは、マクロ経済が本質的に持つ動学的な要素を切り捨てることを意味したからである。

マクロ経済学のあらゆるモデルは、人々の「消費」、「貯蓄」、「投資」といった経済行動を出発点としている。人々がそれをどう行っているかという決定原理こそが、マクロ経済学の「ミクロ的基礎」である。それは決して、われわれにとって迂遠な問題ではない。われわれは実際、所得のうちのどれだけを消費し、どれだけを貯蓄すなわち将来の消費に回すのかという意志決定を日常的に行っている。住宅や自動車などを購入する場合には、マイナスの貯蓄としての「借金」も行う。これはまさに、現在と将来の間で消費をどう配分するのかという、異時点間の経済的意志決定にほかならない。そしてそれは、時間という概念を前提としてのみ意味を持つ、動学的な事象なのである。

つまり、マクロ経済学は本来、「異時点の資源配分に関する合理的意志決定」というミクロ的基礎の上に構築されなければならないのである。実際、現代のアカデミックなマクロ経済学研究の多くは、ケインズ型のモデルではなく、「現在から将来にわたる効用の最大化を考えながら現在の所得を消費と貯蓄に配分する」という構造を持つ、ケインズの同時代人であった数学者フランク・ラムゼイによって考案されたモデルに基づいて展開されている。[2] それはまさしく、「ミクロ的基礎を持つ動学モデル」である。

しかし、ケインズは『一般理論』において、問題をあえて静学的な枠組みに押し込んだ。その典型的な扱いが、「消費は現在の所得のみに依存して決まる」とする、ケインズ型の消費関数である。ここには、ケインズ型のマクロ経済モデルが持つ、静学モデルとしての「無理」が、最も顕著に現れている。

「ミクロ的基礎の欠如」は何を生み出したか

われわれの消費・貯蓄行動を少しでも振り返ってみれば明らかなように、人々は「ボーナスの増加分の8割を常に消費に振り向ける」といった、ケインズ型消費関数が想定するような行動はしていない。人々の消費は明らかに、所得の一時的増加に依存してではなく、平均的あるいは恒常的な所得に依存して決定されている。つまり、人々の消費は、単に現在の所得のみならず、これまでに築いた貯

▼2 ラムゼイ・モデルの出発点は、Ramsey［1928］である。

蓄や、将来において稼得できる所得をも含めた、生涯的な可処分所得に依存して決まっているのである。

こうしたことから、ケインズ以降の経済学者たちは、消費に関するケインズの扱いを、より現実に即したものに置き換えることを試みた。それが、ミルトン・フリードマンによる恒常所得仮説であり、さらにはフランコ・モディリアーニらによるライフサイクル仮説である。[▼3]

恒常所得仮説とは、人々の消費はケインズが想定するように「現在の所得」にのみ依存するのではなく、現在から将来にわたって確実に得られる見込みのある「恒常所得」に依存するという仮説である。ライフサイクル仮説とは、人々の消費はそれぞれの個人が一生の間に消費することのできる生涯所得に依存するという仮説である。これらは、「個人は所得の制約のなかで効用を最大化する」という経済学のミクロ的原理を、現実の「長い時間を生きる個人」にあてはめた仮説である。つまり、それらの消費モデルは、動学的最適化という明確なミクロ的基礎を持っている。

それに対して、静学モデルとしての伝統的ケインズ経済学においては、そのような異時点にかかわる変数は消費の決定要因からはすべて排除されている。そして、「消費は現在の所得のみに依存して決まる」というケインズ型の消費関数が、何ら合理的根拠も示されずに、天下りのように与えられるのである。伝統的ケインズ経済学が長らく「ミクロ的基礎の欠如」を批判されてきた理由は、まさしくそこにある。

最大の問題は、財政政策の乗数効果という、ケインズ経済学から導き出されるマクロ経済政策論の核心部分と考えられてきた理論的結論が、このケインズ型消費関数というきわめて特殊な設定に依存しているという点にある。

前述のように、ケインズの乗数理論において消費の波及効果が生じるのは、そこでは人々は必ず所得の増加分の一部を現在の消費に振り向けるという前提が置かれているからにほかならない。仮に、人々が所得の増加分のすべてを現在の消費ではなく貯蓄すなわち将来の消費に振り向けるならば、消費への波及効果は存在しない。

それはもちろん、一つの極端なケースにすぎない。しかし、人々は一般に、所得が一時的に増えたからといって、必ずしもそれをただちに使うとは限らない。現実の「長い時間を生きる個人」においては、各時点の消費の大きさは、その時点の所得というよりは、時間を通じた所得の流れによって制約されているからである。そのことを考慮すれば、政策論的には「乗数的な波及効果は仮に存在したとしてもそう大きなものにはならない」と考えておくのが妥当なのである。

ケインズ的乗数効果の成立条件

もちろん、現在の所得の増加が現在の消費の増加に結びつくというケインズ的な想定が合理的に成立するような状況も、まったく考えられないわけではない。その一つは、人々がその所得の増加を、一時的なものというよりは将来においても継続するような恒常的なものと想定するケースである。それは、みずからの将来所得に関する人々の期待が上方にシフトしたことを意味する。つまり人々は、過去よりも大きな所得を現在手にしたことで、「将来の所得もまた同様に増えていくだろう」という期待を持つに至ったということである。その場合には、人々の期待する恒常的な所得が拡大す

▼3 それらの仮説はそれぞれ、Friedman［1957］, Modigliani and Brumberg［1954］を出発点とする。

ることで、人々の消費の水準自体が引き上げられていくことになる。つまり、将来所得についての人々の期待が現在の所得に強く依存していると考えられる場合には、ケインズ的な想定が正当化できる。

消費に関するケインズ的想定が強く成り立つ可能性があるもう一つの状況は、家計が消費に向けられるお金を十分に持たない「流動性制約」に直面しているようなケースである。

たとえば、貯蓄をほとんど持たず、金融機関からの資金の借り入れもできないような、困窮した家計を考えてみよう。わずかな所得をやりくりするぎりぎりの生活を強いられているために貯蓄がほとんど残せないという人々は、どの国のどの時代にも現実に数多く存在しているはずである。こうした家計においては、所得の拡大はそのまま消費の拡大に直結すると考えられる。というのは、そうした「余裕のない」家計が、より大きな所得を得たときにまず行うのは、おそらくは切り詰めていた消費を増やすことだからである。少なくとも、その家計が、所得の増加分のすべてを貯蓄に振り向けるとは考えにくい。したがって、そうした困窮家計が占める割合が大きい経済ほど、乗数効果もまた大きいことになる。

実証分析の結果はいかに

これらはいずれも十分に成立可能な状況であるから、その現実的妥当性は、現実の経済を観察することで確認するしかない。その焦点は、「可処分所得の一時的増加に対して人々は果たしてどのように反応するのか」にある。

以下では、その一例として、内閣府によって行われた調査研究「定額給付金は家計消費にどのような影響を及ぼしたか――『家計調査』の個票データを用いた分析」(内閣府［2012］)の調査結果を紹介しよう。

この内閣府による調査研究の対象となった定額給付金事業とは、リーマン・ショック直後の2008年10月30日に麻生政権により緊急経済対策の一施策として発表され、2009年3月4日に施行された、給付形式の定額減税政策である。その給付額は、65歳以上および18歳以下の者については1人につき2万円であり、それ以外は同1万2000円とされた。

この内閣府の調査研究とは、「定額給付金の受給による家計の消費行動の変化を明らかにする」という目的のために、「個々の家計の消費支出に対して定額給付金がもたらす変化を消費増加効果とし、総務省『家計調査』の個票データにより重回帰モデルを用いてこれを推定」したものである。「定額給付金によって、受給月に受給額の8%に相当する消費増加効果がみられた。他の月の分も合わせた累積では、受給額の25%に相当する消費増加効果がみられた」というのが、その調査の結論である。

この25%という数字を人々の限界消費性向とみなすとすれば、定額給付金と同額の政府支出を行った場合の財政乗数は、1・3333……(=1/(1−0・25))となる。この乗数値は、前記のESRI短期モデルによる「名目財政乗数」の平均的な推計結果にほぼ近い。このときの定額給付金の給付総額は1兆9570億円であったから、人々はまずはその25%にあたる4892億5000万を消費に振り向け、最終的にはその乗数倍の6523億円(=4892億5000万×1・3333……)だけ消費を拡大させたことになる。

2009年の日本の名目GDPは471兆円であったから、6523億円という定額給付金による消費増は、日本の名目GDPの0・14%程度となる。前2008年の日本の名目GDPは501兆円であり、２００９年の日本の名目ＧＤＰ成長率が６％のマイナスであったことを考えると、そのマイナスを完全に打ち消すには、90兆円（＝（５０１兆円－４７１兆円）／０・３３３３……）もの給付が必要だったことになる。

この内閣府による調査研究は、消費増加効果についてのその分析を、全世帯についてだけではなく、世帯属性別でも行っている。興味深いのは、「世帯属性を考慮すると、子どもがいる世帯では累積で40％、高齢者がいる世帯では累積で37％となり、全世帯をサンプルとした場合の25％を上回る消費増加効果がみられた」というその調査結果である。これは、前記の「困窮家計」に近いような状況の家計が、子どもや高齢者がいる世帯のなかにより多く含まれていたことを示唆している。「子どもが２人以上の場合には、子どもがいる世帯全体と比較して、より大きな消費増加効果が確認されており、その大きさは累積で受給額の70％に上る」という調査結果は、それを裏づけている。

仮に全世帯の限界消費性向が70％であったならば、定額給付金の財政乗数は３・３３３３……（＝１／（１－０・７））となり、１兆９５７０億円の定額給付金は最終的に４兆５６６３億円（＝１兆９５７０億円×０・７×３・３３３３……）の消費拡大をもたらすことになる。これは、２００９年の日本の名目ＧＤＰのほぼ１％に相当する。人々の家計的状況の相違は、政策的帰結の大きな相違を生み出すということである。

しかしながら、日本における現実の乗数効果は、前述のように、それほど大きなものではない。しかもそれは、傾向的に年々低下している。これは、幸か不幸か、日本の家計の多くが、流動性制約に直面するほどの困窮した状況には置かれてはいないことを意味している。

日本では、20年以上にわたる長期不況のなかで、職を失った高齢者や職を得られない若年層、ワーキング・プアといわれる低賃金労働者、過大な債務を負った個人の自己破産などが拡大し、それが問題視されてきた。それらはたしかに大きな問題ではあるが、幸いにも「入ってきたお金をただちに使わざるをえない」という困窮家計の顕著な拡大には結びついてはいないということである。

現在の日本の一般的な家計の状況は、長期の不況にもかかわらず、映画『ＡＬＷＡＹＳ三丁目の夕日』で描かれているような、糊口をしのぐ貧乏が多く人々にとっての日常であった高度経済成長期以前のそれとは、所得の絶対水準において大きく異なっている。乗数効果の乏しさは、その日本の家計の平均的な豊かさの現れとも考えることができる。

教育的には大いに有益だが

伝統的ケインズ経済学の乗数理論は、経済政策論の領域において、長らく財政主導ケインズ主義の理論的基礎と考えられてきた。現在でも、大学の経済学部に入学したばかりの経済学の初学者の多くは、マクロ経済学の入門的講義において、まずはサミュエルソン『経済学』以来の「45度線モデル」を学習するはずである。それは必ずしも悪いことではない。45度線モデルは、「人々の所得は人々の支出があって初めて成り立つ」という、マクロ経済における所得と支出の相互依存性を、きわめてわかりやすく示しているからである。それは、マクロ経済変動における「需要」の重要性を明確にするという点では、大きな教育的意義を持つ。

問題は、45度線モデルでは現実の何が無視されているのかということが、しばしば忘れ去られてしまうというところにある。45度線モデルは、マクロ経済の基本構造を浮かび上がらせるという教育上の目的のために、消費や貯蓄にかかわる動学的決定の問題をあえて切り捨てた、一種のカリカチャー（戯画）なのである。そして、それは45度線モデルだけに限らない。すべての科学的モデルは、複雑な現実を単純化して構築された虚構であり、その意味では多かれ少なかれ現実の一面が過度に強調されたカリカチャーにすぎない。

それは、必ずしも問題ではない。というのは、複雑な現実の背後にある基本的な因果連関をわれわれが理解するための道具として役立つのであれば、虚構にも十分な意義があるからである。

しかし、どのような経済モデルであれ、単なる思考の道具としての役割を離れて、現実の経済のあり方を左右する「経済政策」として応用される場合には、モデルとしての単純化の過程で失われた諸要素に十分な配慮が必要になる。そのことは、45度線モデルのように教育的に有用なモデルにおいては、より強くいえる。

公共投資の「呼び水」としての効果

このように、素朴なケインズ型乗数モデルは、教育的な利用には有益とはいえ、マクロ経済政策の裏づけのための利用には十分に慎重でなくてはならない。というのは、それはマクロ財政政策の効果を、実際以上に過大に見積もらせてしまうからである。

そのような財政政策への過大評価が現実に影響を与えた典型的な実例は、おそらく日本である。というのは、第3章で確認したように、日本はとりわけ１９９０年代以降、景気対策といえばもっぱら財政政策に頼ってきたからである。にもかかわらず、日本は結局、デフレをともなう長期経済停滞から脱出することはできなかった。それは、マクロ財政政策にのみ頼った景気対策の持つ限界を示している。

こうした見方に対して、財政主導ケインズ主義の信奉者は、そのような批判は減税政策については妥当しても、公共投資のような政府の直接的な需要拡大政策には当てはまらないと反論するかもしれない。実際、日本においては、景気対策としての財政政策としては、減税よりも公共投資のほうが優先されてきた。それは、都市部と農村部との間の地域間所得再分配という、景気対策とは異なるもう一つの政策目標が存在したからである。

たしかに、公共投資と減税とでは、その効果は大きく異なる。一般的には、政府が同じ金額の財政支出を行う場合、マクロ的な需要拡大効果は、減税よりも公共投資のほうが大きい。その理由は、きわめて単純である。

減税政策の場合には、それによって増大した人々の一次的な可処分所得の多くが、消費ではなく貯蓄に振り向けられる可能性があるのに対して、公共投資のように政府が直接支出を行う場合には、乗数効果がどれだけ小さくとも、少なくとも政府による支出の分だけは需要が確実に増加するからである。たとえば、麻生政権の時代の定額給付金1兆9570億円が、仮に給付金としてではなく公共投資として支出されていたとすれば、需要の最終的な拡大額は2兆6093億円（＝1兆9570億円×1・3333……）となる。これは、定額給付金の最終的な消費拡大額6523億円の4倍であり、471兆円という2009年の日本の名目GDPの0・5～0・6％に相当する。

公共投資にはさらに、人々の所得拡大を通じた波及効果とは異なる、「投資の呼び水」とも呼ばれる経路を通じた波及効果が存在する。少なくとも、その可能性がある。公共投資の本来の目的は、道路や橋などに代表される「公共財としての社会資本」の整備にある。そうした社会資本は、人々の生活の利便性を高めるだけでなく、民間企業の活動に対しても正の外部効果をもたらす。具体的には、流通、集客、資材や人材の調達等を容易にすることで、民間企業の生産コスト削減や生産性上昇に寄与する。そしてそれは、民間企業の投資機会を拡大させる。

このように、公共投資による社会資本の整備は、それが民間企業に便益をもたらすようなものであれば、民間企業による新たな生産的投資の呼び水となる可能性がある。そのような効果は、減税政策には存在しない。このように、政府支出による直接的な需要拡大だけではなく「民間投資の呼び水」という経路を通じた需要拡大効果を持つという点で、公共投資は一般に減税のような所得移転政策よりもマクロ的な拡張効果は大きい。

しかし、この公共投資が持つ民間投資の呼び水としての役割は、経済学的には、需要喚起のためのマクロ経済政策としてよりは、国や地域の開発政策として位置づけられるべきものである。実際、そのマクロ的な波及効果は、マクロ経済学のなかでは、ケインズ型乗数モデルのような形では定式化されてはいない。それは、その効果が重要ではないからというよりも、公共投資から民間投資へという経路が必ずしも明確な規則性を持ってはいないからである。

先進国と途上国では効き目が違う

公共投資は、市場における収益性という厳然たる規準を持つ民間投資とは異なり、多かれ少なかれ政治的な判断に基づいて行われる。というのは、公共投資とはそもそも、市場によっては適切に供給されない公共財を供給するための支出だからである。そのように政治的に決定されるものの常として、公共投資は一般に、その経済的効果に関しては、きわめてばらつきが大きい。つまり、大きな経済的効果を持つ場合もあれば、まったくの無駄に終わる場合もある。結果として、民間投資を大いに呼び込む場合もあれば、まったく呼び込まない場合もあるということになる。

この公共投資による民間投資呼び水効果が最も顕著に作用するのは、先進諸国のような成熟した経済というよりはむしろ、社会資本の不足が経済成長のボトルネックとなっているような「発展途上」段階の経済である。民間企業による設備投資の具体的な実例とは、生産能力の拡大や生産の効率化のための工場の新設である。その場合の最も重要な意志決定は、「工場をどこにつくるか」である。

その意志決定を左右するのは、土地取得も含めた工場建設のコストもさることながら、その場所における物流や人員確保の利便性である。その利便性は、道路網や鉄道網といった、その場所をとりまく社会資本の充実度に大きく左右される。新興諸国における開発事業の多くが社会資本の整備を目的として展開されているのは、そのためである。その結果として、多くの民間企業が新たに生産拠点を新設しはじめたとすれば、それは「民間投資の呼び込み」に成功したことを意味する。

このように、所得と支出の連鎖を通じたケインズ的な乗数効果だけではなく、この民間投資の呼び水効果を含めて考えれば、公共投資の需要増幅効果あるいは財政乗数は、社会資本の蓄積が未だ不十分な、経済発展の初期段階にある国ほど大きいことがいえる。逆にいえば、公共投資の財政乗数は、成熟した国ほど小さい。それは、社会資本の蓄積が進み、民間企業活動のボトルネックが解消されていくにつれて、民間投資の呼び水効果が逓減していくからである。

その推論を裏づけるのは、旧経済企画庁のマクロモデルによる政府支出乗数の推計結果である。表5-2は、その長期的な推移である。この推計結果は、1960年代から70年代までの政府支出乗数は、1980年代以降よりもはるかに高かったことを示している。それはまた、政府支出乗数には明確な長期逓減傾向が存在することを示している。

表5-2　旧経済企画庁のマクロモデルによる政府支出乗数

	公表時期	1年目	2年目	3年目	備考
パイロットモデル	1967年	2.17	4.27	5.01	名目
マスターモデル	1970年	2.02	4.14	4.51	名目
パイロットモデルSP-15	1974年	2.27	4.77	4.42	名目
パイロットモデルSP-17	1976年	1.85	3.34	ー	名目
パイロットモデルSP-18	1977年	1.34	2.32	2.77	名目
世界経済モデル第1次版	1981年	1.27	2.25	2.72	名目
世界経済モデル第2次版	1985年	1.47	2.25	2.72	名目
計量委員会　5次	1977年	1.81	3.29	3.66	実質
計量委員会　6次	1980年	1.50	1.57	1.25	実質
計量委員会　8次	1989年	1.18	1.50	1.56	実質
計量委員会　10次	1996年	1.30	1.45	1.24	実質

（注）「実質」と「名目」は表5-1と同じ。
（出所）猿山［2010］図表2。

結論的にいえば、公共投資のマクロ的需要拡大効果は、基本的には減税政策よりも高い。そのことはとくに、社会資本の蓄積がまだ不十分な段階にある経済については、より強くいえる。しかし、1980年代以降の日本のように、社会資本の蓄積が十分に進んだ成熟段階にある経済については、民間投資の呼び水効果に多くを期待することはできない。したがってその場合には、公共投資の減税に対する政策的優位性は、もっぱら「政府が支出を行うことで需要を直接的に創出できる」という点に求められることになろう。

公共投資はなぜ過大になるのか

これまでの考察を前提とするかぎり、財政政策の具体的施策としては、減税よりも公共投資のほうが圧倒的に勝っているように思われるかもしれない。それは、マクロ政策としての効果という点では、たしかにそのとおりである。

しかし、より基本的な「一国の経済厚生」という規準で評価した場合、公共投資が減税よりも常に望ましいとはいえない。というのは、公共投資には、減税政策には存在しない大きな問題点が存在するからである。

既述のように、公共投資とは、市場によっては適切に供給されない公共財を供給するための公的な支出である。その意志決定を行うのは、民間企業ではなく、政府や地方自治体などの政治主体である。

民主主義社会においては、その意志決定者は、選挙での投票という手段を通じて示された有権者の意志に基づいて選任される。したがって、政府による意志決定とはいっても、政府が好き勝手に何でもやれるわけではなく、その背後には常に有権者の意志が存在しているのである。

問題は、その有権者の意志にある。有権者は当然、みずからが望ましいと考える公共投資を政府に要求するであろう。そして、有権者の意を受けた政治家は、その要求を実現しようとするであろう。それが、民主主義の正常なあり方である。しかし、その形式的には正統的な民主主義のプロセスが、結果としては、十分な便益を生まない「無駄な公共投資」の拡大をもたらしてしまうのである。

問題の本質は、市場で提供される私的財とは異なり、政府によって提供される公共財においては、その費用負担者と受益者が必ずしも一致しないというところにある。公共投資の費用負担者とは通常、納税義務を負う国民全体である。その受益者は、最終的には公共財による便益を享受できる立場にある企業や住民である。さらには、いわゆるゼネコンなど、その公共事業を請け負うことになる民間企業である。

公共投資であっても、その費用をすべて地元が負担するというように、最終的な受益者がその費用を負担するように設計されている場合には、社会的に合理的な意志決定が実現される蓋然性は高い。というのは、負担がみずからに降りかかってくるとなれば、便益の少ない「無駄な公共投資」には、住民の反対運動のような政治的抵抗が生じる可能性が高いからである。

しかし、費用負担者と受益者が一致しない場合には、受益者の側には、少しでも大きな財政支出の「分け前」を得ようとするインセンティブが働く。というのは、その負担は納税者全体に広く薄く分割されるのに対して、その便益は特定の主体に集中しがちだからである。

その状況では、有権者たちは地元の政治家たちに対して、政府財政の少しでも大きな分け前を「分捕る」ように圧力をかけ続けることになるであろう。あるいは有権者たちは、かつての自民党有力者の多くがそうであったような、地元への利益誘導を遂行する力のより強い政治家をみずからの代表に選ぼうとするであろう。

そこにおいて重要なのは、少しでも大きな財政上の分け前を得ることであって、最終的に提供される公共財の便益では必ずしもない。というのは、便益がゼロの「無駄な公共投資」であっても、そこで生じる政府支出の金額さえ大きければ、それはそのまま、その公共事業を請け負うことができた地元企業の所得となるからである。

これが、政府による地域間所得再分配を本質とした、田中角栄以来の「日本的財政政策」である。日本の景気対策が公共投資偏重の傾向を強く持っていたのも、この政治的構造による。そして、その結果として起きたのが、「過大な公共投資」である。図5-2が示すように、日本の公共投資の対GDP比率は、少なくとも2000年代前半までは、他の先進諸国と比較して顕著に高かった。

図5-2　主要国における一般政府公的固定資本形成の対GDP比率（1994～2012年）

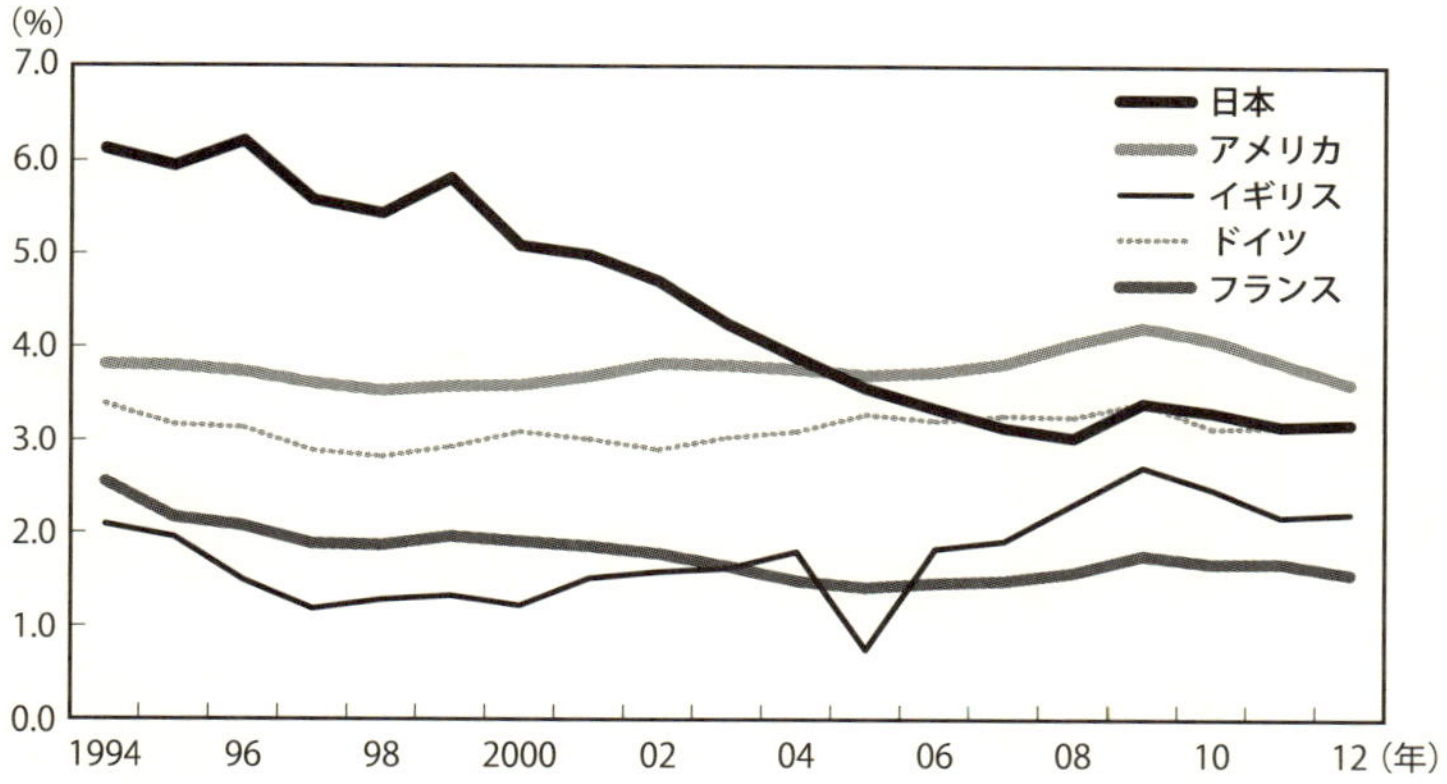

（出所）OECD StatExtractsデータより作成。

やはり「無駄」が多かった

この「過大な公共投資」は、必然的に「無駄な社会資本」をもたらした。ただし、この「無駄」とは、あくまでも「公共財としての最終的便益がその費用に比べて小さい」という意味であり、公共事業を請け負った民間企業の金銭的な便益を意味していない。というのは、公共財としての最終的便益は事業者の金銭的便益とはまったく無関係だからである。

事業者にとって重要なのは、みずからの懐に落ちてくる金額が大きいか少ないかであって、みずからが建設する道路や建築物が有用か無用かではない。そのため、事業者や地域経済の有力者たちの間では、公共財としての便益を生まないことが客観的には明らかな公共事業であったとしても、「地域の経済再生」というような名目でそれを政治的に要求しつづけるインセンティブが強く働く。１９９０年代までの日本で、無駄な公共事業が地方を中心に歯止めなく拡大したのは、そのためである。

もちろん、使われる頻度がきわめて低いようにみえる公共財であっても、そこから最終的な便益を得ている受益者は必ず存在する。1日数人しか通らない道路であっても、その道路沿いの住民にとっては大きな便益になっていることは間違いない。そのような立場の人々にとっては、その道路は決して無駄ではなかったということになる。実際、それぞれの公共財の必要性を、市場による評価以外のどのような規準で評価すべきかは、きわめて厄介な問題なのである。

市場で提供される私的な資本財の場合であれば、その社会的必要性は市場から生み出される収益によって判断できる。実際、民間企業の経営者たちは、投資の実行に際しては、投資から得られる収益がその費用に見合っているのか否かの判断を常に行っている。そして、その投資判断の適否は、現実の事業活動のなかで自ずと明らかになる。

しかし、公共財の便益の多くは、不特定の家計や企業に対価をともなわずに提供されている。そのため、その便益は人為的に推測するしかない。最も形式的には、何らかのモデルを用いて、現実のデータから推定するという方法がある。それを行っているのが、公共事業の適否を判断する目安としてしばしば用いられる、費用便益分析である。しかし、それもまた一つの目安にすぎない。公共財の多くが、個人や民間企業ではなく、公的な負担によって供給および維持されている以上、それが無駄か否かは、最終的には有権者の価値判断によるしかないのである。

そうではあっても、日本でこれまで行われた公共投資の少なからぬ部分が、最終的便益がその費用に比べて小さいという意味で「無駄」なものであったという結論は、大きく揺らぐことはない。その最大の根拠は、図5-2で示されている、日本の公共投資の対GDP比率の、他国と比較した異常な高さそのものにある。

車が走らない道路、使われない公共施設

一般に、民間投資を含むすべての投資には、投資量が拡大するにつれて収益あるいは便益が低下するという「収穫逓減の法則」が働く。その法則は、現実において確実に働いている。というのは、もしそれが働かず、投資量の拡大にもかかわらず投資量1単位当たりの収益が低下しないのであれば、民間企業は、投資量を無限に拡大させることで、収益を無限に拡大させることができるからである。

しかし、現実の民間企業は、設備投資を必要なかぎりで行うにとどめており、それを際限なく拡大させるようなことはしていない。その事実は、収穫逓減の法則が作用した結果、投資量の拡大にともなって投資量1単位当たりの収益が現実に低下していることを示す。

公共投資の場合には、前述のように、民間投資とは異なり、市場における収益性という規準が存在しない。そのため、有権者さえ受け入れれば、政治的判断によって公共投資の「量」を増やすことは可能である。

しかし、公共投資もまた投資であるかぎり、収穫逓減の法則を免れることはできない。つまり、公共投資の「量」をどこまでも増やしていけば、公共投資の限界便益は必ず低下していく。公共投資によって地方の道路を増やしつづけていけば、やがてはほとんど使われない道路だらけになることは明らかであろう。

事実、マスメディアでは、1990年代の末ごろから、地方における「車が走らない道路」や「使

われない公共施設」等の問題が頻繁に取り上げられるようになった。それは、1990年代までの過大な公共投資の結果、確実な便益を生む投資機会がほぼ利用し尽くされ、財政資金がより便益の低い投資に向けられていったことを示唆している。

成熟した先進諸国の多くはこれまで、日本よりも相対的にはるかに少ない水準の公共投資によって、社会資本を維持および拡充してきた。だからといって、これらの国々の人々の生活や企業活動が、社会資本の不足によって大きく損なわれているわけではない。むしろ、これらの国々の経済的状況は、長期不況に苦しんでいた日本よりも良好であった。そのことを考えると、日本の公共投資は、少なくとも2000年代前半までは明らかに過大であり、その相当の部分が便益の低い社会資本の形成に向けられたものであったと推論できる。

2000年代から日本の公共投資は大きく低下

ところで、図5-2から明らかなように、日本の公共投資の対GDP比率は、2000年代に入ってから顕著に低下しはじめた。それは、2000年代末には他の先進諸国とほぼ同程度の水準にまで低下した。その背景には、公共投資に対する有権者の認識の変化と、地方自治体の財政悪化があった。それらは、1990年代までの過大な公共投資によってもたらされた、ある意味で必然的な変化であった。

公共投資に対する一般社会の認識が否定的なものに転じはじめたのは、おそらく1990年代末ごろからのことである。それは、前述のように、バブル崩壊後に毎年のように展開された景気対策としての公共投資の結果、地方の使われない道路や公共施設に代表される無駄な社会資本の存在が、そのころから一般的に明らかになりはじめたからである。地方自治体における従来的な公共事業偏重の行政運営が、しばしば批判を込めて「箱物行政」と呼ばれるようになったのも、ほぼこのころのことである。

２００１年に成立した自民党の小泉政権が、ＩＴバブル崩壊後の世界的不況にもかかわらず、財政出動を中心とした従来型の景気対策を実行せず、むしろ公共事業を縮小させつづけた背景にも、こうした有権者の意識の変化があった。

こうした社会的意識の変化は、問題の背景としては重要ではあるが、現実的により影響が大きかったのは、地方自治体の財政悪化である。バブル崩壊後の景気対策としての公共投資は、都市というよりは地方において重点的に展開されていた。それは、日本的財政政策が本来、政府による地域間所得再分配を主要な目的としていたからである。しかし、その公共投資の結果としての社会資本は、脆弱な財政基盤しか持たない地方自治体にとっては、あまりにも過大なものであった。それはやがて、「箱物」の維持のための負担として、地方自治体の財政の上に重くのしかかってくることになる。

そこに至って、地方の側もようやく、社会資本が増えればその費用負担も必然的に増えるのであり、「地元への利益誘導」が地元にとって必ずしも望ましいわけではないことに気づきはじめたのである。２００７年に生じた北海道夕張市の財政破綻は、その点できわめて象徴的であった。

ケインズ自身の主張はどこまで擁護可能か

日本的財政政策のこうした現実は、公共投資の社会的意義を評価する場合には、そのマクロ的な効果とは別に、それによって生み出される便益をも考慮すべきことを示唆している。その点に関しては、ケインズ自身も、後にさまざまな解釈を生むことなる、きわめて興味深い指摘を行っている。ケインズは『一般理論』第10章において、以下のように述べる。

ピラミッドの建設や地震や戦争ですらも、もし古典派経済学の原理を基礎とするわが政治家の教獲がもっとよいことの実現を妨げているとすれば、富の増進に役立ちうるのである。（中略）もし大蔵省が古い壺に銀行券をつめ、それを廃炭坑の適当な深さのところへ埋め、次に都会のごみで表面まで一杯にしておき、幾多の試練を経た自由放任の原理に基づいて民間企業にその銀行券を再び掘り出させることにすれば、もはや失業の存在する必要はなくなり、その影響のおかげで、社会の実質所得や資本資産もおそらく現実にあるよりもはるかに大きくなるであろう（Keynes［1973a］ch. 10）。

つまり、ケインズは明らかに、マクロ財政政策において重要なのは、とにかくそれを大胆に行うことであり、それが社会的に有用か否かは副次的に配慮すべき問題にすぎないと考えていたのである。ピラミッド建設のような古代エジプト時代の放蕩にも意義があったというこの叙述は、ケインズがたしかに「非自発的な失業が存在するかぎり、まったく無用な公共投資でさえ意味はある」と考えていたことを示唆している。

マクロ財政政策としての公共投資の有用性についてのケインズのこの指摘は、これまでさまざまな立場の論者によって、一方では批判され、他方では擁護されてきた。批判派の多くは、いうまでもなく、拡張的財政政策に対して否定的あるいは懐疑的な立場の反ケインズ派である。それに対してケインズ擁護派は、「ケインズは住宅等を建設したりするほうが理にはかなっているとも述べており、決して無駄な公共投資を積極的に推奨しているわけではない」といった反論を展開するのが常であった。それはたしかにそのとおりではあるが、ケインズは他方で、まったく無用な公共投資でさえ意味はあるとはっきり述べてもいるのである。その主張は、どこまで擁護可能なのであろうか。

公共投資の経済厚生的問題点

この問題の本質は、経済政策において最終的な目標とされるべきは何かというところにある。マクロ経済政策においては、それはきわめて明白であり、適正な失業率や経済成長率の達成という以外にはない。そして、失業を減らして所得を増やすことだけが目標である場合には、ケインズがいうように、まったく無用な公共投資にも意味はある。

しかし、多くの人々がその労力を費やして生産したものが、何の便益も生まない無駄なものであったとすれば、それはGDPには計上されたとしても、人々の経済厚生にはまったく寄与しない。というのは、生産された財やサービスが社会的に意味を持つのは、それが人々に便益をもたらす場合においてのみだからである。逆にいえば、人々に便益をもたらさない財やサービスの供給は、地中に埋められた紙幣を掘り起こすような作業と同じであり、単なる労力の浪費でしかない。同様なことは、「車が走らない道路」や「使われない公共施設」についてもいえる。この考察は、マクロ的な経済効果ではなく、経済厚生の観点からは、減税政策のほうが公共投資よりも望ましい可能性があることを示唆する。

公共投資と比較した減税政策の最大の長所は、それが前記の意味での「無駄」をまったくもたらさないというところにある。それは、財政資金の使途を政府や地方自治体が政治的に判断する公共投資とは異なり、減税政策はその使途を個人の合理的判断にゆだねるものだからである。人々は、減税によって受け取った所得を、みずからの便益を最大化するように消費あるいは貯蓄するであろう。それは、減税の対象となった個人の経済厚生を必ず改善させる。そうであるかぎり、減税政策は、財政赤字を生むことはあっても、公共投資のような「無駄」を生むことはないのである。

このことを、公共投資と減税の比較によって具体的に考えてみよう。麻生政権時代の日本では、定額給付金という形で2兆円程度の減税を行った。仮にその2兆円が減税ではなく公共投資として使われていたとすれば、政府が行った最初の支出である2兆円だけ多く日本のGDPが拡大していたと考えられる。人々の限界消費性向を25%とすれば、公共投資は減税よりも4倍大きなマクロ的拡張効果を持つということである。したがって、減税によって公共投資に匹敵する効果をもたらすためには、2兆円の4倍である8兆円の支出が必要になる。それは当然、将来における増税や歳出削減の必要性をより高めるであろう。

たとえそうであったとしても、減税が公共投資よりも望ましい可能性は十分にある。それは、便益を生む社会資本への投資機会が枯渇し、政府が行う公共投資2兆円が、地中に埋められた紙幣を掘り起こすような無駄な用途に向けられるしかないというケースである。その場合、公共投資分の2兆円は、日本のGDPの拡大には寄与するが、人々の経済厚生の向上には何ら寄与しない。つまり、その2兆円分はすべて、単なる厚生上の損失となる。それに対して、8兆円の減税政策は、同等のマクロ的拡張効果を持ちながらも、そのような厚生損失を生むことはまったくないのである。

先進諸国の政策選択は合理的だった

無駄な公共投資であっても少なくとも所得や雇用の改善には寄与するというケインズの命題は、それ自体としてはまったく正しい。しかし、無駄な公共投資が国民経済的に望ましいかどうかは、まったく別の問題である。

それが望ましいと確実にいえるケースがあるとすれば、それは、「長く失業していた人物にとって、何らかの労働は負の効用を持つどころか、正の効用を持つ」というケインズ自身の仮説が現実的妥当性を持つような状況であろう。そこでは、生産された財やサービスがたとえ無用であったとしても、人々の雇用それ自体が効用を生み、国民全体の経済厚生は改善される。しかし、その状況でもやはり、雇用は生むが無駄も生む公共投資は、雇用を生み無駄を生まない減税政策よりも確実に劣っているのである。

以上の考察から結論としていえるのは、マクロ政策として公共投資と減税のどちらが望ましいかは、それぞれの国が持つ社会資本の投資機会に依存するということである。

社会資本の蓄積が不十分な新興諸国にとっては、不況期における公共投資は、需要面と供給面の両方に対して一石二鳥の効果を持つという意味で、費用対効果がきわめて高い政策である。というのは、それは社会資本の拡大を通じた民間企業の生産性向上をもたらし、同時に民間投資の呼び水としてのより大きな需要拡大効果を持つからである。

その実例の一つは中国である。中国はリーマン・ショック後、公共投資を中心とした景気刺激策を、先進諸国を上回る規模で実行した。それは、リーマン・ショック後の中国経済の落ち込みを最小限にとどめるうえで、大きな役割を果たした。そこにはもちろん、過剰開発や過剰投資と思われるような行き過ぎもあった。しかし、中国経済における社会資本の蓄積が先進諸国と比較すれば未だ不十分である以上、その政策対応には十分な合理性があったといえる。

それに対して、経済的に成熟した先進諸国の場合には、事情はまったく異なる。実際、それらの国々においては、日本を例外として、公共投資が景気対策の手段として用いられることはほとんどない。そして、それは決して今に始まったことではない。ケインズ主義の黄金時代であった1960年代前半のアメリカにおいて、当時の民主党ケネディ政権が景気刺激のためのマクロ財政政策として選択したのは、公共投資ではなく減税であった。

たしかにリーマン・ショック直後には、いくつかの先進諸国は、社会資本整備のための裁量的支出を拡大させた。しかし、その状況においてさえ、マクロ財政政策の主軸を公共投資にではなく減税や各種給付金に置いていた国も多かった。それは、社会資本の蓄積がすでに十分であり、有益な投資機会をそれほど多く持たない先進諸国にとっては、追加的な公共投資を行ったにしても、そこでつくり出された社会資本が費用に見合うだけの便益をもたらすことは、期待できないからである。そう考えると、政府の直接支出よりも再分配に重点を置く先進諸国の政策選択は、それはそれで十分に合理的であったといえる。

2 赤字財政政策の負担と効果——ラーナー命題とリカード＝バロー命題

アバ・ラーナーの国債負担論

財政政策を考える場合に避けることのできないもう一つの重要な問題は、「その負担を誰が負うのか」である。それは、アダム・スミスやデヴィッド・リカードによって基礎づけられた古典派経済学以来の長い考察の歴史を持つ、経済学における主要課題の一つであった。

この問題を混乱なく分析するためには、まずは財政政策に関連する以下の三つの設問を明確に区別しておくことが重要である。

その第一は、政府の財政支出を誰がファイナンスするかである。より具体的には、「政府が赤字国債を発行して財政支出をまかなった場合、その国債を購入するのは誰か」である。第二は、その政府の財政支出を誰が最終的に負担するのかである。より具体的には、「政府の赤字国債発行に見合う税金を誰が支払うのか」である。そして第三は、政府の財政支出によって誰が便益を得るのかである。より具体的には、「政府の財政支出は誰の所得となり、それによって生み出された社会資本は誰の便益になるのか」である。

政府ではない民間の資金貸借においては、この三つの設問に対する回答はきわめて簡単である。第一に、債務者の支出をファイナンスするのは債権者である。第二に、その債務を最終的に債権者に支払うのは債務者自身である。第三に、債務者の支出によって便益を得たのは、債務者自身である。

つまり、ここでは単に、「債務者は、債権者から資金を借り入れて行った支出によって便益を得た見返りに、その支払いを債権者に対して将来的に行うことで、債務を最終的に負担しなければならない」という関係が存在するにすぎない。

それに対して、政府債務すなわち政府部門を媒介とした資金貸借においては、この三つの役割を担う主体は、複雑にからみ合い、部分的に重複している。まず、特定の財政支出から便益を受ける主体は社会の一部にすぎないが、その最終的な負担者は納税者全体である。また、その負担者である納税者の一部は、同時に国債を購入した政府への債権者でもある。これらの事情は、財政政策における受益と負担の関係を、きわめて不明瞭なものにする。結論としていえば、政府債務を誰が負担するのかという問題に対する答えは、赤字財政政策における「負担」をどのように定義するかに依存する。

この問題に関して一つの明確な回答を与えたのは、初期ケインジアンを代表する経済学者の一人であったアバ・ラーナーによる国債負担論である（Lerner［1948］）。よく知られているように、ラーナーの議論の結論は、「国債が国内で消化される場合には、負担の将来世代への転嫁はないが、国債が海外において消化される場合には、その負担は将来世代に転嫁される」というものである。

ラーナーによれば、租税の徴収と国債の償還が一国内で完結している場合には、それは単に国内での所得移転にすぎない。ラーナーは以下のように述べる。

もしわれわれの子どもたちや孫たちが政府債務の返済をしなければならないとしても、その支払いを受けるのは子どもたちや孫たちであって、それ以外の誰でもない。彼らをすべてひとまとまりにして考えた場合には、彼らは国債の償還によってより豊かになっているわけでもなければ、債務の支払いによってより貧しくなっているわけでもないのである（Lerner［1948］p. 256）。

それに対して、租税を負担しない海外の主体に対して債務の返済が行われるとすれば、それはあたかも親の債務を子が引き継いだように、その負担はすべて租税を支払う将来世代に転嫁されるというのが、ラーナーの考えであった。

「負担」問題の本質とは

注意すべきは、このラーナーの議論においては、赤字財政政策における「負担」は、明らかに「国民全体の消費可能性の減少」として定義されている点である。これは、政府債務あるいはその償還に必要な増税そのものを「負担」と捉える通常の定義とは異なる。

一般に、赤字財政政策が「将来世代の負担を生む」とされるのは、赤字国債発行と増税によるその償還との時間的な乖離が長くなれば、財政支出によって便益を受けた世代と、支出を切り詰めてそれを負担した世代が大きく引き離されてしまい、受益と負担の配分に世代間格差が生じるからである。

それに対して、財政支出が国債発行ではなく増税によって賄われた場合には、受益者と最終的負担者である納税者の社会的階層が異なることはあったとしても、少なくとも両者の間の世代間分離は生じない。つまり、「負担」を増税と定義した場合には、財政赤字が拡大すればするほど、そして増税時期が遅れれば遅れるほど「将来世代の負担」が拡大することになる。

ラーナーはそれに対して、赤字財政政策の結果としての「負担」は、将来世代の経済厚生あるいは消費可能性が全体として低下した場合においてのみ生じると考える。そこでの焦点は、将来世代が負う税金としての負担ではなく、将来世代の所得や支出が現世代の選択によって低下させられているのか否かである。

たとえば、戦争の費用を国債発行で賄い、その国債をすべて自国民が購入したとしよう。その場合、現世代の国民は国債購入のためにみずからの支出を切り詰めるという「負担」をすでに被っているので、将来世代の国民が支出を切り詰める必要はない。将来世代は単に、戦費負担を一時的に引き受けてくれた国債保有者への見返りとして、増税による国債償還という形で、より大きな所得の分け前を提供すればよい。それは、純粋に国内的な所得分配問題である。

それに対して、戦費が外債の発行によって賄われる場合には、現世代は戦争だからといって支出を切り詰める必要はない。戦争のための支出は、現世代の国民の耐乏によってではなく、その時代の他国民の耐乏によって実現されているからである。ただし、将来世代はその見返りとして、増税によってみずからの支出を切り詰めて他国民に債務を返済する必要がある。

つまり、将来世代の消費可能性は、現世代が国債を購入してその支出をみずから負担するのか、国債を購入せずに海外からの借り入れに頼るのかによって異なる。前者の場合には将来世代の負担は発生しないが、後者の場合には発生する。それが、ラーナーが明らかにした「負担」問題の本質である。

ラーナーの議論は「ミクロ的基礎」を持っている

ラーナーの国債負担論はこれまで、財政規律重視派によるきびしい批判の対象とされ、時には拡張財政を求めるケインズ派による悪質なプロパガンダのように取り扱われてきた。しかし、ラーナーの議論は、増税という「見かけ上の負担」にのみとらわれて、将来世代の負担を過剰に喧伝しがちな一般通念の欠陥を浮かび上がらせる点において、きわめて大きな意義を持っている。

この一般通念はしばしば、個人の債務は別の個人の債権であるのと同様に、政府の債務は人々にとっては資産にほかならないという基本的な真理を見失わせる危険性を持つ。それに対して、負担が生じているどうかの最も本質的な判断規準は将来世代の経済厚生あるいは消費可能性にあるというラーナーの議論は、その基礎が明確でない一般通念とは異なり、明確な「ミクロ的基礎」を持っているのである。

ただし、ラーナー命題にはいくつか注意すべき点がある。第一に、そこでは赤字財政政策の受益者とその最終的負担者の乖離という問題は考慮されてはいない。赤字財政政策の便益を現世代のみが享受する場合、増税時期が遅れれば、受益と負担の世代間格差は必ず発生する。それは、その赤字国債が内債か外債かには依存しない。

第二に、ラーナー命題は政府債務の返済可能性や持続可能性の問題とは無関係である。仮に赤字国債がすべて内債であったとしても、政府の徴税能力や国民の税負担能力が不十分であった場合には、「政府の財政破綻」が生じる可能性はある。

第三に、仮に赤字国債がすべて内債であったとしても、将来世代の消費可能性が低下する可能性は存在する。

とりわけ重要なのは、第三の可能性である。そもそもラーナー命題は、「将来世代の所得は現世代の行動からは影響を受けない」という前提に決定的に依存している。したがって、ラーナー命題の適否を判断するためには、「現世代の行動が将来世代の所得に影響を与えないという仮定はどの程度妥当か」を慎重に吟味する必要がある。

以下ではその可能性を、「日本政府が西暦2010年に定額給付金を支給し、赤字国債を発行してその財源とするが、その国債はすべて国内で消化され、国債市場を流通し、50年後の2060年に増税によって償還される」という設例を用いて考察しよう。

こうした赤字財政による減税政策が将来世代にどのような影響を与えるかは、一般には、海外からの借り入れが可能か否か、遺産相続などを通じた現世代から将来世代への無償所得移転が行われるか否か、減税政策が行われたときの経済状況が完全雇用か不完全雇用か等々によってさまざまに異なる。

それらのうち、財政赤字が海外からの借り入れによって賄われる場合には将来世代に負担が発生することはすでに明らかになっているので、ここでは海外からの借り入れが存在しない内債のケースだけを考えよう。さらに、現世代から将来世代への無償所得移転も存在しないと仮定しよう。

この「世代間無償所得移転が存在しない閉鎖経済」のケースでは、現世代は赤字国債の購入によって定額給付金の財源を提供するが、その生涯を通じて赤字国債をすべて将来世代に売却し、その資金をみずからの消費に充当することになる。将来世代は、2060年にその所得の一部を増税によって徴収される。そして政府は、その増税によって得た財政資金によって、西暦2010年に発行された赤字国債を完全に償却する。図5-3はその概念図である。

定額給付金の支払いを受けた現世代が、赤字国債を売却してみずからの消費を拡大させるということは、将来世代がみずからの所得の一部を貯蓄に振り向けて赤字国債を現世代から購入することを

図5−3　世代間無償所得移転が存在しない閉鎖経済での世代間財政負担

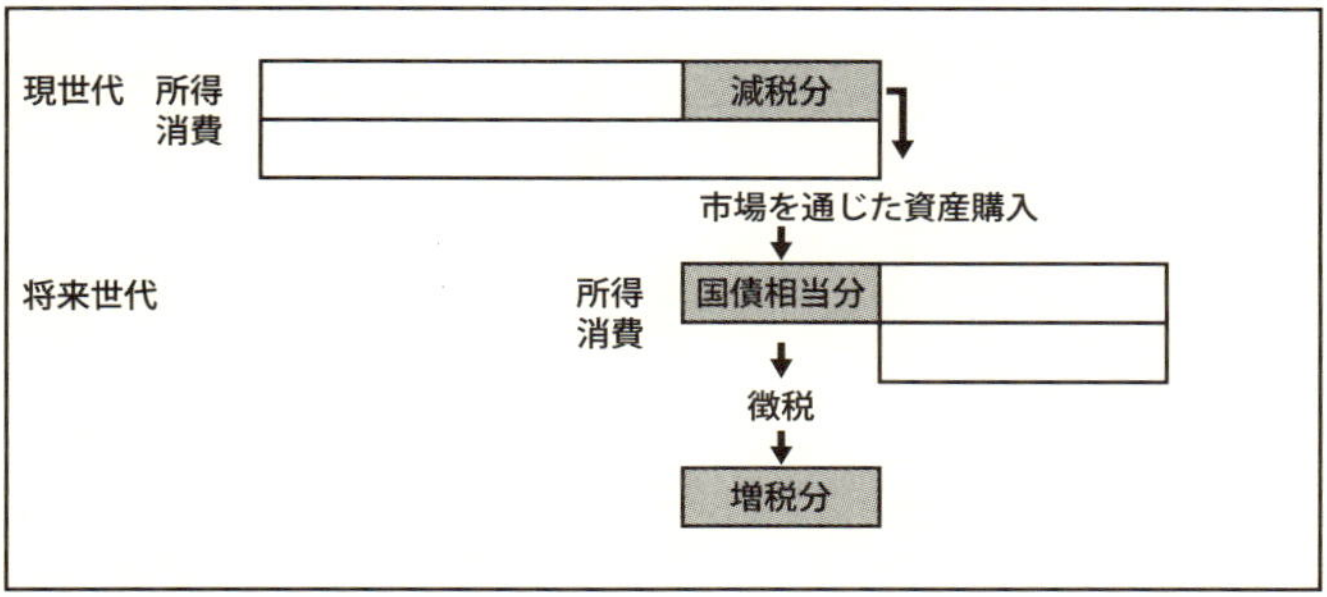

意味する。その国債は２０６０年に増税によって償還されるが、ラーナーが論じるように、将来世代の所得が一定であるかぎり、納税者と国債保有者の間で所得移転が生じるだけであり、「将来世代の負担」は存在しない。

不完全雇用のもとでこそ成り立つ

問題は、そこでの「将来世代の所得が一定」という前提の確実性にある。結論をいえば、現世代の消費・貯蓄行動は将来世代の所得に何らかの影響を与えるため、それが確実である保証は一般的には存在しない。とはいえ、その程度は、減税政策が行われたときの経済状況が完全雇用か不完全雇用かによって大きく異なる。

ここで、所得は消費か貯蓄のどちらかに向けられ、さらに貯蓄はすべて投資され、将来世代の所得を生み出すと考えよう。経済が完全雇用の状態にある場合には、定額給付金の支払いを受けた現世代が赤字国債を売却してみずからの消費を拡大させたとしても、現世代の所得はそれ以上拡大することはない。したがって、現世代の消費の拡大は、ただちに貯蓄の減少を意味することになる。それは、投資の減少、さらには将来世代の所得の減少をもたらす。戦争のための支出が生産的な資本の形成を妨げれば、その影響は将来世代にも及ぶ。

つまりこの完全雇用のケースでは、海外からの借り入れが存在しないにもかかわらず、現世代の消費拡大が、将来世代の消費可能性の縮小という形での「将来世代の負担」をもたらしているのである。

それに対して、経済が不完全雇用の状態にある場合には、定額給付金の支払いを受けた現世代の消費拡大は、有効需要の拡大を意味し、現世代の所得拡大をもたらすことになる。人々の限界消費性向を25%とすれば、2兆円の定額給付金は、まずは1兆5000億円の貯蓄と5000億円の消費を生む。財政乗数は1・3333……（＝1／（1－0・25））となり、その5000億円の消費は、最終的にはその乗数倍の6667億円（＝5000億円×1・3333……）の所得拡大をもたらす。

また、限界消費性向が25%であれば限界貯蓄性向は75%となり、6667億円の所得は5000億円の貯蓄を生み出す。定額給付金2兆円のうちで貯蓄に振り向けられた1兆5000億円と合わせると、最終的には2兆円の貯蓄が生み出されることになる。これは、2兆円という定額給付金の財源確保のために政府が市場に売却した赤字国債が、所得拡大のなかで生み出された同額の貯蓄によってファイナンスされたことを意味する。

このように、不完全雇用経済においては、赤字財政政策による消費の拡大は、同時に所得と貯蓄の拡大をもたらす。この場合には、完全雇用経済とは異なり、消費の拡大が貯蓄および投資の減少には必ずしも結びつかない。したがって、現世代の消費拡大によって将来世代の所得が減少することはない。

結論を整理しよう。現世代の消費拡大が将来世代の所得を減少させるか否かは、現世代の消費拡大が現世代の貯蓄減少をもたらすか否かに依存しており、それは経済が完全雇用か不完全雇用かに依存する。「赤字国債が国内で消化される場合には将来世代への負担転嫁は存在しない」というラーナー命題が妥当性を持つのは、もっぱら赤字財政が貯蓄減少に結びつかないような不完全雇用経済においてである。

逆に、経済が完全雇用に近づき、貯蓄が消費によってクラウド・アウトされるようになれば、将来世代の所得が減少するので、仮に赤字国債がすべて国内で消化されていても、将来世代の消費可能性は縮小する。つまり、ラーナー命題が厳密に成立するのは、不完全雇用というケインズ的状況なのである。アバ・ラーナーはやはり、徹頭徹尾ケインジアンだったわけである。

現世代の消費・貯蓄に影響を与えない場合には

赤字財政の負担をめぐる以上の議論は、完全雇用ケースにせよ不完全雇用ケースにせよ、すべて「赤字財政政策は現世代の消費・貯蓄行動に影響を与える」ことが前提となっていた。じつは、ラーナー命題における「現世代の行動は将来世代の所得には影響を与えない」という前提と同様に、この前提も必ずしも自明ではない。

実際、「赤字財政政策が現世代の消費・貯蓄行動に影響を与えない」可能性は、これまでに多くの経済学者たちによって指摘されてきた。その可能性を考察するためには、これまでの設例においては排除されていた、世代間無償所得移転の役割を考慮する必要がある。

ここでもまた、「日本政府が西暦2010年に定額給付金を支給し、赤字国債を発行してその財源

図5-4　世代間無償所得移転が存在する閉鎖経済での世代間財政負担

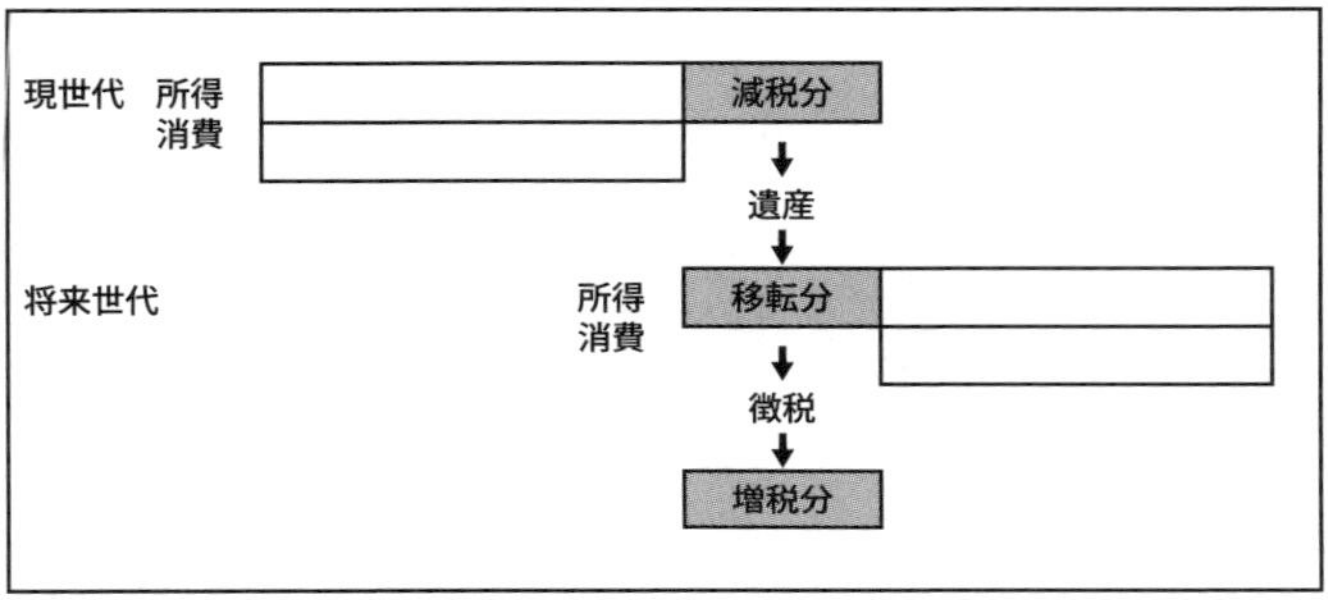

とするが、その国債はすべて国内で消化され、国債市場を流通し、50年後の2060年に増税によって償還される」という設例を用いることにしよう。まず、定額給付金の支払いを受けた現世代が、それを消費せずに貯蓄し、その貯蓄をすべて赤字国債の購入に充当したとしよう。これは、定額給付金の支給のための赤字国債が、支給された定額給付金そのものによってファイナンスされたことを意味する。

負担に関するこれまでの設例では、現世代はその赤字国債を市場に売却して換金し、消費を拡大させると想定されていた。しかしここでは、現世代は消費をまったく拡大せず、購入した赤字国債を資産として保有しつづけると考えよう。現世代はさらに、その資産としての赤字国債のすべてを、将来世代に遺産として無償移転したとしよう。図5－4はその概念図である。

つまり、ここでの現世代は、定額給付金を受け取っても、それを消費にはまったく振り向けず、すべて赤字国債の保有に振り向けたうえで、遺産として将来世代に引き渡していることになる。また、この定額給付金の財政的負担は、形式的には増税が行われた2060年時点の将来世代が引き受けることになるが、遺産として引き継いだ同額の資産が存在しているので、受益と負担の世代間格差は発生していない。それは、増税を免れて天寿を全うしたはずの現世代が、遺産を残すことで将来世代の負担をすべて肩代わりしたからである。

このように、赤字国債発行に相当する所得の増加分がすべて貯蓄され、遺産として将来世代に無償移転される場合には、赤字国債を財源とした減税政策は、各世代の消費行動には何の影響も与えない。そして、その結論の妥当性は、経済が完全雇用か不完全雇用かには依存しない。何も起こらないときには、経済状況がどうであれ何も起こらないのであり、その事態に変わりはない。経済状況の相違は、政策が何らかの効果を持つかぎりにおいて問題となるのである。

このように、赤字財政政策は無効という結論が不完全雇用経済でも成立するということは、「マクロ経済政策としての財政政策は、ケインズ的な乗数効果を何ら持たない」ことを意味する。ただし、公共投資のような政府による直接支出については、それが民間投資をクラウド・アウトしないかぎり、政府が支出した分だけは需要拡大効果を持つ。しかし、それ以上の波及効果は存在しない。したがって、公共投資の財政乗数は1であり、減税政策の財政乗数はゼロとなる。

また、将来世代における増税が現世代における貯蓄によって肩代わりされるということは、増税を現時点で行っても将来時点で行っても同じということを意味する。つまり、「政府の財政支出を増税で賄うことと国債発行で賄うことの経済的な効果はまったく同じ」ということになる。

リカード＝バローの中立命題

このように赤字財政政策が無効となる可能性は古くから指摘されてはいたが、それを世代間所得移転の役割に焦点を当てて厳密に分析したのは、ケインズ派から反ケインズ派に転向し、ケインズ経済学と対峙する「新しい古典派」マクロ経済学の創始者の一人となったロバート・バローである（Barro［1974］）。

やはり反ケインズ的な公共経済学者として有名なジェームズ・ブキャナンは、このバロー論文への批判的コメントのなかで、同様な主張をデヴィッド・リカードが１５０年以上も前に展開していたことを指摘した。それ以降、赤字財政政策の無効命題については、「リカード＝バローの等価定理」あるいは「リカード＝バローの中立命題」という呼び方が定着した（Buchanan［1976］）。ちなみに、ここでの等価定理とは「増税と国債発行の経済的効果は同じ」ということを意味し、中立命題とは「赤字国債の発行は、それを行っても経済的効果が存在しないという意味で、経済に対して中立である」ことを意味している。

ブキャナンが指摘したように、リカードはその主著『経済学および課税の原理』（１８１７年）において、「戦費調達のための政府の財政支出を増税で賄うことと国債発行で賄うことは、経済的にはまったく同じである」ことを述べている（Ricardo［1951a］ch. 17）。その議論は主に、現在のわれわれが「割引現在価値」という概念によって理解している考え方に基づいている。

政府財政支出を増税で賄った場合と国債発行で賄った場合の相違は、しばしば、「国債発行による財政支出においては国債の元本だけではなく金利の負担が発生するのに対して、増税においてはそれが存在しない」という点に求められがちである。しかしじつは、両者の負担は、税金を支払う側にとっては、まったく同じなのである。

そのことは、その「負担」を、国というよりは個人が負う債務と考えるとわかりやすい。１００万円の借金の金利が5％であったとすると、それを100万円でただちに返済することと、105万円で来年返済することとは、経済的には同じである。というのは、金利が5％であれば、100万円を返済せずに預金等で運用すれば、1年後には105万円になっているはずだからである。このことを経済学的にいえば、「5％という金利で割り引いた1年後の105万円の現在価値は100万円」となる。同じことは、2年後の110・25万円（＝1000万円×1・05×1・05）、3年後の115・76万円（＝1000万円×1・05×1・05×1・05）についてもいえる。

つまり、貸し出しと借り入れの金利が同一であれば、ある元本の債務をどの時点で返済しても、個人の負担は増えも減りもしないのである。それは、原則的に債務者が債務返済者となる個人の債務の場合には、その債務をどの時点で返済しても個人の消費・貯蓄行動は変わらないことを意味する。というのは、借金が存在している場合には、合理的な個人の消費・貯蓄行動は、必ずその債務の返済を織り込んで行われるはずだからである。割引現在価値で計算して5000万円の生涯所得を持つ個人が、現時点で1000万円の債務を持つとすれば、その生涯の予算制約は4000万円であり5000万円ではないのは自明であろう。その場合、その個人の消費計画は、債務をただちに返済するか10年後に返済するかにかかわらず、4000万円という生涯所得に基づいて実行されるはずである。

人々は将来の増税を織り込んで行動するか

こうした個人間の債権債務とは異なり、政府の債務の場合には、政府がある時点で増税を行ってそれを返済することになる。しかし、「国債発行による財政支出は将来時点での増税を意味する」とすれば、その本質は個人が負う債務と同じと考えることができる。その場合、個人の生涯の予算制約からは、国債償却のための将来の増税分が差し引かれなければならない。

そして、右の説明から明らかなように、国債金利が民間の金利と同一であれば、将来における増税額の割引現在価値は赤字国債の発行額すなわち財政赤字額に等しい。したがって、赤字国債発行が将来の増税を意味するとすれば、財政支出を増税で賄うことと国債で賄うことは「等価」なのである。また、増税と国債発行が等価ということは、個人の生涯における予算制約は、もっぱら政府の支出のみに左右され、その財源の調達の仕方には左右されないことを意味する。つまり、赤字国債は経済に対して「中立」なのである。

ここまでの議論から明らかなように、リカード的な命題が成立するか否かは、政府が財政支出を国債発行によってファイナンスしたときに、人々が個人の債務の場合と同様に将来における増税を織り込んで行動するか否かに依存する。

しかし、個人が生存している間での返済が前提となる個人の債務とは異なり、増税という意味での政府債務の「負担」は、世代を超えて「先送り」することが可能なのである。そのような場合でも、人々は将来の増税を織り込んで行動するのであろうか。

その問題の考察には、バローが行ったように、遺産相続のような世代間無償所得移転の役割に焦点を当てる必要がある。そのことを最初に指摘したのもまた、リカードであった。リカードは、1820年に発表された「公債制度論」において、「もし彼がその財産を息子に残し、しかもその財産とともに永久的な租税をも残すとすれば、彼がこの租税負担つきの2万ポンドを息子に残すことと、租税負担なしの1万9000ポンドを残すことにどんな違いがあるというのであろう?」という問題提起を行っている（Ricardo［1951b］p. 187）。リカードのこの叙述は、「増税を受けた現世代が1万9000ポンドの遺産を残すことと、増税を受けない現世代が1000ポンドの増税を求められることになる将来世代に2万ポンドの遺産を残すことは、経済的には等価である」という主張と解釈できる。この議論は、バローによるその約150年後の分析を、まさしく先取りするものであった。

現実はリカード的世界とケインズ的世界の間にある

このリカードおよびバローの議論は、「赤字財政政策の中立性が成立するか否かは、現世代がどこまで将来の増税を織り込んで貯蓄や遺産を形成するのかに依存する」ことを明らかにしている。つまりそれは、多くの経済学的仮説と同様に、あくまで一つの理論的可能性にすぎない。

実証的な意味では、中立命題が完全な形で成立していることを裏づける証拠はほとんどない。すなわち、将来の増税は現在の増税とはやはり異なっている。その意味で、赤字財政政策は、良かれ悪しかれ、何らかの「経済効果」を持っている。しかし、政策のあり方次第では、赤字財政政策が増税と同様な「中立化効果」を持つことも事実である。リカード＝バローの中立命題は、それらの状況を考察するための重要な参照規準を与えている。

現実の赤字財政政策が提供してきた実証的証拠の多くは、リカード＝バローの中立命題を支持しない。中立命題が成立するとすれば、個人は減税で得た所得の増加分をすべて貯蓄に振り向けるはずであり、減税分の限界消費性向はゼロとなるはずである。しかし、多くの国における現実の減税政策は、たしかにケインズ的乗数モデルが示唆するほど有効ではないにしても、そこまで無効でもない。

前掲の内閣府調査研究「定額給付金は家計消費にどのような影響を及ぼしたか」は、「日本の麻生政権時代の定額給付金は、その25％程度の消費拡大をもたらした」と結論している。近年の日本においてさえその程度は効果があったとすれば、流動性制約に直面した困窮家庭を多く含む経済においては、減税政策の有効性はより高くなるであろう。

また、１９８０年代のレーガン政権時代や２０００年代のブッシュ政権時代に実行されたアメリカの減税政策は、政府財政赤字の拡大とともに経常収支の赤字をもたらした。この「双子の赤字」という現象は、中立命題とは明らかに矛盾する。というのは、中立命題が成立しているのであれば、減税による政府財政赤字の拡大は、それと等しい額の民間貯蓄を生み出すはずだからである。一国の経常収支とは政府財政収支と民間貯蓄余剰の合計であるから、中立命題が成り立つ場合には、アメリカの経常収支赤字は拡大も縮小もしないことになる。

つまり、現実の世界は、中立命題が成立するリカード的世界とは程遠い。とはいえ、そこで想定された世界を単なる空想として葬り去ることはできない。というのは、減税とは人々の可処分所得の増加であり、また国債もまた人々の資産であることを考えると、より大きな所得と資産を得た人々が、より多くの遺産を残す可能性は高いからである。

また、残された資産の一部は、遺産ではなく相続税として徴集されることになるが、それはまさに政府債務の部分的償還を意味する。つまり、国債が発行されれば、それに相当する金額のすべてではなくとも一部は、単に債務としてだけではなく資産として次世代へ移転されると考えることができる。

また、赤字財政政策の実行がごく近い将来における増税のコミットメントをともなう場合には、世代間所得移転の有無とは無関係に、リカード的世界により近い状況が生まれる可能性は強い。というのは、増税が近い将来に行われることが確実なら、現世代は当然、その消費計画の実行において、みずからの生涯所得からその増税分を差し引くことになるはずだからである。そのような形での赤字国債発行は、単に増税のための一時的調整手段でしかない。したがって、そこでの赤字財政政策は、それ自体の経済的効果をほとんど持ちえない。

結論を整理しよう。リカード＝バローの中立命題によれば、赤字財政政策すなわち国債発行による財政政策は、ケインズ的乗数理論が示唆するような需要拡大効果を持たない。しかし幸いにも、現実世界においては、赤字財政政策が完全に中立化されることはない。それは、45度線モデルが提示するケインズ的世界が、現実においてはそのままの形では成立しないのと同様である。

現実は、リカード的世界とケインズ的世界の間のどこかにある。赤字財政政策が中立化されることなく、どの程度のケインズ的経済拡張効果を発揮するかは、その政策に対して人々がどのような消費・貯蓄行動を取るかに依存する。そしてそれは、増税をどのようなスケジュールで行うのかという、政府の全般的な財政政策スタンスに依存するのである。

イギリスは30年かけて公債残高を縮小した

リカード＝バロー中立命題の最も大きな意義は、赤字財政政策が無効化されるとすれば、それはどのような状況かを明確にした点にある。赤字財政政策が完全に中立化されるのは、「将来の増税」が現実の増税と同様なものとして意識されたときにおいてのみである。逆にいえば、中立命題はそれ以外の場合には成立しない。

当然ではあるが、現実に行われる増税は、それが行われない場合と比較すれば、人々の日々の消費を必ず引き下げる。それは、増税が人々の「生涯にわたる」可処分所得を引き下げ、その消費計画の縮小を余儀なくさせるからである。

増税と赤字国債発行との最大の相違は、増税が実際の可処分所得の減少をもたらすものであるのに対して、赤字国債発行の場合は、仮に将来のどこかの時点で増税が行われるにしても、それは「予想されたもの」でしかないという点にある。現世代は状況によっては、自分自身が生きている間には完全な増税は行われないと予想することもあろう。現実の増税が一般には「小幅ではあるが長期間にわたる」ことを考えれば、そのような予想は、とりわけ高齢者にとってはまったく合理的なものである。

結局のところ、赤字財政政策がどの程度まで中立化されるかは、現世代の人々が、生涯中や次世代における増税をどこまで織り込むかに依存する。人々がそれを強く織り込むにつれて、赤字財政政策の経済拡張効果は中立化され、無効化される。逆にいえば、将来の増税が完全に織り込まれることのない赤字財政政策は、一定の拡張効果を持つ。

しばしば誤解されるが、このように財政赤字が完全には中立化されず、一定の経済拡張効果を持ったとしても、それは現世代の人々が非合理的な消費・貯蓄行動を行っていることを意味しない。この場合の非中立性は、政府の政策に関するさまざまな情報を経済主体が織り込んで行う合理的な意志決定の結果であり、非合理性とは無縁である。

その問題を考えるときに役立つ実例は、戦争や災害などで財政赤字が急増するようなケースである。その場合の支出は一般に赤字国債の発行によってファイナンスされることになるが、それらが短期間に行われる一括の増税によって償還されることはほとんどない。理論的にも、バローが提起した「課税平準化」理論によって、財政支出の増税による徴収は、一括して行うのではなく、「長い時間をかけて少しずつ」行うことが望ましいことが知られている（Barro［1979］）。

20世紀前半に巨額の支出をともなう2度の大戦を経験したイギリスは、第2次世界大戦終了後には対GDP比で200％以上にも及ぶ公債残高を抱え持つことになった。そのイギリスの公債対GDP比が定常的な水準にまで低下したのは、戦後から約30年を経た1970年代後半であった。それは、いくら増税を行ったところで、そのような水準の債務を数年というような期間で返済するのは経済的に不可能であったからである。このケースでは、戦争を生き延びたイギリスの人々が、戦争の支出のすべてをみずからの生涯において負担することはないと考えたとしても、それはまったく合理的な想定であったことになる。

このイギリスのケースでは、戦争という支出の負担は、終戦から30年後の世代にまで及んだ。リカードやバローが示唆したように、その負担の一部は、それ以前の世代の遺産や相続税によって肩代わりされたかもしれない。しかし、そのようなときに将来世代の負担が前世代によってどこまで肩代わりされるかは、あくまでも前世代の遺産動機に依存する。

仮に前世代がみずからの生涯所得の多くを生存中に消費し、遺産をほとんど後に残さなかったとしても、それは彼らが非合理的な消費・貯蓄行動を行ったことを意味しない。それは単に、彼らの資産形成上の選好において、遺産動機の比重が小さかったというにすぎない。

重要な違いは「一時的」か「恒常的」か

このように、増税による政府債務の縮小は、長い年月をかけて世代横断的に行われることが一般的である。つまり、増税は「一時的」ではなく「恒常的」なものであることが多い。このことから、リカード＝バローの中立命題が成立しない現実の経済では、増税がひとたび開始されると、人々はその負担をみずからの生涯可処分所得の減少として遠い将来にわたってより強く織り込み、その消費計画を縮小させることになる。現実に行われており、かつ今後も確実に恒常的に行われる増税は、行われる時期や大きさが不確実な将来の増税とは本質的に異なるということである。増税の開始がしばしば当初の想定以上の経済収縮効果を持つのは、そのためである。

また、実際に増税が開始される以前でも、政府の増税スケジュールが明らかにされ、人々がその実行を確実なものと考えれば、その増税予想それ自体が、人々の予想生涯所得と消費計画を下方修正させ、現実の増税と同様な中立化効果、すなわち経済収縮効果をもたらすことになる。

それに対して、赤字財政政策の拡張効果は、不幸なことに、リカード＝バローの中立命題が成立しない状況においてさえ、それほど劇的なものにはなりえない。というのは、増税の場合とは異なって、人々は「増税なき政府支出拡大」が永続するとは考えないからである。

恒常的な赤字財政政策とは、いわば「ネズミ講」のようなものであり、政府の長期的予算制約を前提とすれば、理論的には持続不可能である。景気対策としての赤字財政政策は本来、景気の改善とともに停止されるべき政策であり、その意味であくまでも一時的な政策である。

同じことを民間側から見れば、赤字財政政策による政府支出の結果として人々の手元の所得が増えたとしても、それは可処分所得の恒常的増加ではありえない。したがって、それによって人々の消費計画が大きく上方修正されることはない。政府支出拡大が効果を持つためには、それが「一時的」ではなく「恒常的」に行われる必要があるが、景気対策としての赤字財政政策においては、それは本質的に不可能なのである。

このように、景気対策としての赤字財政政策と、財政赤字縮小のための増税や政府支出削減には、前者は「一時的」であるのに対して後者が「恒常的」であることから、前者の効果は弱く後者の効果は強くなるという「政策効果における非対称性」が存在する。景気対策としての赤字財政政策に対して、ケインズ的45度線モデルが示唆するような劇的効果を期待すべきではないのは、そのためである。

非増税コミットメントは現実には難しい

とはいえ、リカード＝バローの中立命題が成立しない以上、赤字財政政策がまったく無効というわけでもない。そこで重要なのはむしろ、政策効果をより中立化＝無効化させないためには何をすべきであり、何をすべきではないのかである。

既述のように、赤字財政政策が中立化される程度は、人々がその後の増税をどの程度織り込むかに依存する。増税の確実性が強まれるにつれ、政策効果は中立化され、さらには収縮効果が強まっていく。その意味で、「増税コミットメントつきの赤字財政政策」は、景気回復という政策目標と最も矛盾するマクロ財政政策である。それは、赤字財政政策の効果をあえて中立化し、事実上の「増税をともなう政府支出拡大政策」に転じさせるものにほかならない。

赤字財政政策が景気対策として有効であるためには、「財政赤字の拡大は増税に直結する」というイメージを人々に持たせないことが重要である。そして、そのためにはむしろ、政府による時限的な非増税コミットメントが必要なのである。

不幸なことに、このような非増税コミットメントの実現は、政治的にはそれほど容易ではない。というのは、景気後退期には一般に、政府の税収が景気悪化によってほぼ自動的に減少していくため、景気対策としての財政拡張政策を実行するまでもなく、政府の財政赤字は循環的に拡大していくからである。リーマン・ショック後の各国がそうであったように、そのようにして生じる政府財政赤字の急拡大はしばしば、まずは景気対策としての拡張財政政策の停止をもたらし、さらには財政緊縮や増税スケジュールの前倒しをもたらす。最悪の場合には、欧州で現実化したような「不況下の超緊縮財政」にさえ帰結する。

第3章で確認したように、そうした事態は、アメリカや日本のように現実的には財政破綻とは無縁の国においてさえ生じてきたのである。それは、原因が何であれ財政赤字がいったん拡大すれば、マスメディアや一部の専門家がその「深刻さ」を喧伝しはじめるのは不可避であり、独裁国家でもないかぎりそれを妨げることはできないからである。そのような状況のなかで、政府が「経済が正常化するまで増税は行わない」という方針をあくまで堅持しつづけることには多大な困難をともなう。

非増税コミットメントの実例

しかしながら、現実の政策のなかにも、数少ないとはいえ成功例は存在する。その一つは、日本の小泉純一郎政権による非増税公約である。小泉政権は2001年4月から06年9月までの約5年半にわたって存続したが、その前半はＩＴドットコム・バブル崩壊による世界的不況と重なっており、政府の財政赤字は拡大する傾向にあった。小泉はしかし、首相就任当初から「任期中は消費税の引き上げを行わない」と述べて即時的な増税の実行を否定し、財政再建については政府歳出削減を優先する方針を明らかにしていた。そして、その方針を基本的には最後まで貫いた。

そのような小泉政権の財政運営を象徴するエピソードの一つは、政権発足当初から掲げられていた「国債の新規発行額を30兆円以下に抑制する」という公約が達成できないことが明らかになったときの、小泉自身の対応である。

当時の最大野党であった民主党は、国会の予算委員会において、党代表に就任したばかりの菅直人が質問に立ち、その公約未達成問題を小泉に対して執拗に攻撃した。小泉はそのとき、「この程度の約束を守れなかったというのはたいしたことではない」、「経済は生き物だから柔軟に対応する必要があるから、法律で縛る必要はない」と反論した（第156回国会・衆議院予算委員会第3号、2003年1月23日）。つまり、小泉はそこで、経済回復の実現は財政公約よりも優先されることを明確にしたのである。

小泉政権が「国債30兆円枠」という公約をようやく達成したのは、政権末期の2006年であった。小泉政権期後半に実現された「いざなぎ越え」とも呼ばれる日本の長く緩やかな景気回復の背後には、不況期の財政赤字を許容するような、この小泉政権の現実的な財政政策運営があった。

それとはまったく対照的であったのは、日本の民主党政権である。民主党政権は、2009年8月の衆議院総選挙では、「消費税増税を4年間は行わない」と宣言して、政権を奪い取った。しかし、2010年春のギリシャ・ショックに煽られて、菅直人首班の時代に唐突に増税路線に転換した。さらに、野田佳彦首班の時代には、あたかも政権の存在根拠が唯一そこにあるかのように、ひたすら消費増税法案の成立に邁進した。その結果は、党の分裂と政権の崩壊であった。

民主党政権期の実際の財政運営は、「子ども手当」に代表される直接的な再分配支出が政策的に拡大されたため、緊縮的というよりはむしろ放漫というべきものであった。2011年3月の東日本大震災以降は、そのうえにさらに巨額の復興支出が追加された。しかし、そのようにして創出された財政赤字は、十分な経済回復をもたらすほどの民間消費拡大には結びつかなかった。その原因の一つは、人々の消費マインドの改善が、メディアで喧伝される増税論議によって抑制されてしまったことにある。

首相就任前の菅直人の発言は、その点できわめて象徴的であった。日本外国特派員協会で2010年4月12日に開催された講演で、当時は副総理兼財務大臣であった菅は、「デフレの解決にはお金の循環が必要で、国民に税による分担のお願いも必要だ。増税しても使い道をまちがえなければ景気はよくなるということを検証させており、必要な増税をすれば日本経済がよくなるという認識を国民に共有してもらいたい」と述べた。現実には、菅の思惑とはまったく裏腹に、赤字財政政策の拡張効果が、菅が示唆する近い将来の増税によって部分的に「中立化」させられてしまったのである。

不況こそが将来世代の負担となる

以上から明らかになるように、赤字財政政策を中立化=無効化させないためには、財政赤字と増税との直接的連関を一時的に切断することが必要となる。それに対して、財政規律重視派はこれまで、景気悪化によって循環的財政赤字が拡大するたびに増税の必要性を声高に喧伝し、そうすることで赤字財政の政策効果をみずから打ち消す役割を果たしてきた。彼らの主張はほぼ定型化されており、財政破綻論あるいは「将来世代の負担」論のどちらかに基づいていた。ギリシャ・ショック以降は、財政破綻論がとりわけ強まった。しかし、ギリシャをも含む欧州のソブリン危機は、基本的には財政統合なき通貨統合というユーロ圏諸国の特異な状況が招いたものであり、その正しい分析は金融政策を無視して行うことはできない。そこで、その問題の分析は後の第9章に譲り、ここではもう一つの「将来世代の負担」論についてのみ、それがどこまで妥当かを整理しておこう。

まず、赤字財政政策は将来世代の負担を生むという主張は、負担の定義を増税による可処分所得の減少とし、財政支出の受益者とその最終的負担者との乖離を問題とするかぎり、たしかに正しい。そして、その意味での「負担」は、理論的には、赤字財政政策が中立化されずに経済拡張効果を持つ場合ほど、より大きくなる。というのは、財政赤字の中立化とは現世代がその将来的負担を肩代わりすることと同義であり、その非中立化とは現世代がその負担を肩代わりすることなくみずからの消費を拡大させることと同義だからである。

しかし、そのことを単なる「負担の先送り」として捉えるのは誤っている。アバ・ラーナーが論じたように、将来世代の税負担は、必ずしも将来世代全体の消費可能性の縮小を意味しない。そして、そのラーナーの推論は、赤字財政政策が不完全雇用下で行われる場合にはまったく正しい。むしろ、不況は一般に雇用の縮小と投資の減少をもたらすことを考えれば、「中立化されない不況下の赤字財政政策は、将来世代の負担軽減をもたらす」とさえいえる。というのは、赤字財政政策が景気の回復に寄与すれば、民間投資もまた拡大することになるので、将来世代の生産可能性と消費可能性はむしろ拡大することが想定されるからである。

逆にいえば、不況がそのまま放置されつづければ、将来世代の生産可能性＝消費可能性はますますす縮小する。実際、日本の長期デフレ不況の最大の被害者は、明らかに日本の若年層であった。彼らが「日本のロスト・ジェネレーション」と呼ばれるに至った背景には、その世代における失業の拡大や、「ワーキング・プア」と呼ばれる非正規低賃金雇用の拡大があった。しかし、次第にその焦点は、彼らの雇用機会よりはむしろ、彼らの生産技能や生産能力への懸念へと移っていった。それは、これまではもっぱら企業内部で行われていた技能向上のための投資が、長期デフレ不況のなかで極端なまでに削減されてしまったからである。若年非正規雇用者の拡大とはまさに、企業内教育から放逐された若年層の拡大を意味していたのである。

ただし、経済が完全雇用にある場合には、中立化されない赤字財政政策は、むしろその「効果」のゆえに将来世代に大きな負担をもたらす可能性がある。というのは、その場合には、現世代は将来世代の負担を肩代わりすることなくみずからの消費を拡大させることで、単に負担をそのまま将来に移転するだけでなく、資本を食いつぶして将来世代の生産可能性をも縮小させるからである。それは、現世代が将来世代の消費を、時間を越えて奪い取っていることにほかならない。

つまり、景気回復のための赤字財政政策とは、景気循環に対応した「一時的」政策であり、あくまでも不完全雇用下においてのみ行われるべきものである。また、そうであるかぎり、増税による赤字国債の償還が将来に先送りされ、また前世代がその償還のための十分な資産を残さなかったとしても、将来世代が真の意味での負担を被っているとはいえない。

将来世代の真の負担とは、将来に引き継がれるべき資本の希釈化や、彼らの生産能力の劣化にある。そして、それをもたらす可能性が最も大きいのは、財政赤字よりもむしろ不況なのである。

本来、不況が社会にとって損失なのは、それが労働や資本といった生産資源の遊休を生み、不況でさえなければ可能であったはずの消費や投資を抑制してしまうからである。そのようにして生じた消費や投資の喪失は、貯蓄のための消費抑制とは異なり、将来に何も残さず、二度と戻ってくることもない。その損失は、不況が続く限り存続し、人的資本をも含む生産的資本の劣化として、将来にまで蓄積されていく。

赤字財政政策によってその状況を変えることが可能ならば、それを決しておそれるべきではないというのは、ケインズ自身による「大蔵省見解」批判から受け継がれてきた、ケインズ主義の中核的命題であった。

この赤字財政主義はおそらく、マクロ経済政策やそれを支える経済学的論理が時代とともにどのように変遷しようとも、ケインズ主義の本質的構成要素として、将来にわたって生き残ることになるであろう。

第6章

非伝統的金融政策の論理Ⅰ
――ポートフォリオ・リバランスと為替チャネル

1 バーナンキの理論的および政策的貢献

かつての対立が新たな形で再現

マクロ経済政策における、財政政策と並ぶもう一つの柱は、いうまでもなく金融政策である。しかし、1960年代まで支配的であった伝統的ケインズ経済学においては、マクロ経済政策の主要な手段は財政政策であり、金融政策はそれを補完するにすぎないと考えられてきた。第4章で確認したように、その財政主導ケインズ主義の背後には、初期ケインジアンにとりわけ顕著であった、「流動性の罠」と「投資の利子非弾力性」に基づく金融政策への懐疑が存在した。

その状況が変化する契機の一つは、マネタリズムの創始者であるミルトン・フリードマンによるケインズ経済学批判であった。その批判は、1960年代のアメリカで採用されたケインズ的マクロ経済政策が結果として60年代末からの高インフレに結びついたことも手伝って、1970年代以降、学界を起点に各方面に急速に浸透した。とくに、マクロ経済学におけるその衝撃は大きく、それは後に「マネタリスト反革命」と呼ばれた。

じつは、マネタリズムの政策実践への影響は、それほど大きかったとはいえない。しかし、マクロ安定化政策の主要な手段を財政政策にではなく金融政策に求める彼らの基本的立場は、次第にケインジアンの間においてすら受け入れられていった。実際、今回の世界経済危機の直前までは、マネタリズムの批判を消化した新しい世代のケインジアンたちがその関心の対象にしていたのは、もっぱら金融政策だったのである。

リーマン・ショックを契機として経済危機が世界全体に拡大し、各国が深刻な経済収縮に見舞われたとき、各国の中央銀行は、混乱した金融市場を安定化させ、また実体経済のさらなる悪化をくい止めるために、金融政策をぎりぎりまで拡張することを与儀なくされた。そうしたなかで、先進国におけるいくつかの中央銀行は、「ゼロ近傍の政策金利」という伝統的金融政策の極限的地点にまで到達し、さらには信用緩和や量的緩和といった非伝統的金融政策に移行した。

こうした事態の進展は、ケインジアンとマネタリストが対峙していた時代に顕在化していたような、金融政策をめぐる把握の対立を、新たな形で再現させることになった。もちろん、その舞台設定は大きく異なっていた。

かつての論争においては、ケインジアンたちはおおむね「貨幣は重要でない、重要なのは需要である」と論じ、マネタリストは「貨幣は重要である」と論じたが、その場合の「貨幣」は、あくまでも伝統的な金融政策を通じて供給されることが想定されていた。それに対して、リーマン・ショック以降に争点として浮上したのは、「量的緩和に代表される非伝統的金融政策は、景気安定化のためのマクロ経済政策としてどこまで有効か」であった。

この新しい争点は、一口に「ケインジアン」といっても、その内部には金融政策観において対立する分派が存在しており、同じカテゴリーに括ることが事実上、無意味な状況にあるという事実を、改めて表面化させたのである。

ケインジアン陣営の内部分裂

じつは、このケインジアン陣営の分裂という事態もまた、マネタリストによるケインジアン批判によってもたらされた一つの派生現象であった。フリードマンによるケインズ経済学批判が影響力を持ちはじめたとき、当時のケインジアンたちは当然ながら、それに対していっせいに反批判を行った。ところが、このころからすでに、ケインジアンの内部には、さまざまな分派の萌芽が存在していた。とりわけ、ポール・サミュエルソンに代表されるアメリカ・ケインジアンと、ジョーン・ロビンソンに代表されるイギリス・ケインジアンは、新古典派経済学の許容か拒絶かをめぐってきびしく対立していた。

マネタリストの影響力が拡大しはじめると、元祖ケインジアンを自認するイギリスのケインジアンたちは、マネタリストを不倶戴天の敵であるかのように攻撃した。新古典派に妥協的なアメリカ・ケインジアンを批判してきた彼らが、「マネタリスト反革命」を受け入れられるはずはなかった。彼らにとってのマネタリズムとは、ケインズによって批判し尽くされたはずの古い貨幣数量説を復活させようとする、経済学における反動以外の何物でもなかったのである。

こうしたイギリス・ケインジアンによるマネタリズム批判を代表する文献は、ニコラス・カルドアの著書『マネタリズム――その罪過』(Kaldor [1982]) である。その攻撃のすさまじさは、フリードマンに対する「シカゴから騒音をまき散らし、扇を広げたように出しゃばっていた」という描写、マネタリズムに対する「極端なドグマティズムと知的一貫性の完全な欠如」という特徴づけが示すとおりである（Kaldor［1982］Introduction）。

ところが、論争の主要な舞台であったアメリカでは、マネタリストとケインジアンの対立は次第に収束していった。それは、新しい世代のケインジアンたちの多くが、マネタリストの主張を徐々に受け入れていったからである。アメリカではこうして、金融政策の役割をより重視する「マネタリスト的なケインジアン」が、ケインジアンの間でも主流となった。彼らはやがて、ニュー・ケインジアンと呼ばれるようになる。

しかし他方では、少数派ではあったが、この「不純な」ケインズ主義には満足せず、より原理主義的な立場を貫こうとするケインジアンたちもいた。こちらのほうは、ポスト・ケインジアンと呼ばれるようになった。このように、マネタリストによるケインジアン批判は、やがてはケインジアンの内部分裂を導くに至ったのである。

ニュー・ケインジアンの台頭

リーマン・ショック後の世界経済危機によって、いくつかの国の中央銀行が伝統的金融政策から非伝統的金融政策への移行を余儀なくされたとき、最初に復活したのは、「金融政策よりも財政政策を」という、伝統的ケインズ主義のヴィジョンであった。それは、ケインズが『一般理論』で提起した「流動性の罠」の状況が、日本という一国を超えて、このときに初めて世界的な現実となったという事実からすれば、無理からぬことであった。

こうした経済状況は、ポスト・ケインジアンなどによって秘かに保持されてきた、「マネタリズム批判と結びついた金融政策無効論」を復活させた。実際、いくつかの中央銀行が量的緩和などの非伝統的金融政策に踏み込んだとき、それに対して最も否定的な反応を示したのは、古典派的なマクロ経済学者というよりはむしろ、ケインジアンであった。より正確にいえば、イギリス・ケインジアンの流れをくむ原理主義的なタイプのケインジアンたちが、量的緩和批判の急先鋒となったのである。

皮肉なことに、彼ら原理主義的ケインジアンが蛇蝎のようにきらっており、未だに実在する論敵であるかのように批判しつづける「マネタリスト」は、リーマン・ショックのはるか以前に、すでに実体のある存在であることをやめていた。マネタリストと呼ばれていた経済学者はそのときにもたしかに生存していたが、マネタリズム自体はもはや、「ドイツ歴史学派」や「アメリカ制度学派」と同様な学説史上の存在でしかなかった。

きわめて手短にいえば、フリードマンらによるマネタリスト反革命は、ロバート・ルーカスらによる「合理的期待形成革命」にいったんは引き継がれたが、エドワード・プレスコットらによって展開された「実物的景気循環理論」によって、その本質的な部分が放棄されてしまったのである。

第3章で詳述したように、フリードマンの最大の貢献は、マクロ経済変動を生み出す大きな原因の一つが、経済の先行きについての人々の「期待」(=予想)と実際に生じた「現実」との乖離にあることを明らかにした点にある。これは、「期待」をあくまで固定的なものとして把握していた当時のケインズ経済学の弱点を浮き彫りにするものであった。

フリードマンの高弟の一人であったルーカスは、このフリードマンの洞察を受け継ぎ、マクロ経済政策の効果は、ケインジアンが想定するような安定的なものではなく、政府がどのような政策を行うのかについての「人々の期待」に依存するものであることを指摘した。合理的経済人とは、「政府の政策を含めたさまざまな将来的事象を予想し、それを織り込んだうえで、みずからにとって最適な経済的選択を行う」といった存在ということである。

ルーカスはまた、フリードマンを引き継いで、経済のマクロ的変動は、予想された金融政策と現実の金融政策の乖離という意味での「期待錯誤」によって生じると考えた。こうした立場は、「貨幣的景気循環理論」と呼ばれた。

それに対して、「予想された金融政策と現実の金融政策の一致」を前提としたうえで、経済のマクロ的変動はもっぱら生産性の突発的な変動によってもたらされると考えたのが、プレスコットらによる実物的景気循環理論である。そこでは、金融政策はもはや、景気変動において何の役割も果たさない。そして、ケインズ経済学を駆逐するものとして体系化されつつあった「新しい古典派」マクロ経済学の基本理論に採用されたのは、この実物的景気循環理論のほうであった。しかし、貨幣の実質的な役割がモデルの前提において排除されているこの理論では、量的緩和政策どころか金融政策そのものにすら、何の政策的含意も示しえなかったのである。

結局のところ、リーマン・ショック後に各国で非伝統的金融政策が展開されはじめたとき、それを積極的に推進すべきという立場を明らかにしていた経済学者や専門家の多くは、アメリカを中心に広がっていたマネタリスト的なケインジアン、すなわちニュー・ケインジアンであった。彼らはそのころ、単に学界においてだけではなく、経済政策の領域にも強固な足場を築き上げていた。

実際、アメリカの政府機関や国際機関などでのマクロ経済政策形成に関与するエコノミストの大半は、共和党系か民主党系かを問わず、ニュー・ケインジアンであった。彼らはその点において、学界には大きな権威と影響力を持つが政策世界にはほとんど足場を持たない「新しい古典派」系の経済学者たちとは、体質が大いに異なっていた。そして、その「学界と政策世界を行き来するマネタリスト的なケインジアン」の代表的な一人が、FRBの議長をつとめたベン・バーナンキだったのである。

日銀擁護派とリフレ派の対立

こうした非伝統的金融政策をめぐる対立の図式は、リーマン・ショックの以前に英米の中央銀行に先んじてゼロ金利政策や量的緩和政策を行っていた日本にも、ある程度までは当てはまる。日本でも、量的緩和政策の無効性を声高に唱えていた経済学者の一部は、「アンチ・マネタリスト的なケインジアン」であった。これは、日本の経済学界では元来、アメリカ・ケインジアンよりもイギリス・ケインジアンへのシンパシーが強く、貨幣数量説やマネタリストへの反感が本国のアメリカ以上に強かったという事情を反映している。

ただし日本では、このような一定の理念に基づくという意味では「純粋な」量的緩和政策批判とは別に、単に日銀の立場を別働隊として宣伝したにすぎないような批判も多かった。そうした「日銀擁護派」には、右は小泉政権以来の構造改革派から、左は共産党その他のマルクス派までの、さまざまな立場の論者が含まれていた。不可解なことに、そこには長期デフレ不況によって最も苦難を強いられてきたはずの経営者層も多数含まれていた。

こうした陣容からも明らかなように、彼らの学問的あるいは党派的属性はさまざまであり、日銀の主張に強く共鳴している以外にはほとんど共有点を持たなかった。にもかかわらず、マスメディアでは明らかに、日銀擁護派が批判派を凌駕していた。日銀の持つプロパガンダ能力はそれだけ高かったということである。

それに対して、日本の量的緩和政策推進派の中心は、白川時代までの日銀を批判しつづけてきた「リフレ派」であった。そこにもまた、さまざまな立場の論者が存在していたが、岩田規久男や浜田宏一といったその中心人物の学問的志向性から判断するかぎり、リフレ派の理論的基盤はやはり「マネタリズムの成果をも取り入れたケインズ経済学」にあったといえよう。

彼らはもちろん、マネタリストそのものではなく、本質的には明らかにケインジアンである。しかし、日銀擁護派とは対照的に、マネタリズムへの反感がまったくなく、その成果を積極的に評価することを厭わなかったという点は、彼らの大きな特徴であった。

ただし、日本のリフレ派の場合も、日銀擁護派と同様、学問的立脚点はある意味で二次的であった。党派や思想信条に関しても、一致した傾向は存在しなかった。彼らは実際、自民党、民主党、公明党、みんなの党、日本維新の会、各種労働団体など、共産党や社民党以外の日本の主要政党や政治組織に対して積極的な働きかけを行っていた。そこで共産党や社民党が例外だったのは、リフレ派側の問題というよりは、単に日本の左派陣営の多くが、「インフレ政策は庶民の生活を破壊する」といった信仰を強く持つアンチ・リフレ派だったからにすぎない。リフレ派は、日銀擁護派だけではなく、左派を中心に広がるこの種の素朴な金融緩和批判論とも闘う必要があった。

リフレ派はその意味では、「日本の金融政策のレジーム転換」というきわめて限定された目標を共有した、政策促進集団であった。エコノミスト集団であると同時に、在野の政策宣教およびロビー集団でもあるというリフレ派のこの両義的な性格は、日本では欧米とは異なり、政策当局である日銀自体が量的緩和政策の最大の障害物となっていたという事情を背景にしていた。

アンチ・マネタリズムとしての日銀理論

おそらく、欧米と比較した日本の最大の特殊性は、金融政策当局であった日銀それ自体が、最も強固なアンチ・マネタリストであったという点にある。その伝統的教義である「日銀理論」は、中央銀行の第一義的な役割を「経済の必要に応じた通貨の供給」と規定していた。それは、古い時代の中央銀行の政策理念であった「真正手形主義」を踏襲するものである。

真正手形主義を基板とした立場には、イギリス・ケインジアンを代表する一人であったニコラス・カルドアや、その後のポスト・ケインジアンたちが提起していた「内生的貨幣供給」論があった。その意味では、日銀理論は内生的貨幣供給論の親類のようなものであった。

カルドアがマネタリズムをきびしく批判したことからも明らかなように、真正手形主義から内生的貨幣供給論および日銀理論にいたる考え方は、「マネーサプライの安定化を通じたマクロ経済の安定化」というマネタリズムの基本理念とはまったく相容れない。内生的貨幣供給論者たちは、中央銀行は経済の必要に応じて通貨を供給することしかできないし、そうすることこそが中央銀行の正しい役割と考えていた。

マネタリストはそれに対して、中央銀行が貨幣内生論者のいうように経済の必要に応じて通貨を供給してしまえば、マネーサプライは景気が良いときには増え、悪いときには減ることになり、マクロ経済は必ず不安定化すると考えた。要するに、両者はまったくの水と油なのである。

もちろん、マネーサプライが金融政策のすべてであるわけではない。というのは、マネーサプライさえ安定化させればマクロ経済は常に安定化できるとは限らないからである。ポール・ボルカーが議長であった１９８０年代前半の米ＦＲＢは、金融政策の中間的目標としてマネーサプライの安定化を重視し、それによってインフレの抑制に成功した。しかし、このようなマネーサプライを目標とした「狭義のマネタリズム」は、次第に実務的な困難に直面し、1990年代以降にはFRBを含む主要中央銀行によって放棄された。その後は、物価上昇率の安定化を目標とする「インフレ・ターゲティング」という枠組みが多くの中央銀行によって採用され、現在に至っている。その意味では、狭義のマネタリズムに大きな限界があったことは、今となっては明らかである。

しかし、その事実は、日銀理論が正しかったことを意味しない。日銀理論の真の問題は、「経済の必要に応じた通貨の供給」というごく庭先的な金融調節上の役割にみずからを限定することで、マクロ経済の安定化という金融政策の本来の目標を見失わせてしまうところにある。中央銀行は、仮にマネーサプライを安定化させる必要はなくとも、物価や雇用の安定化という意味でのマクロ安定化を達成する必要はある。中央銀行は、その達成を期待されているからこそ、政治からの独立性という、民主主義社会における例外的地位を与えられているのである。

中央銀行は、金融政策が伝統的な領域にあるなしにかかわらず、その達成義務を常に負っている。ところが、白川時代までの日銀は、「非伝統金融政策に効果はない」というみずからの教条を根拠に、インフレ・ターゲティングの導入を拒否しつつ、政策的なサボタージュを続け、日本国民をデフレと高失業のなかに押しとどめつづけてきたのである。日銀理論がもたらした弊害の大きさを示すものといえよう。

「われわれは同じ過ちを繰り返すことはない」

非伝統的金融政策としての量的緩和は、まずは日銀によって2001年3月に導入され、さらにリーマン・ショック後の世界経済危機への対応として、２００９年初頭からイングランド銀行（ＢＯＥ）とアメリカの連邦準備理事会（ＦＲＢ）によって導入された。その政策の実現に最も貢献した人物を一人挙げるとすれば、それはやはりベン・バーナンキである。

もし彼がこの世界に存在していなければ、量的緩和政策なるものがあのような形で現実化されることはなかったであろうし、結果として世界経済の状況は現実のそれとは大きく異なっていたはずである。というのは、バーナンキは単にＦＲＢ議長としてアメリカの量的緩和を主導したというだけでなく、ＦＲＢ入りする以前の学者時代に行っていた日本の金融政策の研究を通じて、量的緩和をめぐる日本国内の論争にも大きな影響を与えていたからである。

バーナンキの学者時代の研究領域は、マクロ経済学、金融経済学、経済史等であり、理論研究と実証研究の両方において、きわめて影響力の大きい革新的な業績を数多く生み出してきた。理論分野では、「信用チャネル」と呼ばれる金融政策の波及経路を解明した、マーク・ガートラーとの一連の研究が有名である（Bernanke and Gertler［1989］等）。その基本的な論理は、「金融政策が単に金利だけでなく資産価格に影響を与えるのであれば、それは資金の借り手や金融機関のバランスシート改善を通じて、資金の貸し手の側の信用供与拡大をもたらすであろう」というものである。

このバーナンキの視角には、金融政策の効果をもっぱら「金利低下を通じた投資拡大」に限定してきた旧来的ケインズ主義との大きな相違を見出すことができる。というのは、バーナンキらの研究によれば、金融政策は無効どころか、資産価格という経路を通じた「増幅的」効果さえも持つからである（Bernanke et al.［1996］等）。

学者時代のバーナンキのもう一つの主要な研究課題は、世界大恐慌であった。この主題に対する彼の強いこだわりは、彼が「大恐慌を理解することは、マクロ経済学の聖杯に相当する」と述べ（Bernanke [2000] p.5）、みずからを大恐慌マニア（Great Depression buff）と称しているところに現れている（Bernanke [2000] p. vii）。

バーナンキは、ＦＲＢ理事時代の２００２年11月に行ったミルトン・フリードマンの90歳の誕生日を祝うパーティでのスピーチで、彼が研究者として金融経済学と経済史を専攻した契機は、大学院生時代に読んだフリードマンとアンナ・シュウォーツの『米国金融史』（Friedman and Schwartz [1963]）、とりわけその第7章「大収縮１９２９-１９３３」であったことを明かしている（Bernanke [2002a]）。

フリードマンとシュウォーツの『大収縮』は、１９３０年代の世界大恐慌の原因を「需要収縮」に求める旧来のケインジアン的解釈を批判し、その原因をＦＲＢによる金融政策運営の失敗に求めていた。というのは、真正手形主義にとらわれていた当時のＦＲＢは、民間の資金需要が減少する不況時に通貨供給が減少するのは当然と考えており、深刻な恐慌にもかかわらず通貨供給拡大の努力を行わなかったからである。このフリードマンとシュウォーツの見解は、当初はケインジアンから強く批判されていたが、やがて大恐慌の原因に関する通説として受け入れられていった。

バーナンキは、彼らの業績を詳細に紹介し、その研究史上の意義を讃えたうえで、「あなたたちは正しかった。われわれ（ＦＲＢ）が大恐慌において失敗を犯したことを、われわれは残念ながら認めなければなりません。しかし、あなたたちのおかげで、われわれは同じ過ちを繰り返すことはないでしょう（Regarding the Great Depression. You're right, we did it. We're very sorry. But thanks to you, we won't do it again.）」と述べて、ＦＲＢの当局者としての立場から行われた彼自身のスピーチを締めくくったのである（Bernanke［2002a］）。

国際学派としてのバーナンキ

バーナンキ自身の大恐慌研究は、「国際学派」といわれる流れのなかに位置づけられている。国際学派の枠組みとは、フリードマンとシュウォーツによる金融政策失敗仮説を踏まえたうえで、分析の視野を「恐慌の国際的連鎖」という局面に拡げたものである。それは、バリー・アイケングリーンとジェフリー・サックスという二人の経済学者によって提起された、「為替切り下げ競争による近隣窮乏化」論への批判から始まった。

彼ら以前の通説は、「恐慌の国際的伝播は各国の為替切り下げ競争によって引き起こされた」というものであった。アイケングリーンとサックスはそれに対して、恐慌の国際的伝播は国際金本位制に内在するメカニズムによって引き起こされたのであり、各国の金本位制からの離脱と為替切り下げは、むしろ各国の経済回復に寄与したと主張して、通説を批判した（Eichengreen and Sachs［1985］，Eichengreen［1992］）。バーナンキは、このアイケングリーンらの「金の足かせ」仮説に基づいて国際比較研究を行い、各国の恐慌からの離脱の過程とは、まさに金本位制からの離脱の過程そのものであったことを示したのである。

こうした発言や研究歴からも明らかなように、フリードマンの業績に対するバーナンキの評価はきわめて高い。とはいえ、彼自身は決してマネタリストではなかったし、ましてや「新しい古典派」ではなかった。彼はやはり基本的にはケインジアンであり、実践家としてはニュー・ケインジアンを代表する一人であったとさえいえる。

マクロ経済学者としてのバーナンキの立ち位置が最もよく現れているのは、アンドリュー・エーベルと彼との共著として出版されているテキスト『マクロ経済学』である。彼らはそこで、マクロ経済学は現状でもケインズ派と古典派という二つの立場が競合していることを解説しつつ、現実の経済を正しく分析するためには、彼らが考える意味での「統合的アプローチ」が必要なことを説いている(Abel and Bernanke [1995] ch. 1)。

彼らの基本モデルは、旧来のケインズ的モデルとは異なり、個人や企業の合理的意志決定という「ミクロ的基礎」を持つマクロ経済モデルである。ただし、価格と賃金が完全に調整される場合には古典派的な完全雇用のモデルとなり、価格や賃金の調整が不完全な場合にはケインズ的な不完全雇用のモデルになる。彼らはその古典派的モデルとケインズ的モデルの両方を、課題に応じて使い分けている。こうした非党派的な現実主義は、原理主義的ケインジアンや「新しい古典派」とは異なる、ニュー・ケインジアンの一般的な特質である。

このように、金融経済学や大恐慌研究の分野で目覚ましい業績を積み重ねたバーナンキが、1990年代末ごろに注目しはじめたのが、当時まさに「ゼロの政策金利のもとでのデフレ」に突入していた日本経済であり、その責を負うと彼が考えていた日銀の金融政策であった。バーナンキが共和党ブッシュ政権によってFRBの理事に指名され、象牙の塔から政策の現場に転出することになるのは、その直後の2002年のことである。

バーナンキはさらに、その4年後の2006年にアラン・グリーンスパンの後継として第14代FRB議長に就任し、そのさらに2年後の2008年に「百年に一度の世界経済危機」を迎えることになる。研究者として「大恐慌マニア」を自任していた彼が、政策担当者として世界大恐慌の再発を防ぐ役割を担うことになったのは、運命的であったとしかいいようがない。

バーナンキは結局、2014年1月までの任期の大半を、「ゼロ近傍の政策金利のもとでの非伝統的金融政策」の実践に費やすことになる。つまり、学者時代に日銀に対して「新しい政策を実行しようとする気概がまったくない」というきびしい批判を行ったバーナンキは（Bernanke［2000］p. 165）、皮肉にも、自分自身が政策担当者としてその気概を持つことを試されつづける立場に置かれたのである。

「バーナンキの背理法」とは何か

バーナンキの日銀批判は、彼の論文「自ら機能麻痺に陥った日本の金融政策」で展開されている（Bernanke［2000］）。それは、2000年1月にボストンで開催されたアメリカ経済学会年次大会での、日本の金融危機を主題としたパネル討論のために準備されたペーパーである。この論文は、バーナンキが政策現場の「部外者」であった学者時代に書かれたものであるが、それだけに、日銀が行うべき政策についての彼の真意が、より忌憚なく表現されている。

当然であるが、政策当局者の立場からの発言には、常にその責に付随する制約がともなう。そのため、バーナンキもFRB入りして以降は、直接的な日銀批判を手控えている。バーナンキがFRB理事時代の2003年5月に日本金融学会で行った講演は、前掲論文と同様な内容を含むものの、その語り口はきわめて抑制的である（Bernanke［2003］）。しかし、この2000年論文でのバーナンキは、日銀に対してまったく容赦がない。

バーナンキはまず、日本のバブル崩壊後の長期不況は、構造問題によるというよりは、総需要不足によるものであると指摘する。それは、「もし日本の低成長の原因がすべて供給側の構造問題にあるとしたら、おそらくデフレではなくインフレが生じているはず」（Bernanke［2000］p. 152）だからである。これは、当時の日本で激しく展開されていた、日本の長期不況に関する「構造問題原因」派と「総需要不足原因」派との論争を意識したうえで、彼自身の見解を示したものと考えられる。[1]

バーナンキはさらに、その総需要不足をもたらした最大の原因はバブル崩壊後の金融政策運営にあるとして、その責を負う日銀をきびしく批判する。彼によれば、日本経済がゼロ金利下のデフレという深刻な状況に陥ったのは、「1991～94年の金融政策は引き締めすぎであり、資産価格の暴落が引き金となったデフレ圧力への対応が遅すぎた」（Bernanke［2000］p. 155）からである。しかし、問題はむしろその後にある。

日銀は、この状況をもたらした直接の責任者でありながら、政策金利がゼロという「流動性の罠」に陥ってしまった以上、金融政策にできることはもはや何もないと主張して、政策的無為主義を正当化しようとしてきた。しかし、バーナンキによれば、それは日銀当局者による責任逃れにすぎない。というのは、「明らかに流動性の罠に陥っていても、依然として金融政策立案者は名目総需要と物価水準を上昇させる力をもっている」（Bernanke［2000］p. 158）からである。

そしてバーナンキは、その主張が「どう転んでも絶対に正しい」（Bernanke［2000］p. 158）ことを、以下のような「背理法」の論理を用いて説明する。

▼1　日本の長期不況の原因についてのバーナンキによるこうした分析は、野口・田中［2001］と軌を一にしている。当時の日本における構造問題原因派と総需要不足原因派の論争は、岩田・宮川編［2003］、浜田・堀内編［2004］等に収録されている。

貨幣は他の政府債務と異なり、利子を支払わず、満期日もこない。金融当局は好きなだけ貨幣を発行できる。したがって、もし価格水準が本当に貨幣の発行量に依存しないのならば、金融当局はみずからの発行した貨幣を使って無限の財や資産を獲得できることになる。これは均衡においてはあきらかに不可能である。それゆえ、貨幣の発行はたとえ名目利子率がゼロ以下にはなりえないとしても、結局は物価水準を上昇させる（Bernanke［2000］p. 158）。

中央銀行は一般に、国債その他の資産を市場から購入することによって貨幣を市場に供給する。それが金融調節である。中央銀行が発行する貨幣に何の裏づけもない管理通貨制度のもとでは、かつての金本位制とは異なり、中央銀行は貨幣供給を原理的には無制限に拡大できる。仮に中央銀行が無制限に政府国債を購入して貨幣を供給しても物価上昇が生じないとすれば、政府はすべての政府支出を中央銀行の貨幣供給によるファイナンスのみによって物価上昇なしに実現可能であることになる。しかし、そのような「無税国家」は明らかに存続可能ではない。そうであるとすれば、中央銀行が貨幣供給を無制限に行っていけば、いずれかの時点で必ず物価上昇が生じることがいえる――これがいわゆる「バーナンキの背理法」である。[2]

自分自身の提案を自分で実行した

バーナンキは以上のように、金融政策を用いたデフレ脱却が流動性の罠のもとでも原理的には可能であることを示したうえで、いくつかの具体的な政策オプションを提示している。その第一は、日銀によるインフレ目標のアナウンスである。これは、日銀が何を目標に貨幣供給を拡大させようとしているのかを人々に明示する役割を果たす。第二は、外国為替市場における「不胎化されない介入」を通じた円安誘導政策である。第三は、人々への移転給付を中央銀行の貨幣供給によってファイナンスする「ヘリコプター・マネー」政策である。そして第四は、中央銀行による市場からの「例外的な」資産購入である。

現在の時点から振り返ってきわめて興味深いのは、このバーナンキによる日銀への提言は、この時点では彼自身も夢にも思っていなかったはずであるが、結果としてFRB議長として彼自身が実行することになる政策の原型になっていたことである。

第一のインフレ・ターゲティングは、学者時代のバーナンキが追求してきた主題の一つでもあった。彼は学界において、その政策枠組みの代表的な唱導者の一人としてみなされてきた。そのため、バーナンキの任期中にFRBがインフレ・ターゲティングを導入するのは、当初から既定路線と考えられていた。しかし結局、FRBが2%というインフレ目標を導入したのは、バーナンキが退任するわずか2年前の2012年1月のことであった。それは、1977年連邦準備改革法において「物価の安定」と「最大限の雇用」という二つの目標の達成を求められているFRBにとっては、その正式な導入には十分な準備と説明が必要であったからである。

第二の為替誘導政策に関しては、アメリカは日本その他の国々と状況が大きく異なっている。というのは、FRBとともに為替政策を管轄する財務省が、共和党ブッシュ政権が成立した2001年以降は、外国為替市場介入という手段から完全に手を引いてしまったからである。しかし、結果から

▼2　このバーナンキの議論を日本の金融政策論争において最初に紹介したのは野口［2001］である。

見ると、バーナンキが行った量的緩和政策は、後述するポートフォリオ・リバランスを通じて、十分なドル安促進効果を持ったといえる。

第三の「ヘリコプター・マネー」政策とは、赤字財政政策と量的緩和政策の「合わせ技」である。それは、マクロ財政政策と金融政策の統合を意味する。したがって、これを適切に実現するためには、財政政策を担う政府と金融政策を担うFRBとの政策的協調が必要になる。この政策は、有名な「ヘリコプター・ベン」というバーナンキのあだ名が示唆するように、彼の代名詞とさえいえるものである。その内容については、第8章で詳述する。

そして第四が、いわゆる量的緩和政策である。バーナンキは、後にFRB議長としてみずからがそれを行ったときには、その政策を大規模資産購入（LSAP）プログラムと呼んでいる。バーナンキが「量的緩和」よりも「大規模資産購入」という言い方を好んだ理由については、本章で後述する。

具体的経路としてのポートフォリオ・リバランス

バーナンキは、仮に中央銀行がゼロの政策金利という伝統的金融政策の機能麻痺状況に直面していても、貨幣供給拡大によってデフレ脱却が必ず実現できることを、「背理法」というきわめて強力な論理によって説明した。しかし、日銀を擁護する量的緩和無効派のエコノミストたちがこれを受け入れることはほとんどなかった。このバーナンキの議論に対する量的緩和無効派からの最も一般的な批判は、「貨幣から物価への波及経路が想定されていない以上、実際の政策に応用することはできない」というものであった。

たしかに、バーナンキの背理法では、貨幣供給の拡大がどのようなチャネルを通じて物価上昇に結びつくのかはブラック・ボックスになっており、その経路を具体的には説明していない。しかし、彼の背理法の論理が何の波及メカニズムとも関連していないと考えるとすれば、それは明らかに誤りである。というのは、中央銀行が貨幣供給を拡大させて「貨幣と代替物ではない」資産を購入するという金融調節を無制限に続けていけば、資産市場において「資産価格の変動」が生じないはずはないからである。このメカニズムは、一般にポートフォリオ・リバランスと呼ばれている。

また、そこで生じる資産価格の変動は、一定の条件のもとで、民間経済主体のバランスシートや将来的な収益期待を改善させ、民間支出を拡大させ、最終的には雇用拡大と物価上昇をもたらす。つまり、量的緩和政策は、まずはポートフォリオ・リバランスによる資産価格上昇というチャネルを通じて雇用と物価に波及していくのである。

バーナンキによる背理法の論理が、その背後にポートフォリオ・リバランスを含んでいることは、バーナンキ自身によって言及されている。バーナンキは右の日銀批判論文のなかで、不胎化されない外国為替市場介入を行えば必ず円安が実現できることを、やはり背理法を用いて、以下のように説明している。

日銀が円を印刷して外国資産の購入にあてるとしよう。もしその結果として円が下落せず、そして日本の財や資産に対する需要がなく、国内物価を上昇させることもないのであれば、原理的には、日銀が無限の外国資産を得て外国人は無用の円残高以下には何ももたなくなることを何も妨げない。いうまでもないが、このようなことは均衡では起こりえない。これが起こらない理由はポートフォリオ・バランスの原則による。円残高はその他すべての実物資産や金融資産への完全代替物ではないから、外国人は円が下落して円資産の（リスク・プレミアムを含む）期待収益が上昇しないかぎり、円保有を大幅に増加させることはないからである（Bernanke［2000］p. 162)。

ここではバーナンキは明らかに、日銀と政府が統合されており、通常は財務省による外国為替市場介入として行われる外国資産の購入を、日銀が貨幣供給のための金融調節として行っているような状況を想定している。

一般に、「円買い外貨売り」の市場介入は、日本が持つ外貨準備という制約の範囲でしか行うことはできない。しかし、その逆の「円売り外貨買い」の介入は、日銀が円を発行しさえすれば、無制限に行うことができる。仮に日銀がそれを行ってもまったく円が下落しないとすれば、日本は円と引き替えに無限の外貨準備を得られることになる。しかし、現実にはそれは起こらない。というのは、それだけの量の円を外国人に保有させるためには、円の為替レートが「もうこれ以上は安くならない」と外国人が考える程度まで十分に下落しなければならないからである。

つまり、日銀が円売り外貨買いの金融調節を無制限に行えば、資産市場では円残高の拡大と外貨残高の縮小が生じ、内外の投資家たちはそれに対応してみずからのポートフォリオをリバランス（再調整）し、結果として外貨に対する円の為替レートは必ず下落するのである。

ポートフォリオ・バランス・アプローチの政策的含意

このポートフォリオ・バランスあるいはリバランスという考え方の基礎にあるのは、アメリカ・

ケインジアンを代表する経済学者の一人であったジェームズ・トービンによって創始された「資産市場の一般均衡分析」である（Tobin［1969］）。このアプローチによれば、さまざまな財貨の価格と取引量がそれぞれの財の市場での需要と供給を均衡させるように決定されるのと同様に、リスクや流動性において異なるさまざまな資産の価格や収益率が、資産市場における各種資産の需要と供給を均衡させるように決定される。

その分析から得られる結論をきわめて単純化していえば、ある資産の供給量が増加した場合、その資産は市場においてその需要を拡大させるに足りるだけのより高い収益率を求められることとなり、結果としてその資産の価格は下落する。資産の供給量が減少した場合にはその逆が生じ、資産の価格は上昇し、収益率は低下する。したがって、日銀が「円売り外貨買い」の介入を行った場合には、資産市場において円の供給増加と外貨の供給減少が生じるため、為替市場においては外貨に対する円の為替レートが下落するのである。

このポートフォリオ・バランス・アプローチは、金融政策運営に対しても、きわめて大きな含意を持っている。その含意の重要性は、非伝統的金融政策においては、よりいっそう高まる。というのは、伝統的金融政策の波及メカニズムは基本的には短期市場金利というチャネルを通じてのものであるのに対して、非伝統的金融政策の場合には、各種資産の価格と収益率を通じたチャネルがより重要になるからである。

むしろ、量的緩和政策の単体としての効果は、ほぼポートフォリオ・リバランスを通じた経路に尽きるといってよい。そして、その資産経路は、仮に政策金利がゼロとなり、さらなる金利引き下げが不可能になった場合にも、金融政策の波及チャネルとして十分に機能しつづけるのである。

バーナンキが後に、ＦＲＢ議長としての立場から、彼自身が「大規模資産購入プログラム」と呼ぶところの量的緩和政策を世界経済危機からの回復策として開始したとき、彼自身が最も重視していたのは、このポートフォリオ・リバランスを通じた資産チャネルであった。彼は、２０１２年８月にジャクソン・ホールで行われた講演において、そのことをきわめて明瞭に語っている[3]（Bernanke [2012b]）。

バーナンキはそこで、ＦＲＢが長期的な有価証券の購入を開始した背景には、トービンその他の金融経済学者たちによって解明された「ポートフォリオ・バランス・チャンネル」と呼ばれる波及経路があると指摘する。彼はさらに、このチャネルが有効に機能する前提条件は「投資家のポートフォリオにおける各種金融資産の不完全な代替性」にあるとしたうえで、ＦＲＢが不動産担保証券（ＭＢＳ）を購入することの効果を、以下のように説明する。

> 資産の不完全な代替性は、民間投資家にとって利用可能なさまざまな資産の供給の変化が、それらの資産の価格や収益率に影響を与えていくことを意味する。したがって、たとえばＦＲＢによるＭＢＳ等の購入は、それらの資産の価格上昇や収益率低下につながる。さらに、投資家がＦＲＢに売却されたＭＢＳのかわりに他の資産を購入するという形でみずからのポートフォリオをリバランスするにつれて、彼らによって購入された資産の価格もまた上昇し、その収益率もまた低下する。収益率の低下と資産価格の上昇は金融市場全体の状況を緩和し、経済活動を刺激する。そのチャネルの有効性は、伝統的金融政策におけるそれとほぼ同様である（Bernanke [2012b]）。

このように、量的緩和政策の意義をポートフォリオ・リバランスに求めるとすれば、中央銀行は、伝統的金融政策ではとくに考慮する必要はなかった新たな課題に直面することになる。それは、「中央銀行は果たしてどのような資産を購入すべきか」である。これは、金融政策の波及起点が短期金融市場から資産市場全体に移ったことによって必然的に生み出された、非伝統的金融政策にとっての固有の問題状況である。

「貨幣と近いもの」が好んで用いられてきた

第3章で詳述したように、伝統的金融政策とは、政策金利の操作を通じてマクロ経済の安定化という政策目標を達成しようとする金融政策の枠組みである。中央銀行が政策金利として定める金利は、通常は銀行間の短期金融市場金利である。この場合、中央銀行にとっての操作目標はあくまでも政策金利としての短期金融市場金利であるから、目標とされる金利水準さえ達成および維持できれば、金融調節において購入される資産の種類は原理的には何であってもよい。

ただし、中央銀行としては、短期金融市場金利を確実に制御する必要がある一方で、金融調節のあり方それ自体が民間部門の資源配分に影響を与えることはできるだけ避けたいと考えている。多くの中央銀行が、短期金融市場での流通残高が大きく流動性も高い短期国債の売買を日々の金融調節の最も標準的な手段としてきたのは、そのためである。

量的緩和政策を実行する場合にも、中央銀行が従来と同様に短期国債の購入という手段を用いて

▼3　同様な解説は、Bernanke［2012a］Lecture 4 でも行われている。

それを行うことは、資金市場での短期国債流通残高が枯渇しないかぎりは可能である。しかし、政策のチャネルが短期金融市場から資産市場全体に移っているとすれば、それは必ずしも効果的なやり方とはいえない。というのは、短期国債は本来、各種資産のなかで「貨幣との代替性」が最も高い資産だからである。

中央銀行が金融調節で代替的な資産同士を交換するのは、人々の持つ紙幣を同額のコインに入れ替えるようなものであり、経済的にはあまり意味がない。貨幣とはそもそも「利子のつかない国の債務」であるから、金利が低い短期国債との代替性は本来きわめて高い。

もちろん、仮に短期金融市場で金利がゼロまで低下したとしても、短期国債金利が恒常的にゼロやマイナスになることはない（ただし、きわめて特異なケースではあるが、国債の市場価格が高騰して国債償還時の額面価格を上回り、結果として国債利回りが一時的にマイナスになることはある）。それは、国債と貨幣では償還期限があるかないかで異なるし、そもそも国債では貨幣のように他の財貨や資産を買うことはできないからである。つまり、両者は流動性において異なるので、どのような場合でも「完全代替」にはならない。

伝統的な金融調節において短期国債が一般的に用いられてきたのは、この「貨幣と相当に近いにもかかわらず完全に同じではない」という短期国債の絶妙な性質が、「個別の市場を攪乱させることなく金融市場全体をなるべく平静に保ちたい」という中央銀行のもう一つの要求と合致していたからである。

第一の選択肢は長期国債

ところが、この短期国債が持つ資産としての貨幣との「近さ」は、非伝統的金融政策においては逆に欠点となる。というのは、そこでの政策の目的が資産価格への働きかけにあるとすれば、中央銀行が「貨幣に近いもの」を貨幣に置き換えたところで、その目的にはあまり役立たないからである。つまり、資産市場全体に強い影響を与えるためには、中央銀行はむしろ、「貨幣とは遠いもの」を貨幣に置き換えるべきなのである。

他方で、貨幣とは遠いとはいっても、中央銀行の資産が究極的には国民にとっての資産であることを考えると、中央銀行によって購入される資産は、資産としての価値が簡単に失われてしまうものではないことが望ましい。これは中央銀行にとって、なかなか悩ましい選択である。

法的な制約をまったく無視していえば、中央銀行はその金融調節において、どのような種類の資産でも購入することができる。原理的には、中央銀行が貨幣を供給するためだけであれば、金融資産ではなく実物資産を買ってもよいし、「ポテトやケチャップ」のような財貨を購入するのでもよい。

しかし、ポテト農家やケチャップ・メーカーへの貨幣移転からマクロ経済全体への波及チャネルを期待するというのは、あまりにも迂遠かつ不確実である。また、その初発の効果が偏りすぎており、不公平でもある。さらに、ポテトやケチャップでは、中央銀行が資金吸収を行う場合の資産にはなりえない。つまり、中央銀行が量的緩和において購入する資産は、資産市場全体に対してより大きな効果が期待できると同時に、その影響が特定の市場に偏りすぎず、かつ中央銀行が後に資産として売却可能なものが望ましい。

その場合の第一の選択肢は、長期国債である。というのは、長期国債の金利は、それと代替関係にある民間金融市場における長期金利と強く結びついているからである。民間部門の長期金利は、企業の設備投資や個人の住宅投資を直接的に左右するため、マクロ経済に与えるその影響はきわめて大きい。中央銀行が長期国債の購入を拡大していけば、資金市場における長期国債の供給は減少するので、ポートフォリオ・リバランスの結果として、長期国債の価格は上昇し、金利は低下する。それは当然、長期国債金利と連動する民間の長期金利の低下をもたらす。

リーマン・ショック以降の量的緩和の新機軸

資産市場としてのマクロ的影響力が大きい市場には、他に外国為替市場、不動産市場、株式市場がある。そのなかで伝統的に最も重視されてきたのは、いうまでもなく外国為替市場である。しかし、直接的な外国為替市場介入は、少なくとも先進諸国では近年きわめて限定的なものになってきている。また、仮に外国為替市場介入が行われるにしても、それは基本的には政府あるいは財務省によって決定されるものであり、その操作は中央銀行の金融調節とは制度的に切り離されている。

リーマン・ショック以降に展開された各国の量的緩和政策における新機軸は、不動産市場や株式市場への積極的な働きかけである。とはいえ、中央銀行が個別の不動産物件や個別株を購入するのでは初発の効果が偏りすぎるので、証券化商品や投資信託商品がその対象となる。FRBにおける不動産担保証券（MBS）、日銀における指数連動型上場投資信託（Exchange Traded Funds：ETF）や不動産投資信託（Real Estate Investment Trust：REIT）がそれである。

これらは、価格や収益率の変動が大きな高リスク資産であり、従来であれば中央銀行が保有するにはふさわしくないと考えられてきた種類の資産である。しかし、政策金利がその下限に達して金利操作の余地が存在しない非伝統的金融政策の領域では、そのような資産のリスクの高さは、中央銀行にとってむしろメリットとなる。というのは、中央銀行がそうした貨幣との代替性が低い高リスク資産を市場から購入し、それら高リスク資産の市場での供給を減少させれば、民間投資家はおそらく、新たなリスクテイクを行うべくみずからのポートフォリオをリバランスさせるはずだからである。バーナンキが述べたように、それによって生じる各資産のリスク・プレミアムの低下と資産価格の上昇は、金融市場全体の状況を緩和し、経済活動を刺激することになる。

つまり、量的緩和政策の効果は、単に中央銀行が供給する資金の「量」だけにではなく、中央銀行が資産として何を購入するのかにも依存するということである。仮に中央銀行がそのバランスシートを大きく拡大させたとしても、その拡大が貨幣との代替性が強い短期国債の購入によって実現されているとすれば、その政策効果に大きな期待はできない。したがって、中央銀行の負債である貨幣の「量」だけではなく、その資産の「質」もまた重要なのである。

バーナンキが、「量的緩和」という一般的な用語をあえて避けて、みずからの政策を「大規模資産購入」と呼んだのは、まさしくそのためである。また、黒田東彦を総裁、岩田規久男を副総裁とする日銀が、2013年4月4日に導入した新たな政策を「量的・質的金融緩和」と名づけたのも、まったく同じ理由による。

論争は2000年前後には始まっていた

じつは、量的緩和政策に関するこの問題点は、2000年前後に日本で展開されたその政策をめぐる論争においても、一つの重要な争点となっていた。後のリフレ派の中核を形成することになる当ていた。

時の量的緩和政策推進派は、ほぼ共通して日銀による長期国債購入の必要性を主張していたのに対して、日銀を擁護する立場の量的緩和政策無効派は、日銀による長期国債購入の意義をこぞって否定していた。

前者を代表する岩田規久男は、日銀が購入すべき資産が短期国債ではなく長期国債である理由を、「短期国債の買いオペと長期国債の買いオペとでは銀行部門も含めた民間部門の資産・負債構成の流動性の程度が異なる」という点に求めていた（岩田［２００２］）。この岩田のいう「流動性」は「貨幣との代替性」と同じ意味なので、岩田の基本的な考え方はバーナンキとほぼ等しかったといえる。それに対して、量的緩和政策懐疑派は、ポートフォリオ・リバランスの効果をほとんど認めないか、あるいは認めたとしても「その効果には不確実性がきわめて大きい」という立場にあった。[4]

皮肉なことに、日本において指数連動型上場投資信託（ＥＴＦ）や不動産投資信託（Ｊ-ＲＥＩＴ）といったリスク資産の購入を最初に行ったのは、量的緩和政策に最も否定的であった白川方明が総裁をつとめていた時代の日銀であった。白川日銀は２０１０年10月5日に、資産買い入れ基金を新たに創出したうえで、その基金の一部で新たにＥＴＦやＪ-ＲＥＩＴを買い入れていくという、彼らのいう「包括緩和」政策を導入した。それは、当時の日銀のスタンスからすれば、彼ら自身が表現したとおり「異例の措置」ともいえるものであり、それ自体としては大いに評価されるべきものであった。

しかし、問題はその位置づけにあった。白川は結局、そのＥＴＦやＪ-ＲＥＩＴの購入がどのような効果を持つのかを、みずからの口で明確に説明することは一度もなかった。日銀は、包括緩和を発表した２０１０年10月5日に、『包括的な金融緩和政策』の実施について」という短い文書を公表している（日本銀行［２０１０］）。その文書には、包括緩和の政策目的について、「金融緩和を一段と強力に推進するために、長めの市場金利の低下と各種リスク・プレミアムの縮小を促していくこととした」と記されているにすぎない。白川のその後の総裁講演等でも、この問題については、同様な紋切り型の説明が繰り返されるのみであった。

包括緩和政策へのこのような冷淡な扱いは、白川が長年にわたって日銀内における量的緩和政策無効派の急先鋒であったことを考えれば、無理からぬところであった。その政策の効果を認めることは、みずからの量的緩和政策無効論の誤りを認めることを意味するからである。

ポートフォリオ・バランス・チャンネルの有効性を確信し、みずからが行った大規模資産購入プログラムの意図と効果を公衆に向けて微に入り細に入り語ることを厭わなかったバーナンキは、その点では白川とはまったく対照的であった。白川日銀の後に黒田・岩田日銀が成立し、白川が先鞭をつけながらも日陰者のように扱われてきた「質的緩和」にしかるべき担い手が得られたことは、日本にとって幸いだったという以外にはない。

▼4 小宮［2002］と翁・白塚・藤木［2000］はともに岩田［2000］への反論を含んでいるが、前者はポートフォリオ・リバランス効果自体に否定的であり、後者はその可能性を認めてはいるが、リスクを含めた総合的な判断で長期国債購入にきわめて否定的である。

2 ゼロ金利下の為替チャネル

金融政策と為替政策

金融政策の波及経路としての為替チャネルは、従来から経済学者たちによって最も広範な理論的および実証的研究が積み重ねられてきた主題である。

金融政策がさまざまな通貨制度のなかでどのように異なった効果を及ぼすのかは、かつては国際金融理論、現在では国際マクロ経済学と一般的に呼ばれている分野の研究において、中心的な課題でありつづけてきた。金融政策と外国為替市場介入との関連という問題も、そうした分野のテキストに登場する定番的なテーマであった。

少なくとも金利がゼロあるいはゼロ近傍ではない通常のケースでは、多くの経済学者が合意する、それらの問題に対する定型的結論は、きわめて明確である。その課題を考察するための基本的な分析枠組みは、現在でも国際マクロ経済学の基本モデルとして君臨するマンデル＝フレミング・モデルである。第3章で解説したように、そのモデルからは、固定相場制下では金融政策が無効化して財政政策が有効化するのに対して、変動相場制下では逆に財政政策が無効化して金融政策が有効化することが示される。

変動相場制で金融政策が有効化するのは、金融政策は一般に金利のみならず各国通貨間の交換比率である為替レートに影響を与えるが、為替変動が政策的に制御されることがない変動相場制では、金利の変動にともなう金融政策の固有の効果が、為替変動にともなう効果によって増幅されるからである。たとえば、金融緩和は一般に、国内金利の低下をもたらすだけなく、自国通貨の為替レートを引き下げるように作用する。つまりそれは、金利の低下を通じて国内投資を拡大させるだけはなく、為替を切り下げて純輸出を拡大させる。その意味で、変動相場制での金融政策は、通常の金利チャネルだけではなく、為替チャネルというもう一つの波及経路を持つことになる。

変動相場制とは異なり、維持されるべき為替レートの水準があらかじめ定められている固定相場制では、政府および中央銀行は通常、外国為替市場に適宜介入することで、その目標為替レートを維持することになる。つまり、政府および中央銀行は、市場の為替レートが目標レートよりも低下した場合には自国通貨買い外国通貨売りの市場介入を行い、上昇した場合にはその逆の介入を行わなければならない。

自国通貨買いとは自国通貨の吸収であり、自国通貨売りとはその供給であるから、この操作は、金融政策を為替レート目標の達成および維持に割り当てていることを意味する。したがって、固定相場制のもとでは、金融政策を自国のマクロ経済安定化に用いることはできない。

為替レートの変動が外国為替市場における外貨の需要と供給にゆだねられている変動相場制では、政府が外国為替市場介入を行う必要性は、原理的には存在しない。しかし、市場というものはしばしば行き過ぎるものであり、常に国内経済を安定化させるように動くとは限らない。そのことは、外国為替市場においても例外ではない。

たとえば、これまでの日本経済は、リーマン・ショック後が典型的であるように、「不況下の円高」にたびたび苦しめられてきた。それとは逆に、国内で激しいインフレが進行するなかで、インフレを増幅するような為替レートの下落に苦しめられてきた国も多い。そのような場合にしばしば行われてきた政策手段の一つは、やはり外国為替市場介入であった。ただし、変動相場制における介入は、為替レートの望ましくない変動の抑制を目的とする点で、為替レートの固定化を目的とする固定相場制下の介入とは異なる。

問題は、こうした外国為替市場介入政策が、マクロ安定化のためのより一般的な手段である金融政策とどのように関連するのかにある。というのは、「市場における通貨と外貨との交換」としての介入政策は、金融政策の具体的手段である「市場における通貨と資産との交換」としての金融調節と部分的に重なり合うからである。

変動相場制における為替介入の効果は

変動相場制下の外国為替市場介入に関しては、従来から、「不胎化された介入」と「不胎化されない介入」という区別が行われてきた。前者を「不胎化介入」、後者を「非不胎化介入」と呼ぶ場合も多い。ここで介入の不胎化とは、外国為替市場介入によって生じた自国通貨の供給量の変動を中央銀行が金融調節によって相殺することである。そして非不胎化とは、介入によって生じた自国通貨の供給量の変動を、中央銀行が金融調節で相殺せず、そのまま放置することである。

一般的には、不胎化介入は非不胎化介入よりも為替介入政策としての効果は弱くなる。ある国が自国通貨買い外国通貨売りの市場介入を行っているとすれば、その目的は自国通貨の下落抑制にある。逆に、自国通貨売り外国通貨買いの市場介入の目的は、自国通貨の上昇抑制である。

介入によって生じた通貨供給の変動を金融調節によって相殺する不胎化が、その目的の達成には逆効果になることは、ほとんど自明である。円安を実現するために市場に介入して自国通貨を供給したにもかかわらず、それを再び吸収してしまえば、介入の効果が大きく減殺されてしまうのは当然であろう。

そうであるにもかかわらず、変動相場制における為替介入政策は、これまでほぼ常に不胎化されてきた。それは、政策金利である短期市場金利を操作目標とする伝統的金融政策においては、外国市場為替介入は中央銀行の日々の金融調節によって自動的に不胎化されるからである。中央銀行が介入を不胎化せずに、供給された通貨を市場に放置しつづけた場合には、短期市場金利は目標水準から乖離してしまうため、金融政策の枠組み自体が成り立たなくなってしまう。そのことから、中央銀行は、短期市場金利を金融調節によって維持しようとするかぎり、外国為替市場介入を不胎化するしかないのである。

これは、変動相場制における「非不胎化介入」は、教科書的にはありえても、実務的にはありえないことを意味する。その事実はさらに、変動相場制における為替介入政策は、それ自体としてはほとんど効果がないことをも意味する。実証的にも、為替介入が実際の為替レートに一定の影響を与えたのは、それが金融政策の変更をともなう場合においてのみだったことが明らかになっている。結局のところ、現実の世界では、金融政策による為替チャネルの効果のほうが、小手先の為替介入政策よりもはるかに重要なのである。

ところで、開放経済における金融政策と為替政策に関するこうした一般的結論は、政策金利の操作の余地のない非伝統的金融政策の状況下でも同様に成り立つのであろうか。そこにもまた、二つの課題が存在する。

第一は、「変動相場制では金融政策が有効化するというマンデル＝フレミング命題は、そこでも成立するのか」である。第二は、「不胎化介入よりも非不胎化介入のほうが有効という命題は、そこでも成立するのか」である。当然ながら、量的緩和推進派と無効派の間では、これらについて鋭い見解の対立が存在した。

ゼロ金利化の不胎化をめぐる論争

日本での最初の論争は、ゼロ金利下における外国為替市場介入政策のあり方をめぐって行われた。日銀は速水優総裁時代の1999年2月に、きびしいデフレが進行するなかでようやくゼロ金利政策を導入した。しかし、それはむしろ、日本の金融緩和政策の「打ち止め」という思惑を生み、外国為替市場ではその年の夏ごろから急激に円高が進行した。それに対して、当時の大蔵省は、円売りドル買いの外国為替市場介入を行って円高の抑制に努めた。しかし、その介入の結果として市場に供給された円は、日銀の金融調整によって不胎化された。

当時の日本における量的緩和推進派を代表する一人であった浜田宏一は、日銀がその金融政策をゼロ金利の維持にとどめ、大蔵省が行った円売りドル買い介入をすべて不胎化してしまうとすれば、それは「右手のやったことを左手が打ち消す」ようなものであり、円高の阻止にはほとんど役立たないことを指摘した（浜田［1999］）。

それに対して、当時の日銀のエコノミストたちは、「ゼロ金利のもとでは不胎化介入と非不胎化介入の区別は無意味になる」と述べて、この浜田の議論に反論した（翁・白塚［2000］）。この主張は、「ゼロ金利のもとでは資産としての貨幣と短期国債は完全代替になる」という、非伝統的金融政策に関する論議のなかで主張されはじめてはいたが、その根拠が十分に明確ではない命題に基づいていた。たしかに、この命題が成立する場合には、日銀が介入の不胎化を短期金融市場での短期国債の売りオペで行うかぎり、介入の効果が不胎化によって打ち消されることはない。というのは、その場合の日銀の金融調節は、紙幣をコインに置き換えるのと同様に、貨幣をその完全代替物に置き換えているだけだからである。

問題は、この「貨幣と短期国債の完全代替」命題は元来、状況を単純化することが必要な場合に用いられる一つの仮定にすぎず、現実そのものではなかったにもかかわらず、あたかもそれが現実そのものであるかのように論じられていたところにあった。

既述のように、国債と貨幣はともに広義の政府債務であるから、国債金利が低下していくにつれて、国債と貨幣の代替性は高まる。したがって、ある種の経済モデルにおいて、両者を完全代替と仮定することは、場合によっては許容される。しかし現実には、仮に短期金融市場で金利がゼロまで低下したとしても、貨幣と国債が厳密に完全代替になることはない。というのは、貨幣と国債とでは流動性が異なるため、国債金利はゼロに限りなく接近はしても、完全にゼロにはならないからである。

投資家は、金利がゼロの貨幣を保有することはあっても、その貨幣のかわりに金利がゼロの国債を保有することはない（ただし既述のように、国債利回りが一時的にゼロやマイナスになることはありうる）。貨幣とは異なり財貨サービスや他の資産を直接購入することができない国債を投資家が保有しようとするのは、その不便さに見合う収益が得られる場合においてのみである。つまり、収益率がゼロのときには、国債の需要はゼロとなり、そのすべてが貨幣に置き換えられてしまう。それは、国債が原理的に貨幣とは完全代替にはならないことを意味する。

そのことを示す明白な証拠は、中央銀行が市場で短期国債の売買を日々行っているという事実そのもののなかにある。仮に貨幣と短期国債が完全代替であれば、金融機関にとってはそもそも両者を交換しようというインセンティブが生じないはずであり、したがって中央銀行が入札によって短期国債の売りオペや買いオペを行うこと自体が不可能になる。しかし現実には、多くの中央銀行は、たとえゼロ近傍の政策金利の状況下でも、日々の金融調節において、短期国債オペを頻繁に行っている。それは、短期国債にはごくわずかとはいえ金利が付与されているのに対して、中央銀行の準備預金も含む貨幣には金利がつかないからである。あるいは、中央銀行の準備預金に金利が設定されている場合には、短期国債の金利はごくわずかとはいえそれを上回っているからである。

それは、貨幣と短期国債は現実には完全代替ではなく、この二つの資産を入れ替える中央銀行の操作が、結果として金融市場全体に何らかの影響を与えていることを意味する。

財務省と日銀の「暗黙の協調」

この外国市場為替介入の不胎化の是非をめぐる浜田ら日銀批判派と日銀エコノミストとの間の論争は、結局それ以上は進展しなかった。それは、為替市場における円高ドル安の進行が、その後は次第に和らいだためである。また、2000年になると、日銀は量的緩和どころかむしろゼロ金利の解除を模索しはじめるようになるため、金融政策論争の主要な争点は、もっぱらゼロ金利解除の是非に移っていくことになった。

しかし、このときの浜田の問題提起が無駄になったわけではまったくない。というのは、ゼロ金利解除の失敗が明らかになった後に展開された日銀の量的緩和政策においては、金融政策と為替介入の関連が改めて議論の焦点となったからである。

速水日銀は2000年8月に、政府および金融緩和派エコノミストたちの反対を押し切って、根強いデフレ傾向が続く中で、ゼロ金利政策を解除した。しかし、そのときにはすでに、世界的なITドットコム・ブームは終焉を迎えていた。日本経済は、2000年末ごろには再び景気後退に陥り、日銀はやむなく2001年3月に量的緩和政策を導入した。とはいえ、日銀は速水の任期中は、その政策を積極化することはなかった。

それに対して、2003年3月に速水の後を受けて日銀総裁に就任した福井俊彦は、速水とは対照的に、就任当初は量的緩和を積極的に拡大した。そして、それは明らかに、同時期に財務省によって展開されていた外国為替市場介入を意識しつつ行われていた。

財務省は、2003年から04年初頭にかけて、史上最大規模の巨額市場介入を行った。それを取り仕切ったのは、2003年1月に黒田東彦の後任として財務官に就任した溝口善兵衛である。溝口は、財務官退任後の2004年秋に公表した手記のなかで、その為替介入政策の背景について以下のように記している。

昨年3月に発足した新しい福井総裁下の日銀は、ベースマネー拡大の効果は小さいとか、「非不胎化」論議はナンセンスだとかいった尽きない議論に没入しないで、いわば大人の対応で黙々とデフレ克服にまい進したと私は見ています。それで1年足らずのうちに日銀当座預金残高の目標を5回で15兆円引き上げました。他方、財務省のほうは2003年1月中旬から04年3月中旬までの間に約35兆円の介入をしました。米国当局は、この二つを合わせて、これは「部分的な非不胎化介入」であり、ベースマネーの供給拡大に役立ったと評価したのでした。「部分的な」とは、介入35兆円による円資金供給に対して、当座預金残高はその約半分の15兆円拡大したという意味でしょう。この二つの措置は政府・日銀が一つのパッケージとして明示的な合意をして採った措置ではありませんでしたが、双方がデフレ克服のため、それぞれの立場で必要な措置を果断にとっていくという共通した考えがその背後に当然ありました（溝口［２００４］）。

溝口がここで指摘する財務省の為替介入と日銀の量的緩和との「暗黙の協調」については、福井日銀の側もまた同様の認識を持っていた。そのことは、福井と同じ２００３年３月に副総裁に就任した岩田一政による、以下の発言から明らかである。

今年に入ってからの為替介入額は、財務省の発表によると、現時点では13・5兆円、先月までは9兆円程度であった。一方、年初からの日本銀行の追加的な流動性の供給額は計10兆円――3月2兆円、4月5兆円、5月3兆円――で、偶然ではあるが、為替介入額と追加的な流動性の供給額がほぼ同額であった。このように、国内の流動性の供給と介入を併せて行うと、事後的には、「非不胎化政策」と呼ばれる政策を実行したのと同じ効果が出る（日本銀行［２００３］）。

「いざなぎ越え」から世界経済危機へ

さらに、溝口が言及しているように、この財務省の巨額介入は、アメリカの政策当局との密接な連携を背景に行われていた。アメリカ側の担当者は、２００１年から05年までブッシュ政権下で国際経済担当の財務次官をつとめたジョン・テイラーである。テイラーは、このときの日本の財務省による巨額介入政策を、「大介入（Great Intervention）」と名づけている（Taylor［2006］）。財務次官を退任したのちに出版されたテイラーの回顧録では、溝口らとのやりとりが、会談が行われた具体的な場所や状況も含めて、詳細に描かれている（Taylor［2007］ch. 10）。こうした経緯から、このときの介入は時に「テイラー・溝口介入」とも呼ばれる。

これらの証言から明らかになるのは、このときの巨額市場介入は、日銀の同時並行的な量的緩和の拡大、すなわち結果としての「為替介入の非不胎化」を前提として行われていたということである。その目的は、明確に「デフレの克服」にあった。

テイラーが明らかにしているように、アメリカの政策当局はこのとき、量的緩和によって為替介入が非不胎化されることを条件に、日本の為替介入政策をむしろ積極的に是認し、時には支援した。それは、時の小泉政権と強い協調関係にあったアメリカのブッシュ政権が、日本経済が早期にデフレから脱却することはアメリカ経済にとっても望ましいと判断していたからである。このような対応は、アメリカが日本を含む他国の為替介入を従来は「為替操作」とみなして原則的に反対してきたことを考えると、きわめて異例のものであった。

1990年代末に進行したデフレと、ITドットコム・バブルの崩壊による世界的な景気後退によって、2001年から02年までの日本経済は、まさにデフレ・スパイラル的な状況に直面した。しかし、日本経済は2002年以降、アメリカの住宅バブル崩壊の影響が現れはじめる2007年末ごろまで、世界経済の拡大を背景に、緩やかな景気回復を享受することになる。さらに、2004年以降は、円高がようやく打ち止めとなり、その後は円安が徐々に進展したことによって、外需主導による回復がより鮮明となった。

この2007年までの日本の景気回復は、しばしば「実感なき景気回復」と呼ばれたように、決して力強いものではなかった。それは、デフレの長期化によって国内需要が顕著に低迷しつづけていたからである。とはいえ、回復期間だけをとれば戦後最長の「いざなぎ景気」をも越える長さであったため、それは時に「いざなぎ越え景気」とも呼ばれた。

福井日銀による量的緩和と財務省による巨額市場介入こそが、その息長い回復を先導した政策的要因であった。しかし、日銀は結局、最大の政策目標であったはずの「デフレ脱却」を完遂することがないまま、2006年に量的緩和政策とゼロ金利政策の解除を行う。そして、2008年以降の世界経済危機に直面し、再び非伝統的金融政策に復帰することになる。

ゼロ近傍の金利下における為替チャネルの有効性

以上のように、金融政策と為替政策の関連に関する日本における論議は、まずは為替介入の不胎化の是非をめぐって行われた。しかしそれは、「ゼロ近傍の政策金利のもとでも為替チャネルは有効か否か」という、より根本的な問題と結びついていた。というのは、「日銀は財務省が行った円売りドル買い介入を不胎化すべきではない」と浜田宏一が主張した背後には、変動相場制では為替チャネルによって財政政策は無効化し金融政策が有効化するというマンデル＝フレミング命題が存在していたからである。

ゼロ金利における為替介入の非不胎化とは、量的緩和の拡大を意味するので、浜田の主張は明らかに、マンデル＝フレミング命題がゼロ金利下においても成立することを前提としていた。それに対して、量的緩和懐疑派の多くは、マンデル＝フレミング命題はゼロ金利下において成立しないと考えていたのである。

この懐疑派によるマンデル＝フレミング命題否定論には、一定の根拠があった。それは、「金融政策は主に、金利というチャネルを通じて為替レートに変化をもたらす」という理解に基づいていた。一般に、中央銀行による政策金利の操作は、金融市場全体の金利体系を同じ方向に変化させ、後述の金利裁定を通じて、為替レートを変化させる。それに対して、量的緩和とはそもそも、政策金利の低下余地が存在しない状況で行われる政策である。たしかに、量的緩和をいくら行っても、金融市場全体の金利体系を大きく変化させることは難しい。このように金利から為替へのチャネルが存在しない以上、量的緩和政策はマンデル＝フレミング効果をもたらさないというのが、懐疑派の理解であった。

通常の伝統的金融政策においては、金融緩和とは政策金利の切り下げを意味し、それは金融市場における金利の低下を通じて、その国の通貨の為替レートを下落させる。その原理は、国際金融のテキストなどでは、「金利平価」という概念によって説明されることが多い。

たとえば、日本とアメリカの債券の金利がともに４％であれば、どちらの債券を購入しても同じ収益なので、現在の為替レートが1ドル＝１００円なら1年後の為替レートも1ドル＝１００円になることが予想される。ここで、日本が金融緩和を行い、日本の債券金利のみが2％に低下したとしよう。仮に1年後の為替レートはやはり1ドル＝１００円になることが確実に予想されているとすれば、現在の為替レートは1ドル＝１０２円程度までドル高円安になるはずである。というのは、為替レートが一定のままでは、投資家は金利２％の日本債券を売却して金利４％のアメリカ債券を購入することになり、日本債券への需要がゼロになってしまうはずだからである。したがって、日本の金融緩和の結果生じた2％という日米の金利格差を相殺するためには、円はドルに対して1年間で2％だけ上昇する必要がある。そして、その円の上昇余地を生み出すためには、円はドルに対して現時点でいったんは2％だけ下落することが必要になるわけである。

このようなメカニズムは、一般に金利裁定と呼ばれる。金融緩和を行った国の通貨がいったんは下落する傾向を持つのは、その裁定が働くためと考えられている。しかしながら、金融緩和によって債券金利がゼロ近くにまで低下してしまえば、金利裁定を通じた為替の変動というメカニズムは、もうそれ以上は働かない。量的緩和懐疑派が、日銀が量的緩和をいくら行っても円安にはならないと主張していたのは、おそらくそのためである。

マンデル＝フレミング・モデルはゼロ金利下でも当てはまるか

量的緩和懐疑派はしかし、この金利裁定条件が、必ずしも現実的ではない単純化の仮定に基づいていることを見落としていた。それは、「自国通貨建て債券と外国通貨建て債券の完全代替」という仮定である。金利裁定についての右の設例では、両方の債券の金利格差が為替レートの予想変化率に必ず等しくなるが、それは日米の投資家が日本債券と米国債券を完全に代替的なものと考えているからである。

しかし現実には、それぞれの国の債券が持つ資産としてのリスクは、それぞれ異なっている。とりわけ投資家が外国通貨建て債券を購入する場合には、為替リスクの評価はきわめて重要になる。これは、「自国通貨建て債券と外国通貨建て債券が完全代替」という仮定は、現実は当てはまらないことを意味する。

より一般的にいえば、投資家は通常、よりリスクの高い資産に対してはより高い収益を期待する。この「リスクの高さに対応した期待収益の割増分」は、リスク・プレミアムとも呼ばれる。そして、このリスク・プレミアムの評価は、市場での各資産の供給量に応じて変化する。

リスク資産に要求されるリスク・プレミアムは、その資産の市場での供給量が増えれば、よりいっそう高まる。というのは、そうでないかぎり、投資家はみずからのポートフォリオにその資産を組み込もうとしないはずだからである。逆に、あるリスク資産の市場での供給が縮小すれば、投資家によるポートフォリオ・リバランスの結果、リスク・プレミアムは縮小し、その資産の価格は上昇する。

これは、ジェームズ・トービン由来の「資産市場の一般均衡分析」から導き出される分析の核心部分である。そのポイントは、それぞれの資産の価格は、単に金利のような名目収益だけではなく、市場での供給量にも依存しているという点にある。

このような枠組みを用いて、量的緩和が為替レートに対してどのような影響を与えるかを、より具体的に考えてみよう。既述のように、量的緩和政策とは、中央銀行がその金融調節を通じて、長期国債や不動産担保証券のような貨幣との代替性の低い資産を市場から買い取り、その見返りに貨幣、より正確にいえばベースマネー（現金および中央銀行準備預金）を市場に供給する政策である。

その第一義的な目的は、金融市場および資産市場における流動性の緩和にある。それが実行された場合、民間部門の持つリスク資産はベースマネーに置き換えられ、中央銀行のバランスシートは拡大する。バーナンキが説明しているように、それは、民間部門とりわけ民間金融機関に対して、ポートフォリオ・リバランスを促す。結果として、外国通貨建て資産のようなリスク資産のリスク・プレミアムは縮小し、その価格は高まる。つまり、為替市場においては、自国通貨安と外国通貨高が生じる。

福井日銀の時代のように、量的緩和が為替介入の非不胎化として行われている場合には、民間部門の持つ長期国債や不動産担保証券ではなく、外国通貨建て国債が貨幣と置き換えられることになるが、そこで生じる結果はほぼ同じである。

このような推論は、リーマン・ショック後の各国為替動向ときわめて整合的である。すでに詳述したように、FRB、ECB、BOE、日銀といった各主要中央銀行は、リーマン・ショックを契機に生じた急激な金融収縮と経済収縮への対応として、政策金利をゼロ近くまで引き下げるような極限的な金融緩和を行った。FRBとBOEは、そこからさらに、非伝統的金融緩和としての量的緩和政策に移行した。このような状況ははからずも、「マンデル＝フレミング命題はゼロ金利下でも成立するのか否か」を検証する絶好の機会を提供することになった。

日本は英米よりもユーロ圏よりも明らかに消極的だった

その結果は、浜田宏一が示す、図6-1および図6-2を見れば明らかである（浜田［2013］）。図6-1は、リーマン・ショックをはさむ2007年から12年の間に、FRB、ECB、BOE、日銀のバランスシートがどのように拡大したのかを示したものである。図6-2は、同じ期間に各国通貨の実質実効為替レートがどのように推移したかを示したものである。

ちなみに、実効為替レートとは、ある通貨の価値の変動を、その通貨を規準とする複数の為替

図6−1　各国中央銀行のバランスシート（2007〜12年）

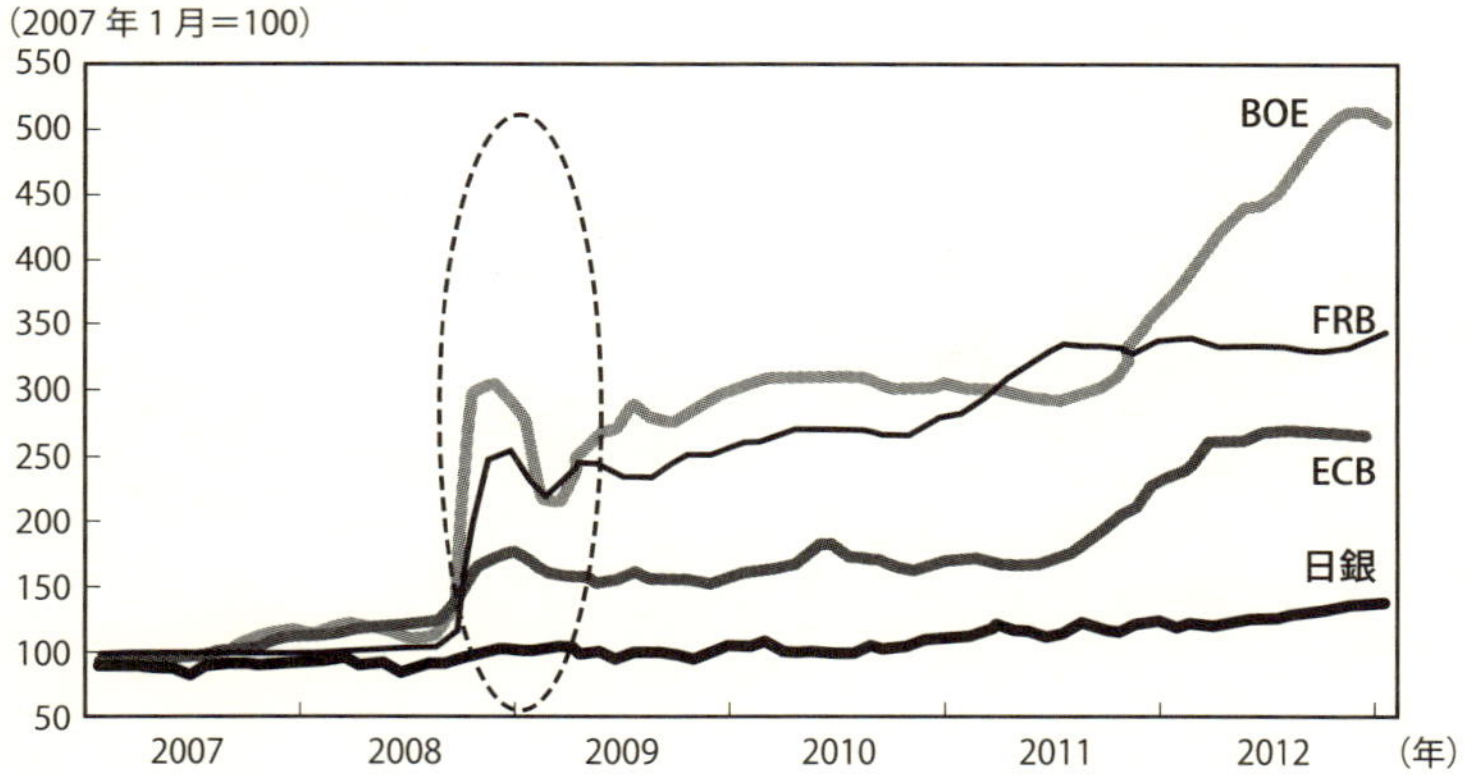

（出所）各国中央銀行統計に基づいて作成された浜田［2013］図表1−1。

レートの加重平均値として指数化したものである。そして、実質為替レートとは、通貨の価値の実質的な変動を求めるために、市場における為替レートの変動をインフレ率で調整して指数化したものである。実質実効為替レートとは、その両者の組み合わせであり、ある通貨の各国通貨に対する実質的な変動を、その通貨を規準とする複数の実質為替レートの加重平均値として指数化したものである。

この二つの図が示しているのは、２００８年９月のリーマン・ショックを契機として、日銀を除く三つの主要中央銀行、すなわちＦＲＢ、ＥＣＢ、ＢＯＥが、みずからのバランスシートを急激に拡大させたという事実である。ただし、２００８年末に観察されるバランスシートの突発的な拡大は、金融市場の安定化を目的とした「信用緩和」の結果であって、景気回復そのものを目的とした政策対応では必ずしもない。むしろ重要なのは、ＦＲＢとＢＯＥがともに、２００９年に入ると信用緩和から量的緩和に移行し、そのバランスシートを再び拡大

図6-2　各国実質実効為替レート（2007～12年）

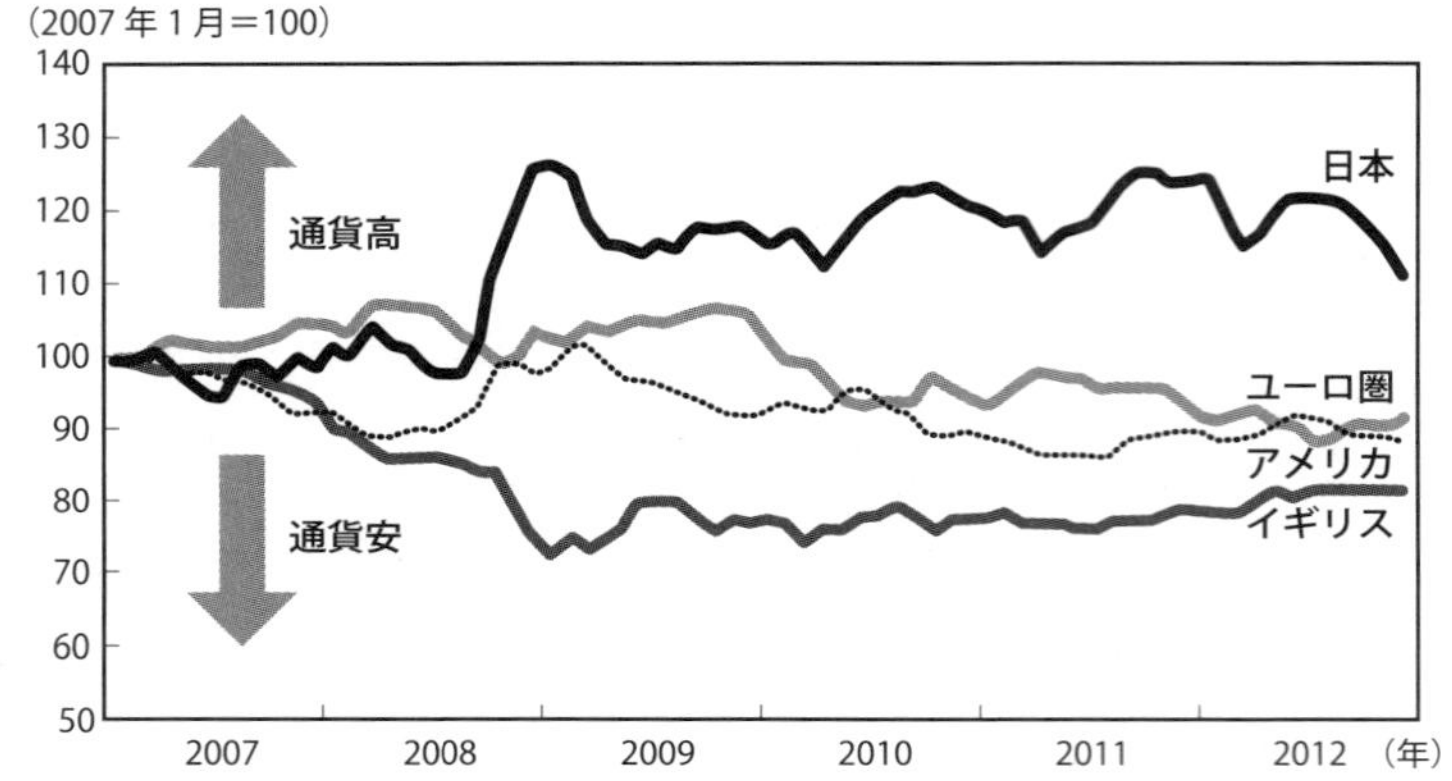

（出所）BIS統計に基づいて作成された浜田［2013］図表1-2。

させはじめたことである。

それに対して、量的緩和の導入を行わなかったECBのバランスシートは、FRBとBOEほどは大きく拡大することはなかった。それが拡大しはじめたのは、2011年11月にジャン＝クロード・トリシェにかわってマリオ・ドラギがECB総裁に就任し、一連の金融緩和措置を実行してからのことである。

図6-1が示すように、日銀の緩和姿勢は、FRBとBOEはもとより、両者と比較すれば消極的であったECBと比較してさえ、明らかにより消極的であった。日銀のバランスシートは、白川日銀執行部がようやく「包括緩和」を導入する2010年末までは、ごくわずかの拡大さえ示すことはなかったのである。

図6-1を図6-2と比較することによって、そうした各中央銀行の金融緩和姿勢の相違が、それぞれの通貨の為替レート動向にどう影響したのかが明らかになる。その結果は明白であり、各通貨の為替

レート動向は、各中央銀行のバランスシート動向をほぼ忠実に反映したものとなっている。バランスシート拡大の度合いは、BOE、FRB、ECBの順番で大きいが、実質実効為替レートの低下の度合いもまた、ポンド、ドル、ユーロの順番になっているからである。それ対して、日本経済はその間、急激な円高に直面し、経済的収縮を余儀なくされた。

以上の議論は、その不況下の円高とは、日銀がリーマン・ショック後も政策的無為主義を改めず、バランスシートの拡大を忌避しつづけた結果であったことを明らかにしている。

「通貨戦争」は問題か

このように、リーマン・ショック後の主要通貨の為替市場動向は、明確に各中央銀行の金融政策スタンスを反映して動いていた。その事実は、たとえゼロ近傍の政策金利という状況においてさえ、金融政策は為替レートに対して有意な影響を与えることを示していた。つまり、マンデル＝フレミング命題は、非伝統的金融政策の領域でも成立していたのである。その背後には、ポートフォリオ・リバランスがあったと考えられる。

こうした状況を反映して、金融政策に関する争点はその後、量的緩和の拡大は一般に通貨安をもたらすことを前提としたうえで、その事態が世界全体の経済回復にとって望ましいのか否かに移っていった。それが、2010年後半から世界的に浮上しはじめた、「通貨戦争」あるいは「通貨安競争」をめぐる論議である。

この問題についての論議の口火を切ったのは、ブラジルの財務相であったギド・マンテガである。リーマン・ショック後の世界経済危機に際して、ブラジル経済をいち早く回復軌道に戻した手腕が評価されていたマンテガは、2010年9月末に、「各国政府は輸出競争力強化のために自国通貨の切り下げを模索しており、世界は今、国際的な『通貨戦争』の状態にある」と発言した（Wheatley and Garnham［2010］）。それは、各国の政策当局の間で、「為替切り下げ競争」問題が一大争点となりつつある事実を表面化させた。

実際、その直後の10月8日に開催されたG7財務相・中央銀行総裁会議では、「通貨戦争」に各国がどう対応すべきかが焦点となった。そして、10月22〜23日に開催されたG20財務相・中央銀行総裁会議では、「経済のファンダメンタルズ（基礎的条件）を反映し、市場で決定される為替レートシステムに移行し、競争的な切り下げを回避する」という内容の共同声明が採択された。

この声明の直接の標的は、人民元の上昇抑制のために外国為替市場介入を恒常的に行っていた中国であった。日米欧の先進諸国は、中国に対してより柔軟な為替政策を求める点では、利害が一致していたからである。

しかしじつは、先進諸国は同時に、相互できびしく対立していた。日本政府は、このG7とG20に先立つ9月中旬に、勢いを強める円高の阻止のために、2兆円超の介入に踏み切っていた。当時の野田佳彦財務相は、介入に先立ってそのことをガイトナー米財務長官に電話で連絡していた。しかし、2003〜04年のテイラー・溝口介入時とは異なり、アメリカはこのとき、日本の介入に強い難色を示した。日本政府は結局、9月15日に介入を強行したが、アメリカとの関係悪化をおそれて、その実施を1日限りにとどめ、2010年中には二度と介入を行うことはなかった。

他方で、諸外国の間では、他国の為替介入を強く牽制するアメリカに対して、量的緩和によるドル安で各国を圧迫しているのはむしろアメリカではないかという不満が渦巻いていた。「通貨戦争」

論を最初に提起したギド・マンテガも、2012年末の来日時のインタビューでは、「アメリカの量的緩和は世界各国に悪影響を及ぼしており、円高に苦しむ日本はその被害者の一人にすぎない」と述べていた（「『米緩和、世界に悪影響』マンテガ・ブラジル財務相」『日本経済新聞』2012年10月11日朝刊）。

突如としてヌルクセが復活した

この通貨安競争＝通貨戦争論は、通貨安競争を「近隣窮乏化政策」として位置づけてきた、1930年代の世界大恐慌に関する旧来的理解に基づいていた。この考えを最初に提起したのは、エストニア出身の経済学者、ラグナー・ヌルクセであった。ヌルクセは1934年から45年まで国際連盟で働いていたが、その時期に世界大恐慌の分析を行っていた。ヌルクセはそこで、「ニューヨーク市場での株価暴落に始まるアメリカの恐慌が世界全体に拡大した一つの原因は、各国が金本位制から離脱して通貨切り下げ競争を行ったことにある」という命題を提起した（Nurkse [1944]）。

通貨の競争的な切り下げを近隣窮乏化政策として位置づけるこのヌルクセの議論は、その後、世界大恐慌に関する「通説」として定着した。このヌルクセ命題が2010年に突如として復活したのは、各国が自国経済の回復のためにより安い通貨を望み、そのための政策を模索するという当時の世界経済状況が、ヌルクセが描き出していた大恐慌時の状況に近づきつつあるようにも見えたからである。

この通貨戦争論という形での「通貨安競争＝近隣窮乏化」論の復活は、ヌルクセ以来の通説の影響力が、それが明らかにされて数十年を経たのちにも衰えてはいないことを示した。しかし、その種の議論を展開していた論者たちはおそらく、このヌルクセ命題は単に旧来的な通説にすぎず、「国際学派」と呼ばれる経済学者たちによるその後の大恐慌研究の進展によってほぼ完全に否定され尽くしていた事実を認識してはいなかった。つまり、通貨戦争論の唱導者たちは、20年以上も前に葬り去られていた旧来の通説を、揺るぎない真理であるかのように信じ込んでいたわけである。

「近隣窮乏化」ではなく「近隣富裕化」

ＦＲＢ議長ベン・バーナンキは、２０１３年３月にイギリスのロンドン大学で、「金融政策と世界経済」と題された講演を行った。それはまさしく、この古くかつ新しい「通貨安競争＝近隣窮乏化」論に対する、バーナンキ自身による批判的見解の提示を意図したものであった。

彼はおそらく、それをどうしても行わずにはいられなかったはずである。というのは、大恐慌研究における国際学派の枠組みの構築に中心的な貢献をした一人は、学者時代のバーナンキ本人であったからである。以下に、このバーナンキ講演の核心部分を紹介しておくことにする。

バリー・アイケングリーンとジェフリー・サックスによる１９８５年の記念碑的な論文から始まる大恐慌に関する現代的研究は、金本位制からの離脱の効果に関するわれわれの従来の考え方に変更をもたらした。金本位制からの離脱と、その結果として為替減価が、一時的な貿易上の有利性をもたらすケースもあったことは確かである。しかし、この現代的研究は、金本位制からの離脱の主要な便益が、各国がみずから適切と思うような形で金融緩和を実行できるようになった点にあることを示している。１９３５年から36年までに実質的にすべての主要国が金本位制から離脱し、為替レートが市場で決定されるようになると、為替価値の変化によるネットの貿易効果は、おそらく限定的なものとなった。にもかかわらず、世界経済全体は1931年よりも良好であった。その理由は、各国が金本位制の拘束衣を脱ぎ去ったことにより、自国経済の完全雇用を達成するのによりふさわしいやり方で、金融政策を自由に実行することができるようになったからである。さらには、輸出の受け入れ先である貿易相手国のより高い成長から得られた便益も重要であった。つまり、関税引き上げ競争とはきわめて対照的に、1930年代の金融的リフレーションは、ポジティブ・サムの結果をもたらすことになったのである。そして、それは主に、為替レートの変更にともなう貿易転換を通じてではなく、各国における国内需要拡大を通じてもたらされたのである。

このことが現在の状況に対して持つ教訓は明らかである。こんにち、先進国経済の大半は、その程度は異なれども、今回の大不況からの緩やかな回復の途上にある。インフレがおおむね安定していることもあり、各国の中央銀行は経済回復を支えるための金融緩和政策を行っている。このような政策を通貨切り下げ競争と呼ぶことは、適切であろうか。その答えは否である。というのは、先進国経済の大多数で金融緩和政策が実施されていることから、各通貨の為替レートに劇的かつ持続的な変化が生じることはないと予想されるからである。主要先進国で実行されている金融緩和がもたらす便益は、為替レートの変化から生み出されているわけではなく、各国各地域の総需要の支えから生み出されている。また、各国の経済成長は、貿易相手国に好ましい需要の波及をもたらす。つまり、この政策は「近隣窮乏化」ではなく、ポジティブ・サムな「近隣富裕化」なのである（Bernanke［2013a］）。

このバーナンキの主張は、きわめて明快である。彼によれば、政策当局者や専門家の一部が「通貨戦争」や「通貨安競争」として問題視しているものの本質は、各国による「競争的な金融緩和」である。そしてそれは、決して「近隣窮乏化政策」ではなく、むしろ「近隣富裕化政策」なのである。というのは、世界各国がそれぞれ最大限に大胆な金融緩和を実行し、みずからの経済を成長軌道に導くことこそが、世界が早期に不況を克服するための必要条件だからである。

その意味では、インフレ懸念が生じているわけではないにもかかわらず、金融緩和を意味もなく怠り、無用な通貨高を招いている国こそが、自己窮乏化を通じた近隣窮乏化をもたらしていることになる。その典型的な実例が、民主党政権と白川日銀時代の日本であったことは、いうまでもない。

第7章

非伝統的金融政策の論理Ⅱ
――期待チャネルと政策レジーム転換

1 クルーグマン提案と日本のリフレ政策

金利チャネル、資産チャネル、そして期待チャネル

前章では、量的緩和政策のような非伝統的金融緩和政策が、どのような波及チャネルを通じて経済に影響を及ぼすのかを考察してきた。量的緩和は一般に、長期国債価格、株価、為替レートに影響を与え、それらを通じて所得、雇用、物価に影響を与える。その基本的なメカニズムは、資産市場の一般均衡分析から導き出されるポートフォリオ・リバランスである。

伝統的金融政策においては、中央銀行による政策の起点は、政策金利である短期金融市場金利である。中央銀行が政策金利を変更すれば、それは民間金融市場の金利体系全体に波及する。その市場金利の変化によって、民間部門の貯蓄や支出は変化し、最終的には経済全体の所得、雇用、物価が変化する。そこには、為替レートや資産価格の変化を通じたチャネルもたしかに存在するが、それは脇役にすぎず、主役はあくまでも金利チャネルである。

非伝統的金融緩和政策の非伝統的たるゆえんは、本来主役であるはずの金利チャネルが機能していないために、それを用いることができないというところにある。しかしながら、金融政策の波及経

路は、金利チャネルだけではない。重要なのは、民間部門の貯蓄や支出を変化させることである。それは、各種資産の収益率を引き下げること、あるいは資産価格を上昇させることによっても実現できる。バーナンキが論じていたように、それによって、金融市場全体の状況は緩和され、経済活動は刺激される。そのチャネルの有効性は、伝統的金融政策におけるそれと基本的には同等なのである。

量的緩和政策においては、中央銀行は、長期国債や不動産担保証券のような貨幣との代替性の低い資産を市場から買い取り、その見返りに貨幣を市場に供給する。その結果、金融・資産市場における流動性は緩和される。そして、民間経済主体のポートフォリオ・リバランスを通じて、各資産の収益率は低下し、資産価格は上昇する。

より具体的には、長期国債価格は上昇し、長期国債金利は低下する。株価は上昇し、資本コストは低下する。海外資産の価値は上昇し、為替レートは下落する。その結果、民間経済主体は、貯蓄を減らし支出を拡大させる。また、自国通貨の為替レートが下落することから、海外から国内への需要転換が生じる。こうして、量的緩和政策は、仮に金利チャネルが機能しないとしても、ポートフォリオ・リバランスを通じて、所得、雇用、物価に対して望ましい変化を与えるのである。

ところで、金融政策にはもう一つ、「期待チャネル」と呼ばれる、金利チャネルにもポートフォリオ・リバランスにも依存しない重要な波及経路が存在する。期待チャネルは、中央銀行による金利や貨幣量の操作には依存しない。にもかかわらず、そのチャネルが機能すれば、民間経済主体の貯蓄および支出行動は確実に変化し、所得、雇用、物価も変化する。本章では、その期待チャネルの本質とは何か、それを機能させるために必要な政策とは何かを考察する。

フィッシャー方程式が重要な役割を果たす

非伝統的金融政策としての期待チャネルの可能性をはじめて提起したのは、日本経済がゼロ近傍の政策金利という「流動性の罠」に陥りつつあったとき、そこから脱出するための方策を示すためにポール・クルーグマンによって書かれた、一本の論文であった（Krugman［1998a］）。クルーグマンはそこで、日本経済が流動性の罠から脱出するためには、「人々の期待インフレ率を高める」ことを目的とした政策が必要なことを明らかにした。

クルーグマンのこの論文は、問題の考察を、旧来的なケインズ型モデルによるのではなく、近年のマクロ経済研究で標準的に用いられているような、ミクロ的な基礎を持つ動学的最適化モデルに基づいて行っている。しかし、クルーグマンはその後、同じ結論が伝統的なケインズ型のモデルであるＩＳ＝ＬＭモデルからも導き出せることを示している（Krugman［1998b］）。以下では、このＩＳ＝ＬＭモデル版のほうに基づいて、「流動性の罠」に関するクルーグマンの議論を考察しよう。

クルーグマンの推論において最も重要な役割を果たすのは、アメリカの偉大な経済学者、アーヴィング・フィッシャーが明らかにした、名目金利と実質金利との関係を示す「フィッシャー方程式」である。ここで名目金利とは、現実の市場において観察される金利である。しかし、その観察された金利が年率４％であったとしても、その１年間に４％のインフレが生じるとすれば、金利によって得られる利益はインフレによる元本実質価値の目減りによってすべて相殺されてしまうので、実質的な金利はゼロになる。実質金利とはこのように、名目金利からインフレ率を差し引いたものである。

ところで、フィッシャー方程式は一般に、「実質金利＝名目金利－期待インフレ率」という式によって表される。この式では、名目金利から差し引かれているインフレ率が、過去のインフレ率ではなく、期待インフレ率すなわち「将来生じるであろうと人々が予想するインフレ率」となっている。それは、企業や家計の貯蓄や支出に影響を与えるのは、過去の実質金利ではなく、将来の実質金利だからである。

企業や家計の多くは、設備投資や住宅購入を行う場合には、そのための資金を金融機関から借り入れるが、その意志決定に影響を与えるのは、名目金利でも過去の実質金利でもなく、将来の実質金利である。仮に契約上の金利が高くとも、返済までに生じると予想されるインフレ率が高ければ、企業や家計にとっての債務額は実質的に減少し、実質的な金利負担はその分だけ低くなる。高いインフレが生じている時期には、名目金利の上昇にもかかわらず企業や家計の借り入れが増大しがちになるのは、このようにインフレによって債務が目減りするからである。

クルーグマンによる「流動性の罠」の再解釈

マクロ経済学において長らく標準モデルとして君臨してきたIS＝LMモデルにおいても、名目金利と実質金利は明確に区別されている。そこでは、IS曲線は実質金利の関数であり、LM曲線は名目金利の関数として定式化されている。IS曲線は企業や家計の貯蓄および投資行動から導き出されるものであるから、その貯蓄や投資は名目金利ではなく実質金利から影響を受ける。それに対して、LM曲線は企業や家計の貨幣需要から導き出されるものであり、それは基本的に名目金利から影響を受ける。

にもかかわらず、通常のIS＝LMモデルでは、この名目金利と実質金利の区別は、分析上は何の役割も果たしていない。入門的なテキストなどでは、両者は区別すらされないことが多い。その理由は、IS＝LMモデルを含む旧来のケインズ型モデルにおいては、期待インフレ率は変数ではなく定数と想定されてきたからである。これは、旧来的ケインズ型モデルでは、「期待インフレ率は過去のインフレ率に等しい」という「静学的期待」が仮定されていたことに由来する。

このように期待インフレ率が定数であれば、名目金利と実質金利はフィッシャー方程式に基づいて常に同じように変動するから、両者を区別する必要性はとくにない。これが、ケインジアンが伝統的に名目金利と実質金利の区別を重視してこなかった理由である。

静学的期待が仮定された標準的なIS＝LMモデルでは、金融緩和のマクロ経済への影響は、もっぱら「LM曲線の右シフトによる名目金利の低下→IS曲線上での実質金利の低下＝企業の投資拡大＝IS曲線とLM曲線の交点の右下への移動＝GDPの拡大」という経路を通じて現れる。現在でも、マクロ経済学のテキストでは、「IS＝LMモデルにおける金融緩和の効果」として、このメカニズムに基づいた説明が行われている。そしてそれは、金融緩和からマクロ経済への「金利チャネル」を通じた波及経路を、おおむね正しく描写している。しかしじつは、そこには一つの大きな制約がある。それが、名目金利の下限状況としての「流動性の罠」である。

たとえば、完全雇用をもたらすような均衡実質金利がきわめて低く、それはマイナスであったとしよう。均衡実質金利は長期的な経済成長率である潜在成長率とほぼ等しくなるので、通常の成長する経済では、均衡実質金利がマイナスということはほとんどありえない。しかし、人口の減少率等がきわめて大きく、潜在成長率がマイナスとなるような場合には、均衡実質金利もまたマイナスになると考えられる。

図7-1　IS＝LMモデルによる「流動性の罠」

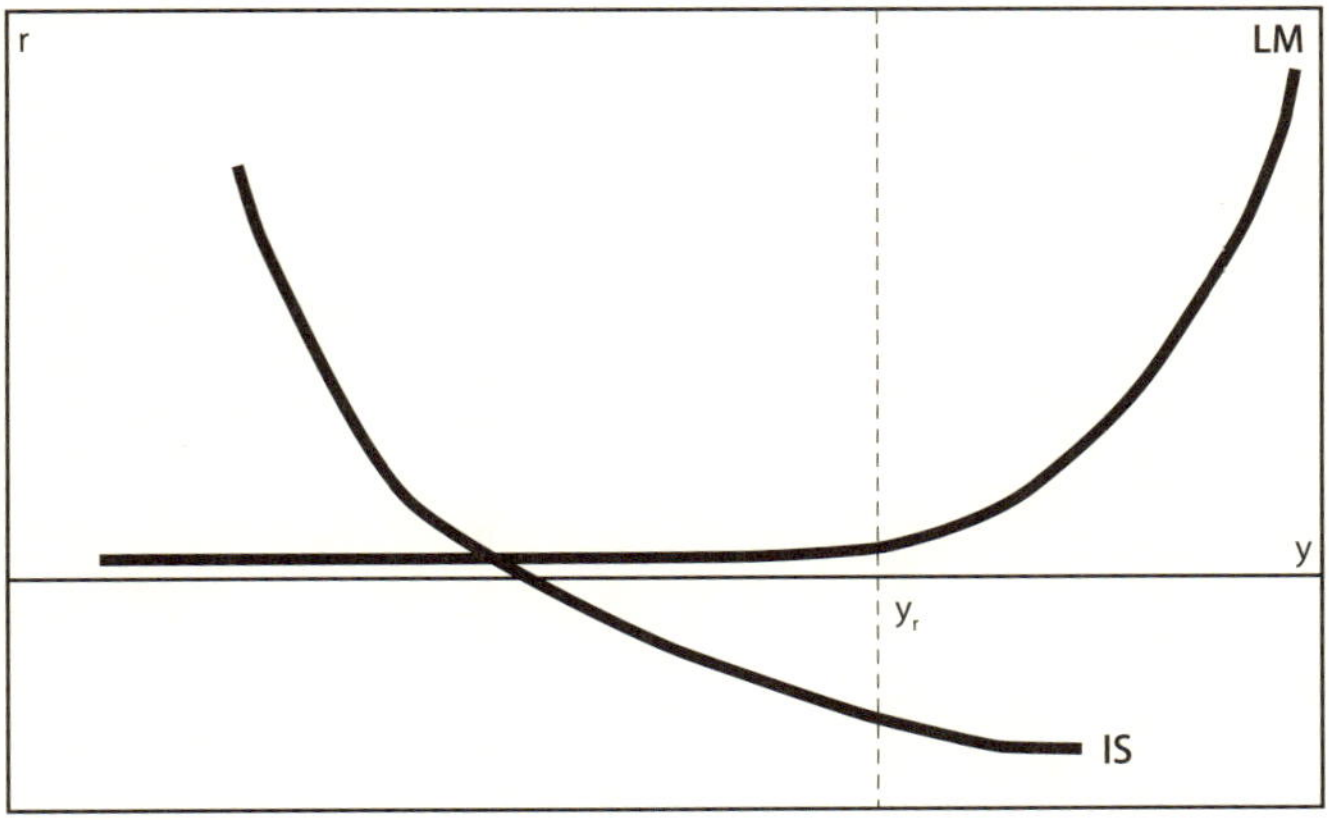

（出所）Krugman［1998b］邦訳IVの図２。

また潜在成長率はプラスであったとしても、景気循環の特定の局面において、実質金利をマイナスにしなければ十分な回復が実現できないという状況は、きわめて一般的に生じる。実際、リーマン・ショック後には、多くの先進諸国において、急激な金融緩和による金利低下によって市場の名目金利がインフレ率よりも低くなり、事後的に実質金利がマイナスになるような事態が生じた。

ここで、期待インフレ率のほうはゼロと仮定しよう。また、中央銀行は景気回復のために貨幣供給を徐々に拡大させていくとしよう。その結果、名目金利はやがてゼロ近傍まで低下するが、資金の貸し手がプラスの金利を求める以上、それがマイナスになることはない。

期待インフレ率がゼロの場合、フィッシャー方程式から「名目金利＝実質金利」となるので、名目金利の下限がゼロとすれば、実質金利の下限もまたゼロとなる。完全雇用を実現させる均衡実質金利はマイナスであるのに対して、現実の実質金利がゼロ以下にはならないということは、金融緩和をどれだけ行っても完全雇用は実現できないことを意味する。

以上が、ケインズが示唆した「流動性の罠」に対する、クルーグマンによる再解釈である。図7-1は、その状況を示したクルーグマンによるIS＝LMモデル図である。そこで、横軸yはGDP、縦軸rは実質金利である。そして、y_rは完全雇用時のGDP、すなわち潜在GDPである。ここでLM曲線が実質金利＝ゼロ以下には低下せず、ゼロ近傍に貼りついたように水平になっているのは、前述のように名目金利にはゼロという下限が存在するからである。この経済をy_rという完全雇用GDPに導くには、LM曲線とIS曲線の交点をy_r上まで移動させる必要があるが、それは金融政策をもってしては不可能である。ここでの金融緩和とはLM曲線の右方へのシフトを意味するが、それをいくら行っても、実質金利がゼロ以下にはならない以上、LM曲線とIS曲線がy_r上で交わることはないからである。

「中央銀行は信任ある形で無責任になる」

この「流動性の罠のもとでは金融政策は無効となる」という命題は、ケインジアンの伝統的な考え方そのものである。彼らはだからこそ、金融政策よりも財政政策に重きを置いたのである。クルーグマンは単に、そのケインジアン的通説をIS＝LMモデルの上で再構成したにすぎない。しかし、クルーグマンの真の目的は、その先にあった。それは、「流動性の罠である以上、財政政策しか方策はない」というケインジアン的通説を覆すことである。

じつは、この流動性の罠のストーリーには、重要な前提条件がある。それは、どのような政策変更を行っても期待インフレ率は変化しないという「静学的期待」の仮定である。しかし、期待インフレ率が「定数」ではなく「変数」であれば、話はまったく違ってくる。というのは、名目金利がゼロであったとしても、何らかの政策によって期待インフレ率をゼロからプラスに変更できるならば、「実質金利＝名目金利－期待インフレ率」というフィッシャー方程式から、実質金利をマイナスの領域に引き下げることができるからである。それは、仮に均衡実質金利がマイナスであったとしても、名目金利の下限という「流動性の罠」を打ち破って完全雇用が実現できることを意味している。

以上が、クルーグマンによる「流動性の罠」論と、その脱出法に関する基本的な論理である。このクルーグマンの議論は、流動性の罠によって金融政策の金利チャネルが失われ、伝統的金融政策が機能停止に陥ったときに、そこからどのように脱出するのかを理論的に示すことで、期待チャネルに関するその後の論議に先鞭をつけた。しかし問題は、その「期待インフレへの働きかけ」が、どのような政策によって実現できるのかにある。

現在のマクロ経済政策の枠組みにおいては、インフレ率のコントロールに基本的な責任を負うのは、いうまでもなく中央銀行である。これは、中央銀行が担う金融政策こそが、インフレ率を適切な水準に制御する第一義的な政策手段であることを意味する。しかし、その中央銀行の金融政策による物価のコントロールとは、あくまでも現在あるいは近い将来のインフレ率を2％といった目標水準に近づけるためのものである。

それに対して、人々の貯蓄行動や支出行動に影響を与える実質金利は、一定の時間を経た将来において実現されるインフレ率としての「期待インフレ率」に依存している。そして、その「期待」は、中央銀行が今何を行うかというよりは、「中央銀行が将来にわたってどのようなスタンスで金融政策を行うのか」に依存する。つまり、期待インフレ率および実質金利は、現在というよりは将来の金融政策に依存する。

これは、量的緩和政策を「今」行ったとしても、それは必ずしも有効ではないことを意味する。実際、クルーグマンは常々、「流動性の罠のもとでの量的緩和政策は、期待に働きかけるものでないかぎり、それ自体としては効果がない」と述べている。彼は、流動性の罠のもとでは金融政策は無効というケインジアンの旧来の主張を、その面では強固に受け継いでいる。これは、彼の基本モデルが貨幣と債券しか含まず、ポートフォリオ・リバランスを考慮していないところから生じている。クルーグマンは、流動性の罠の問題性について論じた『ニューヨーク・タイムズ』誌のコラムで、バーナンキ流のポートフォリオ・リバランスに依拠した量的緩和論を否定はしていないが、彼自身はその効果については懐疑的な立場にあることを明らかにしている（Krugman［2010］）。

しかし、現実の政策として考えた場合、どのような手段を用いれば「期待への働きかけ」が実現できるのかは、量的緩和とは異なり、そう簡単に答えが出る問題ではない。重要なのは現在ではなく将来の金融政策とはいっても、中央銀行はその「将来の金融政策」を、人々にどのように浸透させればよいのであろうか。それについて、クルーグマンはたとえば、「中央銀行は信認ある形で無責任になることにコミットすべき」と述べている。しかし彼は、何をすればそれが実現できるのかは示していない。そして、その課題の実現を阻む現実的な制約がきわめて強いことは、クルーグマン自身も認めている（Krugman［2013］）。

「期待への働きかけ」は後々になってから実行された

しかし、クルーグマンの問題提起は、決して無駄になったわけではなかった。たしかに、FRBとBOEによるリーマン・ショック後の量的緩和政策は、明示的に「インフレ期待に働きかける」ことを目的としたものではなかった。それは、アメリカやイギリスでは、日本とは異なり、2～3%程度のインフレ率を安定的に維持するという課題はそれ以前から十分に達成されており、人々のインフレ期待にそれ以上に働きかけるべき理由はとくに存在しなかったからである。

しかし、20年近い長期にわたって一般物価の下落が続き、将来もそれが続くであろうという「デフレ期待」が人々の思考のなかに強固に根付いていた日本においては、状況がまったく異なる。クルーグマン流の「期待に働きかける」政策は、まさしくデフレからの脱却を求めていた日本のような国においてこそ必要とされていたのである。

将来的にもデフレが続くと人々が予想する「デフレ期待」が、マクロ経済の安定化をいかに阻害するかは、「実質金利＝名目金利－期待インフレ率」というフィッシャー方程式からただちに明らかになる。デフレ期待とは、この式の期待インフレ率がマイナスになるということである。それは、どれだけ金融緩和を行っても名目金利はゼロ以下にはならないなかで、さらに実質金利を引き上げることを意味する。デフレ期待が強まり、実質金利が上昇すれば、民間企業や家計の支出は縮小し、経済は確実に縮小する。そして、デフレはさらに進行する。これが、デフレ・スパイラルである。世界的なITドットコム・バブル崩壊後の2001～02年、そしてリーマン・ショック後の2009～11年に、日本経済は半ばその「デフレの罠」に陥ったのである。

その後にリフレ派と称されることになった日本の経済学者とエコノミストたちは、日本がデフレに突入した1990年代末から、前述のクルーグマンの問題提起を受け入れ、日本経済がデフレから脱却するためには、何よりも「デフレ期待をインフレ期待に転換させるような金融政策のレジーム転換」が必要と訴えつづけてきた。

しかし、彼らリフレ派の提案が日の目を見るのは、2012年末の第2次安倍政権の成立と、翌年3月の黒田東彦と岩田規久男を中枢とする新しい日銀の成立を待たなければならなかったのである。

ルーカスは何を批判したのか

日本のリフレ派が「期待の転換」もたらす政策を導き出すために依拠したのは、1970年代に進展した「合理的期待形成革命」が生み出した重要な知的成果の一つである、「政策レジーム」という概念である。▼1

合理的期待形成革命とは、ロバート・ルーカス、トーマス・サージェント、ロバート・バローらを担い手とする、マクロ経済学における一大革命である。その中心的な概念である合理的期待とは、「経済主体は基本的に、政府の政策変更等を含むさまざまな情報を一定の枠組みで適宜解釈しつつ、みずからにとって最善と思われる経済行動を選択する」という仮説である。その一見すると当たり前のことを述べたにすぎない仮説が、マクロ経済学における一大革命を生み出した理由は、それまでのケインズ理論の性質そのもののなかにあった。

前述のように、IS=LMモデルのような伝統的なケインズ理論では、期待インフレ率は常に過去のインフレ率に等しいという「静学的期待」が仮定されていた。静学的期待とは、政府がどのような政策変更を行っても、それは人々の期待には反映されないことを意味する。

しかし、考えてみれば、ある政策の実行が特定の帰結を生むことが明らかであれば、経済主体がそのような結果の招来をまったく予想もしないというのは、きわめて不自然であり、またありそうにもないことである。逆にいえば、政府が何らかの政策変更を行えば、人々はおそらく、その結果をある程度までは予期して行動するはずである。それこそがまさに、合理的な期待形成なのである。

このように、合理的期待形成革命は、伝統的ケインズ理論が依拠する期待概念を批判することから始まった。この仮説は、それ自体としては、「人々は過去の行動を繰り返すだけのような無能な存在ではない」という、当たり前のことをいっているにすぎない。にもかかわらず、それがマクロ経済学に「革命」をもたらしたのは、経済政策の効果を推計するそれまでのケインズ型マクロ経済モデルの多くが、その当たり前の現実とは矛盾する方法論に基づいていたからである。

前述のように、静学的期待が仮定された伝統的なケインズ理論では、経済主体は政府の政策変更に対してあたかもパブロフの犬のように機械的に反応する知性なき存在として把握されていた。当時主流であったケインズ型のマクロ経済モデルが例外なくこの欠陥を持っていることを指摘したのは、ロバート・ルーカスであった（Lucas [1976]）。後に「ルーカス批判」と呼ばれることになるケインズ型モデルへの彼の批判は、それ以降、マクロ経済モデルの構築の仕方や、経済学者たちが経済政策の効果を推論する仕方に対して、まさに革命的な転換をもたらしたのである。

ルーカス批判は、ＩＳ＝ＬＭモデルやＡＤ＝ＡＳ（総需要・総供給）モデルといった、ケインズ型

▼1　岩田編著［２００４］は、この「政策レジーム」概念を、１９３０年代の世界恐慌期における日本の昭和恐慌への分析に適用した、リフレ派による共同研究である。

のモデルのすべてについて当てはまる。IS＝LMモデルでは利子と所得が被説明変数であるのに対して、AD＝ASモデルの被説明変数は物価と所得である。AD＝ASモデルでは、金融緩和や財政拡張は、総需要を拡大させ、財価格の上昇と実質賃金の低下を通じて総供給および所得を拡大させることが示される。このように、金融緩和や財政拡張によって物価が上昇するにもかかわらず、そのモデルでは、「静学的期待」が仮定されているために、期待インフレ率は変化しない。これは、モデルの結論が経済主体の持つ期待と矛盾していることを意味する。したがって、静学的期待が仮定されたAD＝ASモデルは、ルーカス批判を免れることができない。

それに対して、経済主体が合理的な期待を持つとは、経済主体が何らかの経済的推論から得られる帰結と整合的な期待を持つことを意味する。それを経済モデルで表現するとすれば、「金融緩和は物価上昇をもたらす」という結論を導くマクロ経済モデルのなかで想定される経済主体は、その物価上昇を正しく予想して行動するように定式化されなくてはならないということである。

その場合、政策変更の効果は、何よりもまず、経済モデルにおける「期待変数の変化」として現れる。具体的には、金融緩和が何らかの波及チャネルを通じて必ず物価を上昇させるとすれば、経済主体が経済的知性を持つ存在であるかぎり、金融緩和が実際に行われるだろうという情報それ自体が「期待インフレ率を引き上げる」という効果を持つということである。したがって、合理的期待が前提とされた経済モデルでの期待インフレ率は、旧来的なケインズ型モデルのような定数ではなく、モデル内で決定される変数となる。

経済政策分析の新たな視点を提供した

このように、合理的期待形成仮説においては、各経済主体は経済政策の帰結を正しく織り込んで意志決定を行うことが想定されている。しかし、その結論は、「完全予見」と「完全情報」という理想状態が仮定された経済モデルにおいてのみ成立する。そこでは、経済主体はまさに全知全能の存在である。他方で、現実の企業や家計は、限られた情報と不完全な知識に基づいて行動する以外にはない、きわめて限定合理的な存在である。

現実の世界では、人々が経済に関して得る情報の多くは、その真偽さえも定かでないことが多い。また、仮にその情報が正しかったとしても、その情報がどのような経済的帰結を示唆しているのかを正しく判断する知識や能力を、すべての人々が持ち合わせているわけではない。その情報や知識の格差は、市場関係者のような「プロ」と一般人との間ではとりわけ大きい。

じつは、合理的期待形成革命の真の意義は、そうした情報や知識の「不完全性」が、経済にどのような帰結をもたらすのかを示した点にある。というのは、「景気変動とは不完全情報に基づく人々の期待錯誤の結果である」というのが、「革命」の口火を切ったルーカスの論文「期待と貨幣の中立性」(Lucas［1972］)の最も中心的な結論だったからである。

その理論的分析は、経済政策の効果は、経済主体の「期待」のあり方によって大きく異なることを明らかにした。それは、単に静学的期待を仮定しただけの旧来的なケインズ型モデルではまったく生み出しえない知見であった。その意味で、「現実には存在しえない全知全能の経済主体を仮定している」といった、合理的期待形成仮説に対するありがちな批判は、単なる誤解にすぎない。他方で、合理的期待形成仮説の意義を、予想された政策は無効という「政策無効命題」にのみ求めるのも、適切な評価とはいえないのである。

この合理的期待形成革命は、経済政策を分析する新たな視点を提供することで、さまざまな研究課題を生み出した。その一つが、経済政策に対する人々の「信認」という問題であった。

前述のように、合理的期待が仮定されたモデルでは、経済政策の変更は、まずは人々の期待を改訂させる。しかし、たとえば中央銀行がある時点で金融緩和を行ったとしても、それが人々によって一時的なものと認識されているか、特定の目標に達するまで継続されると認識されているかで、政策変更の持つ期待への働きかけの程度は大きく異なるはずである。

おそらく、一時的と認識された金融緩和は人々の期待インフレ率に対してはほとんど影響を持たないが、永続的と認識されたそれは期待インフレ率それ自体を高めることに結果するであろう。つまり、マクロ経済政策の効果は、特定の政策に対する政策当局のコミットメントの程度と、そのコミットメントに対する経済主体の信認の程度によって異なるということである。

サージェントの「政策レジーム」論とは

こうした政策コミットメントと信認との関係を把握するのに最も有効な分析用具が、トーマス・サージェントによって提起された「政策レジーム」概念である（Sargent［1982］）。サージェントはそれを、「政策当局が経済状態の関数として繰り返し選択するためのルールの体系」と定義する。

この概念は、クルーグマンのいう「期待に働きかける政策」とは何かを考えるうえで、きわめて有用である。というのは、こうした意味での政策ルールの転換が人々に意識された場合、それは必然的に、経済主体の期待に変化をもたらし、それを通じて人々の経済行動に変化をもたらすからである。

それは、「期待の転換」の最も劇的な実例を提供する。

サージェントによれば、政府の政策戦略あるいはレジームに変更があれば、民間経済主体は必ず、それに対応して、消費、投資、ポートフォリオなどを選択するための戦略やルールを変更すると考えられる。というのは、民間経済主体にとっての最適な選択は、政策当局が現在から将来にわたって採用する政策経路に依存して変化するからである。

金融政策に関していえば、中央銀行が将来的にインフレを許容すると想定されるか、あるいはそれを許容しないと想定されるかで、消費、貯蓄、投資等に関する企業や家計の意志決定は異なる。そうであるとすれば、政策当局における政策コミットメントは、その経済主体の行動をみずからの政策目標の実現と矛盾しないように方向づけるものでなくてはならない。

つまり、政策レジームとは、政策当局と民間経済主体との間の、ある種の戦略的ゲームである。ある政策への当局によるコミットメントが民間経済主体によって十分に信認されていれば、政策目標の達成は容易になり、場合によっては「何もしない」ことさえも可能になる。それに対して、当局によるコミットメントに対する民間経済主体の信認が不十分であれば、当局が何を行っても、民間経済主体の「裏切り」によって政策目標の達成は困難になる。

四大ハイパー・インフレーションという「好例」

民間経済主体の行動が政策当局の目標達成を容易にするという実例の一つは、「固定為替相場制のハネムーン効果」である。それに対して、「通貨危機」とは、民間経済主体の行動が政策当局の目標の達成それ自体を実現不可能にするという、逆の実例である。固定為替相場制とは、特定の為替レート水準の維持を政策目標として、主に金融政策をその手段として位置づけた、一つの政策レジームである。そのレジームでは、為替目標の維持に対する通貨当局のコミットメントへの信認が十分であれば、現実の為替レートが目標から乖離しそうになれば、市場参加者はそれが元に戻ることを予期し、為替相場を目標とされた水準に近づけるように行動する。したがって、通貨当局がとくに為替市場介入などを行わなくても、目標とされた為替相場は容易に維持される。それが、ハネムーン効果である。

しかし、何らかの理由によって為替目標の維持が通貨当局にとって困難になりつつあることが明らかになると、為替目標の維持というコミットメントへの信認が失われはじめる。その不安が市場に蔓延すると、市場参加者は、通貨の暴落という形でのレジームの「崩壊」を予想しはじめる。その予想がいったん生じると、通貨当局が実際の市場介入によって通貨防衛を行い、目標とする為替レート水準を維持しようとしても、もはや焼け石に水である。というのは、そこでは通貨の暴落はあっても上昇はありえないため、通貨が暴落するほうに賭けて市場で売り浴びせる投機家が世界中から雲霞のように集まってくるからである。この現象は、通貨への「投機アタック」と呼ばれる。そうした通貨攻撃の結果、固定相場制というレジームは崩壊し、通貨は実際に暴落する。それが通貨危機である。

このような実例は、政策当局が目標達成に成功するか否かは、「人々の期待の転換」に大きく依存することを示唆している。しかし、そのような明確な「転換」の実例を現実のなかに見つけることは、それほど簡単ではない。というのは、サージェントが指摘しているように、「特定の歴史的出来事が同一の古いゲームのルールのなかで行われた個々の措置を反映したものか、それとも新しい一組のルールないしは政府の戦略を反映したものかを解釈することは、明らかに微妙な仕事」（Sargent

[1982] p. 48) だからである。サージェントによれば、レジーム転換の直接的な証拠は、政府官僚の発表、法律、立法上の投票等々でしかなく、「この材料のなかから、実際に採用された政府戦略に対する見解を構成しなければならない」(Sargent [1982] p. 48) のである。

サージェント自身が、「レジーム変更の研究のための実験室におそらく最も近いもの」(Sargent [1982] p. 48) として分析の俎上に載せているのは、第1次世界大戦後にハンガリー、オーストリア、ポーランド、ドイツにおいて生じた、いわゆる「四大ハイパー・インフレーション」の終息過程である。これらの国々にハイパー・インフレーションが生じた共通の原因とは、第1次世界大戦後の賠償支払い等にともなう政府財政赤字の急膨張であり、不換紙幣である政府紙幣の発行による、その政府財政赤字のファイナンスであった。そして、これらハイパー・インフレーションは、最終的には、独立した中央銀行の創設、均衡政府予算に向けての一連の措置、そして金本位制への復帰を通じて終息した。

ここで、サージェントが指摘する重要な事実は、このハイパー・インフレーションは、いくつかのケースにおいて、中央銀行のベースマネーの拡大にもかかわらず終息に向かったという点である。この一見すると貨幣数量説と矛盾するような現象は、自国通貨に対する信認の回復による貨幣保蔵性向の改善という因果関係によってのみ説明可能となる。そしてそれは、「政策当局がインフレを許容しない政策レジームに転換したことを民間経済主体が信認した結果」として解釈できるのである。

「日銀は本気ではない」という認識ばかりが広まった

日本のリフレ派が、このようなサージェント的な意味でのレジーム転換の手段として日銀に求めつづけていたのは、インフレ目標の導入であった。日銀による1999年からのゼロ金利政策と、2001年からの量的緩和政策は、一定の景気下支え効果はあったものの、日本経済をデフレから脱却させることは結局できなかった。それは、「デフレ期待の転換」という根本的な裏づけを欠いていたところに最大の原因があるというのが、リフレ派の考えであった。

リフレ派は当初から、この根強いデフレ期待の払拭のためには、日銀がみずからの政策によって達成しようとしている政策目標としてのインフレ率を具体的な数値として明らかにしたうえで、その目標達成に対してみずからが責任を負うというコミットメントを明確にすることが必要と主張していた。

日銀は、速水時代のゼロ金利政策については「デフレ懸念の払拭」をその解除の条件とし、その後の量的緩和政策については、福井時代の2003年10月に「消費者物価指数（全国、除く生鮮食品）の前年比上昇率が安定的にゼロ%以上となること」を解除の条件として設定していた。しかし、リフレ派の視点からすれば、そのようなコミットメントは、特定の政策の解除条件を示しただけであり、日銀が究極的には何を達成しようとしているのかを具体的に示していない点で、きわめて不十分であった。

日銀は、速水時代には、生産性上昇による物価下落は「良いデフレ」であり必ずしも問題ではないとして、インフレ率の具体的な数値を金融政策の目標に掲げることを拒否していた。福井時代になると、デフレの弊害を基本的には認め、前記のように量的緩和の解除条件を具体的数値として明らかにしはじめた。しかし、その福井日銀も、インフレ・ターゲティングの導入には最後まで抵抗しつづけたのである。

結局のところ、白川時代以前に行われた日銀による非伝統的金融政策は、サージェント的にいえば「古いゲームのルールのなかで行われた個々の措置」であり、リフレ派が求めていた「レジーム転換」とは程遠いものであった。さらに、ゼロ金利政策や量的緩和政策があまりにも早く解除され、結果としてデフレの脱却が実現できずに終わったことは、「日銀はインフレの実現に明確にコミットするつもりはまったくない」という市場の認識を、よりいっそう強めることに寄与した。これでは、人々のデフレ期待が転換されるはずもなかったのである。

インフレ目標導入はレジーム転換の契機となりうる

それに対して、リフレ派が日銀に対して求めたのは、１９８９年のニュージーランドを端緒に、変動相場制を採用している国々に急速に拡大し、１９９０年代末には金融政策運営の世界標準となりつつあったインフレ・ターゲティングの導入であった。インフレ目標という政策枠組みでは、中央銀行は、金融政策によって達成すべき目標をインフレ率の具体的な数値として公表し、その達成責任を明確化することによって、民間経済主体のインフレ期待そのものを目標水準の近傍に安定化させる。それはまさしく、「期待に働きかける」ことを意図した政策枠組みなのである。

インフレ目標という政策レジームにおいては、現実のインフレ率が目標インフレ率から乖離しそうになれば、中央銀行は必ずそれを是正するように金融緩和ないしは引き締めを行う。中央銀行のそうした行動に対する信認が十分であるかぎり、経済主体はそのことをあらかじめ織り込んで行動する。

結果として、経済主体の抱く定常的な期待インフレ率は、常に目標インフレ率の周辺に収束することになる。これは、信認をともなった固定為替相場制のもとにおいては民間経済主体が為替目標を自己実現させるように行動したのと同様に、「民間経済主体が目標インフレ率を自己実現させるように行動する」ことを意味する。リフレ派はこのことから、日銀が2％程度のインフレ目標を信認が得られる形で導入すれば、それは間違いなく人々のデフレ期待をインフレ期待に転換させる「レジーム転換」の契機となると考えたのである。

このレジーム転換が奏功すれば、仮に名目金利の下限という流動性の罠の状況にあったとしても、GDPギャップの縮小と完全雇用の達成は可能となる。デフレ期待がインフレ期待に転換すれば、「実質金利＝名目金利－期待インフレ率」というフィッシャー方程式から、名目金利のゼロ制約があったとしても、実質金利の下限はマイナスの領域に低下する。したがって、完全雇用を実現させるような均衡実質金利が仮にマイナスであっても、実質金利をそれに近づけることができる。

先のクルーグマンの図7-1でいえば、LM曲線が水平になる実質金利rは、期待インフレ率がゼロからプラスに転じれば、ゼロあるいはプラスからマイナスにシフトする。つまり、ゼロあるいはマイナスからプラスにシフトするということである。そこで目標とされるインフレ率に2％程度の「高さ」が必要なのは、名目金利の引き下げによって名目金利の下限に抵触する前に実質金利の十分な低下を実現させるためには、人々の期待インフレ率が一定の高さを持っている必要があるからである。

レジーム転換の最大の好機を逸した

もちろん、日銀がいくらインフレ目標を宣言したところで、そのコミットメントに信認がともなっていなければ、それによって「期待の転換」をもたらすことはできない。日銀は、速水時代に実施したゼロ金利政策においては、その解除の条件が「デフレ懸念の払拭」にあると事前に宣言しておきながら、その約束をみずから覆して早期にゼロ金利を解除した前科があった。これは、デフレ脱却という日銀のコミットメントに疑念を抱かせるのに十分な「裏切り」であった。こうした過去の事例は、インフレ目標への信認の確保という課題の克服を、さらに困難なものにしていたのである。

日本のリフレ派が、その課題を克服することができる重要な契機と考えていたのは、日銀総裁の交代であった。より具体的には、2003年3月に任期を終えることになっていた速水の後任として、1998年から2002年まで日銀の政策審議委員をつとめていた中原伸之の総裁就任に強く期待していたのである。[2]

中原は、政策審議委員であったときに、日銀の内部にあって孤立をおそれることなく唯一人、量的緩和政策とインフレ目標の導入を提案しつづけていた。日銀は結局、2001年3月に中原の提案である量的緩和政策の導入を受け入れることになるが、インフレ目標の導入は強く拒否しつづけていた。その日銀における革新派であり孤高の反主流派であった中原が総裁に就任し、インフレ目標の導入を宣言すれば、日銀の政策レジームが根本的に転換したことを市場に強く印象づけることになるのは明らかであった。

任命権者であった首相の小泉が、速水の総裁任期終了が近づいた2002年末に「デフレ克服の意志を持つ人物」を新総裁に指名すると発言したことは、中原新総裁誕生への期待を大いに高めた。そしてそれは、インフレ実現への日銀のコミットメントに対する疑念を払拭する、絶好の機会になるはずであった。

▼2　岩田編［2003］は、当時のリフレ派の中核であった経済学者やエコノミストたちによる金融政策提言集であるが、その目的の一つは、中原の日銀新総裁就任を世に訴えることにあった。

ずであった。

しかしながら、このレジーム転換の最大の機会は、小泉が結局は日銀主流中の主流であった福井俊彦を新総裁に指名したことによって、無為に帰した。実際、福井の日銀新総裁指名というニュースを受けて市場でまず生じたのは、円高と株安であった。つまり市場は、「福井は日銀の従来の金融緩和消極路線を忠実に踏襲していくだろう」と判断したのである。

そのような反応のなかでも、福井は総裁就任後には矢継ぎ早に量的緩和の拡大を実行し、市場におけるみずからへの認識を徐々に覆していくことになる。しかし、それらの政策の持つ効果は、それが期待転換をともなうことのない「古いレジームのなかでの個々の措置」である以上、自ずと限定的であった。日本経済は結局、サブプライム・ショック以前の世界的な景気拡大のなかにおいても、デフレ脱却という究極的な目標を達成することができなかったのである。

2 安倍総裁再就任から金融政策のレジーム転換へ

白川は市場の期待に冷水を浴びせた

結局のところ、日本の金融政策におけるレジーム転換は、幻に終わった中原日銀新総裁誕生からさらに10年近くの歳月の経過を待たねばならなかった。それは、2012年9月における安倍の自民党総裁再就任、2012年11月の衆議院解散と12月の総選挙での政権交替、2013年1月22日にお

図7-2　ドルの対日本円為替レート（2008～13年）

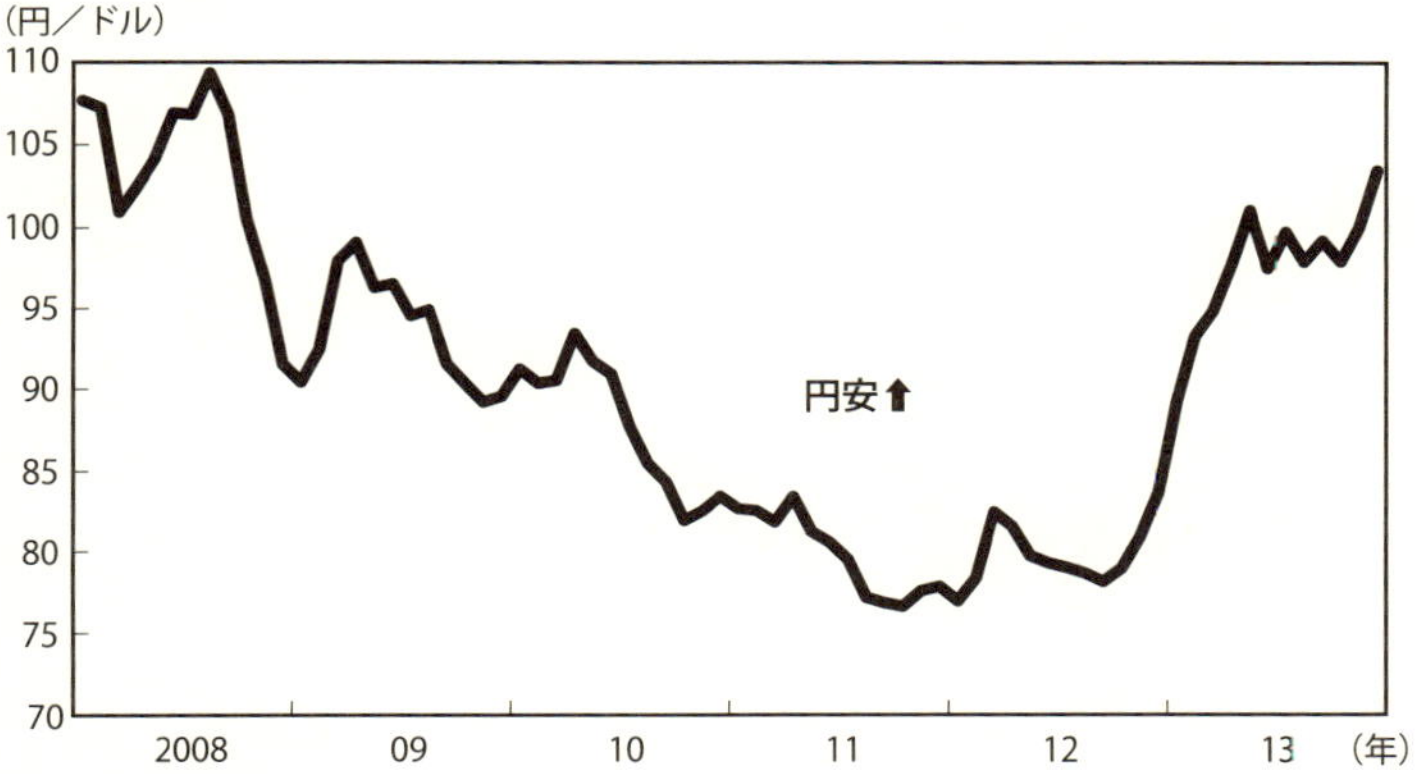

（出所）みずほ銀行データより作成。

ける政府と日銀による「2％のインフレ目標導入」の共同宣言、そして2013年3月における黒田・岩田体制の成立と、その新日銀による「異次元の金融緩和」の公表という一連の段階を経て現実化した。

それはまさしく、「民間経済主体が、消費、投資、ポートフォリオなどを選択するための戦略やルールを変更する」という、サージェントが示した意味でのレジーム転換の、これ以上はない理想的な実例であった。というのは、民間経済主体、とりわけ市場関係者の行動は、日銀の新体制が成立し、その日銀が新たな金融政策を実施する以前から、その変更を事前に織り込んで、突発的に変化しはじめたからである。その変化はとくに、市場関係者の期待転換を直接的に反映する為替市場と株式市場において最も顕著に現れた。

図7-2と図7-3は、ドルの対為替円レートおよび日経平均株価の推移である。ドルの対円為替レートは、リーマン・ショック以降、米FRBがQE1からQE2、QE3と量的緩和政策を段階的に拡大したことを背景に、傾向的に低下しつづけてきた。それが反

図7-3　日経平均株価（2008～13年）

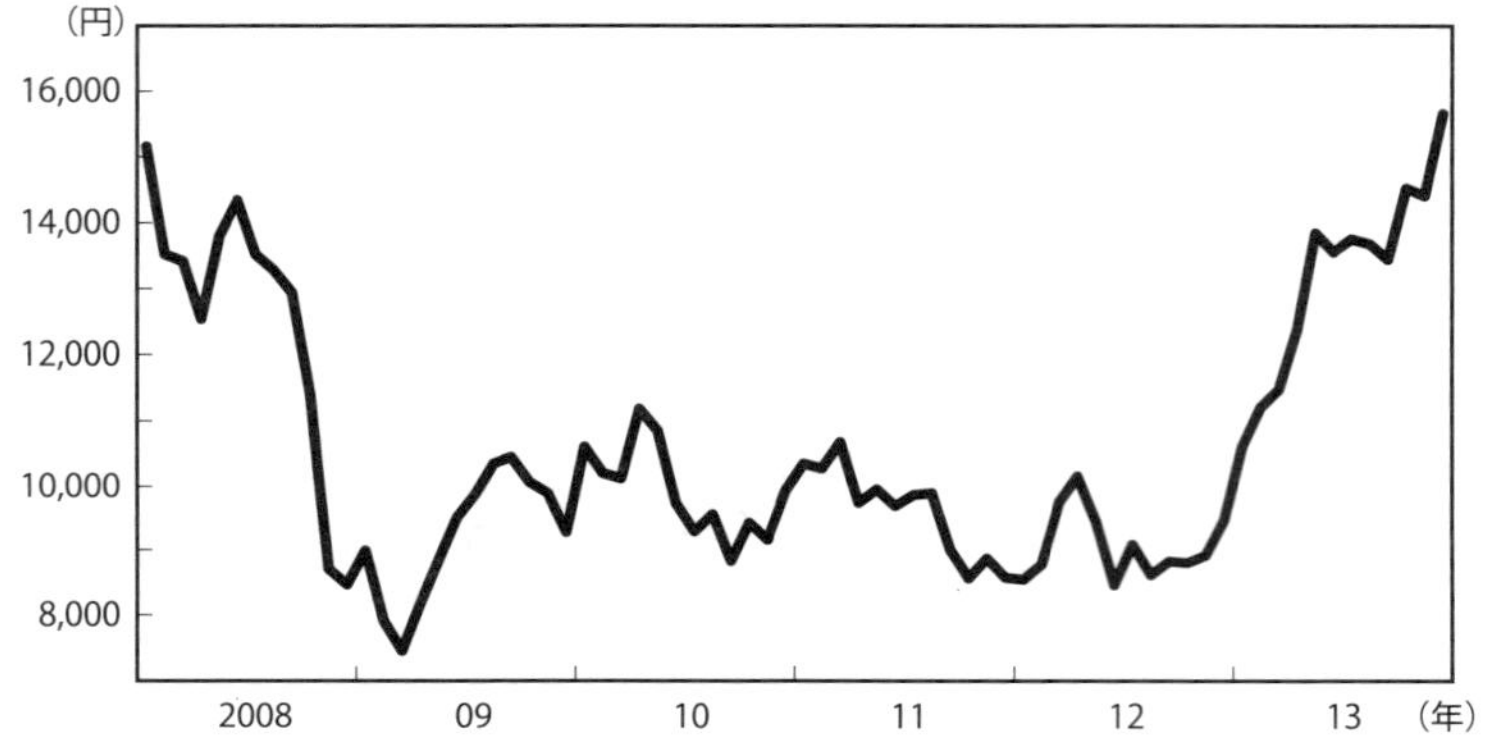

（出所）Yahoo! Financeデータより作成。

転した最初の契機は、白川日銀がバレンタイン・デーの２０１２年２月14日に発表した、資産買い入れ基金の55兆円から65兆円への10兆円の増額措置であった。これはその後、「バレンタイン緩和」と呼ばれるようになった。日銀はこのときに同時に、望ましい物価水準についての従来の「中長期的な物価安定の理解」を「中長期的な物価安定の目途」に改めたことを発表した。これは、日銀がそれまで拒否しつづけてきたインフレ目標の導入に一歩近づいたものと理解された。

日銀のこの決定は、白川日銀が従来は量的緩和にもインフレ目標にも否定的と考えられていたがゆえに、市場に驚きをもって受けとめられた。とりわけ為替市場の反応は顕著であり、１ドル＝77円台まで進んでいたドル円為替レートがそれを境として反転し、一時は84円台まで円安ドル高が進んだ。株式市場もまた、この緩和発表に強く反応し、それまで８０００円台で推移していた日経平均株価は、翌３月には７カ月半ぶりに１万円台を回復した。

しかし、このバレンタイン緩和によってもたらされた「日銀は変わったのではないか」という市場の期待は、4月には早くも剥落しはじめた。ドル円為替レートと株価は、再び下落しはじめた。その理由は、白川がその後の総裁講演等において、日銀の政策理念そのものに変更はない等の発言を繰り返したことにあった。

とくに、アメリカで翌月に開催された中央銀行関係者によるカンファレンスでの白川の講演は、日銀による金融緩和の継続に対する市場の期待に冷水を浴びせるのに十分であった。というのは、それは、世界経済危機後に各国で展開された積極的な金融緩和の効果よりも、むしろその「副作用や限界」を強調するという、いかにも白川的な内容のものだったからである（白川［2012］）。

キーパーソンは山本幸三と浜田宏一

こうした状況は、2012年9月26日に、安倍が劣勢の予想を覆して自民党総裁選に勝利したことを契機に、再び反転した。ドル円為替レートと株価は、それ以降、急激な上昇トレンドに転じた。それから2013年5月までに、ドル円為替レートはほぼ3割程度上昇し、日経平均株価に至ってはほぼ倍増したのである。ドル円為替レートと株価はその後、6月から秋までの調整局面を迎えるが、年末にかけて再び上昇局面に入り、年初来の高値を更新して2014年を迎えることになる。

安倍の自民党総裁選での勝利が日本の金融政策の「レジーム転換」の契機となった理由は、きわめて明白であった。まず、当時の民主党政権は、それまでに失政に次ぐ失政を重ねたことで、2012年内にも行われるはずの総選挙での敗北が確実視されていた。それは、来るべき総選挙で自民党が与党の座に返り咲くこと、そして自民党総裁に復帰した安倍がその次期政権の首班となることを意味していた。

さらに、その安倍が首相になった暁には、みずからの権限を通じて日銀の金融政策を根本的に転換させるべく試みるであろうことは、それまでの安倍の言動から火を見るよりも明らかであった。つまり、目ざとい市場関係者たちは、この安倍の自民党総裁選勝利の時点ですでに、「ゲームのルールが変わった」ことを読み切ったのである。

安倍は、9月の自民党総裁選において、日本経済のデフレ脱却のためには日銀のより積極的な金融緩和が必要と強く主張していた。そして、そのデフレ脱却の実現を裏づける枠組みとして、日銀法改正をも視野に入れつつ、2~3%のインフレ目標の導入を掲げていた。

この自民党総裁選においては、他の候補者たちもデフレ脱却の必要性に一応は言及していたが、金融政策の転換の必要性を安倍ほど強くは訴えていなかった。それは、安倍以外のすべての候補者は、経済の安定的な成長において金融政策がいかに重要かを、十分に理解してはいなかったからである。そして、安倍自身が告白しているように、それはかつての安倍の姿でもあった。

政治家として安倍が、金融政策についての問題意識に目覚めたのは、第1次安倍政権崩壊後の「浪人時代」のことである。そこには、さまざまな伏線があった。

とくに決定的だったのは、政界におけるリフレ派を代表する存在として、1990年代末から一貫して日銀に積極的な金融緩和を求めつづけてきた自民党の孤高の政治家、山本幸三の影響である。端的にいえば、安倍は山本に折伏されたのである。それは、浪人時代の安倍が、山本に請われて、超党派の政策集団であった「デフレ脱却議連」の会長さえつとめたことからも明らかである。

安倍はさらに、みずからの金融政策論を構築するに際して、リフレ派を代表する経済学者であったイェール大学名誉教授の浜田宏一に助言を求めた。安倍が小泉政権で内閣官房副長官をつとめていたときに、浜田は内閣府経済社会総合研究所長をつとめており、両者は経済財政諮問会議等の場でしばしば顔を合わせていた。安倍が政権に就く前に公表された、浜田と安倍の対談（浜田・安倍［2012］）は、安倍がいかにして日銀の金融政策の問題性を認識するに至ったかが語られており、きわめて興味深い。

浜田は、第2次安倍政権の成立後には、内閣官房参与（経済担当）に就任し、安倍の個人的なブレーンというよりも、アベノミクスとりわけその「第1の矢」の理論的側面を代弁するような存在となった。

日本の金融政策レジームの大転換

安倍にとってきわめて幸運だったのは、政権を担っていた民主党の野田が、民主党内の抵抗を押し切って、2012年内に衆議院の解散総選挙を行ったことである。もし野田が解散を引き延ばせるだけ引き延ばし、衆議院の任期を満了していたならば、2013年3月の日銀総裁および副総裁人事は、民主党政権によって行われていたことになる。しかし、2012年12月の衆議院総選挙の結果、大方の予想どおり民主党から自民党および公明党への政権交替が実現し、第2次安倍政権が成立したことで、そのような事態は回避された。

安倍は、民主党の野田を相手とするこの総選挙を、あえて「インフレ目標の導入」を争点に掲げて闘った。これは、相当なリスクをともなう選挙戦略であった。というのは、経済の安定成長にとってはデフレではなくマイルドなインフレが必要というのは確かな真理ではあるが、それを政策に掲げれば、「危険なインフレ誘導」といったマスコミの批判は免れないからである。実際、野田は選挙戦では、安倍の訴えるインフレ目標導入論を、その観点から批判した。

しかし、選挙の結果は、安倍の側の圧倒的な勝利であった。有権者の多くはおそらく、インフレの「危険性」よりも、デフレと円高によって日本経済が蝕まれつづけることのほうにより強く危機感を抱いていたのである。

政権を再び担うことになった安倍が、2013年1月22日にまず行ったのは、政府と日銀による「2%インフレ目標」の共同宣言であった。日銀総裁としてインフレ目標導入に最後まで抵抗しつづけてきた白川ではあったが、選挙によって示された民意に逆らうことはできなかった。それは、中央銀行はたしかに政策運営の独立性を持ってはいるが、その政策目標はあくまでも有権者の民意に基づいて設定されるべきものである以上、当然のことであった。白川はこうして、皮肉にも任期の最終局面で、日本におけるインフレ目標導入という歴史的な宣言の一端を、みずからの意に反して担うことになったのである。

安倍はそして、2013年2月末に日銀の新執行部を指名した。日銀新総裁に指名されたのは、かつて財務省財務官として日本の為替政策を担い、その当時から財務省随一のリフレ派として知られていた黒田東彦であった。また副総裁に指名されたのは、1990年代から日銀の金融政策を批判しつづけ、その知的影響力を通じてリフレ派という政策集団を日本に生み出した当の本人である、経済学者の岩田規久男であった。

その黒田と岩田を中核とする新しい日銀は、4月3日と4日に開催された最初の金融政策決定会合で、ベースマネーを2年で2倍に拡大させるという「異次元の金融緩和」を宣言した。市場関係者たちは、それに驚愕した。ここに至っては、日本の金融政策のレジームが根本的に転換したことに疑いを差し挟む余地は、どこにも残されていなかった。

期待インフレ率を知る手がかりとは

以上のように、安倍によって主導された日本の金融政策のレジーム転換は、まずは為替市場と株式市場において顕著に表面化した。これは、市場関係者たちが、金融緩和の強化によるポートフォリオ・リバランスの効果が、まずはその二つの市場において現れると予想していたことを示している。

しかし、クルーグマンの議論から明らかなように、経済主体の消費や投資の決定において最も重要なのは、実質金利の低下である。そして、そのために必要なのは、期待インフレ率の上昇である。デフレがまだ継続していているような状況下でも、2%のインフレを実現させるという政府と日銀によるコミットメントが民間経済主体によって十分に信認されていれば、期待インフレ率もまた2%まで上昇していくはずなのである。

しかしながら、過去の物価データから導き出される消費者物価上昇率などとは異なり、期待インフレ率とは、民間経済主体の意識のなかにのみ存在する、将来のインフレ率である。その値は、消費者物価上昇率とは異なり、直接的に確認することはできない。もちろん、今後の1年間で物価がどれだけ上昇するかは、1年後になれば明らかになる。しかし、その値は、1年前に民間経済主体が抱いていた期待インフレ率と一致しているとは限らない。現実の経済は、「完全予見」や「完全情報」のもとでの合理的期待が仮定された経済モデルのように完璧なものではないのである。

とはいえ、民間経済主体の意識のなかにある期待インフレ率の値を知る手がかりがまったくないわけではない。その一つは、通常の国債の利回りと物価連動国債の利回りの格差として得られる、ブレーク・イーブン・インフレ率（Break-Even Inflation Rate：ＢＥＩ）である。

物価連動国債とは、通常の国債とは異なり、元本と利息に物価変動分が加算される国債である。たとえば、国債を保有している間に1年間で2％のインフレが生じたとすれば、元本と利息に2％が加算されるわけである。このことから、もし通常の国債の金利が3％であり、物価連動国債の金利が1％であったとすれば、両者の金利格差から、市場関係者が抱く期待インフレ率は2％であることがわかる。というのは、もし市場関係者が2％以下のインフレしか生じないと考えるのであれば、インフレ分も含めた物価連動国債の予想される利回りは3％以下となるので、金利が3％である通常の国債を買うはずだからである。つまり、ＢＥＩとはまさしく、市場関係者が抱く期待インフレ率にほかならない。

また、名目金利から期待インフレ率を差し引いたものが実質金利であるから、通常の国債の金利を名目金利とすれば、物価連動国債の金利とはまさしく実質金利を意味する。図7-4は、そのＢＥＩの日本における推移である。

ＢＥＩは再び大きく上昇

この図が示すように、日本のＢＥＩは、２０１２年初頭までは、一貫してマイナスの領域にあった。つまり、そのころまでは、市場においてデフレ期待が支配的であったということである。そのＢＥＩがプラスの領域に浮かび上がってきた一つの契機は、白川日銀による２０１２年2月のバレンタイン緩和であった。日銀はそのとき、当面は1％インフレ率の達成を目指すという「中長期的な物

図7-4　日本のブレーク・イーブン・インフレ率（2010年5月〜13年5月）

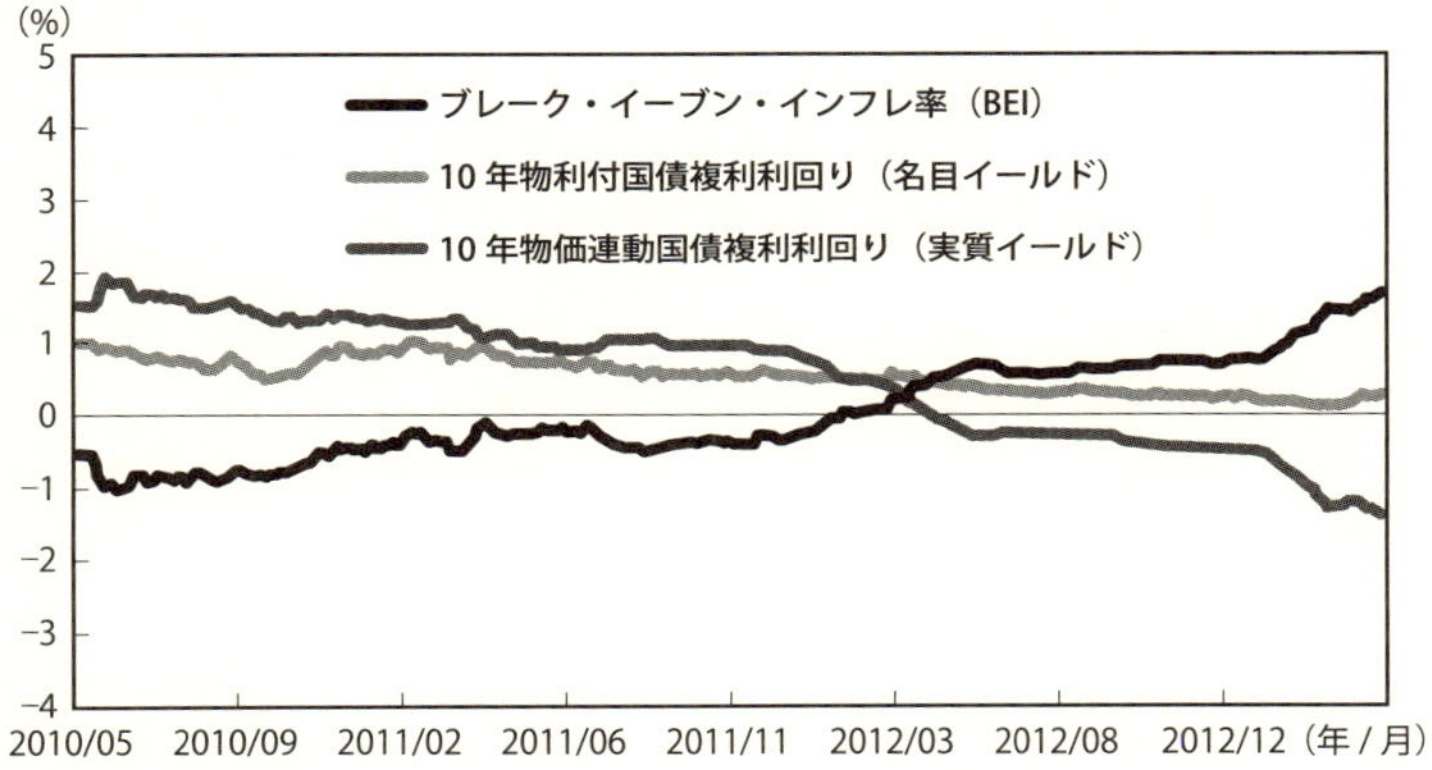

（注）日本相互証券株式会社ホームページ。

価安定の目途」を公表した。ＢＥＩがそのころから上昇しはじめ、１％のラインをやや下回る水準まで切り上がったことは、その白川日銀の弱々しいコミットメントでさえ、期待インフレ率の引き上げに対して一定の効果を持ったことを示唆している。

ＢＥＩが再び顕著に上昇しはじめたのは、第２次安倍政権が成立し、「２％インフレ目標」の導入が明らかになったころからである。それを契機としてＢＥＩが２％のラインに向けて上昇しはじめたことは、「２％のインフレ率を実現する」という政府と日銀のアナウンスメントが、市場関係者の抱く期待インフレ率に強く作用したことを示している。

また、図７-４が示すように、実質金利を意味する物価連動国債の利回りは、それにともなって大幅にマイナス化した。これは、「インフレ期待に働きかけることによって実質金利を引き下げる」というクルーグマンの提案が、リフレ派が長く求めてきたインフレ目標の導入によって現実化したことを意味している。

こうして、リフレ派が10年以上も訴えつづけてきた金融政策のレジーム転換は、政権の座に返り咲いた安倍の力によって、現実のものとなった。その転換は、一面では、FRBやBOEがリーマン・ショック後から行っていた量的緩和政策を、日銀が4年遅れで導入したにすぎないともいえる。というのは、「中央銀行が貨幣との代替性の低い資産を大規模に購入してベースマネーを拡大させる」という政策手法の点では、どの中央銀行もやることは同じだからである。

しかし、黒田日銀とFRBおよびBOEとでは、その量的緩和の政策目的という点では、大きく異なっていた。というのは、黒田日銀の最大の目標がデフレからの脱却であり、だからこそ何よりもインフレ期待の転換が必要とされていたのに対して、FRBやBOEの量的緩和の意図は、必ずしも期待の転換にあったわけではなかったからである。

バーナンキは「量的緩和は一時的な手法」と強調

バーナンキは、2012月12月12日の記者会見において、みずからの「大規模資産購入」政策が「インフレ期待への働きかけ」を目的とするものではないことを、以下のように明言している。これは、「FRBが実施してきた巨額の国債購入は、政府財政赤字のファイナンスとして受け取られ、ドルの信認を失わせることに帰結するのではないか」という、ある記者からの質問に対する、バーナンキの回答である。

　ご存知のように、われわれはこれまで、バランスシートを拡大させつづけてきました。しかし、これは明らかに、一時的な措置です。それは、経済を下支えするための手段です。同様に明らかなのは、われわれはこのバランスシートを将来的に正常化するだろうということです。つまりわれわれは、資産を売却したり処分したりすることで、資産規模を縮小させます。したがって、繰り返しになりますが、これは単に一時的な方策にすぎないのです。われわれが資産を購入することと、それを永久に保有しつづけることは、まったく別のものです。FRBによる政府財政赤字のマネタイゼーションとは、後者を意味します。われわれは、それを行ってはいません。われわれは、みずからの政策意図については、きわめて明確です。私は、これまでのところ、われわれのこの政策への信認はきわめて良好と考えています。現時点でインフレが生じているような徴候は、まったくありません。また、金融市場、市場調査、市場予想等々の何を確認しても、インフレ期待が上昇していることを示す強い証拠はありません。これは、われわれが強調しておかなければならないポイントの一つです。私が以前、バランスシート拡大の潜在的なコストについてお話ししたことを思い出してください。バランスシートの規模の大きさがインフレ期待に対して効果を持つことはありません。われわれは、この点については誤解のないようにしたいと思います（Bernanke［2013b］）。

バーナンキはこのように、量的緩和はあくまでも一時的な措置であり、期待インフレ率の引き上げというクルーグマン的な意図を持つものではないことを、きわめて強い調子で述べている。それは要するに、日本とは異なり、アメリカではそれが必要ではなかったからである。

アメリカのＢＥＩの推移を確認すると、リーマン・ショック直後には一時的に大きく落ち込んだものの、その後は再び２％周辺に戻り、その前後で安定的に推移していることがわかる。つまりアメリカでは、期待インフレ率は目標水準である2%前後に確実にアンカーされているため、そこからさらに「期待に働きかける」必要がないのである。バーナンキの「大規模資産購入」はあくまでも、ポートフォリオ・リバランスを通じて各種資産の価格と収益率に影響を与え、その資産市場から経済全体に影響を与えることを意図するものであった。

黒田日銀が企図したインフレ期待への働きかけ

それに対して、黒田日銀の「量的・質的金融緩和」は、期待チャネルとポートフォリオ・リバランスに基づくチャネルの両方を追求していた。つまりそれは、クルーグマン的アプローチとバーナンキ的アプローチの両者を含んでいた。

黒田日銀の政策がポートフォリオ・リバランスを重視していることは、民間部門の資産構成の組み替えを意味する「質的緩和」という部分に現れている。しかし、「量的緩和」の部分については、その政策意図は、バーナンキのそれとは大きく異なる。その違いを端的にいえば、バーナンキの量的緩和が「一時的」とすれば、黒田日銀のそれは、少なくとも部分的には「恒久的」なのである。

これは、「中央銀行が一定のインフレ率の実現を目標として金融政策を行う」ということの意味を考えれば明らかになる。それは、中央銀行が将来にわたって、目標とされた一定のインフレ率を実現させるようにベースマネーを供給しつづけることを意味する。その将来経路において、どれだけのベースマネー供給が必要になるのかは、目標とされたインフレ率に依存する。というのは、経済において必要とされるベースマネーは、インフレ率が高いほど多くなるからである(ただし次章で詳述するように、インフレ率が一定の閾値を超えると、人々が貨幣の保有を忌避しはじめるため、ベースマネーの需要は逆に減少する)。つまり、中央銀行の目標インフレ率を2%へ引き上げるということは、将来のベースマネーの供給経路そのものの引き上げを意味するのである。

右のバーナンキの発言から明らかなように、バーナンキが行っている量的緩和は、FRBにとっての将来的なベースマネー供給経路の変更を意味するものではない。その措置は、完全失業率の数値などから経済の十分な回復が確認されれば、バランスシートの縮小によって確実に解除される。それが、バーナンキのFRB議長としての任期の終盤である2013年ごろから示唆されはじめ、その年の12月から開始された「テーパリング」すなわち量的緩和の巻き戻しである。FRBのベースマネー供給経路は、このテーパリングが完了すれば、正常時のそれに復帰することになる。

それに対して、日本の場合には、アメリカとは異なり、安倍政権の手によって目標インフレ率が2%へ引き上げられている。それは、将来のベースマネー供給経路そのものが引き上げられたことを意味する。もちろん日本でも、量的緩和が解除される段階では、いったんはテーパリングを通じたバランスシートの縮小が実行されるであろう。しかし、より高いインフレにはより大きなベースマネーが必要である以上、量的緩和による現在のバランスシートの拡大分の少なくとも一部は、「将来におけるベースマネー」として恒久化されることになる。その意味で、黒田日銀の量的緩和は、バーナンキのそれとは異なり、クルーグマンが提案していた「インフレ期待への働きかけ」への明確な裏づけとなっているのである。

日銀以上の強硬な日銀派

以上のように、安倍によって導かれた日本の金融政策のレジーム転換は、長期デフレ不況のなかで縮小していく以外にはないかのように見えた日本経済にとって、その再生に向けた明らかな転機となった。そうなってみるとむしろ浮かび上がるのは、速水時代に導入された量的緩和政策、あるいは白川時代に展開された包括緩和政策といった、これまでの日銀の非伝統的金融政策は、なぜそのような明確な効果を持ちえなかったのか、という疑問である。

実際、日銀およびそれに近い立場の経済学者やエコノミストたちによる量的緩和無効論の根拠の一つは、これまでの日銀の非伝統的金融緩和政策によってはデフレからの脱却が実現できなかったという事実にあった。つまり、「外野が騒ぐので無駄と知りつつ量的緩和をやってみたが、やはり無駄なことがわかった」というわけである。

日本のデフレが１９９０年代末に深刻化し、量的緩和政策導入の是非が専門家の間で論議されはじめた当初から、日銀はその導入に対してきわめて否定的な立場を明確にしていた。当時の日銀の主導的なエコノミストであった翁邦雄、白塚重典、藤木裕による論文「ゼロ金利下の量的緩和政策」（翁・白塚・藤木［２０００］）は、その否定論の根拠を理論的に示したものである。

彼らは、長期国債買い切りオペの拡大を量的緩和政策の主要な手段を位置づけたうえで、ポートフォリオ・リバランスを目的とした「マイルドな長期国債買い切りオペ」と、期待転換を目的とした「アグレッシブな長期国債買い切りオペ」を区別する。そして前者については、「財政規律の喪失懸念」から国債金利上昇のリスクが高まる一方で、「ポートフォリオ・リバランス効果を通じた量的緩和効果はきわめて不確実」と断定する。また後者については、「日本経済が危機に瀕した場合の賭けの手段」と表現している。つまり、「量的緩和の効果は不確実である一方で、そのリスクはきわめて高い」というのが、彼らの結論であった。

リフレ派を除く日本の専門家やジャーナリストの大多数は、量的緩和政策についての日銀のこうした見方を何の疑いもなく受け入れ、それをさまざまな媒体を通じて拡散しつづけていた。彼らの多くはむしろ、日銀が遅ればせながらの金融緩和措置を実行したときには「政府の要求に屈した」として日銀の対応の軟弱さを批判するような、日銀以上の強硬な日銀派であった。そのような日銀的見解の論壇支配は、日銀が既存のレジームを維持するうえで、大いに役立った。だからこそ、日本経済は20年近くもデフレを続けることができたともいえるのである。

しかし、ある一つの政策について、一方で効果がないと断定しながら、他方でリスクが高いと評価するのは、きわめて矛盾した主張であった。さらに奇妙なのは、専門家やジャーナリストたちの多くが、そこに含まれる矛盾を指摘するどころか、その矛盾をますます増幅して恥じなかったことである。

彼らは、量的緩和によってのデフレ脱却は不可能という日銀の見解を受け売りする一方で、量的緩和はやがて通貨の信認喪失と制御不能なインフレをもたらすと主張しつづけていた。つまり彼らは、量的緩和はデフレとインフレの両方をもたらすと主張していたわけである。それはもちろん不可能である。実際、白川時代までの日銀の非伝統的金融緩和政策は、通貨の信認喪失どころか、制御の必要性を感じさせるようなインフレの徴候すらもたらさなかったのである。

つまり、白川時代以前の日銀の非伝統的金融緩和政策はたしかに、デフレからの脱却という「効果」をもたらすことなく終わった。その理由は単純であり、政策規模が不十分だったからである。どのような政策でも、「リスク」をおそれて微々たる規模でしか行わなかった場合には、目に見えた「効果」が現れないのは当然である。

ポートフォリオ・リバランスは、資産市場の一般均衡分析から得られる、きわめて頑健な結論である。中央銀行による資産購入の効果が目に見えなかったとすれば、それは単にその規模が不十分だったからにすぎない。それを続けていけば、資産チャネルを通じて民間の支出は拡大し、ＧＤＰギャップは縮小し、その後は必ずインフレがもたらされる。そのことは、「バーナンキの背理法」から明らかである。

バーナンキは実際、２０１２年８月31日にジャクソン・ホールで行われた講演において、リーマン・ショック後のＦＲＢによる大規模資産購入は、株価の上昇と社債や住宅抵当担保証券の利回りの顕著な低下をもたらし、アメリカ経済の生産と雇用の回復に寄与したことを明らかにしている（Bernanke［2012b］）。

旧日銀は政策的保守主義にとらわれた

日銀の非伝統的金融緩和政策はまた、「期待への働きかけ」をもたらすこともなかった。そこでの問題は、日銀がもっぱら量的緩和のリスクのみを強調し、その実効性を頑なに否定しつづけたことによって、期待転換の可能性そのものをみずから打ち壊してしまった点にある。

当然のことであるが、人々のデフレ期待を払拭してインフレ期待に転換するためには、まずは日銀自身が、みずからの政策によって確実にインフレを実現できるという立場を明確にしなければならない。そうでないかぎり、インフレ達成への日銀のコミットメントが信認を得られるはずもないからである。

しかし、白川時代までの日銀は、黒田日銀とは異なり、「日銀は必ずインフレを実現する」という明確なコミットメントを行ったことは一度もなかった。それどころか、みずからが実行している非伝統的金融緩和政策がどのような効果を持つのかさえ、十分に説明しようとはしなかった。日銀がそのように、物価安定の責任を自覚することもなく、デフレの深刻化に対して傍観者のようにふるまっているかぎり、「期待の転換」など生じるはずもなかったのである。

黒田は、総裁への就任前に衆院で行われた所信聴取において、「金利引き下げの余地が乏しい現状では、市場の期待に働きかけることが不可欠だ。もし私が総裁に選任されれば、市場とのコミュニケーションを通じて、デフレ脱却に向けてやれることは何でもやるという姿勢を明確に打ち出していきたい」と表明した。

白川はそれに対して、日銀総裁としての5年間の任期を終えた2013年3月19日の退任会見において、「期待に働きかけるという言葉が、中央銀行が言葉によって、市場を思いどおりに動かすという意味であるとすれば、そうした市場観、あるいは政策観には危うさを感じる」と述べ、黒田新体制による金融政策運営への危惧を表明した（『ブルームバーグ・ニュース』2013年3月19日）。白川は最後まで白川であり、それはまた日銀そのものでもあったということである。

こうした日銀の旧来的な体質を特徴づけているのは、政策的保守主義である。それは、非伝統的な政策の持つリスクを過剰に懸念し、逆に局面が変わっているにもかかわらず伝統的な政策にギリギリまで固執しつづけるような思考様式である。ゼロの政策金利という世界的にも例をみなかった状況での金融政策のあり方が日本のみならず海外においても論議されはじめていたころ、その問題に関して行われたFRBのカンファレンスにおいて、日銀の政策審議委員の一人であった植田和男は、そこでの論議の内容を踏まえて、以下のようなコメントを行っている。

非伝統的な資産の買い切りオペについてもう一度振り返ると、私は、それは日本銀行と日本経済にさまざまなコストをもたらすといわざるをえない。それらのいくつかに、われわれはまだ気づいていないかもしれない。また、それらのほとんどは、経済学者が用いる形式的なモデルでは明示的に扱われていない。何らかの政策的決定を行う前には、これらのコストを、政策を実行して得られる便益と十分に比較斟酌する必要がある。私は、われわれがそのようなリスクの高い決定をするようにはならないことを願っている（Ueda［1999］）。

ただし、こうした日銀の政策的保守主義に関しては、日銀だけを槍玉に挙げるのは公平とはいえない。というのは、日銀に限らず官僚機構というものは総じて、基本的に同様の傾向を持っているからである。

植田が懸念するように、現実によって試されてはいない新奇な政策は、思いもよらない副作用の発生が避けられない。また、その政策が失敗に終わる可能性も高い。官僚機構が最もおそれるのは、その結果がみずからへの批判となってはね返ってくることである。また、仮にその新しい政策が成功したとしても、それが必ずしも官僚機構にとって望ましいとは限らない。というのは、その場合にはそれで、「なぜその政策をもっと早く実行しなかったのか」という批判が生じるからである。結局、みずからが慣れ親しんできた伝統的な政策に可能なかぎり固執することこそが、官僚機構にとっての最も望ましい戦略となる。これが、政策的保守主義の本質である。

強調されるべきは、日銀の体質がそのようなものであったことは事実としても、それは決して日銀の政策のすべてではなかったという点である。こうした政策的保守主義にもかかわらず、日銀は結局、量的緩和などの非伝統的金融政策を、各国に先駆けて実行した。それは、日銀の内にあって、大勢に流されることなく新たな政策の導入を主張しつづけた、中原伸之のような真の先駆者が存在したからである。

先駆けだった中原伸之

中原は講演において、みずからが政策審議委員の一人として金融政策決定会合で提案しつづけていた「インフレ目標付き量的緩和」の内容を、以下のように説明している。

私の提案は、お手元の議事要旨に記載されているように一定期間後のＣＰＩ（除く生鮮食品）の上昇率が前年同期比＋０・５～２・０％の適正なインフレ率に上昇するように物価についての目標を定めるというインフレーション・ターゲティングの部分と、直近の積み期間に超過準備額を平残ベースで５０００億円程度増額し、その後も、増加させていくことでマネタリーベースの伸び率を取りあえず前年同期比プラス10％程度に引き上げてみようという量的緩和を提案する二つの部分から成り立っています。すなわち、政策目標の設定の仕組みとしてインフレーション・ターゲティングを、また、中間目標の設定の方法としてマネタリーベース・ターゲティングを用いているわけです。また、私の提案には、量的緩和によって日銀が追加的に供給する資金のトータルでのボリューム感がつかめるようにということから、注書きとして明年3月までに現状比3兆円程度準備預金の残高を増額させる必要がある旨を記載しております（中原［1999］）。

中原はこのように述べた後に、量的緩和政策は決して無効ではなく、複数の波及チャネルを持つことを指摘する。それは、「より長い期間の金利の低下」、「金融機関のポートフォリオ・リバランス」、「期待インフレ率の上昇による実質金利の低下」、「為替の円安化」、「株価の上昇」の五つである。つまり、中原の「インフレ目標付き量的緩和」の提案は、当初から、ポートフォリオ・リバランスに依拠するバーナンキ的なアプローチと、期待への働きかけというクルーグマン的なアプローチの双方を取り込んでいたのである。

その提案は、細部の実装は異なるとはいえ、目標となるインフレ率の達成までマネタリーベース（ベースマネー）を拡大させつづけるというその本質において、その約15年後に黒田日銀によって実行されることになる「異次元の金融緩和」を先取りするものであった。

以上を振り返ると、小泉純一郎の心変わりによって2003年3月の中原の日銀新総裁就任が幻に終わったことが、今さらながら悔やまれる。日本はそれによって、貴重なデフレ脱却の機会を、その後の約10年にわたって失ったのである。その損失の大きさは、想像もできない。

民主主義社会においては、官僚機構の持つ根深い政策的保守主義を打ち破ることができる力は、政治的意志決定しかありえない。それは、選挙という民主的な手続きによって明らかにされた民意に基づいて行使される権力である。結果から明らかなように、小泉はその力を正しく行使できなかった。その本来行われるべきであった決定を、安倍はようやく成し遂げたということである。

第8章

財政と金融の統合政策
——ヘリコプター・マネー

1 ヘリコプター・マネーとシニョレッジ

究極のマクロ政策としてのヘリコプター・マネー

これまでの三つの章では、不況下のマクロ財政政策と非伝統的金融政策という二種類の経済政策について、主に理論的な観点から考察を加えてきた。それらは、伝統的な金融政策が無効化した「流動性の罠」の状況下における、最も基本的なマクロ政策オプションである。

事実、世界各国は、リーマン・ショック後の経済危機に対応して、その二つの類型の政策を競い合うように展開した。しかしながら、きびしい景気後退によって各国の財政赤字が急激に拡大したことで、ケインズ的な財政拡張政策の世界的復活という局面は、2010年には早くも転換を余儀なくされた。

そして、2010年春にギリシャ危機が顕在化すると、緊縮財政への世界的な巻き戻しが生じた。その後は、多くの国において、金融政策のみに依存する状態が恒常化した。非伝統的金融政策としての量的緩和を粘り強く続けながらも、財政政策のほうは時を経るにつれて中立的あるいは緊縮的なものに変貌していったアメリカとイギリスの両国は、その典型である。

こうした財政政策の方向変化が、各国経済の回復を遅らせる大きな結果となったことは明らかである。その理由は、第5章で論じたように、緊縮財政とは本質的に、赤字財政が持っているはずの経済拡張効果を中立化させるものだからである。たしかに、赤字財政政策の持つ乗数効果は、ケインズ型の乗数モデルが示唆するほど大きなものではない。その効果は、それ自体としてはごくわずかなものとしか考えられない。しかし、緊縮財政は、そのわずかの効果さえも打ち消してしまうのである。

緊縮財政の悪影響は、じつはそれだけにはとどまらない。緊縮財政は、本章で明らかにすることになる、シニョレッジ（貨幣発行益）の利用を通じた経済回復効果をも失わせてしまう。そのシニョレッジ効果とは、金融緩和政策と財政拡張政策を同時に遂行することによってのみ得られるものである。この財政と金融の統合政策は、しばしば「ヘリコプター・マネー」政策と呼ばれる。この政策は、良かれ悪しかれインフレ促進効果を持つことが明らかな、究極のマクロ政策なのである。

ヘリコプター・マネー政策は、具体的には、政府の財政赤字を中央銀行が貨幣を発行して賄うことによって実現される。これは、専門的な文献においては、「財政赤字のマネー・ファイナンス」や「国債のマネタイゼーション」と呼ばれている。日本ではより手短に、「財政ファイナンス」と呼ばれることが多い。

この政策が確かな効果を持つことは、逆説的ではあるが、それが中央銀行の伝統的教義のなかでは、最も避けるべき「禁じ手」として位置づけられてきたという事実のなかに現れている。実際、白川時代以前の日銀は、「財政ファイナンスという懸念を生んではならない」ことを根拠に、外部からの批判を無視しつつ政策的無為主義を貫いてきたのである。

ハイパー・インフレという悪夢

日銀のみだけではなく、中央銀行は伝統的に、財政赤字のマネー・ファイナンスを原理的に「悪」として位置づけてきた。そこにはたしかに、歴史的な裏づけが存在していた。それは、第1次世界大戦後のドイツにおけるそれをはじめとする、これまでの近代史上のハイパー・インフレーションである。このハイパー・インフレとは、少なくとも年率約25％以上に及ぶような激しいインフレのことである。このような物価上昇が生じれば、人々はみずからの持つ金融資産の価値をほとんど失うだけでなく、最悪の場合には札束をカートに積んで買い物をしなければならない。それは、通貨価値が失われた場合に生じる極限的な状況である。

ハイパー・インフレの歴史的ケースのほとんどは、中央銀行による政府財政赤字のマネー・ファイナンスが契機となって生じたものであった。こうした経験は、財政ファイナンスは原理的に悪であるという観念を、専門家や政策当局者の思考のなかに、あたかも絶対的な真理であるかのように定着させた。そのことから、中央銀行的伝統の守護者たちはこれまで、中央銀行の最大の任務は「通貨の信認」の維持であり、そのためには中央銀行の政府からの独立と「中央銀行による国債引き受けの禁止」のような法的制限が必要と主張してきたのである。

財政ファイナンスは「絶対悪」か

たしかに、財政ファイナンスはこれまで、時には劇的な帰結をもたらしてきた。とはいえ、「財政ファイナンスは制御不能のインフレをもたらす」という中央銀行の教義は、必ずしも常に正しいものではない。ハイパー・インフレの背後には必ず財政ファイナンスが存在するが、財政ファイナンスを行えば必ずハイパー・インフレに直結するわけではない。つまり、財政ファイナンスはハイパー・インフレの必要条件であるが、十分条件ではないということである。

マスメディアはしばしば、中央銀行が量的緩和を少しばかり拡大しただけでも、それを財政ファイナンスと批判する。この批判は、財政ファイナンスと通常の金融緩和政策の間には原理的な区別は存在していないことを示唆している。

財政拡張政策とは一般に政府がその財政赤字を国債によって賄うことを含んでおり、金融緩和政策とは一般に中央銀行がその貨幣供給を国債の買いオペによって行うことを含んでいる。したがって、財政拡張と金融緩和が同時に実行されれば、それは実態としては財政ファイナンスにほかならない。その両者はともに通常の財政政策であり金融政策であるから、何ら「禁じ手」ではない。むしろ、それらを禁じられてしまえば、通常の財政金融政策そのものが不可能になってしまうのである。

結局のところ、財政ファイナンスを原理的に悪とする教義は、単に政策の実態を無視した観念論にすぎない。むしろ、ある経済状況においては、中央銀行と財政当局は、特定の政策目標の実現のためには、相互に政策を調整し合わなくてはならない。ヘリコプター・マネー政策とは、その財政拡張政策と金融緩和政策の「統合」としての財政ファイナンスを、両者の偶然の一致としてではなく、デフレや不況を克服するための一体化した政策手段として、意識的に実現させようとするものである。

ヘリコプター・ベンと呼ばれる

ヘリコプター・マネーという政策的オプションが、金融政策における「禁じ手」としてではなく、一つの実現可能性を持った政策として真摯に論じられるようになった契機は、当時はＦＲＢ理事であったベン・バーナンキによる2002年11月の講演である（Bernanke［2002b］）。バーナンキがこの講演を行った背景には、当時のアメリカ経済がITドットコム・バブルの崩壊によってきびしい景気後退に陥っており、アメリカのインフレ率が急激に低下していたという事情があった。当時のFRB議長グリーンスパンが、「アメリカも日本のようなデフレに陥るかもしれない」と危惧したのは、そのためである。

既述のように、バーナンキは学者からFRB理事に転じる直前に、デフレ下のゼロ金利に陥っていた日本の金融政策について深く研究していた。その成果が、2000年に発表された彼の論文「自ら機能麻痺に陥った日本の金融政策」である（Bernanke［2000］）。バーナンキはそこでは、日銀の政策的無為主義を批判しつつ、デフレから脱出するために日銀が本来行うべき政策を提言していた。バーナンキの2002年11月講演は、この日銀への政策提言を、アメリカが日本のようなゼロ金利状況に陥った場合のFRBによる可能な対応策として提示したものといえる。

この講演が専門家たちの大きな注目を集めた理由は、バーナンキがそこで、単にFRBが単独で実行しうる政策オプションについて述べただけではなく、「デフレ対策の効果は金融当局と財政当局の協力によって著しく高めることができる」ことを主張したからである。彼はその実例として、政府が広範な減税を行うと同時にFRBが国債買い入れを行うという手法を挙げている。

彼によれば、その政策は「まず間違いなく消費、ひいては物価に対する効果的な刺激剤となる」。彼はさらに、そのような「通貨創造を財源とする減税」は、「ミルトン・フリードマンの有名な『ヘリコプター・マネー』と本質的に等しい」ことを指摘している。それは、バーナンキが「ヘリコプター・ベン」というあだ名で呼ばれる契機となった（図8-1）。

バーナンキは要するに、財政赤字のマネー・ファイナンスを「禁じ手」として位置づけ、その実行をタブー視してきた中央銀行の伝統的な教義に対して、大胆にも中央銀行の内側からあからさまな反駁を行ったのである。それは当然ながら、中央銀行関係者の一部からだけではなく、「健全な金融政策」についての旧来的観念にとらわれていた保守派層の反発を招いた。彼に対する「ヘリコプター・ベン」という命名には、多分に「不健全な金融政策の遂行者」という揶揄のニュアンスが含まれていた。

実際、バーナンキがＦＲＢ議長に就任し、リーマン・ショック後の経済危機に対応して信用緩和や量的緩和を実行したとき、それに対して最もきびしい批判を展開したのは、民主党よりもむしろ共和党の保守派やそれに近い層であった。とりわけ、オーストリア学派由来のマクロ緊縮主義を標榜して金本位制の復活を唱導する、ロン・ポールに代表される一部のリバタリアンからの批判はすさまじいものがあった。そのことは、バーナンキ自身は共和党員であり、また保守派の教祖でもあったフリードマンの学問的な面における継承者であった事実を想起すれば、皮肉という以外にはなかった。

図8-1 「ヘリコプター・ベン」戯画

（出所）BlueWire Studio製作。

フリードマンによるヘリコプター・マネーの寓話

バーナンキが指摘する「フリードマンの有名なヘリコプター・マネー」とは、1969年に公刊されたフリードマンの論文「最適貨幣量」に用いられた議論である（Friedman [1969]）。フリードマンはその論文で、貨幣供給量の拡大がどのようなメカニズムを通じて物価の上昇をもたらすのかを示すために、文字どおり「人々の上にヘリコプターから紙幣をばらまく」という思考実験を行った。フリードマンはそれによって、MV＝PY（貨幣量×貨幣の所得流通速度＝価格×実質国民所得）という貨幣数量方程式が、たしかに「貨幣の名目的な数量が物価を決める」という因果関係を意味するものであることを示したのである。

フリードマンがそのために設定した経済モデルは、きわめて単純なものである。人々が年々歳々、一定の財貨サービスを生産および供給し、その見返りに財貨サービスを消費するような、定常的な経済を考えよう。そのように単純な循環を繰り返す経済でも、人々は一定の額の貨幣を保有しようとする。それは、財貨サービスの直接的な交換よりも貨幣を媒介とする交換のほうが容易であり、また財貨サービスの生産および販売から得られる収入とみずからが必要とする財貨サービスへの支出との間には時間的な乖離が存在するからである。

その貨幣経済で人々が貨幣を得るためには、支出を収入以下に抑える必要があるが、それは現在可能な消費を犠牲にすることを意味する。それでも人々が貨幣を欲するのは、支出に対応した収入がその時々で得られるかどうかに関して不確実性が存在するからである。逆にいえば、貨幣は支出に対応した収入が得られない緊急時への担保となる。それが、貨幣の便益である。しかし、貨幣を多く保有すればするほどそれを上限まで使う可能性は減少するため、貨幣の限界便益は貨幣の保有量に依存

図8-2　貨幣需要と貨幣供給による物価の決定

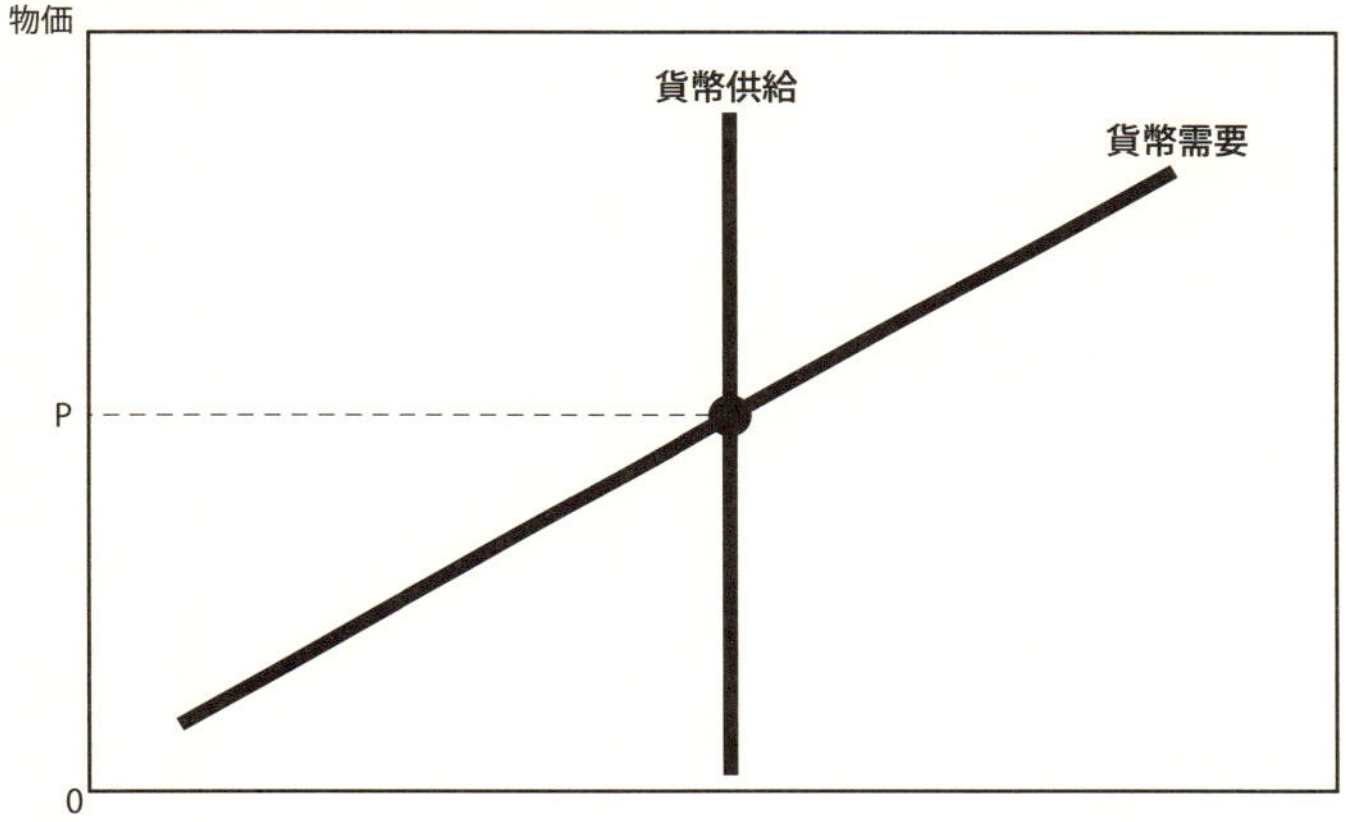

して逓減する。人々は、その貨幣の限界便益が貨幣の限界費用すなわち消費の犠牲に等しくなるように、みずからの貨幣残高を調整する。それが人々にとっての最適な貨幣残高である。

ここで注意すべきは、以上の推論は、人々が貨幣保有に関してどのような最適化行動を行うのかを、「貨幣の購買力が一定であることを前提としたうえで」考察したものにすぎないという点である。実際には、人々がどれだけの貨幣残高を欲するかは、貨幣の購買力すなわち「物価」にも依存する。貨幣の購買力が低くなれば（すなわち物価が高くなれば）、緊急時に必要となる貨幣の名目額も多くなるため、人々が必要とする貨幣残高も増加する。つまり、貨幣需要は物価の増加関数となる。最も単純なケースでは、物価が2倍になれば、貨幣需要も2倍となる。したがって、貨幣の購買力としての物価は、図8-2のように、貨幣の供給量が一定であれば、その貨幣需要が貨幣供給と一致する点で決まる。

フリードマンの結論は

ここで、ヘリコプターから人々の頭上に、既存の貨幣量と同じ分量の紙幣がばらまかれたとしよう。そして、その紙幣はすべて、人々によってただちに回収されるとしよう。その結果、人々が持つ貨幣の名目的な残高は、突如として2倍になる。これは、物価に変化がないとすれば、人々が過大な貨幣残高を持つことを意味する。したがって人々は、支出を増やす、または余暇を増やして収入を減らすなどをして、貨幣残高を減らそうとするであろう。

しかし、収入と支出は社会全体では常に一致しているので、貨幣を支出に振り向けようとする人々の思惑のすべてが事前の計画どおりに実現されることはない。つまり、市場では、貨幣に対する超過供給、財貨サービスに対する超過需要が発生する。その結果、財貨サービスに対する貨幣の購買力は低下する。すなわち、物価が上昇する。

仮に、人々の貨幣保有性向が貨幣の購買力のみに依存しているとすれば、その新たな均衡では、物価はちょうど2倍になっているはずである。というのは、ヘリコプター・マネーが実行される前と後とで人々の貨幣保有性向に変化がないとすれば、人々が保有しようとする貨幣残高が2倍となるのは、貨幣価値が半減しているときのみだからである。

ちなみに、このフリードマン論文の結論は、「社会的に最適な貨幣量とは名目利子率をゼロにするそれである」というものである。この結論は、右の「人々は貨幣の限界便益がその限界費用に等しくなるように貨幣残高を調整する」という論理に基づいている。

前述のように、貨幣保有の費用とは、それによって失われる消費であるが、成長する経済では、現在の消費を投資に振り向ければ実質利子率の分だけ高い消費を将来得ることができる。また、インフレが生じている経済の名目利子率は、インフレ率の分だけ実質利子率よりも高くなる。ここで、貨幣の保有とは利子の放棄を意味するから、貨幣保有の費用は名目利子率が高くなればなるほど高まる。したがって、貨幣保有の費用を最小化するという意味では、名目利子率をゼロにするような金融政策が最も望ましいということになる。この命題はその後、「フリードマン・ルール」と呼ばれるようになった。

フリードマンのこのヘリコプター・マネーの寓話は、貨幣供給の拡大が最終的には必ず物価上昇をもたらすことを、きわめて簡潔に描写している。それはまた、同様な手法が景気対策にも転用できることを示唆している。

フリードマンのモデルにおいては、物価は市場における財貨サービスの需要と供給によって決まることが前提とされているので、財貨の売れ残り、資源の遊休、失業といった不況特有の現象は存在しない。しかし、「人々が保有する貨幣の名目残高が増加すれば、人々は必ずその一部を支出に振り向ける」というフリードマンの想定が正しいのであれば、不況期に行われるヘリコプター・マネーは、物価上昇の前に、まずは生産の拡大をもたらすはずである。前述のように、バーナンキが「フリードマンのヘリコプター・マネー政策は間違いなく消費、ひいては物価に対する効果的な刺激剤となる」と主張したのは、そのためである。

じつは最も確実なデフレ脱却の手段

もちろん、フリードマンのヘリコプター・マネーはあくまでも思考実験であり、中央銀行が現実の世界で「紙幣のばらまき」を行うわけにはいかない。中央銀行はたしかに、金融緩和のための国債買いオペを、市場で国債が枯渇しないかぎりはほぼ無制限に行うことができる。しかしそれは、「紙幣のばらまき」を意味するわけではない。そこで中央銀行が行っているのは、民間部門が保有している国債を貨幣に入れ替えるという「資産と資産の交換」にすぎない。

中央銀行の金融緩和措置により、民間部門はたしかにより多くの貨幣を入手することになるが、必ず見返りの資産を手放している。そこで生じていることは、資産としての貨幣を民間部門が何の見返りもなく入手できるヘリコプター・マネーとは明らかに異なる。

ヘリコプター・マネーを現実化させるためには、民間部門がより多くの貨幣を「他の資産を減らすことなく」入手するのでなければならない。そのためには、政府が財政赤字を創出して国債を発行し、同時に中央銀行がその国債を貨幣と交換に買い入れればよい。すなわち、政府の財政赤字を中央銀行がマネー・ファイナンスすればよい。ヘリコプター・マネーは、その操作を政府と中央銀行が同時に行うことによって初めて実現されるのである。

財政ファイナンスがヘリコプター・マネーにほかならないことを確認するために、「減税のための財源をすべて赤字国債によって賄い、中央銀行がそれに等しい額の国債買い入れを行う」というケースを考えてみよう。減税によって人々の可処分所得が増大することは、ヘリコプターによる「マネーのばらまき」に相当する。しかし、その減税の財源としての赤字国債が市中で売却されるとすれば、そこでばらまかれたマネーは、すべて赤字国債と交換に政府によって回収されることになる。結果として、人々の保有する資産は、赤字国債の分のみ拡大する。

ここで、中央銀行がその赤字国債をすべて、買いオペによって貨幣と交換したとしよう。その結果、人々の手には、減税額相当分の貨幣がいきわたることになる。つまり、減税の財源として政府が発行した赤字国債を中央銀行が買い入れれば、それは「印刷した貨幣を減税の分だけヘリコプターからばらまいた」ことと同じになるわけである。

フリードマンのヘリコプター・マネーの寓話は、政府あるいは中央銀行が民間経済に貨幣をばらまけば、その結果は必ず人々の支出の拡大、さらには物価の上昇となることを明らかにした。他方で、ヘリコプター・マネーとは財政ファイナンスすなわち財政赤字のマネー・ファイナンスにほかならず、それは赤字財政政策と金融緩和政策の同時遂行にほかならない。つまり、財政赤字のマネー・ファイナンスはじつは、景気回復とデフレ脱却のための最も確実な手段なのである。

ところが不幸なことに、この政策は、その効力があまりにも明白であるがゆえに、少なくともバーナンキの2002年講演以前は、明示的なマクロ政策オプションとしてではなく、金融政策における「禁じ手」として扱われてきたのである。

実際のところは、財政ファイナンスは悪であるという言明は、実証的な裏づけを持つ科学的な命題というよりは、中央銀行の旧来的な教義の信奉者たちが保持する一つの観念あるいは「信仰」にすぎない。事実、貨幣発行権を持つ国や地域のマクロ政策運営は、ある意味では恒常的な財政ファイナンスに基づいているとさえいえる。それが、以下で説明するシニョレッジ（貨幣発行益）である。

藩札は各藩にシニョレッジをもたらした

財政ファイナンスは、それが無制限に行われれば必ず無制限なインフレに帰結するという意味では、たしかに「十分に慎重に」行われるべき政策ではある。しかし、それは決して、本来的に不健全な政策というわけではない。事実の問題としていえば、貨幣発行権を持つあらゆる経済は、財政赤字の貨幣によるファイナンスをみずからの制度のなかに組み込んでいる。つまり、財政赤字の一部を貨幣発行によってファイナンスすることは、禁じ手どころか、むしろ独立した通貨を持つ国が当然に行うべき政策なのである。

一般に、政府が何らかの財政支出を行うとき、政府はその財源を、税金か国債発行によって調達しなければならない。しかし、国債とは政府の債務であり、それは形式的には将来の増税を意味するので、政府の支出は結局、「現在あるいは将来の増税」によって賄われなければならない。しかしじつは、独立した通貨を持つ経済には、もう一つの重要な財源が存在する。それが、シニョレッジ（貨幣発行益）である。

フリードマンが論じたように、貨幣とは財貨サービスの交換を媒介する手段であり、また収入と支出との時間的な乖離を埋め合わせる手段でもある。したがって人々は、相応の量の財貨サービスと交換できるだけの価値を持つ貨幣を常に必要としている。そこで必要とされる貨幣の量は経済規模に依存するので、経済が成長すれば貨幣の需要も拡大する。したがって、貨幣発行権を持つ政府は、その必要とされる貨幣を、財政ファイナンスを通じて供給することができる。それがシニョレッジである。

シニョレッジ（Seigniorage）という言葉は本来、「貨幣を鋳造する君主の特権」を意味していた。それは、中世の封建社会においては、多くの場合、貨幣の鋳造と通貨制度の維持が君主の権力を背景に行われていたからである。

たとえば日本の江戸時代では、小判や丁銀に代表される貨幣の鋳造権は、幕府が一手に握っていた。ただし江戸時代には、各藩が独自に発行した紙幣としての藩札も存在した。幕府はこの藩札を、時には禁止し、時には黙認した。しかし、幕府がいかに禁止しようとも、藩札はおおむね存在しつづけた。それは、各藩にとっては、藩札は最も容易に得られる貴重な「財源」だったからである。各藩は、藩札が交換手段として一定の価値を持つかぎり、藩札の発行によってシニョレッジに対応する分だけの支出を行うことができた。このシニョレッジとは、貨幣の額面価値と鋳造費用との差額である。小判のように貴金属から製造される鋳造貨幣とは異なり、紙切れにすぎない藩札の鋳造費用はきわめて小さい。つまり、江戸時代の各藩は、藩札の発行によって、その額面価値とほぼ等しいだけの収入をシニョレッジとして得ていたことになる。

封建社会が終わり、近代国家が成立すると、通貨の発行権は、権力者の手から国家に、さらには国家から発券銀行としての中央銀行に移管された。日本の中央銀行である日本銀行が設立されたのは、明治維新後の1882年である。その中央銀行は、民間の金融機関に貸し付けを行ったり、民間市場から資産を購入したりすることによって、人々に貨幣を供給した。それは、貨幣発行益としてのシニョレッジが、まずは「中央銀行の収入」として確保されることを意味していた。

現代におけるシニョレッジ

江戸時代の各藩がその支出の一部を藩札によって賄ったように、独自の通貨を持つ現代の世界各国も、その財政支出の一部を、常に貨幣発行益によって賄っている。そのことは、政府と中央銀行が会計上は分離していても、本質的にはまったく変わらない。その典型的なあり方が、政府の財政支出を貨幣発行で賄う「中央銀行による財政赤字のマネー・ファイナンス」である。

その場合でも、政府が発行した赤字国債は、中央銀行のバランスシート上に「資産」として存在しているのであるから、政府の債務がこの世から消え去るわけではない。実際、中央銀行が保有する国債であっても、政府は償還期限が来ればその元本を中央銀行に支払わなければならない。しかし、社会が貨幣を必要としているかぎり、中央銀行のバランスシートが「無」になることはないから、中央銀行は資産としての国債を永久に持ちつづけることができる。事実、償還期限が来た中央銀行保有国債の多くは、即座に借り換えられることになる。結局、国債を見合いに中央銀行によって発行された貨幣の多くは、江戸時代の藩札と同様に、事実上は民間の経済主体に永久に返済する必要がない、文字どおりの「財源」と考えることができる。

つまり、政府の財源としてのシニョレッジは、政府と中央銀行が制度上は分離していても、確実に存在しているのである。このシニョレッジがどのような金額になるのかは、発行される貨幣の種類によって異なる。一般には、コインは紙幣よりは鋳造に費用がかかるため、額面価値に対するシニョレッジの割合はコインよりも紙幣のほうが大きい。

紙幣やコインはいわゆる「現金」であるが、市中銀行が中央銀行に一定の預金を積み立てなければならない預金準備制度のもとでは、現金だけではなく中央銀行当座預金も、中央銀行が発行する貨幣、いわゆるベースマネーとなる。この中央銀行当座預金は、鋳造費用がまったくかからないため、仮に預金に付利される金利がゼロであれば、その価値のほとんどがシニョレッジになると考えられる。それらはすべて、通貨発行権を持つ国にとっての貴重な財源となる。

2つのシニョレッジはまったく同値

ところで、シニョレッジに関しては、右の「貨幣の額面価値と鋳造費用との差額」という定義の他に、「貨幣の発行によって中央銀行が得る金利収入」という、中央銀行の観点からの定義が存在する。中央銀行関係者や市場関係者による解説のなかには時に、後者が正しく前者は誤りであるように印象づけようとするかのような記述が散見される。たしかに、中央銀行の会計上は、シニョレッジはまさに中央銀行の得る金利収入にほかならない。しかしじつは、シニョレッジについてのこの二つの定義は、経済学的にはまったく同値なのである。

この「金利収入としてのシニョレッジ」の意味を考えるために、国債の買い入れではなく、もっぱら民間債券の買い入れや民間金融機関への貸し付けによって貨幣を供給しているような中央銀行を考えよう。それは、決して珍しいものではない。現代的な中央銀行の元祖は17世紀末に設立されたイギリスのイングランド銀行であるが、その業務は、商業手形の割引という形での融資が主体であったことはよく知られている。つまり、イングランド銀行は、商業手形を額面より安く買い取ることで貨幣(イングランド銀行券)を供給したのである。その商業手形のイングランド銀行による割引率が、事実上の利子率である。そして、この利子収入こそが、イングランド銀行がその銀行券を独占的に供給することから得られるシニョレッジである。

このように、中央銀行が民間に貸し付けを行って貨幣を供給する場合と、政府の国債を購入して貨幣を供給する場合との相違は、前者では民間からの金利収入を得られるが、後者では得られないというところにある。後者の場合にも、政府から支払われた国債の金利は、中央銀行の収入として計上される。しかし、中央銀行は広い意味では政府の一部であるから、政府の国債金利支払いによる中央銀行の国債金利収入は、ただ右のものを左に移し替えただけにすぎない。政府と中央銀行を合わせた「統合政府」では、中央銀行保有分の国債の金利は、収入も支払いもゼロになる。

実務的にも、中央銀行は通常、国債金利も含めた収入から経費を差し引いた剰余金を、国庫納付金として政府に献上しなければならない。つまり、中央銀行が得る金利収入としてのシニョレッジは、政府の収入となり、その支出の財源となる。

結局、中央銀行が民間への貸し付けではなく国債の買い入れによって貨幣を供給した場合には、統合政府は民間に国債金利を支払う必要はなくなるが、他方で民間からの金利収入を得られなくなってしまうのである。それは、統合政府がその支出を金利のつく国債ではなく金利のつかない貨幣でファイナンスしたことの対価である。

以上から、「貨幣価値と鋳造費用との差額」としてのシニョレッジと、「貨幣の発行によって中央銀行が得る金利収入」としてのシニョレッジとの間には、一方を得れば他方を失うというトレードオフの関係にあることが明らかとなった。そして、この二つのシニョレッジは、経済学的にはまったく同値である。そのことを確認するために、日銀がX億円の貨幣供給を「国債購入によって行う」場合と、「民間金融機関への貸し付けによって行う」場合の二つケースを比較してみよう。

日銀から民間金融機関への貸し付けの金利と国債金利とは等しく、その値をｉとしよう。つまり、日銀がX億円の貨幣供給を国債購入によって行った場合、統合政府はX億円×ｉの金利収入を永久に失うが、同額の民間への国債金利支払いを免除されることになる。ここで、年々の金利収入というシニョレッジの割引現在価値を計算すると、

(X億円×ｉ)／(１＋ｉ)＋(X億円×ｉ)／(１＋ｉ)^2＋(X億円×ｉ)／(１＋ｉ)^3……

となる。この式の解は、無限等比級数の和の公式から、X億円となる。これは、毎年X億円×ｉだけの収入を生み出す永久債の割引現在価値はX億円になることを意味する。つまり、現在のX億円とい

う貨幣発行シニョレッジは、将来にわたるX億円×iという額の金利収入シニョレッジの割引現在価値に等しいのである。

シニョレッジとインフレ課税

シニョレッジに関してもう一つ注意すべきは、それとインフレ課税との関連である。インフレ課税とは、貨幣の保有者が「貨幣価値のインフレによる目減り」を通じて政府に支払うことになる「目に見えない税金」である。

ある資産家がY億円の資産をすべて現金で保有しているとしよう。ここで年間のインフレ率をπとすると、この資産家の資産の実質価値は、1年後にはY×πの分だけ減少していることになる。これがインフレ課税である。このように、貨幣の保有者がインフレによって税を徴収されているということは、誰かがインフレによって恩恵を得ていることを意味する。それは、貨幣の発行権を持つ中央銀行および政府、すなわち統合政府である。つまり、統合政府は、より多くの貨幣を発行してインフレを引き起こすことにより、貨幣の保有者からの所得移転を実現できるのである。

このことを確認するために、再びフリードマンのヘリコプター・マネーの寓話に戻ろう。そこでは、既存の貨幣量と同じ分量の紙幣がばらまかれた結果、物価は2倍となった。ここで、ヘリコプターからばらまかれた紙幣を拾うことができたのは社会のごく一部であり、残りの人々は何も得られなかったとしよう。そこで、幸運にも紙幣を得た人々は、収入よりも多くの支出を行って貨幣の残高を減らそうとするであろう。その結果、財市場には財の超過需要、貨幣の超過供給が発生し、物価が上昇しはじめることになる。

他方、ヘリコプター・マネーの恩恵を受けられなかった残りの人々は、そこで初めて、物価上昇によってみずからの貨幣残高が実質的に目減りしており、支出の切り詰めと貨幣の積み増しが必要になっていることに気づく。貨幣の保有者はこのとき、インフレによる貨幣価値の目減り分だけ所得を失っている。そしてその所得は、幸運にも紙幣を拾うことができた人々の手に移転されたのである。

既述のように、ヘリコプター・マネーを現実化する一つの実例は、「減税のための財源をすべて赤字国債によって賄い、中央銀行がそれに等しい額の国債買い入れを行う」というものであった。したがって、政府の減税政策を中央銀行がマネー・ファイナンスした結果としてインフレが生じるとすれば、右のヘリコプター・マネーの場合と同様に、貨幣の保有者から減税の恩恵を受けた人々への所得移転が生じることになる。

しかし、減税とは政府の財政政策の一部であり、その財源は中央銀行が発行した貨幣によって賄われている。つまり、政府はこの場合、「インフレ課税から得られたシニョレッジを減税政策のための財源として用いた」と考えることができる。つまり、インフレ課税から得られるシニョレッジは、政府の財政政策によって国民各層に再分配されるとはいえ、本質的には統合政府が貨幣の保有者から徴収する税金なのである。

ただし、インフレ課税はたしかにシニョレッジの一部ではあるが、そのすべてではない。中央銀行が財政ファイナンスによって貨幣を供給するにしても、経済の拡大によって必要な貨幣の量そのものが増加している場合には、必ずしもインフレが生じるとは限らない。そして、貨幣価値が目減りしないかぎり、貨幣保有者へのインフレ課税は発生しない。にもかかわらず、統合政府は、貨幣を追加的に供給するかぎり、たしかにその額に等しいシニョレッジを得ているのである。

インフレ課税による収入には天井がある

以上の考察から、貨幣発行益としてのシニョレッジには、「成長貨幣の供給」と「インフレ課税」という二つの源泉があることが明らかになった。成長貨幣供給から得られるシニョレッジとは、経済成長にともなって必要となる貨幣の増加分を補充することから得られるシニョレッジである。そしてインフレ課税から得られるシニョレッジとは、インフレによる貨幣価値の目減りという手段を通じて、貨幣保有者から得ることができるシニョレッジである。

簡単な例でいえば、k％の率で成長する経済に貨幣供給をk％ずつ拡大させて物価を一定に保ったとすれば、そのk％分が成長貨幣シニョレッジである。それに対して、k％の率で成長する経済に貨幣供給をπ×k％ずつ拡大させてπ％の物価上昇を引き起こしたとすれば、k％分の成長貨幣シニョレッジに加えて、π％分のインフレ課税シニョレッジが得られることになる。

ここで、前者の成長貨幣シニョレッジとは、基本的に貨幣需要の拡大によるものであり、その源泉は財貨サービスの生産拡大すなわち実質経済成長であるから、その大きさ（ここでのk）を貨幣発行主体が左右することはできない。それに対して、インフレ課税から得られるシニョレッジは、貨幣発行主体が実質経済成長を無視してより多くの貨幣を発行し（ここでのπ）、それによってインフレを引き起こせば、少なくとも一時的には拡大させることができる。

しかしながら、貨幣発行主体としての統合政府は、このインフレ課税から得られるシニョレッジを無限に拡大させることはできない。それは、インフレとは貨幣価値の目減りであり、それは貨幣保有コストの上昇を意味することから、インフレ率が上昇すれば人々の貨幣保有性向が低下するためである。つまり、仮に統合政府が財政ファイナンスを用いて意図的に高いインフレを実現させ、それに

図8-3　ベイリー曲線（インフレ率に対するシニョレッジ）のオリジナル図

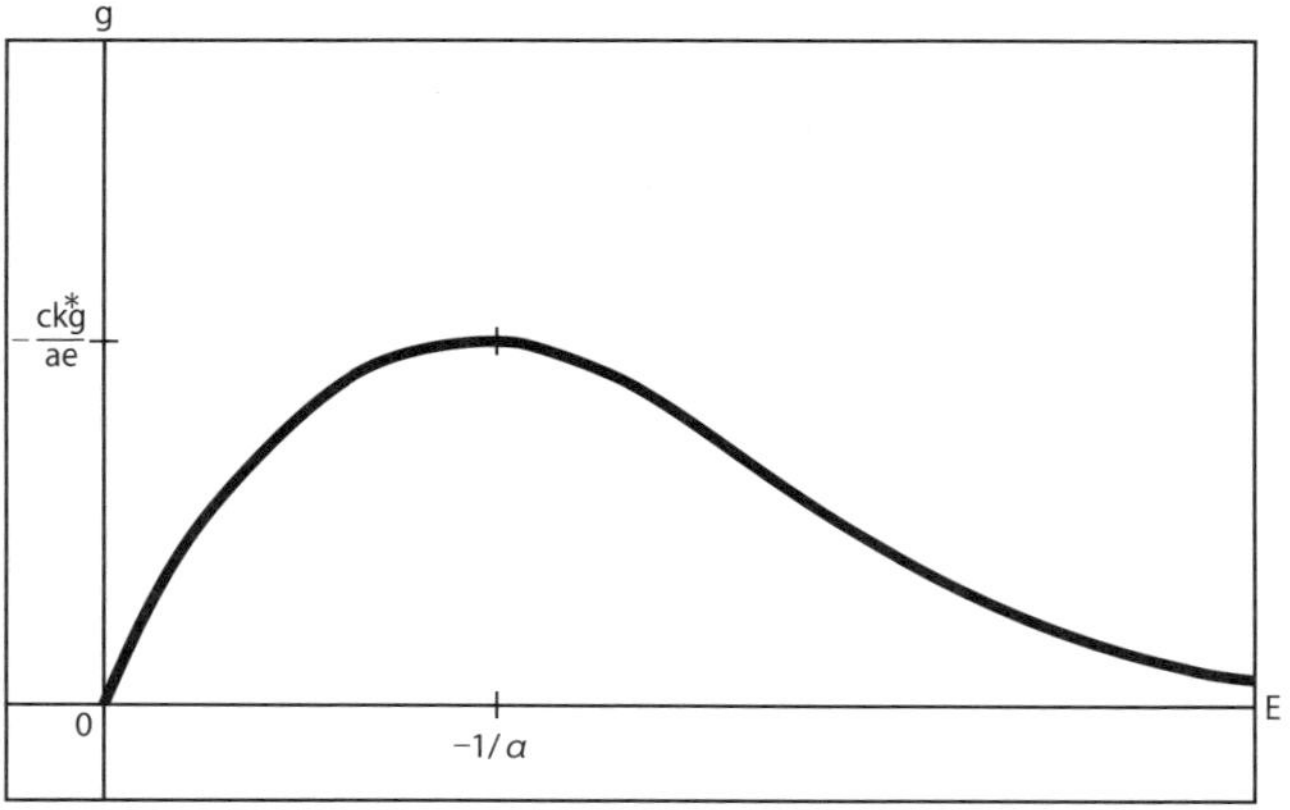

（出所）Bailey［1956］Fig.2.

よって収入を拡大しようとしても、人々が高いインフレによる貨幣価値の目減りに直面して貨幣保有を忌避しはじめるため、インフレ課税による政府収入は、ある段階からむしろ減少する。

これを図示すれば、統合政府が得るインフレ課税によるシニョレッジは、インフレ率に対して山型の曲線を描くことになる。このインフレ率とインフレ課税シニョレッジとの間の山型の関係は、マーチン・ベイリーという経済学者によって提起されたことから、「ベイリー曲線」とも呼ばれている（Bailey［1956］）。図8-3はベイリーによるそのオリジナルであり、その横軸はインフレ率、縦軸はインフレ課税シニョレッジの対GDP比率である。

靴底コストは純粋な死荷重

つまり、インフレ課税シニョレッジは成長貨幣シニョレッジとは異なり、貨幣発行主体が貨幣供給を拡大させて高いインフレ率を実現させることにより、一定程度までは（ベイリー曲線の山頂までは）拡大させることができる。とはいえ、中央銀行がインフレ課税から得られる収入の拡大を目標に金融政策を行うことは、望ましいものとはいえない。というのは、それは「貨幣保有の高いコスト」を貨幣保有者全体に押しつける政策だからである。

インフレ率が高くなれば、人々は貨幣価値の目減りによる損失を避けようとして、現金を金利のつく預金のような他の資産に振り替えておき、必要なときにのみそれを現金化して支出を行おうとするであろう。その傾向は、インフレ率が高まるほどより強まる。インフレによって拡大するこの取引コストは、「インフレになれば銀行に行く回数を増やさなければならない」ことから、一般に「靴底コスト」と呼ばれている。

最も極限的なケースは、インフレがさらに高いインフレを呼ぶというハイパー・インフレである。インフレによる貨幣価値の目減りがきわめて顕著になれば、人々はそれを忌避して、貨幣を一刻も早く手放そうとするであろう。人々がこのように貨幣を忌避することは、貨幣需要が減少することを意味するので、仮に貨幣の供給が一定でも、物価はそれだけで上昇する傾向を持つ。

しかし、インフレのそもそもの原因は貨幣供給の増大であるから、貨幣保有性向の低下によって貨幣需要が減少すれば、その結果は増幅的なインフレとなる。ハイパー・インフレとは、その過程が累積的に進行するような状況である。それは、貨幣がもはや、財貨サービスの交換コストを削減するという貨幣本来の役割を果たさなくなったことを意味する。

以上のように、貨幣保有者は一般に、インフレ率が高くなった場合には、インフレ課税による政府への所得移転だけではなく、靴底コストのような追加的な貨幣保有コストを負わなければならない。その厚生上の損失は、何の見返りもない純粋な損失、すなわち死荷重である。というのは、その追加的な貨幣保有コストは、貨幣発行主体である中央銀行がインフレを引き起こさずに貨幣価値を維持するような金融政策を遂行してさえいれば、まったく生じなかったはずだからである。

ただしこのことは、インフレ課税もまたたしかに政府の収入の一つであり、インフレ率が安定的に推移するかぎり政府財政に確実に寄与するという事実を否定するものではない。そのことは逆に、デフレとは政府から貨幣保有者への補助金のようなものであり、政府財政を確実に悪化させることを意味する。つまり、政府財政の観点からは、インフレ率があまりにも高すぎないかぎり、デフレよりもインフレのほうが明らかに望ましいのである。

現代の主要中央銀行の多くは、2％程度のインフレの実現を金融政策の目標に掲げている。それが、インフレ目標政策である。それはもちろん、あくまでも経済のマクロ的安定化、すなわち適正な雇用や経済成長の実現のためのものであり、インフレ課税を目的とするものではない。しかし、マイルドなインフレが安定的に持続することにより、結果としてインフレ課税シニョレッジが発生する。その税収は、インフレ目標政策による一つの望ましい副産物と考えることができる。

中央銀行の観点からのシニョレッジ

ところで、これまでの考察では、貨幣発行主体としての統合政府が得られるシニョレッジはすべて、「貨幣価値と鋳造費用との差額」として把握されていた。しかし、それは経済学的には、「貨幣の発行によって中央銀行が得る金利収入」としてのシニョレッジに等しい。既述のように、財政ファイナンスによる貨幣発行とは金利収入の放棄を意味するから、「貨幣の額面価値と鋳造費用との差額」

は、「貨幣の発行によって中央銀行が得る金利収入」を先取りしたものにすぎない。これは、中央銀行が得る金利収入としてのシニョレッジにも、「成長貨幣の供給」と「インフレ課税」という二つの部分が存在することを意味する。

以前の設例と同様に、日銀から民間金融機関への貸し付けの金利と国債金利とは等しいとし、その値をiとしよう。そして、年間のインフレ率をπとしよう。ここで、「名目金利＝実質金利＋期待インフレ率」というフィッシャー方程式から、仮に実質金利が一定であれば、期待インフレ率が高ければ名目金利も高くなるという関係があることがわかる。

ここで、このフィッシャー方程式の関係が、単に人々の期待としてではなく、事後的にも成立しているとしよう。その結果、名目金利からインフレ率を差し引いた「事後的な実質金利」をrとすれば、i＝r＋πという関係が得られる。この関係式は、貨幣の発行によって中央銀行がiだけの金利を得るとすれば、そのうちのrが成長貨幣供給シニョレッジに、πがインフレ課税シニョレッジに相当することを示している。

ここで、中央銀行が得る金利収入シニョレッジの総額は、中央銀行が発行した貨幣としてのベースマネーの残高と金利iとの積である。つまり、ベースマネー残高をMBとすると、中央銀行が得る金利収入シニョレッジの総額はMB×iである。そしてi＝r＋πから、MB×rが成長貨幣供給シニョレッジの総額であり、MB×πがインフレ課税シニョレッジの総額である。インフレ課税によるシニョレッジ総額がインフレ率に対してベイリー曲線（図8-3）のような山型の曲線を描くということは、πが上昇すれば貨幣需要は低下しMBは減少するが、その積であるMB×πの値は、インフレ率πの上昇にともなって当初は増加し、やがて減少に転じることを意味している。

この「貨幣の発行によって中央銀行が得る金利収入」としてのシニョレッジは、中央銀行の国庫納付金にほぼ対応している。中央銀行がベースマネーの供給をすべて国債購入によって行ったとすれば、中央銀行の保有資産である国債には、いったんは政府から期日ごとに金利が支払われる。しかしその金利収入は、中央銀行の諸経費を差し引いたのちに、改めて政府に返還される。それが、中央銀行の国庫納付金である。

この政府と中央銀行との間の国債金利収入のやりとりは、両者を統合した統合政府の観点からは、単に右のものを左に移したにすぎない。しかし、統合政府はそれによって、中央銀行が保有する分の国債については、民間経済主体への金利支払いを将来にわたって免れることができる。他方で、中央銀行の立場からは、国債購入ではなく民間金融機関への貸し出しによってベースマネー供給を行った場合に得られたはずの金利収入を失うかわりに、政府から国債金利を得ることになる。つまり、どちらのケースでも、貨幣発行によるシニョレッジは、まずは中央銀行の金利収入として計上され、その後に国庫納付金として政府に献上されるのである。

日米のシニョレッジ格差が意味するもの

図8-4は、国庫納付金の対GDP比率の推移を日銀およびFRBで比較したものである。この図から明らかなように、日銀のシニョレッジはFRBのそれよりも恒常的に少ない。また、FRBのシニョレッジは2008年のリーマン・ショック以降の信用緩和および量的緩和によるバランスシート拡大によって急増しているのに対して、同時期の日銀のシニョレッジはむしろ減少傾向を示している。

図8-4　日銀とFRBの国庫納付金の対GDP比率（2002～12年）

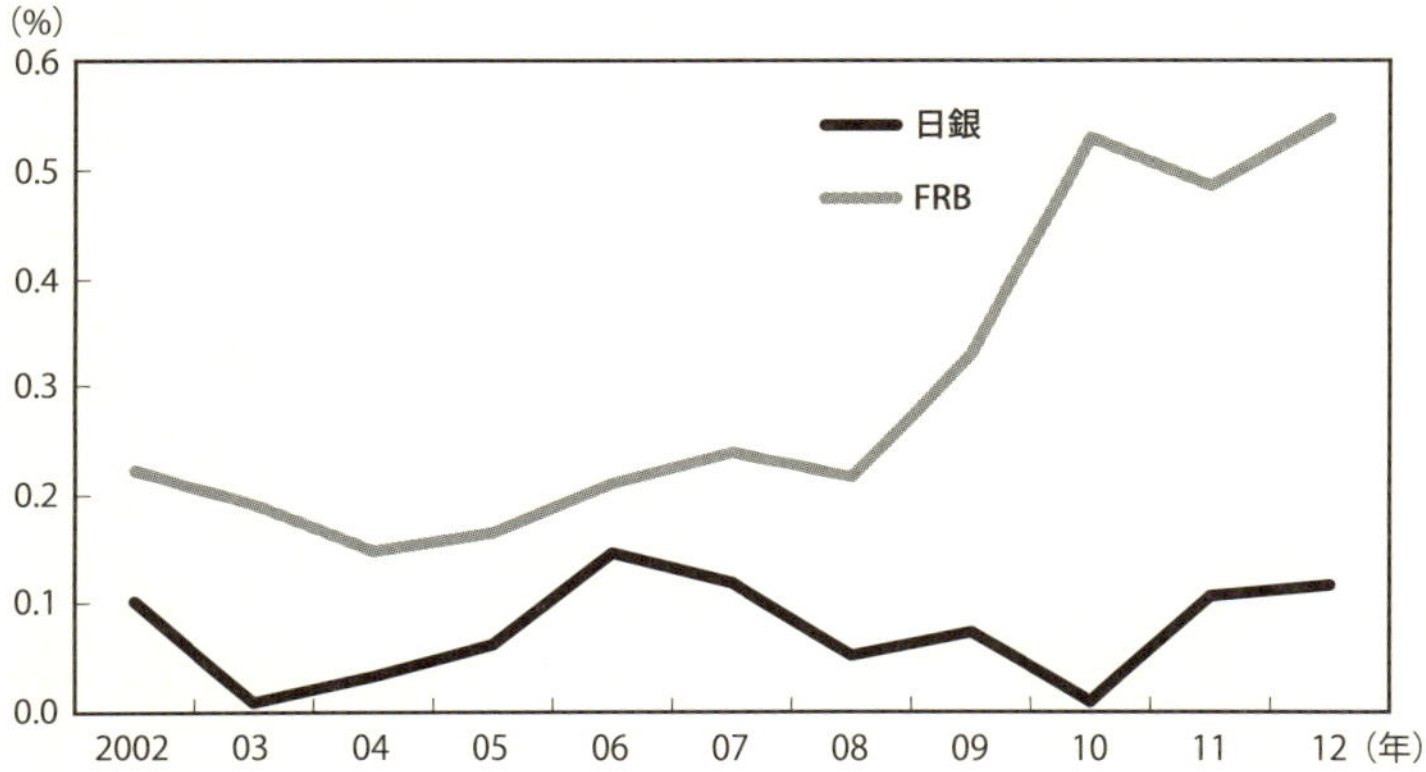

（出所）会計検査院、内閣府、FRB、U.S. Bureau of Economic Analysisのデータより作成。

両者の比較において留意すべきは、ベースマネーの対GDP比率に関しては、リーマン・ショック後においてさえ、日本がアメリカのそれを常に上回っていたという事実である（図8-5）。その背後には、アメリカでは伝統的に現金を代替する支払い手段として小切手が用いられてきたという制度的要因と、日本ではデフレによる名目金利の低下によって貨幣保有コストが低下し、貨幣保有性向が他国よりも高くなっていたという事情があった。つまり、ベースマネー供給の相対的規模という点では、日本がアメリカを常に上回っていたのである。にもかかわらず、シニョレッジの対GDP比率では、日本はほぼ常にアメリカを下回っていた。

その最大の原因は、日米間の名目金利格差にあった。名目金利は実質金利とインフレ率の合計であるが、その双方とも日本がアメリカよりも低いため、名目金利も日本のほうがアメリカよりも大幅に低いのである。両国の10年物国債金利で比較すると、時期によって異なるものの、日米間では常に2％から

図8-5　日銀とFRBのベースマネーの対GDP比率（2002～12年）

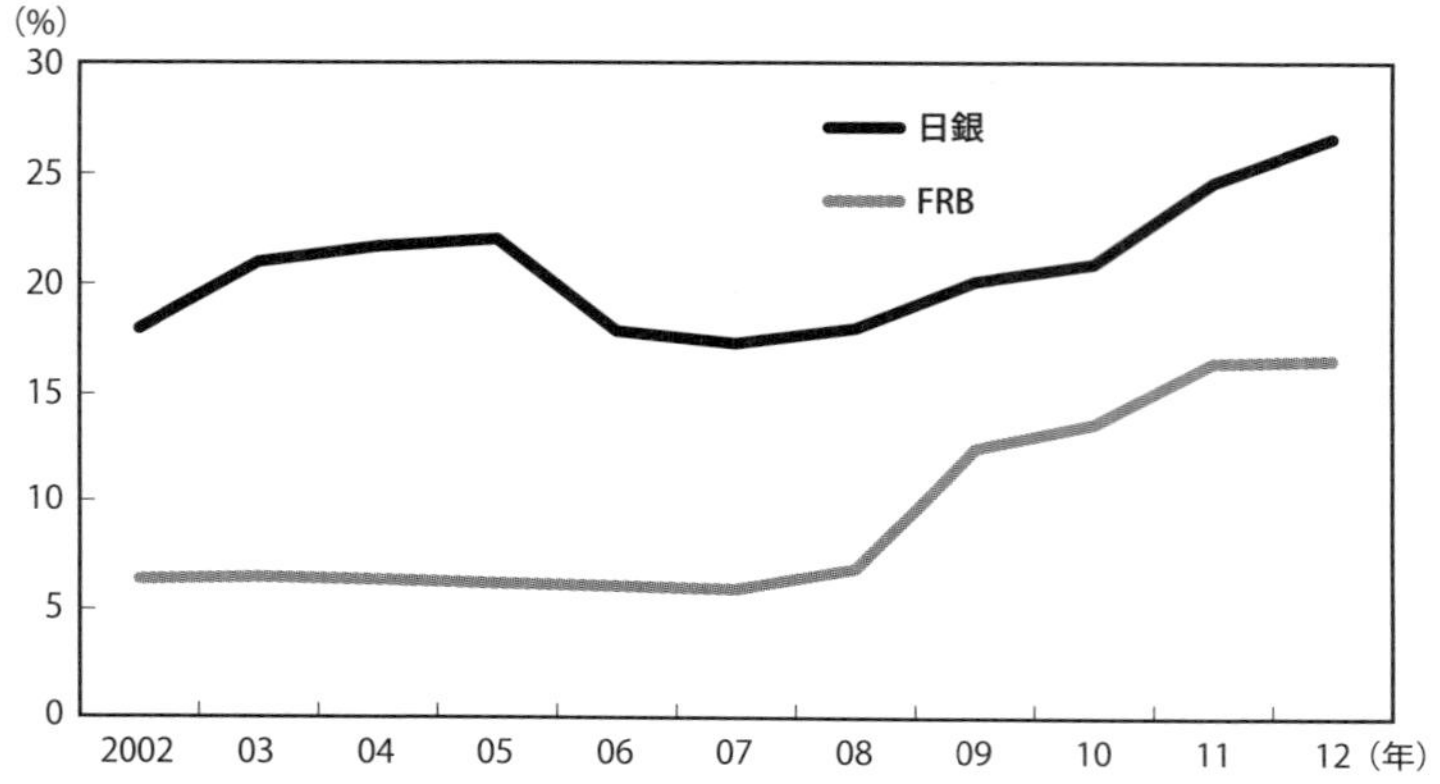

（出所）日銀、内閣府、FRB、U.S. Bureau of Economic Analysisのデータより作成。

4％程度の格差が存在していた。同時期の日本のインフレ率はほぼマイナス1％からゼロの間であり、アメリカのそれは2％前後であるから、両国の間には2％から3％程度のインフレ率格差が恒常的に存在していた。したがって、残りのゼロから1％が両国の実質金利格差と考えられる。

もちろん、日銀やFRBの保有資産は10年物国債だけではないので、10年物国債の利回りを用いた比較は大雑把な近似にすぎない。しかし、そこに現れているアメリカと比較した日本の低い実質金利と低いインフレ率が、日銀のより低い成長貨幣シニョレッジとより低いインフレ課税シニョレッジとなって現れていることは、ほぼ間違いはない。日銀とFRBのシニョレッジが示す大きな格差は、明らかにその現れなのである。

潜在成長経路におけるシニョレッジ

これまでの考察から、統合政府が得る貨幣発行益には、実質経済成長にともなう成長貨幣シニョレッジと、インフレにともなうインフレ課税シニョレッジが存在するが、中央銀行の金融政策によって大きく影響を受けるのは、前者よりも後者であることが明らかとなった。

ただし、その結論は、金融政策が経済に与える影響をどの程度の時間的視野で把握するのかによって異なる。金融政策はマクロ安定化のための政策であり、それはGDPギャップを縮小させて経済を潜在成長経路に誘導するためのものである。金融政策はその局面では、実質経済成長に影響を与え、そのことを通じて成長貨幣シニョレッジにも一定の影響を与える。

しかしながら、金融政策が実物経済に対して持つこの効果は、GDPギャップが存在する景気循環上の特定の局面においてのみ発揮されるにすぎない。逆にいえば、GDPギャップがゼロであるような潜在成長経路上においては、金融政策は実質経済成長を上昇させる系統的な効果は持たない。この命題は、「貨幣の長期的中立性」と呼ばれている。この「中立」とは、中央銀行が金融政策によって貨幣供給経路を変更したとしても、それはインフレ率に影響を与えるだけで、景気変動を平準化した「長期」においては実物経済への影響は存在しないという意味である。それは同時に、金融政策による成長貨幣シニョレッジへの影響もまた、長期においては中立化されることを意味する。

他方で、インフレ課税シニョレッジは、中央銀行が選択する貨幣供給経路に大きく左右される。それは、景気変動を平準化した長期の局面、あるいはGDPギャップがゼロであるような潜在成長経路においてこそ、よりいっそう強く当てはまる。というのは、貨幣の長期的中立性とは、中央銀行による貨幣供給の拡大が、実物経済の拡大ではなくもっぱら物価の上昇として現れることを意味するからである。

インフレ課税シニョレッジはインフレ率のみに依存するため、仮に実質経済成長率が一定でも、物価が上昇して名目経済成長率が上昇すれば、その総額（右のMB×π）は増加する。ただし、既述のように、インフレ率があまりにも高くなった場合には、人々は貨幣保有を忌避しはじめるようになる。したがって、インフレ率πの上昇がインフレ課税シニョレッジ（MB×π）の増加をもたらすためには、インフレ率πが一定の閾値以下の水準で安定化していることが必要となる。

このように、景気変動を平準化した潜在成長経路においては、金融政策は成長貨幣シニョレッジには影響を与えることができないが、インフレ課税シニョレッジには影響を与えることができる。とはいえ、それは必ずしも、中央銀行がインフレ課税シニョレッジを思うがまま増減できることを意味しない。

所得税や消費税などの一般の税の場合には、政府は税率の操作を通じて税収全体の大きさをある程度まで方向づけることができる。しかし、そのようなやり方は、インフレ課税シニョレッジには適用できない。というのは、金融政策の目標はインフレ率の安定化それ自体であり、インフレ課税シニョレッジはその結果にすぎないからである。

シニョレッジの活用は「禁じ手」ではない

現代世界における主要中央銀行の標準的政策枠組みであるインフレ・ターゲティングにおいては、中央銀行は必ず、みずからの金融政策の目標を「特定の物価指標の上昇率」という形で明示し、その達成と維持を約束しなければならない。それは、中央銀行が何を目標に政策を遂行しているのかを民間経済主体に広く知らしめることで、民間経済主体の持つインフレ期待を安定化させ、マクロ経済それ自体を安定化させる効果を持つ。

そして、その場合の目標インフレ率は、ゼロではなく、必ずプラスの値に設定される。選択された物価指標によっても異なるが、先進諸国の場合には、目標インフレ率は2％前後に設定されることが多い。それは、第3章で詳述したように、インフレ率がたとえプラスでも、それが過度に低下した場合には、失業率の高止まりやGDPギャップの拡大が生じることが、理論的および実証的に明らかにされているからである。

当然ではあるが、この2％といった中央銀行が掲げる目標インフレ率は、あくまでも景気変動を平準化した長期の局面において達成されるべきものである。というのは、現実のインフレ率は、中央銀行の金融政策以外のさまざまなショックによって変動するGDPギャップにも依存するからである。

負の需要ショックの結果、総需要が総供給を下回り、GDPギャップがマイナスとなるような不況期には、現実のインフレ率は目標インフレ率を下回ることが多い。好況期には逆の理由で、インフレ率がその目標を上回ることが多い。インフレ・ターゲティングとはその意味では、中央銀行があくまでも「GDPギャップがゼロのときに2％という目標インフレ率をおおむね達成するように金融政策を運営する」という枠組みなのである。

つまり、インフレ・ターゲティングのもとでは、中央銀行は景気変動を平準化した潜在成長経路におけるインフレ率を2％にするように長期的な貨幣供給経路を決める。したがって、その枠組みが維持されているかぎり、統合政府が長期的、平均的に得られるインフレ課税シニョレッジは、2％というインフレ率に対応したそれ以外にはありえない。

この考察は、シニョレッジはたしかに政府の重要な財源の一つではあるが、GDPギャップがゼロの潜在成長経路にあるかぎり、それを政策的に利用する余地はほとんどないことを示唆している。というのは、その状態における貨幣発行益は、成長貨幣シニョレッジの部分については潜在成長率に依存して決まり、インフレ課税シニョレッジの部分は中央銀行の目標インフレ率に依存して決まるからである。そこで中央銀行が貨幣供給を意図的に増加させてしまえば、インフレ率を目標水準に維持することと自体が困難となる。したがって、インフレ・ターゲティングという制約があるかぎり、中央銀行にはインフレ課税シニョレッジを政策的に拡大させるという選択肢は存在しないのである。

他方で、以上の考察は同時に、財政ファイナンスすなわち財政赤字のマネー・ファイナンスが、決して本来的に忌避されるべき政策ではないことをも示している。むしろ、通貨の発行権限を持ち、一定の名目経済成長が平均的に実現されるような経済においては、シニョレッジはきわめて重要な財源の一つとなる。社会において貨幣が必要とされ、また経済のマクロ的安定化のためにはマイルドなインフレが必要とすれば、そこで発生するシニョレッジを活用するのは当然であり、何ら「禁じ手」ではないのである。

2 マクロ経済政策としてのヘリコプター・マネー

ヘリコプター・マネー政策は実行にうつされた

財政ファイナンスは禁じ手ではないとしても、潜在成長経路においてシニョレッジを政策的に利用する余地はないとすれば、バーナンキが提起するヘリコプター・マネー政策とは結局、どのような状況において、何を目的として行われる政策なのであろうか。

端的にいえば、それはまず、もっぱら「流動性の罠」の状況下で用いられるべき政策である。すなわち、経済が深刻な不況に陥るなかで、中央銀行が政策金利をその下限まで引き下げた結果、伝統的な金融政策が機能停止となったような状況において発動されるべき政策である。そして、その目的は、GDPギャップを縮小させて、経済を流動性の罠から脱出させることにある。[1]

ヘリコプター・マネーは経済に確実にインフレ圧力をもたらすことから、それが景気抑制ではなく不況対策として行われるべき政策であることは明らかである。とはいえ、不況になれば常にそれが必要になるというわけではない。というのは、通常の不況であれば、中央銀行が金融政策の伝統的手段を用いて対応すれば十分だからである。

GDPギャップがマイナスであるような不況期には、総需要が総供給を下回るため、通常は失業率が自然失業率を上回って上昇し、インフレ率は目標インフレ率を下回って低下する。中央銀行はこのとき、政策金利を引き下げて総需要の拡大を促し、GDPギャップをゼロに近づけようとする。この中央銀行による政策金利の引き下げは、さまざまなチャネルを通じてマクロ経済全体に浸透し、失業率やインフレ率を適正な水準に戻す役割を果たす。これが、伝統的な金融政策である。

日本を除く先進諸国の多くは、今回の世界経済危機が生じる前の約20年間は、もっぱらこの金融

▼1 こうした「不況克服策としてのヘリコプター・マネー政策」についての考察には、Turner [2013], Wolf [2013], Reichlin et al. [2013], McCulley and Pozsar [2013], Galí [2014] 等がある。

政策の伝統的手段のみによって、経済のマクロ的安定を実現させた。その局面はその後、「大安定」の時代と呼ばれるに至った。

しかし、世界経済危機によって、状況は一変した。各国中央銀行は、金融市場の安定化と経済収縮の阻止のため、貨幣供給拡大と政策金利の引き下げを余儀なくされた。その結果、アメリカ、イギリス、日本、ユーロ圏などの先進諸国では、伝統的金融政策が限界に達した。そこで各国は、ケインズ的財政政策を復活させ、さらには量的緩和などの非伝統的金融政策を導入した。ヘリコプター・マネーとは、そのさらに先にある、文字どおりの究極のマクロ経済政策である。

フリードマンが思考実験として提起したヘリコプター・マネーを政策として現実化するためには、財政赤字のマネー・ファイナンスが必要である。そのためには、赤字財政政策と量的緩和政策の同時的な遂行が必要である。この二つは、決して統合されたものではなかったが、リーマン・ショック後に各国が実際に行ってきた政策である。その意味では、それらの国々は、ヘリコプター・マネー政策を、少なくとも一時的には現実に実行してきたともいえる。

しかしそれは、単に意図せざる結果としてそうであったというにすぎない。そして、それは結局、意図せざる形で停止されることになる。というのは、ヘリコプター・マネー政策がフリードマンやバーナンキが想定したような効果を持つためには、赤字財政政策と量的緩和政策の双方をその目標に達するまで一貫して継続しなければならないが、各国は結局それを許さなかったからである。

ヘリコプター・マネー政策の具体的な方法は

以下では、ヘリコプター・マネー政策を現実化する仕方を、より具体的に考えてみよう。ヘリコプター・マネー政策とは財政赤字のマネー・ファイナンスであるから、まずは政府が財政収支の赤字を創出するか、少なくともそれを許容することが必要である。この政府の財政収支とは、税収等の歳入と、公共投資や公共サービス等の政府支出との差額である。したがって、政府が財政赤字を創出するためには、減税などで歳入を減らすか、公共投資などの政府支出を増やすかのどちらかあるいは両方を行えばよい。

第5章で詳説したように、公共投資と減税とでは、財政政策としては異なる効果を持つ。しかし、ヘリコプター・マネー政策においては、両者の相違は本質的ではない。というのは、そこで重要なのは、民間経済主体がより多くの貨幣を資産として持つことであって、政府支出そのものではないからである。たしかに、政府が公共投資を行えば需要はそれによって拡大する。しかし、ヘリコプター・マネー政策の想定される効果は、公共投資による政府需要の拡大にではなく、公共投資のマネー・ファイナンスを通じて民間に供給される貨幣によってもたらされる民間需要の拡大のほうにある。

この公共投資と減税を、純粋にヘリコプター・マネー政策の手段という観点で比較した場合には、前者よりも後者のほうが効率的なのは明らかである。公共投資を拡大させるには、政府はまず、十分な便益を生む投資機会を探し出さなければならない。それが必ずしも容易ではないことは、第5章で確認したとおりである。

それに対して、減税の場合には、政府は単に所得税や消費税などの税率を引き下げればよい。とくに消費税の引き下げは、貯蓄も持たず借り入れもできないために不況期に最もきびしい所得制約に直面しがちな低所得層の支出の維持という意味でも望ましい。それは、政府支出とは異なり公的需要を生むことはないが、少なくとも公共投資にしばしば生じるような無駄を生むこともないのである。

じつは、不況克服策としてのヘリコプター・マネー政策のためには、公共投資にせよ減税にせよ、積極的な拡張財政政策は必ずしも必要ではない。というのは、不況期には通常、政府が能動的な財政政策を行わずとも財政赤字が自ずと拡大するからである。

政府の税収の多くは所得税、法人税、消費税からなるが、これらはそれぞれ、人々の所得、企業の収益、人々の消費支出を課税ベースとしている。ところが、所得、企業収益、消費支出は不況期にはともに縮小するため、税収は一般に不況になれば減少する。他方で、不況期には失業の増加等によってセーフティネットのための公的支出や景気対策のためのさまざまな支出が拡大しがちなため、政府の支出は拡大する。つまり、不況期には税収は減少し、政府支出は増加し、財政赤字は結果として拡大する。これが、景気のビルトイン・スタビライザー（自動安定化）機能としての循環的な財政赤字である。

この循環的財政赤字は、「ヘリコプター・マネー政策に必要な政府財政赤字は不況になれば自ずと生み出される」ことを意味する。したがって政府は、財政赤字を政策的に拡大させるというよりは、単に不況にともなって自然に拡大する財政赤字を許容しさえすればよいのである。後述のように、そこで重要なのはむしろ、財政緊縮すなわち増税や歳出削減を無理に行わないことである。

それに対して、中央銀行のほうは、政府の財政赤字をファイナンスするために発行された赤字国債を即座に買い入れなければならない。とはいえ、多くの国では中央銀行による国債引き受けは法的に禁止されている。日本では、1947年に制定された財政法の第5条において、「公債の発行については、日本銀行にこれを引き受けさせ、又、借入金の借入については、日本銀行からこれを借り入れてはならない」と明文化されている。したがって中央銀行は、国債を政府から直接買い入れるのではなく、財政当局によって民間金融機関に売却された国債を、公開市場操作を通じて改めて購入することになる。ヘリコプター・マネー政策にとってはそれで十分であり、中央銀行が通常の金融調節とは異なる手段を用いる必要はまったくないのである。

どう転んでも必ずインフレが生じる

ところで、多くの国が中央銀行による赤字国債の直接購入を禁じているのは、一般には「中央銀行による財政ファイナンスを禁止するため」と理解されている。現実問題としていえば、シニョレッジが存在するかぎり財政ファイナンスは事実上ほぼ制度化されていると考えられるため、こうした規定は内実のない飾り物にすぎない。

実際、市場の信認という問題を別にすれば、ヘリコプター・マネー政策の効果が「中央銀行が赤字国債を政府から買うか市場から買うか」によって左右されることはない。どのような形であれ、中央銀行が国債を購入してベースマネー供給を拡大すれば、中央銀行のバランスシートは拡大し、民間部門の資産構成は流動化する。

重要なのは民間部門の資産規模とその構成であり、中央銀行が資産として保有する国債が市場を経由しているか否かではない。政府の赤字国債発行によって民間の資産が拡大し、中央銀行の国債購入によってその民間資産の貨幣化が進めば、それはすなわち財政赤字のマネー・ファイナンスであり、ヘリコプター・マネーなのである。というのは、このように中央銀行が赤字国債を購入しつづけるかぎり、政府債務の拡大にもかかわらず、「民間に対して統合政府（政府および中央銀行）が負う狭義の（貨幣以外の）債務」はまったく拡大することはないからである。

図8-6は、このヘリコプター・マネー政策の各プロセスを概念化したものである。そこでは、政府の負債である国債の一部を中央銀行が公開市場操作を通じて貨幣に置き換えることで、中央銀行のバランスシートの資産側には国債が、その負債側には貨幣が計上されている（資産と負債の差額である自己資本は省略されている）。その結果、政府と中央銀行を合わせた統合政府の負債の一部は貨幣化され、それが民間部門の資産となることが示されている。

ここで政府が財政赤字を創出し、それをファイナンスするために赤字国債を発行し、その国債を民間金融機関に売却すれば、「統合政府の負債＝民間部門の資産」はその分だけ拡大する（図8-6（2）の灰色の部分）。しかし、これは通常の赤字財政政策であり、政府が生み出した債務を民間が国債という資産として保有したにすぎない。

ヘリコプター・マネー政策は、その政府債務の増加分に相当する金額の国債を中央銀行が民間金融機関から買い上げることによって完結する（図8-6（3））。その結果、統合政府の新たな負債はすべて貨幣化され、民間部門は増加した資産をすべて貨幣として保有することになる。まさしく「貨幣がヘリコプターからばらまかれた」ことと同じ結果になるわけである。

以上のように、政府が財政赤字を創出し、中央銀行が赤字国債を購入して市場に貨幣を供給すれば、民間部門はより多くの資産としての貨幣を入手することができる。その結果、人々の支出は拡大し、GDPギャップは縮小し、インフレ率は上昇に転じるというのが、ヘリコプター・マネーの基本的な論理であった。

そして、バーナンキによれば、この推論は「どう転んでも絶対に正しい」のである。というのは、第6章で詳説したように、「貨幣は他の政府債務と異なり、利子を支払わず、満期日もこない。金融

図8-6　ヘリコプター・マネー政策による民間資産構成の変化

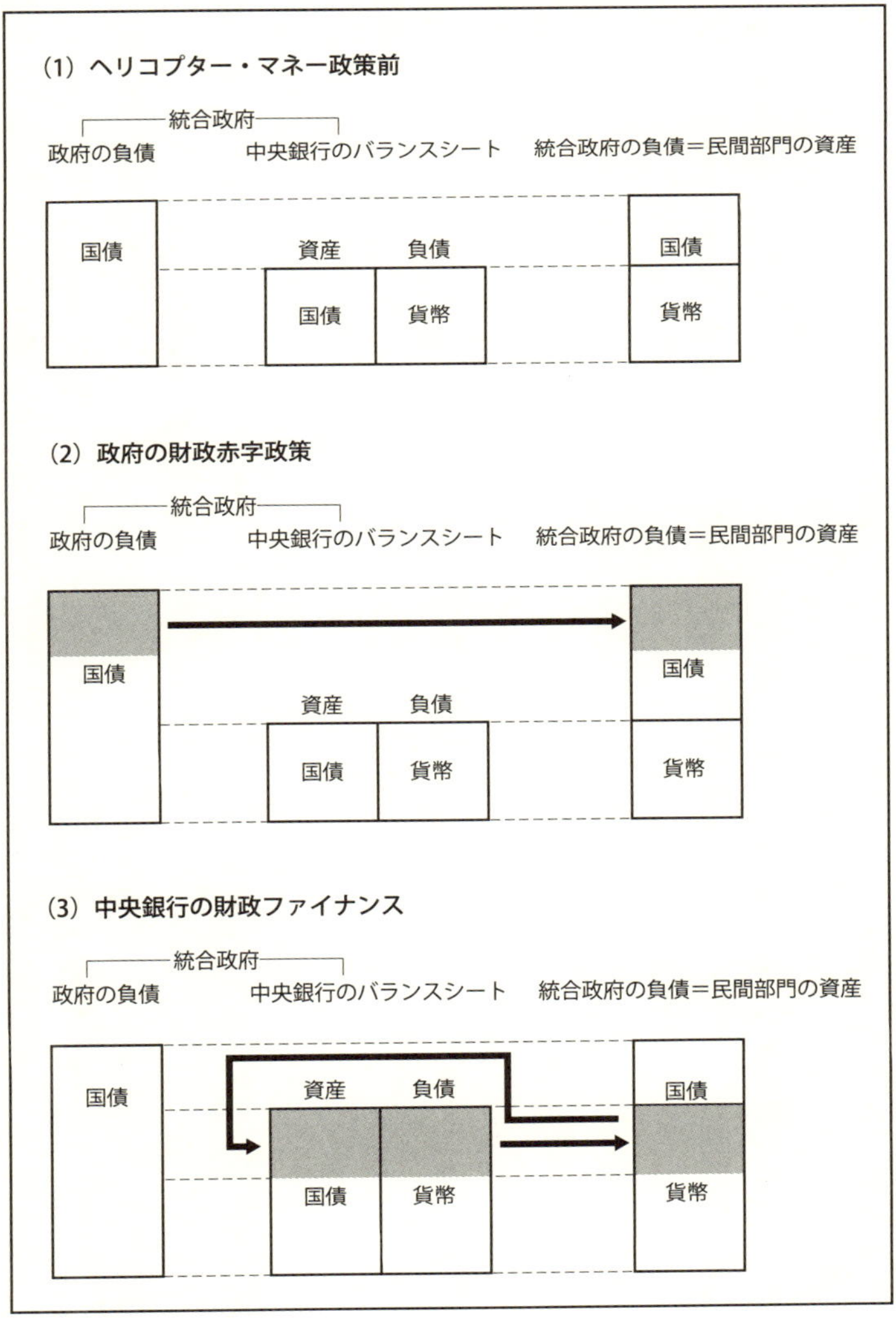

当局は好きなだけ貨幣を発行できる。したがって、もし価格水準が本当に貨幣の発行量に依存しないのならば、金融当局はみずからの発行した貨幣を使って無限の財や資産を獲得できることになる」という彼のいう背理法（reductio ad absurdum）の論理が、ここでもやはり当てはまるからである。財政ファイナンスを続けてもインフレが生じないとすれば、統合政府は将来的な増税を行う必要もなく、赤字財政政策を無限に展開できることになってしまう。しかし、そのような「無税国家」は明らかに存続可能ではない。したがって、財政赤字のマネー・ファイナンスを続けていけば必ずインフレが生じると考えられるのである。

非増税コミットメントが必要だ

しかしながらじつは、ヘリコプター・マネー政策の成功のためには、一つの大きな前提条件が存在する。それは、財政ファイナンスを続けていけばどこかの時点で必ずインフレが生じるのは明らかであるとしても、そのためには、財政ファイナンスをその時点まで確実に継続しなければならないという点である。当然ながら、それが途中で停止されてしまった場合には、想定どおりの結果は得られない。

他方で、ヘリコプター・マネー政策は伝統的金融政策が機能不全に陥った状況での期間限定の政策であるから、ある時点では必ず停止されなければならない。つまりそれは、不況克服のための一時的政策であり、恒久的な政策ではない。その政策は、量的緩和政策が停止されて伝統的金融政策が復活すれば、自動的に役割を終えることになる。

これは、ヘリコプター・マネー政策の成否がその「出口戦略」に依存することを示唆している。というのは、その出口が早すぎれば十分な効果は得られず、それが遅すぎればインフレのオーバーシュートが避けられないからである。ヘリコプター・マネー政策とは赤字財政政策と量的緩和政策の同時遂行であるから、それは具体的には「赤字財政からの財政スタンスの転換と量的緩和政策の解除を、どの時点でどのように行うのか」という問題に帰着する。

ヘリコプター・マネー政策について今一つ留意すべきは、それが想定どおりの効果を発揮するためには、単に財政ファイナンスが継続されるというだけではなく、「政府による非増税コミットメントが必要」という点である。その理由は、増税とは人々の保有資産の徴収にほかならないからである。

フリードマンの想定するヘリコプター・マネーの設例において、ばらまかれた貨幣を人々が支出に振り向けようとするのは、人々がその貨幣を「将来的にも奪われることのない恒久的な資産」と考えているからである。そうではなく、人々が「ヘリコプターからばらまかれた貨幣額と同じ金額を政府は必ず増税によって回収しようとするだろう」と予想するならば、それはリカード＝バローの等価定理が想定する状況と同じになる。図8–6でいえば、人々はみずからの保有資産が拡大した（3）の状態は一時的であり、やがて増税と量的緩和の巻き戻しが実行されて（1）に戻ると考えるわけである。このように、人々が将来の増税を現在の増税と同一視し、リカード＝バローの等価定理が厳密に成立する場合、人々は回収した貨幣を支出には振り向けず、増税への備えとしてそのまま退蔵するだけとなる。

以上の推論は、「ヘリコプター・マネー政策は増税の可能性を十分に先送りするかぎりにおいてのみ効果を持つ」ことを意味する。政府がいくら財政赤字を拡大しても、人々が同時にそれに対応する増税を意識しはじめれば、リカード＝バロー的な中立化効果が働きはじめることを避けられない。その作用を阻止するためには、単に財政ファイナンスの継続だけではなく、政府による条件つき非増税コミットメントが必要なのである。

これは、ヘリコプター・マネー政策の成否の鍵を握る出口戦略において、非増税コミットメントの扱いがとりわけ重要であることを意味する。というのは、人々が増税を遠い将来のことと想定するか、近い将来に確実に実行されるものと考えるかによって、ヘリコプター・マネー政策の効果はまったく異なったものとなるからである。

当然ながら、人々が増税の可能性をより身近に意識すればするほど、ヘリコプター・マネー政策はより中立化され、より無効化される。したがって政府は、その政策を成功に導くためには、「出口のための条件が十分に整わないかぎり財政スタンスを転換しない」という明確なコミットメントを行う必要がある。

シニョレッジを利用すべきでない理由はない

第5章で確認したように、通常の赤字財政政策においても、それが中立化されずに人々の支出を拡大させる効果を持つためには、政府の非増税コミットメントが必要不可欠であった。その「非増税コミットメントつき赤字財政政策」と、本章で考察している「非増税コミットメントつき財政ファイナンス」とは、何が違うのであろうか。それは、図8−6の（2）と（3）を比較すれば明らかなように、前者における「政府債務」が、後者では貨幣に置き換えられているというところにある。これは、統合政府がシニョレッジすなわち貨幣発行益を財源として財政赤字をファイナンスしていることを意味する。

両者の相違が最も端的に現れるのは、「中央銀行が得る金利収入シニョレッジ」あるいは「政府の民間への金利支払い」である。通常の赤字財政政策においては、政府は毎期ごとにより多くの国債金利を民間に支払わなければならない。それは、国債とは政府が民間に対して負う債務であり、債務には元本と金利が存在する以上、当然のことである。しかし、中央銀行が財政赤字のマネー・ファイナンスを行う場合には、中央銀行が得る金利収入シニョレッジは拡大し、統合政府による民間への金利支払いはその分だけ減少する。それは、民間が保有する国債を中央銀行が購入すれば、それまで民間に支払われていた国債金利は、政府から中央銀行に支払われたうえで、国庫納付金として政府に返還されるためである。実際、図8‐4が示すように、ＦＲＢのシニョレッジは、大規模資産購入政策の導入以降、大きく拡大している。

また、中央銀行による国債購入の拡大は、国債のリスク・プレミアム低下を通じて国債金利を低下させることから、金利の水準それ自体を押し下げる効果をも持つ。それは、政府の民間への金利支払いをさらに抑制する。

既述のように、ＧＤＰギャップがゼロであり、目標インフレ率が達成されているような潜在成長経路においては、シニョレッジを政策的に操作する余地はない。しかし、ＧＤＰギャップが存在し、現実のインフレ率が目標インフレ率を下回っている状況では、統合政府にはシニョレッジ政策を発動する大きな余地が存在する。というよりも、その状況はまさに、シニョレッジ政策の発動を促しているとさえいえる。というのは、将来的な増税が必要な通常の赤字財政政策とは異なり、中央銀行が国債購入を拡大させてベースマネーを増加させることそれ自体には、ほとんど何のトレードオフも存在しないからである。

不況下におけるヘリコプター・マネー政策あるいはシニョレッジ政策の帰結の一つは、市場における長期金利の低下であるが、それが民間企業や家計の支出を拡大させ、景気を回復させる効果を持つことは明らかである。前述のように、それは政府の財政負担をより小さくすることにも寄与する。それはさらに、名目金利の低下を通じて、人々が貨幣を保有する費用をも低下させることになる。シニョレッジ政策の副作用が存在するとすれば、それは一般物価の上昇すなわちインフレである。しかし、それはまさしく、その政策の目標そのものでもある。したがって、インフレが過熱する徴候がないかぎり、統合政府がシニョレッジを利用すべきでない理由はほとんど存在しない。

他方で、この中央銀行による積極的財政ファイナンスは、GDPギャップが十分縮小すれば停止され、それ以降はテーパリングと呼ばれる量的緩和の巻き戻し政策が実行されることになる。このテーパリングによって、中央銀行のバランスシートは縮小し、それまではトレンドを上回って拡大していたベースマネーの供給が通常の経路に復帰することになる。

しかしながら、量的緩和の巻き戻しそれ自体は、「GDPギャップが存在するかぎり統合政府はシニョレッジを積極的に活用すべきである」という前述の命題を否定しない。というのは、ベースマネーの通常の経路がどうであれ、中央銀行が不況期に積極的な財政ファイナンスを行えば、中央銀行が得る金利収入シニョレッジは、それを行わなかった場合よりも必ず大きくなっているはずだからである。これは、積極的な財政ファイナンスが、ベースマネー供給経路あるいは貨幣供給シニョレッジを「平均的に」拡大させていることを意味する。

ヘリコプター・マネーの出口の条件とは

政府と中央銀行は他方で、この「非増税コミットメントつき財政ファイナンス」から、ある時点において確実に離脱しなければならない。というのは、この政策は、財政政策におけるプライマリー・バランス目標や金融政策におけるインフレ目標のような政府や中央銀行の長期的な政策目標とは明らかに矛盾するからである。

財政赤字のマネー・ファイナンスを期間無限定に継続すれば、その結果は間違いなくハイパー・インフレという形での信認の崩壊である。したがって、政府と中央銀行は、ヘリコプター・マネー政策からの離脱のための戦略を、あらかじめ慎重に構築しておかなければならない。

前述のように、ヘリコプター・マネー政策の目的は、GDPギャップを縮小させ、経済を流動性の罠から脱出させることにある。それは、中央銀行が量的緩和を解除し、政策金利を引き上げたときに実現される。中央銀行が政策金利を引き上げるとは、非伝統的金融政策から伝統的金融政策への復帰が実現されたことを意味する。つまり、ヘリコプター・マネー政策からの「出口」は、中央銀行が伝統的金融政策に復帰しても問題ない程度にGDPギャップが縮小することが条件になる。

しかし、現実のデータに基づいて推計されるGDPと異なり、潜在GDPと現実のGDPとの乖離としてのGDPギャップは、潜在GDPが何らかの経済モデルから得られる推測値でしかない以上、必ずしも十分に信頼がおけるものではない。したがって、出口を判断するガイドラインとしては、失業率、インフレ率、名目経済成長率、実質経済成長率のような、GDPギャップを反映して変動することが想定される現実の指標を用いるほうが望ましい。

このように、政策変更の条件を事前に明示しておくという手法は、一般に「フォワード・ガイダンス」と呼ばれている。それは、量的緩和政策からの出口に関しては、すでに現実化されている。

ＦＲＢは２０１２年12月に、政策金利を下限に据え置く政策を「少なくとも失業率が６・５％を上回る水準にとどまり、1~2年先のインフレが委員会の長期目標である2％を０・５％以上上回ることなく、長期インフレ期待が安定しているかぎり」維持されると決定し、その旨を公表した。ＦＲＢはつまり、伝統的金融政策への復帰のための条件を、失業率が６・５％を下回るか、インフレ率が２・５％を上回ることと定めたのである。２０１３年８月には、ＢＯＥも同様に、政策金利を下限に据え置く政策を「失業率が７％を下回るまで維持する」ことを決定した。これらは、フォワード・ガイダンスの典型的な実例である。

ＦＲＢはじつは、それ以前は、政策金利の下限を維持する政策を「２０１5年半ばまで」継続すると表明していた。これは、政策変更の将来時期をカレンダー・タイムによって明示した「時間依存型」のフォワード・ガイダンスである。それに対して、右のＦＲＢやＢＯＥのそれは、政策変更の条件をマクロ経済指標の具体的な数値として明示する、「状況依存型」のフォワード・ガイダンスである。

フォワード・ガイダンスに関するもう一つの区分は、政策当局によるコミットメントの強弱に応じた分類である（Campbell et al.［2012］）。そこでは、政策コミットメントが強いものはオデッセイ的フォワード・ガイダンス、それが弱いものはデルフィ的フォワード・ガイダンスと呼ばれる。そこでの「オデッセイ」とは、セイレーンの歌声を聴かないためにみずからを柱に縛り付けたギリシャ神話のオデュッセウスに由来するのに対して、「デルフィ」は神からのお告げを受ける古代ギリシャの神託地に由来している。要するに、政策当局による言明の強弱をギリシャ神話になぞらえたわけである。通常は、時間依存型フォワード・ガイダンスはよりオデッセイ的であり、状況依存型はよりデルフィ的である。しかし、常にそうであるとは限らない。状況依存型のフォワード・ガイダンスでも、ガイダンスとしての数値目標の達成が政策変更の十分条件であればオデッセイ的となり、必要条件であればデルフィ的となる。

状況依存型フォワード・ガイダンスがもたらすハネムーン効果

一般には、それぞれのフォワード・ガイダンスがどのような性格を持つべきかは、政策当局の政策目標、政策当局のコミットメントが経済主体に与える効果、政策当局が掲げるガイダンスの達成可能性等々に依存する。ただし、少なくとも量的緩和からの出口のような政策変更については、明らかに状況依存型フォワード・ガイダンスのほうが望ましい。というのは、量的緩和の停止にはＧＤＰギャップの十分な縮小が必要となるが、それが将来のどの時点で達成されるかを事前に予測することは難しいからである。

政策変更の時期をカレンダー・タイムで予告した場合には、それが状況的に早すぎたり遅すぎたりする結果になることを避けられない。それに対して、状況依存型フォワード・ガイダンスであれば、政策当局はみずからが最適と考えるタイミングで政策変更を行うことができる。

この状況依存型フォワード・ガイダンスにおいては、民間経済主体の側は、カレンダーを眺めるのではなく、政策当局によってガイダンスとして掲げられたマクロ的な数値指標をモニターしつつ、政策変更の時期を予測することになる。民間経済主体はその場合、量的緩和が解除されれば金利が引き上げられ、資金市場がよりタイトになることを知っているので、それ以前に支出をできるだけ前倒しで実行しようとするであろう。それは結果として、政策当局の掲げたガイダンスの達成をより早めるように作用する。

ここでは、フォワード・ガイダンスの存在それ自体が、「民間経済主体の期待への働きかけ」を通じて、政策当局の目標達成をより容易にしていることになる。これは、政策当局と市場との相互作用の結果としての「ハネムーン効果」の実例の一つである。

後述のように、リーマン・ショック後の各国の財政政策は、量的緩和政策の出口戦略の場合とは異なり、明確なフォワード・ガイダンスが設けられることもなく、緊縮方向にきわめて唐突に転換されることになった。しかし、ヘリコプター・マネー政策が「非増税コミットメントつき財政ファイナンス」である以上、政策転換の条件を何らかの適切なマクロ経済指標によって明示する状況依存型フォワード・ガイダンスは、財政政策においてこそより強く必要だったのである。そのガイダンスは当然、「GDPギャップの十分な縮小が実現されないかぎり増税は行わない」という、条件つきの非増税コミットメントを意味する。

民間経済主体はその場合、将来的な増税の可能性や時期を、カレンダー・タイムによってではなく現実の経済状況に基づいて判断することになる。すなわち、不況が継続するかぎり増税は将来に先送りされると期待し、景気回復が早期に実現されれば増税が前倒しされると予想することになる。その民間経済主体の期待もまた、GDPギャップの縮小という目標の達成を容易にするようなハネムーン効果を持つ。

非増税コミットメントの効果は

状況依存型フォワード・ガイダンスを通じた政府の非増税コミットメントは、民間経済主体の期待への働きかけを通じて、景気を安定化させる効果を持つ。それは、第5章で吟味したリカード＝バロー命題の意味を考えることで明らかになる。

リカード＝バローの等価定理および中立命題は、民間経済主体が将来世代を含めた将来の増税を現在の増税と同じものと考え、生涯可処分所得からその将来の増税分を完全に差し引く場合にのみ成立する。逆にいえば、民間経済主体が将来の増税は現在の増税とは異なると考える場合には、この等価定理および中立命題は成立しない。実際それは、現実の経済では少なくとも完全には成立していない。しかし、民間経済主体が増税の可能性を確実視するようになれば、現実がリカード＝バロー的な状況に近づいていくことになる。

つまり、リカード＝バロー的な中立化効果が経済にどの程度まで作用するかは、政府の増税あるいは非増税コミットメントに依存する。財政政策の転換において状況依存型フォワード・ガイダンスが設定されているケースに限定すれば、その中立化効果の程度は、ガイダンスとして示されているマクロ経済指標の目標値とその現実値との「距離」に依存する。

不況が深刻であり、GDPギャップが大きく拡大しており、ガイダンスの目標達成には相当に時間がかかることが予想されるような状況では、増税がより先送りされる可能性が高まる。その結果、現世代が享受可能となる生涯可処分所得はより拡大し、人々の消費計画は上方にシフトする。

他方で、不況の継続それ自体は、現世代の生涯所得と消費計画を明らかに低下させる。しかし、政府の条件つき非増税コミットメントは、少なくともその悪影響を緩和することに寄与する。つまりそれは、増税に関する人々の期待を通じて、赤字財政が本来持つ景気安定化機能をより強めるように作用するのである。

政府の増税あるいは非増税コミットメントの持つこうした効果は、将来的に実行される増税が所得税なのか消費税なのかには基本的には依存しない。というのは、消費税と所得税は理論的にはまったく同じ効果を持つことが知られているからである。人々の消費計画を左右するのはその生涯可処分所得であるから、その所得の大きさが一定であるかぎり、税金が所得から差し引かれることと消費時点で徴収されることとの間には本質的な違いはない。これは、消費税と所得税との同値性あるいは等価命題と呼ばれている。

未完に終わったヘリコプター・マネー政策

不幸なことに、バーナンキによって提起された「財政と金融の統合政策」としてのヘリコプター・マネー政策は、リーマン・ショック後の「百年に一度」の世界不況という、それがまさに行われるべきであった時期においてさえも、十全な形で現実化されることはなかった。

たしかに、世界各国はリーマン・ショック後、少なくとも一時的にはケインズ型の拡張的財政政策を実行した。また、英米両国の中央銀行は、大規模な量的緩和政策を遂行した。ヘリコプター・マネー政策とは赤字財政政策と量的緩和政策の統合であるから、この両者が継続されれば、それは事実上のヘリコプター・マネーを意味していた。

それが結局は実現されなかった理由は、きわめて明白である。それは、ギリシャ・ショックを契機として、各国が単にケインズ的な財政拡張政策を停止しただけではなく、財政のスタンスそのものを緊縮的な方向に急転換したためである。

その最も典型的な実例はイギリスである。第3章で詳述したように、量的緩和政策をリーマン・ショック後にいち早く導入したのは、英米の中央銀行すなわちFRBとBOEであった。BOEはそれ以降も、量的緩和を粘り強く継続した。しかしながら、イギリスの財政政策の方向性は、それとはまったく異なっていた。イギリスは、2008年12月に景気対策として付加価値税率を17・5%から2・5%引き下げて15%としていたが、2010年1月にはそれを再び17・5%に戻し、さらに2011年1月には20%まで引き上げた。そのうえで、2010年5月に保守党と自由民主党が連立して成立したキャメロン政権は、公務員削減や年金支給開始年齢の引き上げ等を実行した。

そうした緊縮財政への転換が時期尚早であり、タイミングとしてまったく最悪であったことは、その後のイギリス経済の低迷から明らかである。イギリスでは、2012年夏にロンドン・オリンピックが開催されたにもかかわらず、オリンピック以降はおろかそれ以前においてさえ、それらしい景気の盛り上がりはまったく生じることがなかったのである。

このイギリスの事例は、世界経済危機のショックがほとんど癒えるまでもなく、単に将来の計画ではない現実の財政引き締めが実行されたという点では、きわめて特異である。しかし、それは決して異例というわけではなかった。国ごとに程度の差はあれ、ギリシャ・ショック以降に主要国がこぞって財政緊縮に転換したことを考えれば、イギリスのそれはむしろ象徴的な事例であったといえる。

限定的な位置づけだった景気弾力化条項

最大の問題は、リーマン・ショック後の各国の赤字財政政策が、その継続や停止に関する事前のコミットメントをまったく欠いたまま、ギリシャ・ショックという市場の突発的な混乱に惑わされて、唐突に転換された点にある。

もちろん、リーマン・ショック後に各国で政府支出拡大や減税が行われていた以上、増税への転換はいずれ必ず実行されるべきものであった。しかし、増税とは人々の生涯可処分所得を引き下げるものであり、人々の消費計画を確実に縮小させる以上、財政政策の転換は、量的緩和の出口以上に慎重のうえにも慎重に実行されるべきであった。どのような条件が達成されれば転換が可能かというフォワード・ガイダンスは、財政政策においてこそより強く必要とされていたのである。にもかかわらず、各国は結局、循環的財政赤字の拡大にともなう財政破綻懸念の拡がりと、その懸念の火種に油を注ぐことになったギリシャ・ショックによって、なし崩しに緊縮財政へと突き進んでいったのである。

ただし、財政政策におけるフォワード・ガイダンスに相当するような実例が、まったく存在しなかったわけではない。それは、日本の消費増税における「景気弾力条項」である。日本では、2012年6月に成立した「社会保障と税の一体改革に関する合意」いわゆる三党合意により、従来の消費税率5％を2014年4月1日から8％、2015年10月1日から10％へと引き上げることが定められた。しかし、その消費増税法案の附則18条には、消費増税の実施はその時点での経済状況に依存するものであり、具体的には3％程度の名目経済成長率と2％程度の実質経済成長率の達成および維持が前提とされることが明示されていたのである。この条項は、増税の条件を名目経済成長率と実質経済成長率という二つの経済指標の具体的な数値として明示していた点においては、状況依存型フォワード・ガイダンスとしての性格を備えていた。

とはいえ、消費増税法案それ自体は、状況依存型フォワード・ガイダンスとしてはきわめて不十分なものであった。というのは、消費増税法案の冒頭には、2014年4月1日と2015年10月1日という増税時期がカレンダー・タイムで明示されていたからである。その点からすれば、消費増税法案それ自体は明らかな時間依存型フォワード・ガイダンスであり、デルフィ的というよりはオデッセイ的なものと位置づけられる。つまり、消費増税法案を全体としてみれば、増税の判断における状況依存の程度は、附則という位置づけのとおり、きわめて限定的なものでしかなかったのである。

いうまでもないが、増税の最大のリスクは、景気回復を腰折れさせ、経済の正常化を遅らせてしまう点にある。それは、増税のそもそもの目的であった、財政健全化それ自体をも妨げてしまうことになる。そのリスクを避けるためには、景気の十分な回復を見きわめてから増税を行うことが必要である。状況依存型フォワード・ガイダンスは、その目的を満たす方法の一つである。

日本の消費増税についていえば、増税時期をカレンダー・タイムで明示するのではなく、「3%程度の名目経済成長率と2%程度の実質経済成長率の達成および維持」という数値基準のみをフォワード・ガイダンスに設定しておけば、増税にともなうリスクを大きく軽減できたはずである。それはまた、「増税による景気の腰折れ」という人々の広範な懸念を和らげるのにも役立ったに違いない。

ギリシャ・ショックがもたらした政策パニック

ヘリコプター・マネー政策の実現を阻んだ、ギリシャ・ショックと並ぶもう一つの要因は、各国の政策当局者が抱いていた財政規律に関する既得観念である。そのことは、財政政策当局者はもとより、金融政策当局者においても当てはまる。ギリシャ・ショックを契機として欧州にソブリン危機が生じたとき、中央銀行関係者たちの一部は、政府財政の悪化が国債金利上昇を通じて金融緩和の効果を妨げはじめるのではないかという、古典的な財政規律喪失懸念に支配されることになったのである。その典型的な一人は、BOEの総裁であったマービン・キングである。

2003年から13年までBOE総裁の任にあったキングは、いうまでもなくイギリスの量的緩和政策を主導した人物である。その彼が、2010年春になってギリシャ危機が顕在化すると、イギリス政府に対して、緊縮財政をとり、予算を切り詰め、早急に増税を行うように求めはじめたのである。イギリス政府は実際、その時期を境に、財政スタンスを急激に転換させていくことになる。

2010年当時にBOEの金融政策委員会のメンバーをつとめており、その立場からこのキングの財政緊縮要求を強く批判していたアダム・ポーゼンは、世界の政策当局者たちの多くはこのころ、ギリシャ・ショックによってある種のパニックに陥っていたのであり、キングもまた「2010年春にこのパニックをつくり出した当事者の一人」であったと述べている（ポーゼン／デロング［2013］）。

次章で考察するように、ギリシャを手始めとする欧州のソブリン危機は、財政統合なき通貨統合というユーロ圏諸国の特異な状況が招いたものであり、古典的な財政規律喪失による危機とは性格が大きく異なっていた。実際、PIGSに代表される財政危機国は、すべてユーロ圏に属していた。そして、それは決して偶然ではなかった。統一通貨と欧州ソブリン危機の間には、明確な因果関係が存在していた。ユーロ圏諸国にソブリン危機が生じたのは、単にそれらの国々の財政的脆弱性だけによるものではなかったのである。

結局のところ、ギリシャ・ショックによって引き起こされた世界的なパニックは、少なくともユーロ圏以外の国々にとっては、実在しない亡霊に怯えた心理的混乱にすぎなかった。そのことは、自国通貨の発行権を持つアメリカ、イギリス、日本のような国々の国債金利が、その後も上昇するどころか低下しつづけた事実が示すとおりである。それらの国々にとっては、政府財政の悪化が国債金利上昇を招くというような財政規律喪失懸念は、まったくの杞憂にすぎなかったのである。

おそらく、こうした財政規律に関する固定観念から一貫して自由でありつづけた中央銀行関係者を一人挙げるとすれば、それはやはりベン・バーナンキであろう。

じつは、FRBに入ってからのバーナンキは、アメリカ政府の財政政策運営について、特定の方向づけを示唆するような発言はほとんどしていない。さらに、FRB議長に就任して以降は、彼のトレードマークであったはずの「ヘリコプター・マネー」を示唆するような発言もしていない。むしろ逆に、みずからの政策を「財政ファイナンス」から切り離すような発言をしている（Bernanke [2013b]）。それは彼が、財政政策はあくまでも有権者の負託を受けた政府が責任を負うべきものであり、中央銀行が軽々しく口出しをすべき問題ではないと考えていたからであろう。

そのバーナンキが、政府の財政政策運営について唯一強い警告を発したのは、例の「財政の崖」をめぐる混乱に関してであった。バーナンキは、2012年11月の講演「経済回復と経済政策」において、「財政の崖」が現実化して実質的な増税と歳出の強制削減が行われた場合には「FRBは経済への打撃を相殺する手立てを持っていない」と述べ、政府と議会に問題の回避を強く促したのである（Bernanke [2012c]）。このことは、当時のバーナンキが、アメリカ経済にとっては、財政規律の問題などよりも、突如として財政緊縮が実行されるリスクのほうがはるかに深刻と考えていたことを示唆している。それは、彼がかつて提起していたヘリコプター・マネー政策が、金融当局と財政当局の協力によってのみ実現されるものであったことを想起すれば、まったく当然であったと考えられる。

第9章

世界的マクロ安定化への課題
──金融政策と財政政策の正常化

1 量的緩和政策の「副作用とリスク」について

大きな転換点となった２０１３年

リーマン・ショックから5年が経過した２０１３年は、世界経済にとっての重要な転換点の年となった。２０１０年春のギリシャ・ショックを契機として生じた世界的な財政懸念パニックが一段落し、各国のマクロ経済が正常化に向かいつつあることが、ようやく明確になりはじめたのである。それは、多くの専門家たちの当初の想定以上に長くかつきびしい道程であった。

その最大の原因は、いうまでもなく「不況下の財政緊縮」にあった。その時期尚早の財政緊縮政策により、残された政策手段は金融政策のみとなり、景気回復の動きは各国で頓挫し、結果として各中央銀行が展開した前例のない金融緩和が大方の予想を超えて長期化することになったのである。

しかし、２０１３年になると、米ＦＲＢのテーパリングすなわち量的緩和の巻き戻しが現実味を帯びはじめた。これは、金融緩和を継続しつつ辛抱強く景気回復を待つという局面に、ようやく出口が見えはじめたことを意味していた。

もちろん、ＦＲＢのテーパリングは、金融市場の正常化のための第一歩にすぎない。先進諸国のなかでは最も回復が早かったアメリカですら、政策金利を引き上げて伝統的金融政策に復帰するにはさらに数年を要することが予想されていたのである。

たとえそうであったにしても、世界経済が改善しつつあるのは十分に明らかであった。その一例はイギリスである。不況下の財政緊縮政策が最も徹底して行われたイギリスの経済は、２０１２年ごろまでは低迷をきわめていた。しかし、２０１３年に入ると、ＢＯＥが量的緩和政策を粘り強く継続した効果が緊縮財政のマイナス効果を上回りはじめ、イギリス経済にもようやく明確な回復の徴候が現れはじめたのである。

そして、２０１３年に最も劇的な変化を遂げたのは、明らかに日本であった。２０１２年までの日本経済は、デフレと円高と大震災によって、まさに瀕死の状況にあった。その背後には、ギリシャ・ショックのパニックのなかで選挙時の非増税コミットメントを突如反古にして増税路線に急転換した民主党の稚拙な財政政策運営と、白川日銀によるきわめてデフレ許容的な金融政策運営があった。しかし、２０１２年末における第2次安倍政権の成立とアベノミクスの登場、そして安倍によって生み出された黒田日銀による異次元金融緩和は、そうした流れのすべてを根本的に変えたのである。

他方で、ギリシャ・ショックから始まる欧州ソブリン危機の震源地であったユーロ圏諸国では、一人堅調を続けたドイツのような例外を含むものの、依然として深刻な経済停滞が続いていた。とはいえ、２０１３年になると、金融市場の混乱はほぼ克服され、少なくともユーロ圏の崩壊といった破局的事態の発生可能性は遠のいた。２０１２年のピーク時には30％を超えるまで上昇したギリシャの国債金利でさえ、その後は急速に低下し、２０１３年末には10％を下回るに至ったのである。

「危機の終わり」の政策的課題とは

つまり、世界経済は2013年になって、ようやく2008年から始まる百年に一度の世界経済危機の「終わりの始まり」という段階に到達したといえる。それは、完全な正常化は遠い先にあるとはいえ、2008年以降に展開された危機対応のマクロ経済政策が、その役割を徐々に終えつつあることを意味していた。とはいえ、それは政府の政策対応それ自体が不要になることを意味してはいない。というのは、危機対応のマクロ経済政策が解除される段階には、その解除をいかに混乱なく行うかという、その段階固有の政策的課題が存在するからである。

その第一は、非伝統的金融政策から伝統的金融政策への移行という「量的緩和からの出口」にともなう政策課題である。それが状況依存型フォワード・ガイダンスによって行われるべきこと、そして実際にそのように行われてきたことは、すでに前章で確認した。ここでの課題とは、その出口においてどのようなリスクの可能性が存在するのかを吟味し、そのリスクに対してどう対応すべきかを考えることにある。

この問題の考察が重要なのは、量的緩和反対論者の多くが、まさに「量的緩和からの出口にともなうリスク」を根拠に量的緩和政策に反対しつづけてきたからである。量的緩和政策は本来、深刻な不況期限定の政策であるから、マクロ経済の状況が十分に改善したあかつきには、伝統的金融政策に道を譲らなければならない。つまり、量的緩和政策が導入された以上、その「出口」を避けることはできない。その事実は、量的緩和反対論者が主張するような大きなリスクがそこに本当に存在するのであれば、そのリスクを最小化するための政策戦略を事前に構築しておかなければならないことを意味する。

その第二は、政府財政の長期的持続可能性をどのように確保するかである。あるいは、世界経済危機のなかで拡大した政府財政赤字の縮小を、経済成長を損なうことなく、どのように実現させるかである。

前述のように、世界経済の回復が長引いた直接の原因は各国の財政緊縮であり、その背後には各国の財政赤字拡大とギリシャ・ショックという現実の財政危機が存在した。その状況は、各国の政策当局者たちに、世界経済があたかも「景気回復と財政健全化のジレンマ」に直面しているかのような感覚を抱かせた。各国はその結果、景気回復よりも財政健全化を政策目標としてより優先させ、財政スタンスを急転換させるに至ったのである。しかし、そのようなジレンマは本当に存在したのであろうか。あるいは、多くの政策当局者たちをパニックに陥れた「近い将来における財政危機のリスク」は本当に存在したのであろうか。

この問いの答えを見つけようとするときに留意すべきは、財政危機が顕在化する仕方は、自国通貨の発行権を持つアメリカ、イギリス、日本のような国々と、それを持たないユーロ圏諸国のような国々とでは、本来まったく異なるという点である。したがって、景気回復と財政健全化のジレンマをどう解消するかという課題についての答えも、前者と後者とでは異なる。というのは、自国通貨の発行権すなわちシニョレッジを持つということは、そのシニョレッジを財政危機への対応策として利用できることを意味するからである。

それに対して、シニョレッジを持たない国や地域の場合には、財政危機に対応する政策オプションは、他国や他地域からの財政支援を除けば、みずからの財政緊縮以外にはほとんど存在しない。それは、一国における地方財政運営のことを想起すれば明らかであろう。世界経済危機以降の欧州ソブリン危機は、まさしくその状況を示していた。その危機はだからこそ、「ユーロの足かせ」によって金融政策の自律性を奪われているPIGS諸国のような国々においてのみ生じたのである。それは明らかに、統一通貨ユーロという制度的制約によって生み出された一つの経済的帰結であった。

幸いなことに、一時は現実味を帯びていたユーロ圏の崩壊という可能性は、その後の世界経済の回復によってほぼ遠のいた。しかし、それは同時に、ユーロ圏の財政危機国にとっての苦難の継続をも意味していた。というのは、後述のように、それらの国々にとっては、ユーロ圏にとどまることを選択した以上、きびしい財政緊縮と景気停滞のなかで外部経済環境の好転を待つという辛く長い過程を堪え忍ぶ以外に方策は存在しないからである。仮に世界経済が順調に回復を続けたとしても、ユーロ圏の財政危機国が経済正常化を真の意味で実現させるためには、おそらくは2020年代を待つことが必要になるであろう。

量的緩和の「副作用」は本当に問題か

ところで、非伝統的金融政策あるいは量的緩和政策に対しては、従来から常に、「経済的な効果はない」という批判と「制御不能なインフレをもたらす」という批判の両方が存在しつづけてきた。この二つの批判は互いに相矛盾するにもかかわらず、同一の論者がそれを同時に展開することもしばしばであった。

しかしながら、こうした量的緩和政策への常套的批判のうち、とりわけ「インフレ懸念」に基づく批判は、やがて論争の表舞台からは姿を消した。それは、リーマン・ショック後に英米両国の中央銀行が量的緩和政策を開始してから5年以上が経過した後にも、制御不能なインフレらしきものはどこにも現れなかったからである。イギリスではたしかに、２０１０年から11年にかけてインフレ率がやや上振れしたが、その後は目標インフレ率である２％に向けて徐々に低下していった。アメリカに至っては、インフレ率が２％を下回る状態が長期化し、そのことが日本型デフレに陥るリスクとして懸念されたほどであった。

他方で、量的緩和政策は有効だったのか否か、有効だったとすればどの程度だったのかについては、依然として論争が続いた。とはいえ、英米両国の経済が両国中央銀行の粘り強い量的緩和政策によって徐々に回復していったこと、また黒田日銀が展開した量的・質的緩和政策が短期間で劇的な効果を見せたことは、量的緩和政策無効論への十分な実証的反証であった。その結果、量的緩和政策への批判は、その無効性よりもむしろその「副作用」へと争点を移していった。それは典型的には、「量的緩和政策によって恩恵を受けるのは多くの資産を保有する富裕層だけであり、一般庶民はインフレによって損害を受ける」といった主張である。黒田日銀による量的・質的緩和政策が奏功したことは、この種の批判をむしろ拡大させた。

こうした批判の最大の問題点は、マクロ安定化政策における目的と手段の相違を明確に認識しておらず、景気回復の過渡期に生じる一時的現象を一般化してしまうところにある。第６章で詳述したように、量的緩和政策とは、政策金利の操作という金融政策の伝統的手段が失われた状況のなかで、「中央銀行が貨幣とは代替性のより低い長期国債等の資産を購入することにより、各種資産の価格や収益率に影響を及ぼす」ことを通じてＧＤＰギャップを縮小させようとする政策である。つまり、量的緩和政策の目的それ自体は伝統的金融政策と同じであり、「ＧＤＰギャップの縮小を通じた物価、雇用、所得の安定化」である。

伝統的金融政策と量的緩和政策との相違はもっぱら、金利の操作か量の操作かというその手段、さらにその手段から実体経済への波及チャネルある。金利チャネルという経路を持たない量的緩和政策においては、各種資産の価格や収益率を通じたチャネルが最も重要になる。量的緩和政策によって株価等の資産価格が上昇し、自国通貨の為替レートが下落するというのは、まさしくその政策が当初のもくろみどおりに機能していることを意味する。

それに対して、量的緩和批判派はしばしば、この資産価格上昇や通貨下落を量的緩和政策の「副作用」として位置づける。こうした批判は、量的緩和政策の最終的な目的はマクロ安定化すなわち物価、雇用、所得の安定化であり、株価や為替レートそれ自体ではないということを理解していない。

財政政策や伝統的金融政策を含むすべてのマクロ経済政策は、政府あるいは中央銀行が市場に介入することによってマクロ安定化を実現させようとするものであるから、どのような政策を行ったとしても、資産市場を含むさまざまな市場に影響が及ぶことは避けられない。量的緩和の効果はたしかに株価や為替レートに大きく依存するが、それは民間経済主体の貯蓄・支出行動がまさしく各種資産の価格や収益に依存しているからである。

資産価格の変動を「副作用」とみなして量的緩和政策を否定するということは、人々の雇用や所得の改善よりも「金持ちがより金持ちになるのは望ましくない」という価値判断を優先することを意味する。それはたしかに一つの価値判断ではあるが、おそらく有権者の多くは、それを人々の雇用や所得の全般的な改善という政策目標よりも上位に位置づけられるべきものとは考えないであろう。

AD＝ASモデルが示す、日本経済に今起きていること

量的緩和副作用論のもう一つの争点は、「インフレによる人々の実質所得の低下」である。その議論の骨子は、「仮に量的緩和政策が機能し、日本がデフレからインフレに転じたとしても、これまで低下しつづけてきた名目賃金が上昇することは期待できないので、インフレによる目減りを加味した実質賃金は低下しつづけるだろう」というものである。こうした批判が拡大しはじめたのは、デフレ脱却を目標とした黒田日銀による量的・質的緩和政策が、実際にインフレ率の着実な上昇に結びつきはじめた２０１３年後半以降のことである。厚生労働省が発表する毎月「勤労統計調査」によれば、物価上昇分を差し引いた実質賃金指数は、２０１３年７月以降はインフレ率の上昇によって前年比で減少に転じた。

２０１４年４月の消費増税は、その減少幅をさらに拡大させた。この消費増税それ自体は、アベノミクスとも黒田日銀の政策とも基本的に無関係であった。しかし、その原因が何であれ、実質賃金が低下しつつあるという事実は、量的緩和政策批判派に格好の材料を提供することになった。

実際のところ、こうして生じる実質賃金の低下は、景気回復の初期段階に特有のものであり、量的緩和政策の副作用というよりは、その政策が想定どおりの効果を発揮していることを意味していた。というのは、それは伝統的なケインズ体系を構成するAD＝AS（総需要・総供給）モデルから導き出される帰結そのものであったからである。

AD＝ASモデルとは、図9‐1のように、一国の所得と物価がマクロ的な総需要と総供給によって決定されることを示す理論的枠組みである。ここで、総需要ADが物価に対して右下がりの曲線を描いているのは、物価下落とは貨幣残高の実質的な増加であることから、それにともなって総需要が

増加するためである。

それに対して、総供給ASのほうは、物価に対して右上がりの曲線となっている。それは、名目賃金には下方硬直性が存在するため、物価が低下すれば実質賃金が上昇し、企業の労働需要が減少するためである。実質賃金が上昇した場合、企業はそれに見合う付加価値を生み出す労働者しか雇用しなくなるため、労働需要はそれにともなって必然的に減少する。この実質賃金と労働需要との関係は、ケインズによって「古典派の第一公準」と呼ばれた。このAD＝ASモデルでは、物価と所得すなわちGDPは、総需要ADと総供給ASが一致する点で決定されることになる。

ところで、AS曲線が右上がりであるということは、名目賃金が一定であるかぎり、物価が上昇すれば実質賃金が低下し、企業の労働需要が拡大することを意味している。しかしながら、労働需要は拡大しても、労働供給のほうには労働人口という制約がある。労働需要がその制約に直面するまでは、総需要ADが拡大すれば、物価上昇と実質賃金の低下が生じ、雇用と所得が拡大する。しかし、GDPギャップがゼロとなり、失業率が自然失業率（あるいは次章で詳述するインフレ非加速的失業率）に一致すれば、雇用と所得はそれ以上拡大しない。それ以降は、総需要ADがさらに拡大したとしても、もっぱら物価の上昇に帰結する。その点が、雇用と所得GDPの上限である。その上限に近づけば、労働市場の逼迫により、これまではほとんど上昇しなかった名目賃金も上昇しはじめる。

図9-1では、総需要ADが拡大していけば、やがて所得はそれ以上には増加せずに物価のみが上昇する所得Y_1に到達することを示している。そのY_1が自然失業率に対応する所得であり、それとY_0との差がGDPギャップである。

このモデルは、黒田日銀による量的・質的緩和政策が日本経済にもたらしつつあるものの本質を

図9-1　AD=AS（総需要・総供給）モデルによる所得と物価の決定

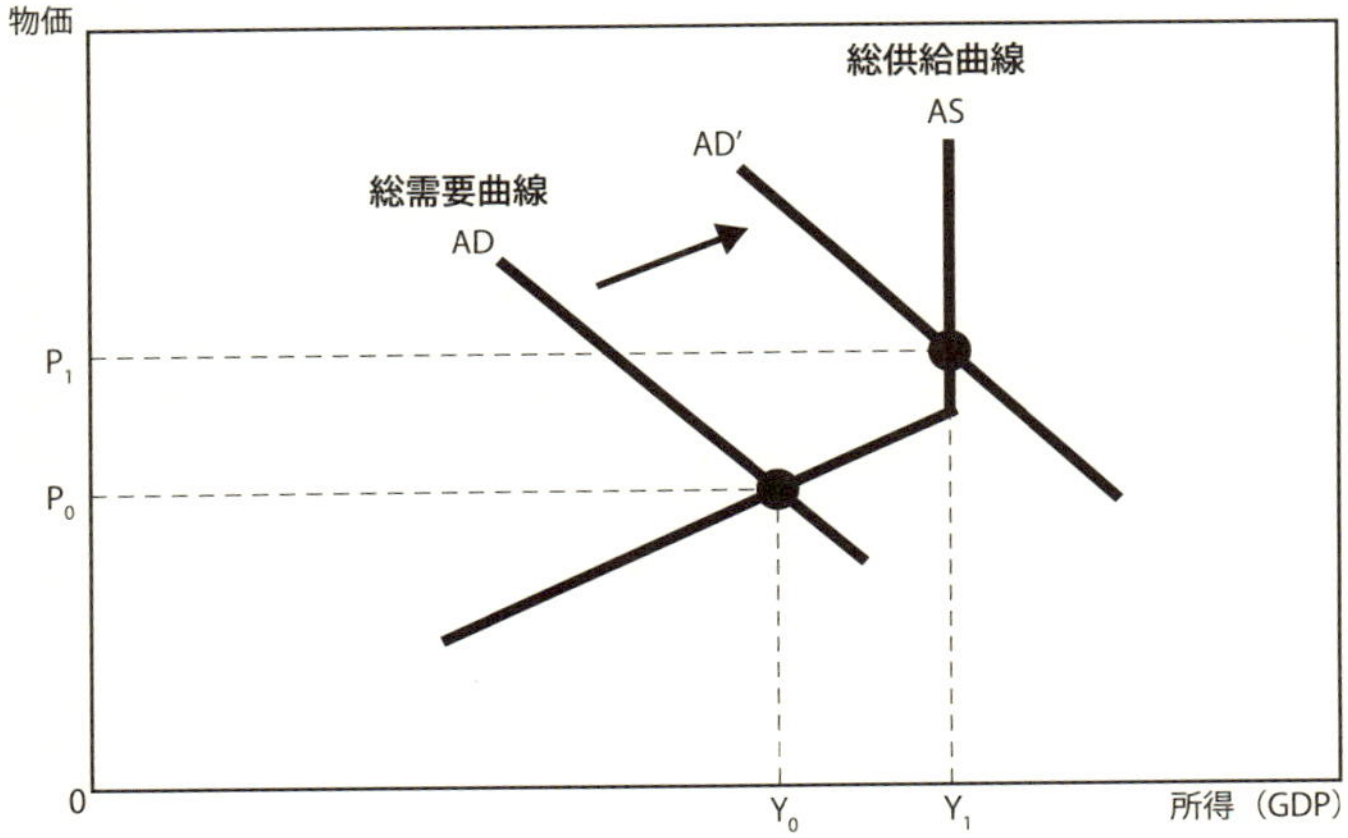

的確に示している。ここで重要なのは、一国における物価、所得、賃金等の動きは、GDPギャップが未だ残っているような景気回復の途上局面（図9-1のY1の左側）と、失業率が自然失業率まで低下し、GDPギャップが解消されるに至った潜在GDP上の局面（図9-1のY1）ではまったく異なるという点である。

GDPギャップがゼロに達する以前の景気回復局面では、総需要の拡大によって物価が上昇しても、労働市場に非自発的失業が残されているために、名目賃金はそれほど上昇しない。その結果、実質賃金は低下し、雇用が拡大して失業率が低下する。2013年から14年にかけての日本経済に生じていたのは、まさにそうした事態であった。というのは、物価上昇によって生じた実質賃金の低下は、雇用の確実な改善をともなっていたからである。量的・質的緩和政策が導入される以前は4%を超えていた日本の完全失業率は、その約1年後の2014年5月には3・5%まで低下していたのである。

実証研究はケインズ命題とは逆の結果を支持していた

このAD＝ASモデルが示しているように、伝統的なケインズ理論においては、「雇用の改善は物価上昇をともなう実質賃金の低下によって実現される」と考えられてきた。そして、量的・質的緩和政策が導入されて以降の日本経済においては、まさしくそのとおりのことが生じていた。じつは、この現象は、ケインズ経済学のうえにおいては当然であっても、実証的には必ずしもそうではなかった。

この主題には長い論争史が存在する。ケインズは、『一般理論』（１９３６年）第1章において、「雇用の増加は実質賃金率の下落をともなってのみ起こりうる」と明確に述べている（Keynes［1973a］ch. 1）。これは、実質賃金に対する右下がりの労働需要曲線という「古典派の第一公準」をケインズが古典派から引き継いだことを意味する。しかし、そのケインズ命題については、早くも１９３８年にはジョン・ダンロップによって、そして１９３９年にはローリー・ターシスによって、実証的な観点からの批判が行われていた（Dunlop［1938］, Tarshis［1939］）。

その後も、実証研究の結果の多くは、ケインズ命題とは逆の「雇用増加は実質賃金率の上昇をともなって生じる」という結論を支持していた。その意味で、量的・質的緩和政策導入後の日本の状況は、ケインズ命題がそのまま現実化した、経済史上でもきわめて貴重な実例であったといえる。

ケインズ的モデルである以上は当然であるが、AD＝ASモデルはあくまでも非自発的失業が存在するような不完全雇用を前提としたモデルであり、その先に何があるのかについては断片的に示すにすぎない。そこで明らかなのは、「雇用増加が実質賃金の下落をともなって起こる」という局面が継続するのはGDPギャップが解消されるまでであり、それ以降は「雇用増加は打ち止めになり、それにかわって実質賃金が上昇する」という新たな局面に入るということである。

これは、総需要の十分な拡大によって、失業率が自然失業率に一致しつつ成長する潜在成長経路上に経済が到達したことを意味する。その状況になると、労働市場の逼迫によって、それまで物価上昇率を下回っていた名目賃金の上昇率が物価上昇率に追いつき、やがてそれを上回るようになる。それは、実質賃金がようやく上昇しはじめたことを意味する。

前述のように、景気循環の過程における実質賃金動向を現実のデータに基づいて確認した実証研究の多くは、ケインズ命題とは逆に、景気拡大は実質賃金の低下ではなく上昇をともなう傾向を持つことを示している。それはおそらく、景気拡大が十分に進んだ状況では、労働市場で労働不足が顕在化しはじめ、やがて名目賃金の上昇率が物価上昇率を追い越していくからであろう。つまり、実質賃金の動向は、景気の悪化局面か回復局面かというだけではなく、景気回復局面の序盤かそれ以降かによっても異なるということである。

2部門モデルの数値例で考える

以上のように、総需要の拡大によりGDPギャップがゼロとなり、経済が潜在成長経路にいったん到達すれば、実質賃金は傾向的に上昇しつづけることが予想されるが、それはなぜなのであろうか。その推論は、「実質賃金は労働の限界生産物に等しい」という新古典派経済学における所得分配理論から導き出される。

労働の限界生産物とは、企業が収益を減少させずに雇用することができる、最も生産性の低い労働一単位が生み出す生産物である。ここで、技術進歩等によって労働生産性が上昇すれば、労働の限界生産物は増加し、それにともなって実質賃金も上昇する。したがって、労働生産性の上昇によって成長しつづけるような経済では、実質賃金は必ず上昇することになるのである。

そうなることを、以下で簡単な設例を用いて考えてみよう。製造業とサービス業という二つの産業から成り立つ経済を想定する。ただし、製造業では労働生産性が毎年2％上昇するが、サービス部門の生産性上昇率はゼロ％とする。労働供給は一定であり、製造業とサービス業の生産額＝付加価値の対GDP比率は50％ずつとする。その場合、この経済の生産性上昇率は平均して1％であり、労働供給は一定であることから、潜在成長率は1％となる。

ここで、金融政策の目標とされるインフレ率は2％であり、その目標が実現されているとする。したがって、名目経済成長率は3％となる。しかし、この2％というインフレ率は、あくまでも製造業とサービス業を平均した価格の上昇率である。産業別では、製造業とサービス業には2％の生産性上昇格差が存在し、かつ生産額の対GDP比率は両産業とも50％であることから、製造業では1％、サービス業では3％の価格上昇が生じていると考えられる。ここでサービス業の価格上昇率が製造業を2％だけ上回るのは、両産業の名目賃金＝労働の付加価値が等しくなるためには、生産性が上昇した財貨サービスはその分だけ価格が相対的に安くなることが必要なためである。

ところで、サービス業の付加価値とは労働そのものの付加価値であり、その価格の上昇とは名目賃金の上昇にほかならない。したがって、このサービス価格の3％の上昇こそが名目賃金の上昇率である。結果として、この経済の物価上昇率は2％、生産性上昇率は平均して1％、名目賃金上昇率は3％となる。名目賃金上昇率から物価上昇率を差し引いた実質賃金上昇率は1％となる。これは、経済全体の平均の生産性上昇率と等しい。

表9‐1は、この設例を整理したものである。まず、この経済には100単位の同質な労働が存在

表9-1　産業の生産性上昇による一国の実質賃金上昇

	基準年	次年（実質）	次年（名目）
製造業（付加価値）	50	51	51.5
サービス業（付加価値）	50	50	51.5
GDP（付加価値の総計）	100	101	103

するとしよう。そして、基準年においては、1単位の労働が製造業およびサービス業において1単位の付加価値を生み出しているとしよう。その場合、基準年の実質GDP＝名目GDPは100となる。労働生産性上昇率は、製造業が2％、サービス部門ではゼロ％のため、次年の実質GDPは101となり、実質経済成長率は1％となる。また価格上昇率は、製造業が1％、サービス業が3％であるため、名目GDPは103となる。したがって名目経済成長率は3％であり、インフレ率は2％となる。労働者1人当たりで換算すれば、実質賃金上昇率は1％、名目賃金上昇率は3％となる。

デフレ不況下で何が起きていたのか

このように、実質賃金上昇率は経済全体の平均した労働生産性上昇率に等しい。それは、名目賃金上昇率が経済全体の平均した物価上昇率を生産性上昇率の分だけは上回ることを意味する。労働生産性の上昇とは労働の付加価値の増加であり、それはまた労働の限界生産物の増加であるから、実質賃金がその分だけ上昇するのは当然のことである。この2部門モデルによる設例は、サービス業のように生産性を上げることが難しい産業が存在したとしても、いずれかの産業で技術革新による生産性上昇があれば、その恩恵は実質賃金の上昇という形で労働者全体に及ぶことを示している。

実際、1980年代までの日本経済においては、名目賃金上昇率は物価上

図9−2　日本の名目賃金指数、消費者物価指数、および実質賃金指数（1990〜2011年）

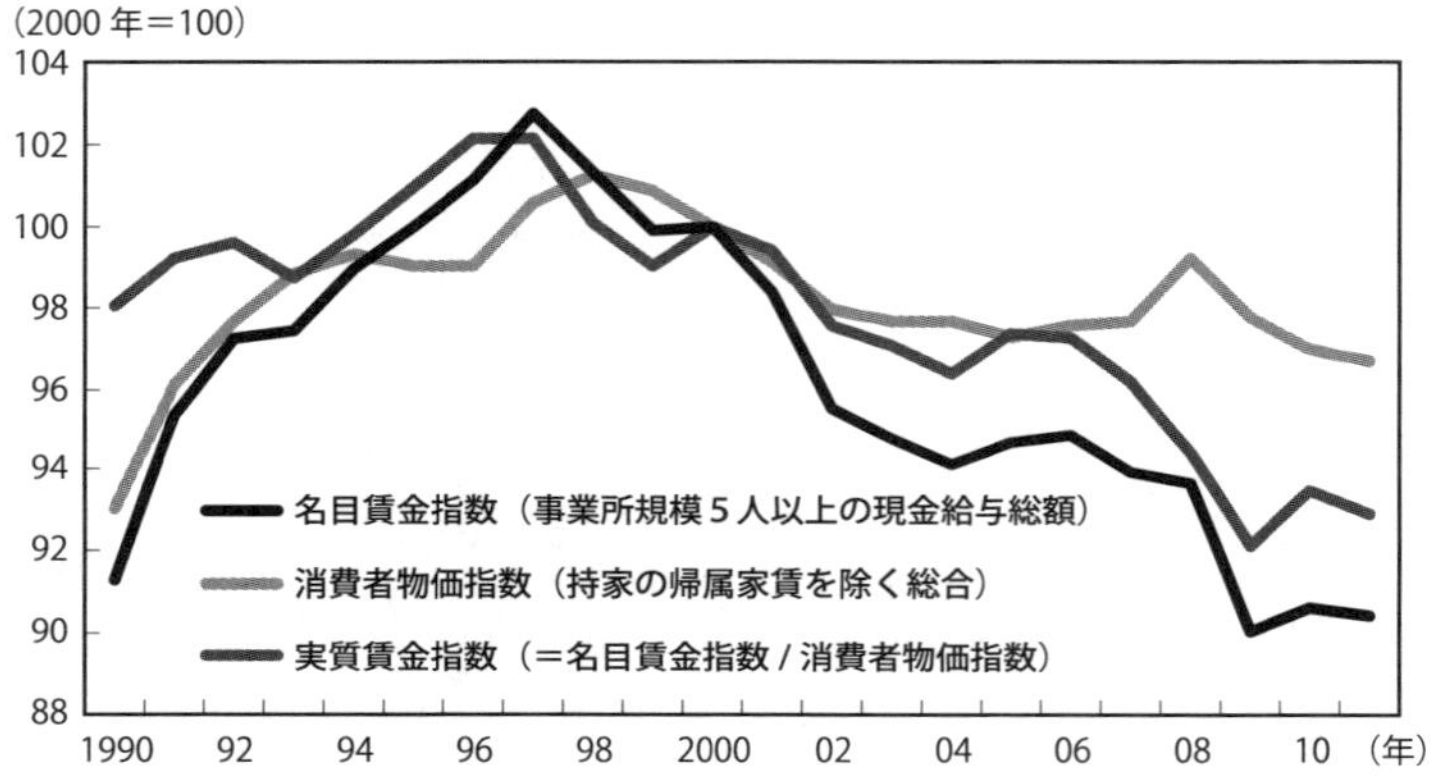

（出所）厚生労働省、総務省統計局データより作成。

昇率をほぼ常に上回っていた。また、その両者の差である実質賃金上昇率は、当時の日本の高い労働生産性上昇率を反映して、先進諸国のなかでも際だった高さを維持しつづけていた。この状況が変化しはじめるのは、バブルが崩壊した１９９０年代以降のことである。

ところが、バブル崩壊直後の１９９０年代前半においては、雇用が減少し失業率は上昇しつつも、実質賃金は上昇しつづけた。それは、総需要が縮小し、物価上昇率が低下しつつあったにもかかわらず、名目賃金は下方硬直性のために平均的には上昇しつづけていたからである。そのように「実質賃金が高止まりするなかで雇用と所得が減少する」という状況は、ＡＤ＝ＡＳモデルの図式そのものであった。

しかしながら、デフレが定着した１９９０年代後半以降になると、物価の下落とともに名目賃金の下落が始まり、実質賃金は徐々に低下しはじめることになる（図９−２）。これは、景気悪化の場合においても景気回復時と同様に、序盤と終盤とでは実質賃金の動きが逆転することを示している。この局面は、AD＝ASモデルにおいては、名目賃金の低下による総供給AS曲線の下方シフトと解釈できる。そのとき、物価は下落しつつも、雇用と所得は若干改善する。

他方で、モデルでは明示されてはいないが、そうした物価と名目賃金の同時並行的な下落は、さまざまな経路を通じて総需要ADを縮小させることになる。つまり、ここで生じる実質賃金低下による雇用と所得の改善は、結局は総需要の縮小によって打ち消されてしまうのである。こうした物価、名目賃金、実質賃金の低下をともなう経済的縮小こそが、日本におけるデフレ不況の実態であった。

以上のように、デフレが深刻化した1990年代後半以降の日本経済では、黒田日銀による量的・質的緩和政策導入の以前から、実質賃金の趨勢的な低下が生じていた。しかし、実質賃金の低下とはいっても、以前のそれは物価の下落以上に名目賃金が下落したことで生じたものであったのに対して、量的・質的緩和政策導入以後のそれは、物価の上昇に名目賃金の上昇がまだ追いついていないために生じているのであり、両者の意味合いはまったく異なる。

1990年代後半以降の日本の名目賃金低下は、日本経済の成長軌道がその潜在成長経路から下方に大きく乖離し、GDPギャップが拡大しつづけたことによって発生した。黒田日銀の量的・質的緩和政策は、デフレからの脱却によってその状況を反転させ、GDPギャップを縮小させ、潜在成長経路に復帰することを目的としていた。事実、その政策の導入によって物価と名目賃金は上昇し、失業率は低下したのであるから、その目的の第一段階は確実に達成されたのである。その政策によって潜在成長経路への復帰が最終的に完了すれば、名目賃金が物価上昇率を上回って上昇し、実質賃金が必ず上昇することは、すでに確認したとおりである。

テーパリングにともなう混乱は「危機」ではない

ＦＲＢ議長であったバーナンキがＱＥ３の規模を縮小する可能性を初めて示唆したのは、２０１３年５月22日に行われた議会証言においてであった。このバーナンキ発言は、米ＦＲＢのテーパリングすなわち量的緩和政策の巻き戻し問題を、政策論議における世界的な争点として浮上させた。

アメリカではそれ以降、各種経済指標が公表されるごとに、株価、為替レート、国債金利等が大きく変動する状況が続いた。当然ながら、経済指標が改善すればテーパリングが早期に実施される可能性が高まり、逆にその改善が遅れた場合にはテーパリングが先送りされる可能性が高まる。金融市場は、前者の場合には早期に引き締められ、後者の場合には緩和的状況が継続される。それは、株式市場、為替市場、国債市場等々にも大きな影響を与える。各種経済指標が公表されるたびに株価、為替レート、国債金利等が大きく変動することになったのは、そのためである。

テーパリングにともなう資産価格の変動は、個々の投資家にとってはたしかに大きな問題である。しかし、テーパリングそれ自体が、金融危機のような全般的混乱を引き起こす可能性はほとんどない。というのは、テーパリングが行われるということは、マクロ経済の状況がそれに耐えられるだけ十分に改善しているということであり、それは金融市場全体にとっては明らかに安定化要因だからである。

もちろん、民間経済主体の予想は千差万別であるから、景況が再び悪化することに賭けて、株や自国通貨を売り国債を買いつづける金融機関も存在するであろう。そうした金融機関は、その予想が外れることによって損失を被るであろうし、その一部は破綻に至るかもしれない。とはいえ、それがリーマン・ショック後のような全般的金融危機に結びつく可能性は少ない。それは、サブプライム危機がなぜ生じたのかを思い起こしてみれば明らかである。

金融危機がリーマン・ショックを機に世界的に拡大したのは、住宅バブルの崩壊による各種資産価格の下落が欧米の先進諸国においてすでに2年近くも進行しており、多くの民間金融機関のバランスシートがその時点で十分に悪化していたからである。

他方で、あの深刻な金融危機の最中においてさえ、米投資銀行ゴールドマン・サックスのように、価格暴落を見込んだサブプライム関連証券の空売りによって膨大な利益を得た金融機関も存在した。しかし、資産価格の下落によって民間金融部門が保有する資産総額それ自体が目減りしている以上、そのような一部金融機関の利益拡大は、それ以外の金融機関の損失をよりいっそう拡大させることでしかなかった。

実際、欧米の金融機関多くは、リーマン・ショック以前にすでに、きわめて深刻なバランスシートの悪化に直面していた。リーマン・ブラザーズが身売り交渉を始めても、その受け皿となるような金融機関が存在しなかったのは、まさしくそのためである。その結果として生じた大惨事が、リーマン・ショックであった。

資産価格が全般的に上昇している場合に生じることは、これとはまったく逆である。そこでも、景況の判断を誤り、資産運用に失敗するような金融機関は、個別には必ず存在するであろう。しかし、資産価格の上昇によって民間金融部門が全体として保有する資産総額が拡大している以上、それ以外の金融機関は必ず大きな利益を実現しているはずである。そのような金融機関にとっては、同業他社の経営悪化は、買収や統合の絶好の機会となる。

1998年秋に米大手ヘッジファンドＬＴＣＭ（ロングターム・キャピタル・マネジメント）が破綻したとき、金融市場は一時的に大きな混乱に見舞われた。しかしその危機は、ＦＲＢが主導した大手金融機関による救済融資により、後のリーマン・ショックのような事態には至ることなく、速やかに終息した。それは、当時のアメリカ経済がＩＴドットコム・ブームの最中にあり、金融市場も全体として拡大を続けていたからである。

つまり、金融市場全般の状況が十分に改善しているかぎり、個々の金融機関が経営危機に陥ることはあったとしても、それが金融システム全体の危機に結びつくことはほとんどない。実際、テーパリングに関するアメリカの論議においては、それが遅すぎるとか早すぎるといった実施タイミングに関する見解の相違は存在しても、テーパリングそれ自体がリスクを生むといった主張はほとんど存在していなかった。金融システムというレベルにおけるリスクが言及されるとすれば、それはもっぱら、テーパリングの遅れによる資産バブルの発生に対する懸念に関連するものであった。

「出口リスク」のみが批判の拠り所となった

それに対して、量的緩和政策に関する日本の論争においては、テーパリングに関するリスクは、当初から一つの大きな争点になっていた。それは、白川体制以前の日銀と親和的な立場にあった有識者やエコノミストたちの多くが、量的緩和政策批判の根拠を「出口リスク」に置いていたからである。

その傾向は、第2次安倍政権によって日銀の体制転換が実現され、新たに成立した黒田日銀が量的・質的緩和政策を導入して以降は、よりいっそう強まった。それはおそらく、黒田日銀による量的・質的緩和政策が、さしたる「副作用」もなく顕著な景気回復をもたらし、結果として量的緩和無効論と悪性インフレ論の双方を葬り去ってしまったからである。それは、量的緩和批判派にとっては、「将来における出口リスク」を指摘する以外には批判の拠り所がなくなったことを意味した。

量的緩和批判派が強調しつづけてきた出口リスクとは、端的にいえば、国債金利の上昇による国債価格の下落であり、それにともなって発生するキャピタル・ロスである。

たしかに、黒田日銀の量的・質的緩和政策が奏功し、日本経済を年率2％前後の物価上昇をともなう潜在成長経路に誘導することに成功すれば、国債金利は最終的には必ず上昇していく。仮にその潜在成長経路における名目経済成長率を3％前後とすれば、国債金利もおそらくは3％前後までは上昇するであろう。それにともなって、既発国債の価格は必ず低下する。

そして、既発国債の保有者は、必ずキャピタル・ロスを被る。問題は、量的緩和批判派が常々その可能性を強調してきたように、それがシステム全体の危機に結びつくのか否かである。

国債価格下落によって何が起きるのか

結論からいえば、国債価格の下落により一時的に大きなキャピタル・ロスが発生するのは明らかであるが、それが金融システム危機に結びつく可能性はほとんどない。というのは、この「量的緩和政策からの出口」において想定される損失は、潜在成長経路への移行期にのみ生じる過渡的なものであり、時間の経過とともに確実に縮小するからである。

さらに、量的緩和政策はむしろ、そこからの出口の時点において発生する民間金融機関のキャピタル・ロスを減少させることに寄与する。というのは、中央銀行が量的緩和によって国債購入を拡大させているということは、民間金融機関が負うはずであった国債価格の変動リスクを中央銀行が肩代わりしていることを意味するからである。

他方で、量的緩和政策によって大量の国債を保有している中央銀行は、国債価格が下落すれば帳簿上は大きなキャピタル・ロスを被る。中央銀行のバランスシートはそれによって悪化し、その自己資本は減少する。しかし、このようにして生じる自己資本の減少は、純粋に帳簿上の現象であり、中央銀行の金融政策運営に何ら問題を引き起こさない。

たしかに、国債価格の下落によって中央銀行が保有する資産総額が甚だしく減少し、量的緩和を巻き戻してベースマネーを縮小させることさえ難しいという状況となれば、中央銀行はインフレの抑制に大きな困難を感じることになるであろう。そのような極限的な可能性を別とすれば、中央銀行の自己資本が仮にマイナスに転じたとしても、ベースマネーの独占的な供給者である中央銀行にとっては何も問題はない。それは単に、民間金融機関が被るはずであったキャピタル・ロスを、中央銀行の持つシニョレッジという「財源」によって埋め合わせたにすぎない。

国債はそもそも、他のリスク資産とは異なり、期日が来れば政府から決められた利子が確実に支払われ、満期が来れば額面元本が確実に返済されるという意味で、金融機関にとっての最大の安全資産である。国債の持つそうした性質は、本来であれば、その保有によって生じる損失を自ずと限定的なものにする。他方で、国債に生じるキャピタル・ロスは、金利が上昇すれば帳簿上では一時的にきわめて大きく現れる。その損失は、国債を保有する民間金融機関あるいは中央銀行のいずれかが負うことになる。

国債はこのように、代表的な安全資産であるにもかかわらず、場合によっては金融システムへの影響が懸念されるほどの価格変動リスクを持つという点で、きわめて両義的な金融資産である。その両義性の本質を知るためには、まずは国債金利の上昇と国債価格の下落がどのように結びついているのかを理解する必要がある。

国債金利と国債価格の関係

一口に国債といっても、実際にはさまざまな種類のものが存在する。最も一般的なのは、半年ごとに利子が支払われ、満期時に元本が償還される「利付国債」である。日本で現在発行されている利付国債には、利子額が一定の固定利付国債としては2年、5年、10年、20年、30年、40年の期間のものがあり、利子額が変動する変動利付国債としては15年の期間のものがある。その他には、元金額と利子額が物価動向に連動して増減する10年期間の物価連動国債が2004年2月から発行されている。以下では、最も一般的な固定利付国債を念頭において、国債金利と国債価格との関係を考察しよう。

資産としての固定利付国債の特徴は、国債市場で絶えず売買されるなかで、その時々の市場状況によって価格が刻々と変動するという点にある。そこでの金利と価格との間には、「国債金利が上昇（下落）すれば国債価格が下落（上昇）する」という明確な関係が存在する。この金利上昇にともなう国債価格の下落幅は、場合によってはきわめて大きい。

たとえば、半年ごとに1万円、1年間では2万円の固定金利が支払われる国債が、国債市場において100万円で売買されていたとしよう。この場合、この国債の利回りは、年利2％となる。ここで、景気回復等によって国債市場において新規に発行される国債の利回りが4％に上昇したとすれば、1年間で2万円の固定金利が支払われる既発国債の価格は、100万円から50万円に下落する。

というのは、投資家にとっては、その既発国債の価格が50万円まで低下しないかぎり、利回り4％の新規国債の購入を放棄してまで既発国債を購入する意味はないからである。

このように、国債金利の変動は、一般に国債価格そのものを大きく変動させる。その変動幅は、元本が償還される満期までの期限が長ければ長いほど大きい。逆にいえば、満期までの期限が短い国債の価格は、金利が変動してもそれほど大きな影響を受けない。右の設例では、国債金利が2倍になることで国債価格は2分の1にまで下落している。そのような大きなキャピタル・ロスが生じるのは、そこで想定されている国債が、市場で永久に売買されつづけて満期が来ない「永久債」だからである。

現実には、日本には永久債は存在しない。日本政府が発行する固定利付国債の期限は、最長でも40年である。さらに、日本政府が発行する国債のほとんどは10年以下の期間のものであるため、そのような超長期債の流通はごくわずかである。したがって、金利の変動による国債価格の変動は、実際にはこの永久債のように大きなものにはならない。

シミュレーションによるキャピタル・ロスの推計値

たとえば、1年間で2万円の固定金利が支払われる額面金額１００万円の国債の満期までの残存期間が2年であったとしよう。つまり、この国債は、1年先と2年先にそれぞれ2万円ずつ金利が支払われたうえで、2年先に日本政府から元本１００万円が償還されるのである。

ここで、右の設例と同様に、国債市場で新規に発行される国債の利回りが4％に上昇したとしよう。そのとき、この額面金額１００万円の国債の価格は、約96万２０００円へと下落する。この96万

2000円という金額は、1年先に得られる金利2万円と2年先に得られる金利と元本の合計102万円の割引現在価値を4％という金利を用いて計算することにより求められる（すなわち、96万2000円＝（2万円/1.04）＋（102万円/1.04^2））。それは、「表面金利2％の既発国債が利回り4％の国債と等価になるためには、2年先の償還時点で3万8000円だけのキャピタル・ゲインをもたらさなければならない」ことを意味する。この3万8000円というキャピタル・ゲインは、利回り4％の国債のかわりに表面金利2％の既発国債を購入した場合に発生する年々の金利損失の割引現在価値に等しい。

このように、国債の利回りが上昇した場合の国債価格の下落幅は、満期までの残存期間によって大きく異なる。一般的には、満期までの残存期間が短い国債ほど、国債金利の上昇によるキャピタル・ロスが少なくなる。右の設例において、仮に表面金利2％額面金額100万円の国債の満期が2年先ではなく1年先であれば、償還時に必要なキャピタル・ゲインは、1年先に発生する金利の損失分2万円を補えばいいだけであるから、その2万円を4％という金利で割り引いて、約1万9000円（＝2万円/1.04）となる。したがって、その国債の市場での売買価格は、約98万1000円となる。要するに、国債の市場価格は、満期までの残存期間が短くなればなるほど、その額面金額に接近していくのである。

以上の考察から、国債金利の上昇にともなって発生する国債のキャピタル・ロスは、金利の上昇幅が大きいほど、また国債の残存期間が長いほど拡大することが明らかになった。それが具体的にどの程度の値になるのかについては、さまざまなシミュレーションが存在する。その一つは、日銀が年二回公表する『金融システムレポート』である。2013年4月に公表された同レポートの試算によれ

表9–2　金利上昇にともなう銀行保有債券時価の変動試算

		金利上昇幅		
		1% pt	2% pt	3% pt
国際統一基準行	スティープ化	−1.7	−2.1	−3.6
	パラレルシフト	−3.2	−6.2	−8.0
国内基準銀行	スティープ化	−1.9	−2.8	−4.2
	パラレルシフト	−3.4	−6.3	−8.6

（注）集計対象は大手行と地域銀行、単位は兆円。
（出所）日本銀行『金融システムレポート』2013年4月号、図表V–1–10。

ば、金利が全年限にわたってパラレルに1％上昇した場合の債権のキャピタル・ロスは、国際統一基準行と国内基準行の合計で6・6兆円程度となり、2％上昇した場合には12・5兆円程度、3％上昇した場合には16・6兆円程度となる。また、長期金利の上昇幅が短期金利のそれよりも高い「スティープ化」シナリオの場合のキャピタル・ロスは、それぞれ3・6兆円（1％）、4・9兆円（2％）、7・8兆円（3％）となる（表9–2）。

各種シミュレーションから導き出されるこのようなキャピタル・ロスの推計値は、一見するときわめて巨額であるように思われるが、実際には数字上の印象ほど深刻なものではない。というのは、それは基本的に、「金利が現在の水準から突発的に切り上がったと仮定した場合の債券の評価損の推計値」にすぎないからである。

そこで生じる損失は、デフレを脱却してマイルドなインフレをともなう潜在成長経路に到達するまでの過渡期にのみ発生する一過性のものであるから、時間さえ経過すれば確実に縮小していく。金融システムに問題が発生する可能性があるとすれば、その損失が一気に現れるときのみである。

最終的には長期金利は上昇する

現実には、債務危機といった状況でもないかぎり、金利の2%や3%といった上昇が突発的に生じることはない。国債市場における金利水準の変化は、景気循環と連動しつつ、短期的な変動をともないながら一定の時間をかけて生じるのが普通である。2003年に一時0・5%台まで低下した日本の10年物国債の利回りは、それ以降は短期的に変動しつつ上昇し、2006年には2000年代の最高値である1・9%にまで到達した。しかし、10年物国債利回りはその後、短期的に変動しつつ下落しはじめ、2014年には再び0・5%台にまで低下した。つまり、この国債金利の差し引き1・4%程度の往復には、約10年の年月を要したのである。

黒田日銀による異次元金融緩和が成功すれば、日本の長期国債の金利も、最終的には少なくとも3%台までは上昇していくであろう。というのは、異次元金融緩和の成功とは2%というインフレ目標の達成を意味し、それは同時に名目経済成長率と名目金利の上昇を意味するからである。しかし、過去の経験から類推すれば、その状況に至るには、おそらくは最短で3年、最長では6年程度の時間の経過が必要と考えられる。

日本の国債金利は、その間に短期的な変動をともないながらも趨勢的に上昇しつづけるであろう。当然ながら、その過程においては国債の評価損が断続的に発生する。しかし、金利の上昇は他方で民間金融機関の資金運用益拡大をもたらすことから、国債保有による損失の一部はそれによって相殺される。また、インフレを通じた資産価格の上昇により、民間金融機関が保有する国債以外の資産には大きなキャピタル・ゲインが発生しているはずである。結果として、金利上昇があまりにも急なものでないかぎり、民間金融機関が国債保有によって被るキャピタル・ロスは、さして意識もされずに市場のなかで粛々と吸収されていく可能性が高い。

キャピタル・ロスが深刻ではない理由

金利上昇による国債のキャピタル・ロスが深刻ではないもう一つの理由は、民間金融機関が保有する国債の相当の部分は満期までの長期運用が前提とされているという点にある。国債を満期まで保有した場合、残存期間に生じた金利変動によって評価額がどのように変動しても、償還時には元本が確実に返済されるため、キャピタル・ロスは発生しない。会計上においても、満期まで保有することを目的としていると認められる債券については、仮に時価が算定できるものであっても、取得原価をもってバランスシート上の表価額とすることが認められている。

ただし、このような会計上の措置は、「満期まで保有した国債に損失は存在しない」ことを意味するのではまったくない。市場での国債利回りが4％のときに、表面金利2％の国債を満期まで保有しつづけるということは、年々その差額である2％分のインカム・ロスを満期になるまで被りつづけることを意味する。国債のキャピタル・ロスとはこの年々のインカム・ロスの割引現在価値に等しいから、キャピタル・ロスを計上しないという会計措置は、単にそれをインカム・ロスに置き換えているにすぎない。

たとえそうではあっても、満期保有目的の債券にはキャピタル・ロスを計上しないという会計上の考え方には、一定の合理性がある。右で確認したように、国債の時価は、とくにその残存期間が長い場合には、国債利回りのわずかな変動にともなって大きく変動する。他方で、市場での国債利回りは、経済状況や政策に関する市場でのニュースに反応して短期的に絶えず変動する。したがって、仮に国債の価格をすべて時価で評価することになれば、国債を保有する民間企業や金融機関のバランスシートは、国債利回りのわずかな変動の影響を受けて悪化や改善を繰り返すことになる。

企業や金融機関が実際に国債を満期まで保有するのであれば、そうしたバランスシートの動きは、単に帳簿上のノイズにすぎない。その場合には、国債保有によって損失が発生しているとしても、それをキャピタル・ロスとしてではなくインカム・ロスとして、すなわち年々の収益の減少として計上したほうが、より実態に近いことは明らかである。

国債のキャピタル・ロスが金融システム上の問題にはならないさらなる理由は、量的緩和そのものにある。量的緩和政策とはいうまでもなく、民間金融機関が保有する資産の、中央銀行による大規模な購入である。そして、そこで購入される資産の多くは国債である。それは、量的緩和政策の結果、民間部門が保有する国債残高とキャピタル・ロスのリスクが減少することを意味する。

ただし、量的緩和がこのような意味での金融システム安定化効果を持つのは、テーパリングが完了して政策金利の引き上げが開始されるまでの過渡期にすぎないことに注意しなければならない。テーパリングとは量的緩和の巻き戻しであり、それは中央銀行が保有する国債を民間金融機関に売却することを通じて実現される。政策金利を引き上げるためには、中央銀行はテーパリングによってみずからのバランスシートを十分に縮小させなければならない。テーパリングの終了後からは政策金利の引き上げが始まり、それにともなって国債金利も上昇することになるが、中央銀行がその間に売却した国債のキャピタル・ロスは、それを購入した民間金融機関が負わなければならないのである。

中央銀行が「ケチャップ」を買い入れたとすると

量的緩和政策によって国債が民間部門から中央銀行に移転されることは、国債価格の変動にともなうキャピタル・ロスのリスクもまた、前者から後者に移転されることを意味する。それは、量的緩和によって中央銀行のバランスシートが拡大しているなかで国債金利の上昇が生じた場合には、中央銀行は大きなキャピタル・ロスを被ることを意味する。

量的緩和に批判的な論者は、かねてからこのことを「量的緩和の副作用」として問題視してきた。[1] たしかに、量的緩和の出口においては国債金利が上昇していることは明白であるから、その「副作用」がどの程度まで深刻なのかを考察しておくことは、量的緩和政策の意義を総合的に評価するためには必要不可欠である。

結論からいえば、中央銀行が仮に国債保有によってキャピタル・ロスを被ったとしても、それは少なくとも中央銀行の金融政策運営の制約にはならない。中央銀行にとって必要なのは、テーパリングを行ってバランスシートを縮小させるのに十分な資産を持っていることにつきる。

他方で、中央銀行がキャピタル・ロスを被っている間は、中央銀行のシニョレッジおよび国庫納付金は減少する。これはたしかに、それ自体としては財政負担の拡大を意味する。しかし、その負担の本質は、国債金利上昇によって発生していたはずの民間金融機関の損失の、統合政府への移転である。それは、テーパリングとその後の金利正常化を円滑に行うという信用秩序維持のための財政負担と考えれば、十分に容認できるものといえる。

まず、中央銀行のバランスシートの悪化や自己資本の減少が金融政策上の問題になることはないのはなぜかを考察しよう。ここで、一つの極端な仮定として、中央銀行が金融調節において買い入れる資産が「ケチャップ」であるとしよう。現実にはそのようなことはありえないが、中央銀行の第一義的な目的は、民間部門が必要とする貨幣を市中に供給することであるから、そのために買い入れる資産は原理的には何でもよいのである。

中央銀行が購入する資産がケチャップである場合、それを在庫として持つ場合の資産価値はほとんどゼロに近いと考えられるから、中央銀行のバランスシート上では、中央銀行がケチャップを買い入れて貨幣を供給するごとに、負債としての貨幣と資産の差額である自己資本が赤字化する。仮にそうであったとしても、そこで供給された貨幣が価値を保ったまま市中で流通しているかぎり、何も問題は生じない。社会はいずれにしても貨幣を必要としているのであるから、それが交換の媒介や価値の保蔵の手段として機能しているかぎり、それで十分なのである。

問題が生じるとすれば、それは「中央銀行がインフレ抑制のために金融引き締めを行わなければならない」というような状況である。金融引き締めとは、中央銀行がみずからの資産を売却して貨幣を市中から回収することを意味する。そこで、中央銀行が保有する資産が「使用期限の切れたケチャップ」のみとすると、仮にそれをすべて売却したとしても、それによって回収できる貨幣は限られている。その場合、インフレ抑制を目標とした中央銀行の政策運営が大きな困難に直面するであろうことは明白である。

留意すべきは、こうした事態は中央銀行の自己資本が甚だしく赤字となっている状況においてしか

▼1　量的緩和をめぐる日本の論争において、この論点を最も早い時期に提起したのは、翁・白塚・藤木［2000］である。そこでは、「オペの規模」に応じた中央銀行のキャピタル・ロスの推計が、さまざまな前提条件ごとに提示されている。

生じないということである。中央銀行の自己資本が多少とも黒字であれば、市中に流通する貨幣をすべて回収することも可能であるから、右のような問題は原理的に生じない。現実には、中央銀行が流通する貨幣をすべて回収することはありえないから、中央銀行の自己資本が少々赤字であっても問題はない。ましてや、中央銀行の自己資本の黒字が多少減少したところで、何ら問題ではないのである。

「量的緩和の副作用」の本質とは

他方で、中央銀行が金融調節においてケチャップを買い入れることによって発生する損失は、確実に存在する。中央銀行が買い入れるケチャップの資産価値がほぼゼロであるとすれば、中央銀行は貨幣供給のたびごとに、その金額に等しいだけのキャピタル・ロスを計上することになる。これは、貨幣供給シニョレッジのすべてをケチャップ・メーカーへの所得移転に用いたに等しい。あるいは、ヘリコプターからばらまかれた貨幣を、ケチャップ・メーカーのみが回収したに等しい。

貨幣供給シニョレッジは本来、統合政府にとって、税金とならぶ重要な「財源」である。中央銀行が資産価値ゼロのケチャップを買い入れることは、この貨幣供給シニョレッジという財源が、直接的には国民に何らの便益をもたらすことなく、ケチャップ・メーカーへの補助金として消えることを意味する。つまり、中央銀行のキャピタル・ロスは、金融政策運営上には問題はなくとも、ある種の財政問題を引き起こすのである。

現実には、中央銀行はその金融調節において、資産としての価値を持たないポテトやケチャップではなく、国債をはじめとする何らかの売却可能な金融資産を売買している。その金融資産の市場価格は絶えず変動しているので、中央銀行のバランスシート上の資産を時価で評価すれば、その総額もまた絶えず変動する。重要なのは、それが統合政府の財政に対して持つ意味である。一般的には、中央銀行が保有する資産にキャピタル・ロスが発生し、その自己資本が減少したとすれば、それは、民間部門が負うはずであったキャピタル・ロスを、統合政府が貨幣供給シニョレッジという財源を用いて賄ったことを意味する。その本質は、中央銀行が資産価値ゼロのケチャップを買い入れた場合と同じである。

国債に限定していえば、中央銀行が買いオペによって満期までの残存期間の長い国債を民間金融機関から購入し、その後に金利上昇によってキャピタル・ロスが発生した場合には、民間金融機関が負うはずであった損失が貨幣供給シニョレッジによって賄われたことになる。中央銀行が売りオペによってその国債を民間金融機関に売却した場合には、そこで生じたキャピタル・ロスは確定する。中央銀行がその国債を満期まで保有した場合には、キャピタル・ロスは生じないかわりに、中央銀行は満期までの間、市場金利よりも低い利率の金利シニョレッジに甘んじなければならない。

要約しよう。量的緩和によって中央銀行のバランスシートが拡大しているなかで国債金利の上昇が生じた場合、中央銀行はたしかに大きなキャピタル・ロスを被る。それは、民間金融機関が負うはずであった損失の中央銀行への移転であり、その意味ではたしかに統合政府にとっての財政負担となる。これが、量的緩和政策に批判的な論者たちが強調しつづけてきた「量的緩和の副作用」の本質である。

キャピタル・ゲインが勘案されていない

しかしながら、量的緩和批判論者たちは、この「副作用」を明らかに過大評価している。それが過大評価であるといえる理由は、少なくとも三つは存在する。

第一に、その副作用論は、金利上昇局面で発生するキャピタル・ロスのみを問題視し、金利下落局面で発生していたはずのキャピタル・ゲインを十分に勘案していない。第二に、それは量的緩和の出口時点で発生するシニョレッジの縮小のみを問題視し、量的緩和それ自体はむしろ金利シニョレッジを拡大させることを看過している。第三に、最も本質的な点として、国債のキャピタル・ロスによる「損失」は、決して社会全体の損失ではなく、国債保有者のみが被る損失であるにすぎない。つまり、その損失は、全体の「パイ」を縮小させた結果ではなく、国債保有者から非保有者への所得移転にすぎないのである。

まず、金利下落による国債のキャピタル・ゲインについてである。日本の10年物国債利回りの推移を見ると、バブルが崩壊した1990年前後から傾向的な低下が進行し、デフレ不況が本格した1990年代末以降は恒常的に2%を下回るに至っている（図9-3）。その後は、景気循環にほぼ連動して変動し、0・5%前後から1%代後半の間を行き来する状況が続いている。これは、日本銀行はバブル崩壊以降、国債のキャピタル・ロスを負うことはほとんどなく、むしろキャピタル・ゲインを計上しつづけてきたことを意味する。

もちろん、国債利回りが今後、徐々にではあれ0・5%前後から3%台に上昇すれば、日銀がその過程で国債のキャピタル・ロスを負うことは免れない。とはいえ、国債利回りの上昇がただちに日銀の保有国債全体のキャピタル・ロスに結果するわけではない。

日銀の保有国債の多くは、国債利回りが低下し、国債価格が上昇するなかで購入されたもののはずである。国債利回りが1%のときに購入された国債にキャピタル・ロスが発生するのは、市場での

図9-3　日本の10年物国債利回り（1987～2013年）

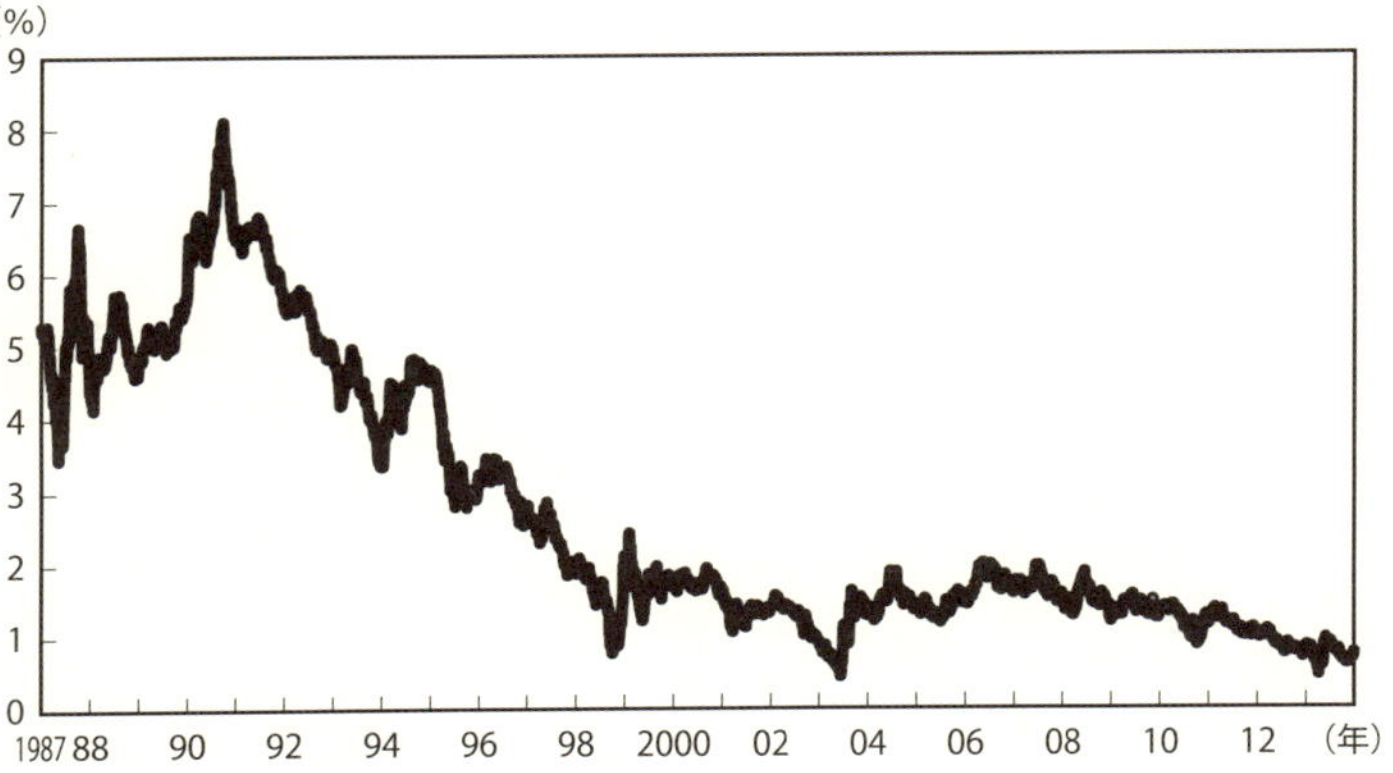

（出所）財務省ホームページ。

国債利回りが1％以上に上昇したときのみである。つまり、国債利回りが市場で上昇しはじめたとしても、日銀の保有する国債の平均的な利回りがそれを上回っている間は、日銀の保有国債のキャピタル・ゲインが減少するとはいえ、キャピタル・ロスを計上することはないのである。

シニョレッジの拡大を看過している

次に、量的緩和による金利シニョレッジの拡大についてである。中央銀行が買いオペを通じて民間金融機関から国債を購入すれば、民間金融機関はその分のキャピタル・ロスのリスクを免れるかわりに、国債保有から得られる金利収入を失うことになる。それを政府の側から見れば、国債金利を支払う相手が、民間金融機関から中央銀行に振り替えられたことになる。中央銀行が保有する国債に対して政府から支払われた金利は、中央銀行の金利シニョレッジであり、国庫納付金として政府に返還される。つまり、中央銀行が国債購入を通じてベースマネーの供給を拡大させれば、その結果は通常は金利シニョレッジの増加として現れる。政府はそれによって、国債保有者に対して支払った金利の一部を取り戻すことができる。それは、中央銀行の貨幣供給シニョレッジの拡大により、政府債務から生じる民間部門への金利支払いを減少させることができたことを意味する。

ただし、中央銀行に計上される金利シニョレッジの総額は、単に保有する国債の多寡だけではなく、保有する国債の平均的な利回りにも依存するので、国債購入によってベースマネーさえ拡大させれば金利シニョレッジ総額もまた拡大するというほど単純ではない。というのは、中央銀行がベースマネーを拡大させるのは不況期であることが多く、他方で不況期には国債利回りのほうは低下しがちだからである。

たとえそうであっても、中央銀行の国債購入により民間が保有する国債残高が減少する以上、中央銀行の国債購入拡大によって政府債務から生じる民間部門への金利支払いがよりいっそう減少するという事実そのものはまったく変わることはない。つまり、量的緩和政策は、仮に中央銀行が計上する金利シニョレッジの絶対額の増加には結びつかなかったとしても、民間部門への国債金利支払いの縮小を通じた政府債務の削減には確実に寄与しているのである。

中央銀行の金利シニョレッジが示すこうした動向は、日米両国の中央銀行における金利シニョレッジの推移を示す、前章の図8-4からも確認できる。FRBと日銀の双方とも、リーマン・ショックが生じた2008年以前には、シニョレッジの拡大や縮小はベースマネーよりはむしろ国債利回りの動向に連動して生じている傾向が認められる。とはいえ、米FRBがリーマン・ショック後に展開しはじめた量的緩和政策が、FRBが計上するシニョレッジの顕著な拡大をもたらしたことは、その2008年以降の動向から明らかである。

きわめて対照的に、日銀が計上してきたシニョレッジは、２００８年以降においても低い水準に保たれており、それ以前の動向からの断絶をまったく示していない。そこにはおそらく、三つの理由がある。第一に、白川体制までの日銀は、リーマン・ショック以降のＦＲＢや黒田体制以降の日銀のようには金融緩和に積極的ではなかった。第二に、デフレと低成長にともなう日本の低い名目経済成長率により、日本の国債利回りそのものが低く維持されていた。第三に、白川時代までの日銀においては、おそらくは国債のキャピタル・ロスを避けるために、国債を購入する場合にも、満期までの残存期間が短いものが中心とされていた。

ＦＲＢと日銀のシニョレッジが示すこれらの状況は、量的緩和批判論者たちが強調しつづけてきた副作用論の問題点を明らかにしている。というのは、その日米両中央銀行のシニョレッジ動向は、「中央銀行が量的緩和の出口において被るキャピタル・ロスと量的緩和の最中において得られる金利シニョレッジは裏腹の関係にある」ことを示唆しているからである。

仮に白川体制以前の日銀が、金融緩和をより積極的に行い、満期までの残存期間がより長い国債を購入していれば、量的緩和の出口において被るキャピタル・ロスは拡大したかもしれないが、リーマン・ショック後のＦＲＢのように、その出口に至る前まではより大きなシニョレッジが得られていたはずである。つまり、量的緩和の「副作用」論は、量的緩和によるキャピタル・ロスの可能性を強調するのみで、それに付随する金利シニョレッジの拡大をまったく等閑視しているのである。

社会全体の「損失」ではないことが理解されていない

最後に、国債のキャピタル・ロスという「損失」の意味についてである。最も留意すべきは、それは社会全体が負う所得上の損失ではなく、資産価格の変動にともなう所得分配の変化にすぎないという点である。

市場で国債利回りが上昇すれば、既発国債の価格が下落するが、それは既発国債の利回りが市場でのそれを下回るためである。その損失は、既発国債の保有者である民間金融機関か中央銀行のいずれかが負うことになる。後者の場合には、その損失は最終的には国民全体の負担となる。とはいえ、それは国債保有者の資産総額がそれだけ減少したということであり、国民全体の所得が減少したということではない。むしろ、市場で国債利回りが上昇しているのであれば、経済全体では景気の拡大局面にあると想定されるから、国民全体の所得は拡大しつつあると考えられる。

逆に、国債がキャピタル・ゲインを得られる有利な資産となる状況とは、金利が低下しつつあるような不況期であることが多い。国債保有者が利益を上げたとしても、不況期には国民の所得は全体として必ず減少している。国債のキャピタル・ロスとは、好況期にはその逆が生じるという現象にすぎず、社会全体の観点からは何ら問題ではないといえる。

つまり、社会全体のパイが拡大しているとすれば、たとえ国債保有者が損失を被っていたとしても、国債保有者以外の資産総額は平均以上に拡大しており、彼らへの所得分配は大きく改善していると考えられる。その場合には、社会の一部が被る所得分配上の不利益を所得の再分配によって補償することにより、社会の構成員全員の厚生を改善することができる。

これは、「ある政策により社会状態が全体として改善しつつも一部に不利益を被る層が存在するのならば、その層に補償を行うことで、誰も不利益を被ることなく利益のみを享受するような、パレートの意味での改善が実現できる」という、ニコラス・カルドアによって提起された補償原理の考え方の適用にほかならない（Kaldor［1939］）。量的緩和政策の結果として生じる「貨幣供給シニョレッジによる国債キャピタル・ロスの負担」は、そうしたカルドア的補償とみなすこともできる。

このような補償が正当化できるより根本的な根拠は、「国債に生じるキャピタル・ロスのリスクは、そもそも政府がみずからの財政上の都合で人為的に生み出したものにすぎず、経済活動において必然的に生じるものではまったくない」という点にある。

仮に政府がその財政赤字を国債で賄わなければならない状況が必然的に生じたとしても、民間経済主体が必ず国債に生じるキャピタル・ロスのリスクを負わなければならないという理由はない。実際、政府がみずからの債務を、保有者にとってキャピタル・ロスの可能性を持つ長期国債ではなく、その可能性がほとんどない短期国債の借り換えによってファイナンスすれば、民間経済主体がキャピタル・ロスを負うことはない。これは、政府債務の短期国債の借り換えによるファイナンスが許容されるのであれば、国債キャピタル・ロスの財政負担も許容されるべきことを意味する。

長期国債と短期国債の借り換えとの違いは

以下では、政府が財政支出を賄うために10年物国債を発行するケースと、同額の1年物の短期国債を発行して10年間借り換えつづけるケースの二つを比較して、この問題を考察しよう。政府の側から見た両者の相違は、10年国債発行の場合には10年間毎年一定の金利を支払えばいいだけであり、金利変動リスクを回避できるが、短期国債借り換えの場合には金利変動リスクを負わなければならないという点にある。それに対して、国債を購入する側から見た両者の相違は、長期国債にはキャピタル・ゲインの可能性とキャピタル・ロスのリスクが存在するのに対して、短期国債にはそれがないという点にある。

この相違が意味を持つのは、市場での国債利回りが変動したときである。逆にいえば、市場での国債利回りが10年間まったく変化しない場合には、長期国債の価格も変化しないから、リスク・プレミアムを別とすれば、長期国債と短期国債の相違は理論的には存在しない。

両者に違いが生じる一つの極端なケースとして、政府が表面金利2％額面金額100万円の10年物国債を発行し、それを民間金融機関に売却したが、その直後に国債利回りが4％に上昇し、その4％の利回りがそれ以降10年間継続したと仮定しよう。その場合、その国債を購入した金融機関は、差し引き2％に対応する2万円のインカム・ロスを満期までの10年間計上しつづけるか、その国債を他の金融機関に売却して約16万2000円の売却損を確定するかのいずれかになる。

このキャピタル・ロスは、毎年2万円だけ発生する10年間分のインカム・ロスの割引現在価値を金利4％の割引率で計算した値である、

$$(2万円/1.04)+(2万円/1.04^2)+\cdots\cdots+(2万円/1.04^{10})$$

である。それに対して、政府が1年物国債を発行してそれを10年間借り換えつづけるケースでは、既発の短期国債のみは1万9000円（＝2万円/1.04）のキャピタル・ロスが発生するものの、2年目以降に発行される国債の表面金利は4％となり、民間金融機関の損失はそれ以降発生しない。

このように、政府が債務を長期国債の発行で賄った場合には、市場での国債利回りが満期までにどれだけ上昇しようと、政府はその差額のすべてを民間金融機関に負担させることができる。政府はむしろ、国債利回りが上昇すればするほどより高い金利の支払いを免れるという意味で、潜在的なキャピタル・ゲインを得る。

それに対して、政府が1年物国債を発行して10年間借り換えつづける場合には、市場で国債利回りが上昇すれば、政府はその金利上昇分の負担のほとんどをみずから負わなければならない。つまり政府にとっては、長期国債か短期国債かの相違は、金利変動リスクを民間に負わせるのかみずからが負うのかの相違にほかならないのである。

次に、政府が発行し民間金融機関が購入した表面金利2％額面金額100万円の10年物国債を日銀が買いオペによって購入し、国債利回りが4％に上昇したのちに民間金融機関に売却したとしよう。その場合には、金利上昇にともなう約16万2000円の国債キャピタル・ロスは、民間金融機関ではなく日銀が負担することになる。

これは、長期国債の発行によって免れたはずの政府の負担を、日銀の貨幣発行シニョレッジを通じて政府が負ったことを意味する。つまり、負担を民間金融機関から統合政府に移転するという点では、政府から民間に支払う国債利払いの上昇と日銀に生じる国債キャピタル・ロスは同値なのである。

結果として信用秩序維持に役立つ

ところで、日本の財務省のような政府財政当局にとっては、政府債務を長期国債と短期国債にどのように振り分けるかは、国債管理政策上の最重要課題の一つである。短期国債よりも長期国債の発行を増やすことは、とりわけ金利の上昇局面では、政府にとって金利支払いという形での財政支出を抑制するという明確なメリットを持つ。しかし、それは他方で、国債のキャピタル・ロスのリスクを民間金融機関により重く背負わせることをも意味する。したがって、財政当局は通常、このトレードオフを十分に考慮しつつ、財政負担の抑制と国債の円滑な消化の両立を目標に国債管理政策を遂行することになる。

こうした国債管理政策上の観点からは、量的緩和政策の出口という局面において、国債キャピタル・ロスの一部を中央銀行が負担することで民間金融機関が被るはずであった損失を政府みずからが負担することは、前述のカルドア的補償としてだけではなく、金融システム安定化のための信用秩序維持政策としても大きな意義がある。

中央銀行を別とすれば、量的緩和政策の出口において国債のキャピタル・ロスを計上する主体のほとんどは、国債を保有する民間金融機関である。既述のように、そのことによって金融システムそれ自体が危機に陥る可能性は低い。しかし、個別の金融機関がそれによって経営困難に陥る可能性は否定できない。

国債キャピタル・ロスの統合政府による負担は、そのような事態の発生可能性をより縮小させることに役立つ。国債キャピタル・ロスのリスクは本来、政府によって人為的に生み出されたものでしかない。そのことを想起すれば、量的緩和政策の出口において安定的な成長経済への移行を円滑に行うという目的のためにはむしろ、そのリスクをできるだけ民間金融機関に背負わせない配慮を行うべきであろう。量的緩和からの出口において中央銀行が国債のキャピタル・ロスを負うことは、結果としてその信用秩序維持に役立つのである。

拙速な財政緊縮はまったく不要だった

量的緩和の巻き戻しと並ぶ、マクロ政策正常化のためのもう一つの課題は、政府財政赤字の縮小である。リーマン・ショック後に各国の財政赤字が軒並み急拡大し、財政赤字の対GDP比率がきわめて高い状態がその後も継続していることを考えると、失業率やインフレ率などに示されるマクロ経済の状況が十分に改善した段階では、政府財政のプライマリー・バランスを回復させるような財政正常化政策が必要になることは明らかである。

しかしながら、財政赤字の縮小を目的とした各国財政政策の現実的経緯は、きわめて不幸なものであった。赤字財政からの「出口」がある時点では必ず必要になるのは事実としても、緊縮財政が景気回復という政策目標とは矛盾するものである以上、その遂行はあくまでも景気回復という目標の達成が前提条件であったことは明白であった。しかし、ギリシャ・ショックによって生じた財政危機に対するパニック的懸念は、景気の局面に応じたマクロ政策のあるべき手順に対する配慮をまったく見失わせてしまったのである。

ギリシャ・ショック以降、アメリカでは財政刺激策が完全に停止され、イギリスを含む欧州ではきびしい財政緊縮が実施され、日本では消費増税への動きが政界のなかで急拡大したが、それらはいずれも、時宜に応じた財政スタンスの段階的切り替えとはかけ離れた、唐突な政策転換であった。そして事実、それらは各国経済に対して、財政赤字の縮小よりはむしろ景気回復の遅延をもたらしたのである。

各国経済状況のその後の進展を振り返れば、少なくとも独自の通貨を持つアメリカ、イギリス、日本のような国々においては、拙速な財政緊縮はまったく不要だったのであり、有害無益な結果以外は何ももたらさなかったことは明らかである。というのは、これらの国々には結局、「第二のギリシャ」の徴候どころか、財政危機の徴候さえ生じなかったからである。この三つの国の国債の利回りは、ギリシャ・ショック以降も基調的に低下しつづけたのである。

おそらく、これらの国々において必要だったのは、量的緩和政策を大胆に推し進めながらも、赤字財政を可能なかぎり許容し、十分な景気回復が確認されるまで緊縮財政を先送りしつづけることであった。そのような「緊縮財政の先送り」を続けたとしても、量的緩和政策を続けるかぎり、国債金利の上昇などの問題が生じた可能性は少ない。というのは、量的緩和によって中央銀行が国債を大規模に購入することは、国債のリスク・プレミアムを低下させ、財政赤字を賄うために発行された国債の民間金融機関による消化をより容易にし、国債市場の安定化に寄与するからである。それはまた、財政政策と金融政策との統合政策、すなわちヘリコプター・マネー政策の実現を意味するので、単なる拡張財政や金融緩和以上に総需要を拡大させる効果を持ったはずである。

つまり、緊縮財政への転換が必要になるのは景気回復が十分に達成された後であり、その前ではなかったにもかかわらず、現実の政策はそのようには展開しなかったのである。ギリシャ・ショック後に生じた各国の緊縮財政への転換は、ギリシャで現実に生じた財政危機もさることながら、自国に生じていた財政赤字拡大への懸念が大きな動機になっていた。

しかし実際には、このときに各国に生じていたのは、景気悪化にともなう循環的な赤字の拡大であった。それは、景気のビルトイン・スタビライザー機能としての役割を持つ「望ましい赤字」であった。各国はにもかかわらず、拡大する財政赤字に惑わされて、財政危機の亡霊に怯え、不況下の財政緊縮という最も避けるべき政策に突入していったのである。

政策状況は再び反転した

幸いにも、緊縮財政が各国とりわけ欧州諸国に明らかな低迷をもたらしたこともあり、政策状況は再び反転した。第3章で詳述したように、各国の政策当局者の間ではその後、不況下の財政緊縮はやはり、各国の景気回復を遅らせる結果となっていることが強く認識されるようになった。また、遅々とした歩みながらも世界経済が全体として回復を続けたことで、各国の循環的財政赤字そのものも徐々に減少していった。それは明らかに、政府財政に対する一般的な懸念を和らげる役割を果たした。緊縮財政をさらに推し進めるような動きがその後の各国でそれほど大きくならなかったのは、こうした状況の変化によるものであろう。

世界経済が回復を続けるかぎり、各国の循環的財政赤字の縮小は続くため、強引な緊縮財政が発動される政治的および政策的リスクは減少していくことになる。各国はそれによって、緊縮財政への転換を行うべき適切な時期を、余裕を持って選択できるようになる。もし一抹の危惧があるとすれば、それは、景気回復にともなう政府財政の循環的な改善に惑わされて、構造的な財政赤字を削減しようとする政府の政策努力そのものが弱まってしまうことである。これは、循環的財政赤字の拡大による時期尚早な財政緊縮とは逆のリスクである。財政緊縮は本来、政府財政が改善しているときにこそ必要なのである。それは、政府財政の長期的な持続可能性の確保だけではなく、景気変動を平準化するビルトイン・スタビライザー機能の強化にも役立つ。

非ユーロ圏先進諸国の財政政策スタンスについての以上のような見通しは、おおむね日本についても当てはまる。デフレ脱却の途上で行われた消費増税が日本の回復を遅らせたことは間違いないが、そのマイナスの影響が克服され、再び回復への軌道に戻った後には、政府の財政状況はおそらく大方の予想を上回って改善するであろう。それによって、やみくもに財政危機を煽ってきた財政当局のプロパガンダ的な議論が後退し、日本の財政運営についてのより冷静な見方が強まっていくことが期待される。

たしかに、否応なく進む日本の少子高齢化を考慮した場合、財政の長期的な持続可能性を確保するためには、いずれかの段階でさらなる増税が必要になる可能性は高い。重要なのは、たとえ再増税を行うにしても、それはデフレ脱却を台無しにしかねなかった2014年消費増税のようにではなく、あくまでもデフレ脱却という最優先の課題の実現が十分に確認された後に、望ましくはフォワード・ガイダンスを設定したうえで実行されなければならないということである。

インフレ課税には他の課税にはない利点もある

日本の財政の長期的動向に関しては、少子高齢化にともなう社会保障支出の拡大という確実な悪化要因が存在するのは事実にせよ、改善要因がまったくなくはない点にも留意しなければならない。その第一は、デフレからインフレへの転換にともなうインフレ課税シニョレッジの拡大である。その第二は、円高から円安への転換にともなう外貨準備資産の評価差益の拡大である。

インフレとは端的には、貨幣価値の目減りである。その目減り分は、貨幣の保有者が負担することになる。貨幣の供給主体にとっては、それは利得となる。これが、前章で詳述したインフレ課税シニョレッジである。

このインフレによる貨幣価値の目減りは、インフレ率が高くなればなるほど拡大するため、「貨幣残高×インフレ率」によって求められる統合政府のインフレ課税シニョレッジは、インフレ率がそれほど高くない段階では必ずインフレ率の増加関数となる。ただし、インフレ率が高まれば人々はインフレ課税を忌避して保有する貨幣残高を減らそうとするため、インフレ課税シニョレッジの総額はある段階からはインフレ率の減少関数になると考えられている。これがベイリー曲線（図8‒3）である。

日本の場合には、デフレからインフレへの転換が成功すれば、インフレ課税シニョレッジは増加し、財政が確実に改善することが期待できる。そもそも、日本はこれまで、インフレ課税どころか、貨幣保有者に対して「デフレ利得」を与えていたのである。

デフレ下では、インフレ下とはまったく逆に、貨幣価値がデフレの率だけ増加する。つまり、日本円の保有者は、円をタンス預金のように退蔵するだけでも、デフレ率だけの利益を獲得していたのである。その利得は当然、統合政府の財政負担となる。日本の財政状況がデフレの深刻化とともに悪化した背景には、このような事情もあった。

統合政府がデフレ下で負担しつづけていた、ある種の補助金としてのこのデフレ利得は、デフレが終了すればただちにゼロになる。さらに、デフレがインフレに転換すると、その支出がインフレ課税シニョレッジという収入に転じ、インフレ率の上昇とともに必ずその収入は拡大する。というのは、仮にインフレへの転換によって人々が所望する貨幣残高が減少したとしても、インフレ率がゼロからプラスに転換した段階では、「貨幣残高×インフレ率」としてのインフレ課税シニョレッジ総額もまた必ずゼロからプラスに転じるからである。

ただし、考慮すべき問題がないわけではない。それは、インフレ課税が果たして課税としての望ましい性質を備えているのか否かである。基本的には、インフレ課税もまた課税の一つである以上、課税ゼロの場合と比較すれば、必ず死荷重すなわち厚生上の損失が発生する。しかし、それはおよそ課税であるかぎり免れないものであり、インフレ課税だけの特性ではない。

むしろ、インフレ課税には他の課税にはない利点がいくつか存在する。その第一は、徴税コストがゼロという点である。インフレ課税には必ず税を支払うことになるが、その徴税はインフレそのものによって実現されており、追加的な徴税費用はまったく必要ない。第二に、「貨幣保有者のすべてに対して、その保有高に比例して正確に一律に課される」という点で、インフレ課税の公平性はきわめて高い。それは、貨幣として保有されているかぎり、裏社会のアングラマネーさえ課税源として見逃すことはないのである。

隠された重要な「財源」

日本のもう一つの隠された重要な「財源」は、外国為替資金特別会計、いわゆる外貨準備である。日本経済は、1970年代初頭にブレトン・ウッズ体制が崩壊し、世界の主要国が変動相場制に移行して以降、しばしば円高不況あるいは不況下の円高に見舞われてきた。為替政策の権限を持つ財務省(かつての大蔵省)は、その円高を抑制するために、たびたびドル買い円売りの外国為替市場介入を遂行した。他方で、ドル売り円買いの外国為替市場介入が行われることは、きわめて稀であった。

その結果、ドル買い円売り介入によって購入されたドル資産は、それが実施されるたびごとに蓄積される一方となり、日本は膨大な額の外貨準備を保有するに至った。その総額は、2006年に中国に追い抜かれるまでは世界第1位であり、その後も中国に次ぐ世界第2位を保っていた。ちなみに、中国の外貨準備の急激な増加もまた、中国元の為替レート上昇抑制を目的とした、中国通貨当局による外国為替市場での恒常的なドル買い元売り介入によるものである。

この日本の巨額の外貨準備は、これまでは無為に放置されるままになっていた。その理由は、外貨準備の解消のためにはドル売り円買い介入が必要となり、そのためには為替市場では円高ではなく円安基調が続いている必要があるが、1990年代後半のごく一時期を除けば、バブル崩壊後にそのような状況が訪れることはほとんどなかったからである。この20年以上にもわたる円高トレンドもまた、バブル崩壊後の日銀の不十分な金融緩和によってもたらされた不都合な帰結の一つであった。

おそらく、黒田日銀の2%インフレ目標へのコミットメントと異次元金融緩和は、この長期にわたる円高トレンドを反転させる契機となる。というのは、日本の円高がデフレを背景として生じていたとすれば、今後はその背景そのものが存在しなくなるからである。

名目為替レートは各国通貨の購買力によって決まるとする購買力平価説によれば、「円高はデフレすなわち円の購買力上昇の結果」なのである。その説は、日本のデフレがインフレに転じた場合、名目為替レートもまた円高から円安に転じることを示唆する。そして、その円高トレンドの終焉とは、外貨準備として保有するドル資産を売却できる機会がようやく訪れることをも意味する。

日本の財務省は毎月ごとに、日本の外貨準備の総額を公表している。その額は、2013年末の時点で、約1・27兆ドルとなっている。2013年末のドル円為替レートである1ドル＝103円で円換算すると、約130兆円程度である。これは、2013年度の日本の名目GDP481・4兆円の4分の1以上に相当する。

ただし、この円換算の外貨準備総額は、保有する外貨建て資産の評価に依存して変動する。とりわけ重要なのは為替レートであり、ドル買い円売り介入時よりもドル安になれば、為替差損が発生する。したがって、為替差損を確定せずに外貨準備資産を処分するためには、ドル資産の売却を円安ドル高時に行うことが必要となる。過去に行われたドル買い円売り介入時の為替レート水準を勘案すれば、1ドル＝120円から130円というあたりがドル売り円買い介入を開始する一つの目安になるであろう。

こうして売却して円転された外貨準備資産は、財政支出にではなく、基本的にはすべて政府債務の返済、すなわち国債の償還に用いられるべきである。というのは、そうでないと、債務から資産を差し引いた日本政府の純債務はかえって増加してしまうからである。仮に1・27兆ドルの外貨準備資産のすべてを1ドル＝130円で売却するとすれば、円換算では約165兆円となる。これは、日本の2013年度末の長期債務残高980兆円の17％程度に相当する。このようにして日本の総債務残高を縮小させることは、その見かけ上の大きさだけに惑わされた無根拠な財政破綻論の影響力を削ぐうえで、一定の効果を持つであろう。

2 ユーロ危機の本質と展望

統一通貨のメリットとデメリット

アメリカ、イギリス、日本といった非ユーロ圏先進諸国には、財政破綻の可能性はそもそも存在しなかった。それとは対照的に、ユーロ圏諸国の状況は真に深刻である。それは、単にPIGS諸国等の財政状況が深刻というだけではない。

問題はむしろ、ユーロ圏諸国の経済それ自体が、統一通貨ユーロという制度的制約に縛られて、抜け道のない袋小路に入り込んでしまっていることにある。各国財政の改善のために必要なのは、何よりも経済自体の回復である。しかし、ユーロの存在そのものが、その実現をきわめて困難なものにしているのである。

ユーロ圏諸国のそのような状況はまさに悲劇的というしかないが、その悲劇のそもそもの原因は、統一通貨の条件が整っていない雑多な国々を統一通貨の枠組みのなかに押し込んでしまったところにある。ＰＩＧＳ諸国の財政危機は、その事態によって生み出された多くの不都合のうちの一つにすぎない。

問題のこうした本質を理解するために必要なのは、ロバート・マンデルによって提起され、彼が１９９９年にノーベル経済学賞を受賞する理由の一つともなった、最適通貨圏という理論的概念である（Mundell [1961]）。というのは、ユーロが成立して以降の現実とは、最適通貨圏の条件を満たしていない国々が統一通貨を導入した場合にはどのような困難が生じるのかを示した、経済学的実験の結果であったとさえいえるからである。

最適通貨圏という考え方を理解するためには、まず異なった国々が通貨を統一することで得られるメリットとデメリットとは何かを考えておく必要がある。統一通貨のメリットとは、異なった通貨を持つ国々の間の経済的取引に付随する為替交換コストや為替レート変動リスクの消失による、経済的な利便性の向上である。欧州のように狭い地域内に多くの主権国家が存在する場合、国家間の経済的交流が活発になればなるほど異なる通貨の存在による為替交換のコストは大きくなると考えられるから、統一通貨の持つこの利点はきわめて明白である。

他方で、統一通貨のデメリットとは、それぞれの国家が発行権を持つ通貨が失われることにより、各国の経済状況に応じた金融政策の遂行が不可能になることである。最適通貨圏とは、このメリットからデメリットを差し引いた厚生上の利得が最大になるような統一通貨圏のことである。統一通貨が望ましいといえるためには、少なくともそのメリットがデメリットを上回っていなければならない。

重要なのは、この統一通貨のデメリットが具体的にはどのような形で生じるのかである。統一通貨圏を形成する各国の経済状況が十分に収斂しており、景気循環が域内でほぼ連動している場合には、国家単位での金融政策が不可能であっても、統一通貨のデメリットは表面化しない。

問題はもっぱら、域内各国の経済状況が十分に収斂しておらず、景気循環の局面が各国ごとに異なる場合に生じる。というのは、その場合にはただちに、統一通貨の金融政策を担う中央銀行において、域内のどの国に配慮して金融政策を行うべきかという難問が生じるからである。各国ごとの通貨が廃棄されてしまった以上、国によって景況が異なっても、金融政策を各国それぞれの状況に合わせて行うことはもはや不可能なのである。

デメリットを補正する二つの手段

つまり、統一通貨のデメリットは、もっぱら域内各国の景況が異なる場合に顕在化する。とはいえ、それを補正する手段が存在しないわけではない。その第一は、労働移動である。この域内各国の景況の相違を、一国内での地域間の経済状況の相違になぞらえて考えてみると、地域間格差是正のための最も有効な手段の一つは、地域間の労働移動である。

高度成長期の日本や改革開放政策以降の中国では、過剰な労働を抱えた地方の農村から雇用機会が拡大しつづける工業都市へ、出稼ぎや居住地の移転という形で、絶えず労働移動が生じていた。それは、完全ではないにしても、国民全体の経済的状況を平準化する役割を果たした。こうした調整が域内の各国間においても可能なのであれば、仮に統一通貨圏内の各国で景況が異なる状況が生じても、その格差が自ずと労働移動を誘発し、その労働移動が格差を縮小させるように作用するはずである。

平準化のためのもう一つの方策は、財政移転である。これも一国における問題として考えてみると、国内に地域間経済格差が存在するとき、それを是正する政策として最も一般的なのは、地域間の財政移転である。

日本の地方交付税は、その典型的な実例である。というのは、それは事実上、国民全体の経済的状況の平準化のために、豊かな都市住民から徴集した税収の一部を経済基盤の脆弱な地方の住民に移転するものであったからである。同様の政策が統一通貨圏内で講じられるのであれば、各国間の経済状況の格差は、少なくとも部分的には緩和されるであろう。

結論を整理しよう。統一通貨のデメリットが顕在化しないための第一の条件は、域内各国の経済が十分に収斂し、景気循環が連動しているということである。その第二の条件は、域内各国間の経済状況の平準化が、労働移動や財政移転といった金融政策以外の手段によって実現可能ということである。逆にいえば、統一通貨のデメリットが顕在化するのは、域内各国の景気循環が連動せず、かつ労働移動や財政移転といった経済平準化の手段も機能していないという状況下においてである。

財政移動の欠如が大きな問題だった

問題は、現実のユーロ圏諸国の間で、これらの条件がどれだけ満たされていたのかにある。第一の収斂条件についていえば、それこそが欧州連合の創設を定めた1993年のマーストリヒト条約の焦点となっていたことからも明らかなように、統一通貨導入のための前提条件として当初からたしかに強く意識されていた。

マーストリヒト条約は、統一通貨導入の条件として、インフレ率、政府財政赤字の対GDP比率、為替レート、利子率という四つマクロ経済指標に関して、それらを定められた範囲に収斂させることを求めていた。しかし、こうしたマクロ経済指標の収斂は、域内各国の景気動向を一致させるための必要条件ではあっても、決して十分条件ではなかった。そして事実、ユーロ導入後の域内各国間においては、後述のように、明白な景況格差が現れるようになったのである。

第二の経済平準化の手段についていえば、ユーロ圏域内の各国間の労働移動に対する制約は、少なくとも法的には存在しない。実際、域内における人、物、サービス、資本の完全な自由移動を保証した欧州単一市場の構築は、EUの最大の成果とされている。しかし、それは必ずしも、域内各国間の労働移動が現実に円滑に行われることを意味しない。というのは、たとえ労働移動の法的な障壁が存在しなかったとしても、言語の相違等に基づく自然的な障壁は確実に存在するからである。

さらに、仮に域内各国間の労働移動が活発に生じたとしても、当事者である各国がそれを歓迎するか否かは、まったく別の問題である。これは、国家間で生じる労働移動と一国内の地域間に生じるそれとの本質的な相違である。たとえば、アメリカという一国の立場からすれば、「デトロイトの雇用が産業空洞化によって縮小しても、成長するシリコンバレーで新たな雇用が生み出されれば問題ない」と割り切ることもできよう。しかし、ギリシャからドイツに多くの労働者が移動し、ギリシャという主権国家それ自体が空洞化するという事態は、ギリシャとドイツの双方にとってまったく望むところではないはずである。

おそらく、ユーロ圏域内における経済平準化にとっての最も明白な障害は、財政統合を通じた財政移転の欠如にある。仮に域内各国間の景況に格差が存在しても、好況国から不況国への財政移転が行われるのであれば、後者から前者への労働流出を抑制しつつ、相互の景況を調整することができる。

しかし、財政統合の可能性がようやく論議されるようになったのは、ユーロ危機が深刻化して以降のことであった。それ以前には、ユーロ圏諸国の財政統合は、遠い将来の理想ではあっても、即座に実現可能な政策と考えられたことはなかった。実際、統一通貨による金融政策の統合にもかかわらず、各国の財政権限は基本的にはそのまま維持された。それは、ユーロ圏諸国がそれぞれの政治的主権を有しており、さらに財政権限こそがその国家主権の最重要な一部である以上、とりあえずはそうする以外にはなかったということである。

ユーロ圏諸国にとって、財政統合の事実上の代替物となったのが、年間の財政赤字の対GDP比率を3%以下に抑えることを各国に求めた、マーストリヒト条約における財政条項である。その意図は、財政規律の確保のための具体的な基準を明示することで、各国の財政権限に一定の制約を設け、それを通じて域内各国間の財政状況のばらつきを是正するところにあった。

しかし、それは結果として、ユーロ圏諸国のすべてから、単に金融政策のみならず、マクロ財政政策の余地をも奪い取ることになった。本来であれば、国ごとの金融政策が失われた以上、各国経済のマクロ安定化の確保のためには、財政政策の自由度はより拡大されるべきであった。ところが、実際にはその逆が行われたのである。

統一通貨ユーロの「成功」と転落

こうして、統一通貨ユーロは、１９９８年からは決済通貨として、２００２年からは現金通貨として、世界経済の舞台に鳴り物入りで登場した。それは、少なくともユーロ危機が生じる前までは、大いなる成功として認識されていた。しかし、ユーロはじつは、その成功といわれていた時期においてすでに、その後に生じる大いなる混乱の萌芽を生み落としていたのである。それは、ユーロ導入によってもたらされた、域内各国間における景況の乖離である。

ユーロ導入直後に域内経済においてまず生じたのは、ユーロの主導国であるドイツやフランスの経済停滞と、それと対照的なスペイン、イタリア、ギリシャ等の景気過熱であった。２０００年代前半の域内各国の失業率の推移を見ると、ドイツでは上昇し、フランスでは高止まりが続いていたのに対して、スペイン、イタリア、ギリシャ等の南欧諸国では顕著な低下が続いていたことがわかる。

その第一の理由は、ユーロ発足時に設定されたドイツ・マルクやフランス・フランの対ユーロ交換レートが、他の域内諸国通貨のそれと比較して割高だったことである。それは、域内諸国に対するドイツやフランスの競争条件を悪化させた。

第二の理由は、南欧諸国の債務において顕著であった高いリスクがユーロの導入によって低下したと認識された結果、南欧諸国への急激な資本流入が生じたことである。それは、南欧諸国の国債の利回りが、リスク・プレミアムの消滅によってドイツと同水準まで低下したことに現れている。それらの事情は、停滞するドイツ、繁栄するスペインやギリシャといった、ユーロ危機以降とはまったく逆の状況をもたらした。

つまり、統一通貨ユーロの発足によって生じたのは、域内各国の景況の収斂どころか、その乖離であった。域内各国の景況の一致という最適通貨圏の条件は、このユーロ発足の時点においてすでに満たされなくなっていたのである。その状況を生み出したのがユーロの成立そのものであったことは、ユーロ懐疑論者たちの懐疑的想定をも超えていた。

とはいえ、苦境に立つのがドイツであり、バブルに踊っていたのがスペインやギリシャである間は、その矛盾が大きく表面化することはなかった。ドイツはむしろ、それを自国が克服すべき試練と考え、労働市場改革の名を借りた賃金切り下げ政策に邁進したのである。

統一通貨ユーロの矛盾が誰の目にも明らかになったのは、リーマン・ショックによって南欧諸国のバブル的な景気拡大が打ち止めとなり、それらの国々に一転して急激な景気後退が押し寄せてからのことである。それは、南欧諸国の財政状況を急激に悪化させた。とはいえ、景気が悪化すれば循環的財政赤字もまた拡大するのは当然のことであり、それ自体は必ずしも問題であったわけではない。問題は、それらの国々はそのとき、通貨政策という最も重要なマクロ調整の手段をすでに失っていたところにある。

仮に南欧諸国がこの時点でまだ自国の通貨を保持していたとすれば、為替レートの大幅な下落によって、短期的な経済的混乱が生じたことは間違いない。しかし、その為替下落によって、それらの国々のその後の経済回復は、むしろ容易になったであろう。というのは、世界経済におけるこれまでの実例から判断するかぎり、通貨危機等によって為替下落が生じた国々は、一時的な経済的混乱を経験するとはいえ、為替下落による対外的競争条件の改善により、その後はおしなべて順調に回復しているからである。

ところが、現実のユーロ圏南欧諸国は、金融政策のみならず財政政策の手足をも縛られており、状況を転換させる手段を何ら持ち合わせていなかった。その結果、それらの国々の財政は悪化する一方となり、それがさらにはユーロ圏全体の危機へと結びついたのである。

こうして、ギリシャは事実上の財政破綻を余儀なくされ、スペイン、ポルトガル、アイルランド、イタリアは、その一歩手前まで追い込まれた。これらの国々はその後、トロイカによる財政支援という生命維持装置によって無秩序な財政破綻だけは回避しつつも、国民の経済生活を犠牲にした泥沼のような緊縮政策を果てしなく続けるという状況に追い込まれたのである。

そうしたなかで、ユーロの成立以降に一貫してきびしい賃金切り下げ政策を続けてきたドイツが、ユーロ危機を背景に生じたユーロ為替レートの下落による対外競争条件の改善というさらなる恩恵を受けて、欧州諸国のなかでいち早く経済危機からの回復を実現させたことは、まさしく皮肉という以外にはなかった。

ドイツは一貫して緊縮を主導

多くの国が緊縮と景気悪化によって苦吟するなかで、ドイツのみが一人繁栄を謳歌するということのユーロ圏の経済状況は、ユーロの将来展望をよりいっそう暗いものとした。というのは、そうした状況は、ユーロ圏諸国における財政統合の推進という真の解決策が、ドイツの抵抗によって常に否定されつづけるという帰結をもたらしたからである。

統一通貨がいったん導入された以上は、そのデメリットを縮小するために、域内諸国において財政統合を推進すべきであることは、最適通貨圏の論理からも明らかであった。ドイツはしかし、ユーロ圏共通で発行される国債としての「ユーロ共同債」という構想への強い反発が示すように、財政統合に向けたどのような試みに対しても、各国の財政規律を弛緩させる可能性があるという理由を掲げて、一貫して反対しつづけた。

ドイツがそれにかわって、域内各国が推進すべきものとして提起しつづけたのは、ドイツを見習った真摯な緊縮政策であった。ドイツは要するに、財政統合が行われることになれば、他のユーロ圏諸国は緊縮を忌避してドイツの財源をあてにしはじめるだろうと考え、自国がその結果として持ち出し一方になることをおそれたのである。

同様な軋轢は、統一通貨ユーロの供給主体であるECB（欧州中央銀行）においても生じていた。この軋轢の本質はやはり、ユーロ圏諸国における財政統合の欠如であった。というのは、そのことのために、ECBはその創立時点から、アメリカ、イギリス、日本のような通貨主権を持つ国々の中央銀行とは異なった金融政策運営を強いられてきたからである。

バランスシートを確認すれば明らかなように、FRB、BOE、日銀などの場合には、その貨幣供給は主に国債の買い入れを通じて行われている。それは、国債市場が十分に発達し、国債が民間金融機関の資産運用手段として機能している国々においては、それが最も効果的であり、かつ公平だからである。

前章で詳述したように、国民全体の債務である国債を貨幣に変換することは、政府支出を貨幣供給シニョレッジによって賄うことを意味する。それが「ケチャップを買って貨幣を供給する」よりははるかに理にかなっていることは明らかであろう。

それに対して、それぞれが財政主権を持つ国々の連合組織であるECBにおいては、ユーロの供給をこのような手段を通じて行うことはできない。というのは、ECBが貨幣供給のために国債を購入しようとすれば、必然的に「どの国の国債をどれだけ購入すべきか」という厄介な問題が生じるからである。

ＥＣＢがユーロの供給をドイツ国債のみを購入して行うとすれば、それは貨幣供給シニョレッジをドイツ国民にのみ与えることを意味する。そのようなやり方は、ドイツ以外のユーロ圏諸国にとっては到底受け入れられるものではない。そのため、ＥＣＢの金融調節は、国債の売買ではなく、民間金融機関に証券を担保として貸付を行うレポ取引が主体となっている。ＥＣＢのバランスシートに占める国債の比率がリーマン・ショックの前まではきわめて低かったのは、そのためである。

しかし、リーマン・ショックが生じ、欧州債務危機が拡大したことで、その状況は徐々に変わっていくことになる。ＥＣＢはまず、ギリシャ・ショックが勃発した２０１０年5月から、証券市場プログラムと称した国債購入を開始した。しかし、ＥＣＢによる国債購入は各国の財政規律を弛緩させるという批判は根強く、その実施はごく限定的なものにとどまり、それは結局２０１２年2月に停止された。

その間にもギリシャの財政危機は、よりいっそう深刻化し、財政破綻懸念がスペイン、ポルトガル、アイルランド、イタリアにまで拡散した。これら財政危機国の国債利回りは軒並み急上昇し、市場はユーロそれ自体の崩壊をも織り込みはじめた。そうした状況を受けて、ＥＣＢは２０１２年9月に、新たな国債買い取りプログラムを公表した。ＥＣＢ総裁ドラギはそのとき、ＥＣＢが「無制限の国債購入」を行う用意があることを明言した。

このＥＣＢの新たな方針は、結果として市場の沈静化に絶大な効果を発揮した。この時期を境に、ユーロ圏財政危機国の国債利回りは低下し、ユーロの為替レートは上昇しはじめた。ＥＣＢは結果として、国債買い取りプログラムの実施を先送りしつづけることができたのである。

反対しつづけたのはやはり……

こうしたECBの国債購入拡大方針に終始反対しつづけてきたのは、例によってドイツであった。トリシェの後任として2011年末からECB総裁に就任することが確実視されていたドイツ連邦銀行総裁アクセル・ウェーバーは、欧州危機の最中の2011年2月に突然辞任を表明したが、それはECBの国債購入に反発したためであった。

ウェーバーの後任としてドイツ連邦銀行総裁職に就いたイェンス・バイトマンは、2012年9月にドラギがECBの新たな国債買い取りプログラムを導入しようとしたとき、ECB理事のなかで唯一、その議決に反対した。バイトマンはそのとき、「国債買い取りは中央銀行が紙幣を印刷して国家に融資することと事実上同じである。これでは、通貨政策が財政政策のしもべとなり、通貨の安定性を確保するという中央銀行の任務が損なわれる」という典型的な中央銀行的教条を述べて、ユーロ圏加盟国の中央銀行総裁の立場としては異例のECB批判を行ったのである（熊谷［2012］）。

結局、ドイツの執拗な抵抗に直面しながらも、ECBは国債買い入れ容認の方針を強めていった。状況から判断すれば、ECBにとってそれ以外の選択肢はないことは明白であった。そして、その成果はまさに劇的であった。財政ファイナンス懸念により通貨の信認が失われるといった、ドイツが展開したお決まりの論難とはまったく逆に、ECBによる無制限国債購入方針は、ユーロ圏国債市場の安定化とユーロの信認回復をもたらしたのである。ドラギは約1年後に、2012年9月の政策決定を「最近導入されたなかで最も成功した金融政策措置であった」と自画自賛した（「ロイター・ニュース」２０１３年７月27日）。たしかに、それこそがユーロ圏崩壊の危機を取り除いた最大の政策的決断であったことを考えれば、ドラギのその言葉は必ずしも誇張ではなかった。

そもそも、ユーロにはその成立当初から、貨幣供給シニョレッジを十分に利用することができないという問題点が存在した。中央銀行がみずからは国債を購入しないとすれば、民間金融機関がそれを保有するしかないため、国債のリスク・プレミアムはその分だけ上昇する。これは、国債を発行しようとするユーロ圏各国の財政当局が、常にリスク・プレミアム上のハンデを負うことを意味する。

ただし、もともとリスク・プレミアムが高かった南欧諸国では、ユーロ導入によって国債のリスク・プレミアムがいったん消失したため、この問題点は表面化しなかった。それを表面化させたのが、リーマン・ショックによるユーロ圏南欧諸国のバブル崩壊である。景気悪化にともなう財政赤字拡大が即座に国債利回りの上昇に結びつくという現象がそれらの国々においてとくに顕著だったのは、まさしくそのためである。そして、ＥＣＢによる国債購入拡大方針は、ユーロ圏諸国が抱えていたこのリスク・プレミアム上のハンデを緩和する役割を果たしたのである。

出口のない袋小路に入り込んだ

こうしたＥＣＢの措置によって、ユーロの解体という最悪の事態は何とか回避された。とはいえ、その先に明るい展望が開けているわけでは必ずしもない。というのは、ユーロからの離脱という選択肢が失われた以上、金融政策や財政政策という通常のマクロ安定化の手段を持たないユーロ圏財政危機国にとって、マクロ調整のために残されている手段はただ一つしかなく、それが長い苦痛をともなうものであることは明らかだからである。それは、「内的減価」と呼ばれている、賃金や物価の切り下げ政策である。すなわち「デフレに耐えつづける」政策である。

ギリシャがユーロを離脱して旧通貨ドラクマに戻るという選択をした場合、一時的な混乱は免れないとはいえ、回復の時期はむしろ早まる可能性が高い。その理由は、ドラクマがユーロやその他の通貨に対して大幅に減価することで、ギリシャ国民に一時的にはインフレの苦痛をもたらすとはいえ、他方で輸出の拡大と輸入代替産業の成長を通じた経済回復が期待できるからである。

実際、1998年にはロシアで、2001年にはアルゼンチンで政府債務不履行と通貨危機が生じたが、両国とも危機の最中には経済が混乱に陥ったとはいえ、通貨危機にともなう為替下落によって輸出と国内生産が拡大し、その後は急速な経済回復を実現させた。

ところが、ギリシャ国民は、自国のユーロ離脱をまったく望んではいなかった。そして事実、ギリシャのユーロ離脱は回避された。そうなるとむしろ、ギリシャの政策的選択肢は限定されることになる。というのは、ギリシャがユーロ圏にとどまることは、ギリシャがかつてのロシアやアルゼンチンのような「為替下落を通じた通貨的な再調整」という手段をみずから放棄したことを意味するからである。

その場合、ギリシャに残された調整手段は一つしかない。それが、内的減価政策である。すなわち、賃金と物価の引き下げによる対外的競争条件の改善である。

一般的には、名目賃金と物価には粘着性があるため、日本の長期デフレ期を想起すれば明らかなように、賃金と物価の引き下げは不況と失業が継続するなかでしか実現されない。実際に、ギリシャなどユーロ圏財政危機国では、財政危機の発生以来、不況と失業が急激に拡大し、それが継続している。それは、それらの国々が、まさにこの内的減価という苦痛に満ちた調整の最中にいることを意味している。その苦痛は、そうした国々がユーロ圏にとどまろうとするかぎり免れることのできない、重い代償なのである。

ユーロに固執するかぎり、どの国もこの内的減価にともなう苦痛を避けることはできないが、それを和らげる手段が少なくとも二つは存在する。その第一は、ドイツがより高いインフレ率を受け入れることである。単一通貨圏内における調整は、対外競争力の低いギリシャの賃金や物価を引き下げるのではなく、それが高いドイツの賃金や物価を引き上げることによっても実現できる。

その第二は、名目賃金の切り下げを政府主導の所得政策として行う「地域的デノミネーション」の実行である。たとえば、ギリシャ国内の賃金をある特定の日にいっせいに同じ率だけ引き下げるのである。それにより、国産品の価格が対外的に低下し、輸出の拡大と国産品による輸入代替が進む。その効果は、通貨下落によって賃金と物価が対外的に切り下がるのと同じである。これは、内的減価を自然的にではなく人為的に実現させることを意味する。[2]

残念ながら、この二つの政策オプションは、少なくとも政治的には実現可能性が十分に高いとはいえない。とりわけ第一のオプションは、ドイツにとってまったく受け入れがたいことは明らかである。ドイツ連銀総裁バイトマンは、2014年7月に行われた連銀主催のイベントで、「金融政策がドイツにとっては拡張的すぎ、緩和的すぎるのは明白だ。もし独自の金融政策を追求できるなら、別のものになるだろう」と述べて、ECBの金融政策をあからさまに批判した（「ロイター・ニュース」2014年7月14日）。ユーロ圏全体が賃金と物価の切り下げという内的減価にもがき苦しんでいるときに、このように自国のインフレのみを病的に危惧する心性は、まさにドイツ的というしかない。第二のオプションに関しては、国内的に受け入れられるか否かが焦点になるが、すでに賃金や物価の低下に苦しんでいる人々に、より以上の賃金低下を受け入れさせることは、政治的にはきわめて困難といわざるをえない。そう考えると、ユーロ経済はやはり、出口のない袋小路に入り込んでしまったというしかないのである。

▼2　この地域的デノミネーションの詳細については、野口［2012］を参照のこと。

第10章

政策パラダイムとしてのケインズ主義と反ケインズ主義

1 ケインズ主義政策パラダイムの漸進的進化

何が再吟味されるべきか

リーマン・ショック以来の世界経済危機は、マクロ経済学やマクロ経済政策の従来的なあり方に根本的な反省を迫った。というのは、今回の世界経済危機は、専門家のどの事前の予想をも超えて拡大しただけでなく、その負の影響は彼らのどの想定をも超えて継続したからである。

それは、その問題にかかわってきた専門家たちの明らかな敗北であった。経済のマクロ的な安定化の実現という課題のために蓄積されてきた従来の専門的知見の適否が再吟味されるべきであったのは、その意味ではまったく当然である。

問題は、そこで再吟味されるべきなのは「従来の専門的知見」のうちのどの部分なのかにある。あるいは、マクロ経済学やマクロ経済政策の専門家たちが今回の経験から汲み取るべき教訓とはいったい何なのかにある。端的にいって、その問題の答えに関しては、専門家の間で未だに大きな見解の相違が存在しており、十分な合意は得られていない。むしろ、その相違は時間の経過とともに拡大しつつあるようにもみえる。

政策思潮におけるケインズ主義と反ケインズ主義

世界経済危機の第1段階、具体的にはギリシャ・ショックが生じる2010年春までの「真性ケインズ主義的局面」においてまず生じたのは、もはや時代遅れのものと考えられてきた財政主導ケインズ主義の復活であった。アカデミズムの世界でも、アメリカ経済学界の異端的存在であったポスト・ケインズ派経済学者ハイマン・ミンスキーによる「金融不安定性仮説」が深刻な金融危機を背景として再評価されるなど、明らかに従来とは異なる動きが生まれはじめていた（Krugman［2009］）。ケインズ関連の出版物は急速に増加し、学界はあたかも「ケインズ復権」の様相を呈した。

しかし、このケインズ的潮流の復活という局面は、リーマン・ショックからわずか2年もたたないうちに終焉を迎えた。その発端は、ケインズ主義の復活そのものにあった。財政主導ケインズ主義の復活は、政府介入を極端にきらうリバタリアンが強い政治的基盤を持つアメリカにおいて、とりわけ大きなバックラッシュを生み出した。事実、ティーパーティーに代表されるアメリカの草の根保守主義の拡大は、オバマが推進しようとしたケインズ的景気刺激策への抵抗から始まったのである。アメリカの保守派経済学者たちの多くも、表立ってではないにしても、事実上その動きに同調した。

こうした反ケインズ的バックラッシュが世界的にも支配的になったのは、2010年春のギリシャ・ショック以降であった。このショックは、各国の財政の循環的赤字が景気悪化によって急激に拡大しつつある最中に起きたため、多くの国に「第二のギリシャに転落するのではないか」といった財政破綻パニックをもたらした。

このパニックにより、財政主導ケインズ主義は完全に葬り去られ、反ケインズ的な緊縮財政が強力に展開されるという新たな局面が始まったのである。とりわけ、ギリシャに続いてスペイン、ポルトガル、アイルランド等の諸国が財政危機に陥った欧州では、各国の財政引き締め政策は過酷をきわめた。この時期の世界経済を支配していた政策原理は、アメリカの国際政治経済学者であるマーク・ブライスがその危険性を歴史にさかのぼって警告していたように、明らかに緊縮（Austerity）であった（Blyth [2013a; 2013b]）。

しかしながら、この反ケインズ的緊縮政策への世界的な逆流も、2012年後半になると次第に勢いが弱まっていく。その第一の理由は、緊縮財政を行った国々に生じた顕著な経済停滞である。その状況は、各国の専門家や政策当局者の間に、財政状況の改善のためにもまずは経済成長が必要とする認識を復活させた。そのことは、オリビエ・ブランシャールに代表される当時のIMFエコノミストたちの見解が示すとおりである。

第二の理由は、ユーロ危機が一段落し、財政破綻懸念が世界的に後退したことによる、緊縮ヒステリーの沈静化である。要するに、ギリシャ・ショックによって生じた世界的な財政危機パニックが、このころになってようやく収まったということである。

このように、リーマン・ショック以来の世界の政策思潮は、ケインズ主義的局面から反ケインズ的な緊縮主義的局面へ、さらに過度な緊縮主義を見直して経済成長を重視する局面へと、二転三転した。結果として生じたのは、ケインズ主義との緊縮主義とのある種の痛み分けであり、さらにはこの二つの政策パラダイムの間での新しい次元での対立であった。つまり、両者は未だ完全な決着を見ることなく対峙しつづけているのである。

本書の総括として、本章では最後に、今回の世界経済危機の経験がケインズ主義という政策パラダイムに与えた意義を総括しつつ、ケインズ主義と対抗関係にある緊縮主義の政策パラダイムとはいかなるものかを、一つの試論として提示したい。世界経済危機は、ケインズ主義の何をどのように変えたのであろうか。そして、それに対峙する緊縮主義は、いったいどのような価値観と論理を基盤としていたのであろうか。その答えを得るためには、まずは「政策パラダイム」とは何かを明確にしておく必要がある。

政策パラダイムという概念

政策パラダイムという概念は、アメリカの政治学者ピーター・ホールによって提起された。それは、社会において実現されるべき政策目標を掲げたうえで、その目標を達成するために利用されるべき政策手段や政策手続きを規定した、一つの統合された思考枠組みのことである。ホールがその概念を初めて示したのは、1970～80年代のイギリスのマクロ経済政策運営に生じた「パラダイム・シフト」の分析を通じてであった（Hall [1993]）。そのシフトとは具体的には、ケインズ主義からマネタリズムへのマクロ経済政策枠組みの転換である。

この1970～80年代当時の理解では、ケインズ主義にとっての第一義的な政策目標は所得あるいは雇用の安定化であったのに対して、マネタリズムにとってのそれは物価の安定化にあった。つまり、両者はそもそも政策目標の次元において異なっていた。また、両者の間で展開された、政策手段に関する「財政政策か金融政策か」をめぐる論争、さらには金融政策運営に関する「ルールか裁量か」をめぐる論争が示すように、政策目標の達成のために用いられるべき政策手段やその運営手法においても、両者は異なっていた。要するに、ケインズ主義とマネタリズムは、政策パラダイムとしてまったく異なっていた。1970～80年代のイギリスでは、その一方から他方への転換が、現実の政策現場において、きわめて劇的な形で生じたのである。

ところで、パラダイムという概念それ自体は、科学史家であったトーマス・クーンが、科学の累積的進歩と突発的進歩を区別するために提起したものである（Kuhn［1962］）。クーンは、科学的知識が一つの知的枠組みのなかで蓄積されていくことを「通常科学」と呼び、枠組みそれ自体が転換されることを「科学革命」と呼んだ。つまり、クーンのいう通常科学とは「一つのパラダイムのなかでの知的洗練化」であり、科学革命とは「パラダイムそれ自体の転換」である。ホールは、このクーンの議論に基づいて、経済政策の転換においてもまた、「一つの政策パラダイムのなかでの変化」と「政策パラダイムそれ自体のシフト」が存在していることを指摘する。

ラカトシュのいう「中核」と「防備帯」

科学哲学者であったイムレ・ラカトシュは、クーンのパラダイム概念を「リサーチ・プログラム」という言葉に置き換えて洗練化した（Lakatos［1970］）。ラカトシュは、科学の現実の展開は、クーンが描いた通常科学と科学革命の連鎖というよりは、異なるパラダイムあるいはリサーチ・プログラムの競合的展開として把握されると論じた。

ラカトシュによれば、パラダイムあるいはリサーチ・プログラムには、置き換えのきかない「中核」と置き換え可能な「防備帯」が存在する。そして、クーンのいう「通常科学」は、実際にはパラダイムにおける防備帯の進化を意味しているとする。以下では、このラカトシュの議論に依拠し、ラカトシュが設定した「中核と防備帯」という区別が政策パラダイムに対しても適用可能であるとすれば、それは具体的には何を意味することになるのかを考えてみよう。

ケインズ主義、マネタリズム、緊縮主義、ネオ・リベラリズム等々を一つの政策パラダイムとして考えるとすれば、その中核は明らかに「社会において実現されるべき政策目標とは何か」についての価値判断であり、その価値判断を裏づける社会観である。そしてその防備帯は、「どのような政策手段をどのような手法で用いれば、その政策目標の達成が可能になるのか」を明示する、価値実現のための戦術論である。その政策実現のための戦術論が十分に現実的であるためには、それは経済学的な裏づけを持つ必要がある。

ドイツの社会学者マックス・ウェーバーが論じていたように、科学とは本来、「何が正しく何が誤りか」を論理と証拠のみによって明らかにする営為である。したがってそれは、「何が望ましく何が望ましくないか」といった、人々の抱く価値判断からは自由でなくてはならない。そのことは、経済学が論理と現実の証拠に基づく実証科学であるかぎり、経済学においても当てはまる。

しかし、経済政策においては逆に、何が望ましく何が望ましくないかという価値判断が最も重要になる。というのは、経済政策の目的は何らかの意味での経済状況の改善にあるが、現実の何がどう変化すれば「改善」と考えられるのかは、もっぱら人々の価値判断に依存するからである。仮に経済成長と分配の平等がトレードオフの関係にあるとすれば、ある社会がその二つの目標のどちらの実現をより強く望むのかは価値判断の問題であり、どちらを優先したとしても正しいとも誤りともいえない。

つまり、政策パラダイムにおいては、ある価値判断に基づく政策目標こそが、取り替え不可能な「中核」となる。逆にいえば、その目標の達成のための政策手段や、その政策手段と政策目標との間の因果関係を説明した経済理論は、取り替え可能な「防備帯」にすぎない。というのは、この理論的説明の部分は、経済学が科学として進歩するかぎり、不変ではありえないからである。

科学の進歩とは、新たな実証的証拠の出現による既存の理論の改変や、より現実説明能力の高い新奇な理論の出現を意味する。他方で、ある政策目標を達成するためにはどの政策手段をどのように用いることが正しいのかは、価値判断の問題ではなく、純粋に実証科学の問題である。したがって、政策パラダイムにおける政策手段や手法は、経済学の進歩とともにアップデートされていくのが当然なのである。

ケインズは何を成し遂げたのか

それでは、この「取り替え不可能な中核と取り替え可能な防備帯」という図式を、政策パラダイムとしてのケインズ主義に適用してみることにしよう。まず、ケインズ主義にとっての「中核」としての基本的な政策目標が、マクロ経済の安定化、とりわけ人々の所得と雇用の安定化にあることは明白である。この政策目標が達成されるべきことは、現代に生きるわれわれにとってはまったく当然のようにも思われるが、長い歴史においては必ずしも常にそうであったわけではない。というよりもむしろ、景気の安定化を通じた所得と雇用の保障という政策目標や価値観が人々の間に定着したのは、ケインズ主義の確立そのものによってであった。

自由放任主義という19世紀的な政策原理が支配的だった時代には、「失業」は単に個人の無知や怠慢の結果にすぎないと把握されていた。ケインズ以前のヴィクトリア期のイギリスでは、失業者や貧困者の救済はもっぱら慈善の問題とされており、国家的な政策の問題とは考えられていなかったのである。

ケインズがその生涯で成し遂げたものを最も簡潔に表現すれば、それは、この自由放任主義という19世紀的な政策枠組みに対抗する新たな政策パラダイムを提起し、その防備帯をみずから構築したところにある。ケインズがこうした政策思想上のパラダイム転換の必要性を早くから意識してきたことは、１９２６年に出版された彼のパンフレット『自由放任の終焉』が示すとおりである（Keynes [1972a] に所収）。

ところが、彼が「マクロ経済政策という手段を用いて所得と雇用の安定化という政策目標を実現させる」という政策戦術論の理論的裏づけを得るためには、１９３６年の『一般理論』を待たなければならなかったのである。

背後にある世界観・経済観

ケインズがみずからの政策パラダイムを生み出した背後には、当然ながら、彼自身の独自な世界観や経済観が存在していた。そして、そのケインズの経済社会認識は明らかに、人類初の世界大戦、資本主義諸国のその後の経済的混乱、資本主義と競合する社会主義という経済体制の成立、そして人類史上最大の恐慌である世界大恐慌といった、ケインズが生きた時代に起きた未曾有の経済的混乱や社会的動乱と分かちがたく結びついていた。ケインズは、資本主義経済が本質的に持つ重大な欠陥を、既存の自由放任主義に甘んじてそのまま放置しつづけた場合には、資本主義という経済体制そのものが正統性を失い、やがては人々によって打ち棄てられると考えたのである。

こうした時代状況を背景に構築されたケインズの経済観は、何よりも「資本主義経済の持つ本源的不安定性」に対する鋭くきびしい把握によって特徴づけられる。ケインズは、景気循環にともなう所得や雇用の不安定性を、やがては解消される過渡期の現象としてではなく、資本主義という経済システムそれ自体が持つ機能不全として把握した。ケインズにいわせれば、仮に失業が長期では解消されるとしても、「長期では皆死んでいる」のである。

ケインズはさらに、投資家の持つうつろいやすい期待こそが、その不安定性の根源にあるものと考えた。ケインズのそうした把握は、『一般理論』第12章「長期期待の状態」で展開された彼の不確実性に関する議論のなかに、最も具体的に現れている（Keynes［1973a］ch. 12）。

投資家が実行する投資は、経済成長を先導するエンジンである。長期的には、技術進歩を通じた生産性上昇の多くは、投資を通じて実現されるのである。また、投資は短期的には、需要の拡大を通じた景気拡大をもたらす。投資は国民所得上では消費と並ぶ総需要の構成要素にすぎないが、乗数効果を持つために、景気変動に対してはより戦略的な役割を果たす。投資はこのように、資本主義経済にとっての成長エンジンそのものといえる。

ところが、きわめて厄介なことに、その投資の動きは、拡大するかと思えば縮小するというように、しばしばきわめて不安定である。それは、投資家が投資を行うのはあくまでも「将来における高い収益」という見返りを期待してのことであるが、その収益期待が実際に実現されるか否かは不確実だからである。

このような不確実性に直面した投資家が、実際に投資を行う場合には、ケインズが「アニマル・スピリット」と名づけたような蛮勇が必要となる。投資の失敗や成功の確率が不明である以上、その行為は蛮勇である以外にはないのである。

その一方で、投資家の間ではしばしば、ケインズが「美人投票」と名づけたような日和見や付和雷同が生じる。それは、不確実性に直面した投資家の不安の現れにほかならない。というのは、投資による将来収益が確実であれば、そもそも投資家が相互に付和雷同する必要もないからである。第2章で明らかにしたように、投資の不確実性についてのケインズのこうした把握は、同時代人であったフランク・ナイトが展開した不確実性に関する考察にきわめて近い。

ケインズはこのように、競争的資本主義の将来動向は常に不確実であり、投資家の投資が将来期待のうつろいやすい動きに連動して拡大や縮小せざるをえない以上、景気循環にともなう所得や雇用の不安定性は不可避であると認識していた。

ケインズは、人々の欲求を巧みに調整する市場の役割そのものは高く評価していたが、他方で、所得や雇用の不安定性を市場機能だけに頼って解決するという従来の方策は現実的ではないと考えていた。そこには、「恐慌の発生と失業の拡大による労働者の窮乏化は資本主義の宿命である」という経済観に基づいて、社会主義革命による資本主義の暴力的な廃棄という処方箋を提起した、マルクス主義的な政策パラダイムの影が垣間見える。

ロシアのマルクス主義者であり革命家であったレフ・トロツキーによるイギリス論に対するケインズの辛辣な書評「トロツキーのイギリス論について」（1926年、Keynes［1972b］に所収）が示すように、ケインズはマルクス主義者たちのこうした考えを心底から軽侮していた。しかし他方では、彼らの粗野な企てから市場経済というシステムを守り通すためにも、所得や雇用の安定化を市場機能以外の手段を用いて実現する必要があると考えたのである。

つまり、ケインズが手掛けたさまざまな政策プロジェクトは、一貫して「本来的な不安定性によって特徴づけられる資本主義経済を安定的に存立させるために必要な政策手段とは何か」という課題によって動機づけられていたと考えることができる。しかし、その政策論の部分はあくまでも、マクロ安定化という政策目標に従属した、取り替え可能な「防備帯」にすぎなかった。実際、ケインズの政策論は、時代や経済状況の変遷とともに変転を繰り返すことになる。

ケインズ主義の政策パラダイムの確立

第1次世界大戦が終了し、各国が戦前の秩序を取り戻そうとしていた1920年代前半においては、ケインズの関心はもっぱら通貨制度の再構築という課題に向けられていた。第1次世界大戦が生じる前までは、世界の主要国のほとんどが自国通貨と金の兌換を保証した金本位制を採用していたため、彼の時代には金本位制が通貨制度の世界標準となっていた。経済史などで、19世紀末から第1次世界大戦までの数十年間を「国際金本位制の時代」と呼ぶのは、そのためである。第1次世界大戦の終了とともに、各国は金本位制という大戦前の通貨秩序の回復に動きはじめたが、政治家や政策当局者を含む当時の大多数の人々は、それを至極当然と考えた。

しかし、ケインズ、アーヴィング・フィッシャー、グスタフ・カッセルらに代表される当時の主導的な経済学者たちは、「各国が旧平価すなわち戦前と同じ交換比率で通貨と金の兌換を再開すれば、その結果は悲惨なものになるであろう」と警告した。その背景には、大戦の勃発によって金本位制が停止されて以降、各国において戦争にともなう支出拡大と貨幣供給の増加が生じ、結果として多くの国でインフレが生じていたという事情があった。その状況で各国が旧平価で通貨と金の兌換を再開するということは、単にインフレを抑制するだけでなく、政府が意図的なデフレ政策を推進することを意味する。そうした政策の遂行が、人々に無意味な失業と困窮をもたらすものでしかないことは、ケインズ、フィッシャー、カッセルらにとっては明白であった。

こうした警告にもかかわらず、イギリスは結局、1925年に時の蔵相ウィンストン・チャーチルの主導によって、旧平価での金本位制復帰を実施した。ケインズは同年に『チャーチル氏の経済的帰結』(Keynes［1972a］に所収）というパンフレットを公表し、チャーチルの無謀な試みを批判した。イギリス経済にはその後、ポンドの過大評価とデフレの進行を原因とする産業停滞と失業拡大が生じたが、それはまさにケインズたちが警告したとおりの事態であった。

この1920年代前半という時点でのケインズの政策的関心は、その時期の彼の代表作である『貨幣改革論』（1923年、Keynes［1971a］）が示すように、各国の金融政策にとっての大きな制約となっていた「金本位制の足かせ」をいかに克服するのかに向けられていた。通貨の安定を目的として生み出されたはずの金本位制という通貨制度が、経済そのものの安定化にとってはむしろ障害になっていることは、ケインズにとっては明白であった。

ケインズが『貨幣改革論』において、その金本位制にとってかわるべき通貨制度として提案したのが、現代のわれわれが当然のものと考えている管理通貨制度である。ケインズにとっては、金本位制は前世紀の悪しき遺物にすぎなかったのである。

それに対して、世界大恐慌の進行を横目に見ながら生み出された1936年の『一般理論』においては、ケインズの政策論的焦点は、おおむね現代のわれわれが理解する意味での金融政策およびマクロ財政政策に当てられている。それは、有効需要の原理、乗数理論、流動性選好利子論といった、その後にケインズ経済学として体系化されるマクロ経済理論の基本的構成要素がそこですべて出揃い、それらを構成物とする一つの整合的な経済モデルが確立されたことで、政府が遂行すべき政策の根拠をケインズ自身が経済学的に提示できるようになったからである。

資本主義経済のマクロ的安定化という目標を中核とするケインズ主義の政策パラダイムが、自由放任主義や社会主義といった他の競合する政策パラダイムとようやく対抗しうる可能性を得たのは、ケインズ自身が構築したこの「防備帯」によってであった。

「マクロ経済学の過去30年は有害無益」

マクロ経済学の学史的解説などでは、マクロ経済学としてのケインズ理論の知的影響力は、乗数モデルやIS＝LMモデル等の普及を背景として1960年代にその最盛期を迎えるが、1960年代末以降、マネタリスト反革命、合理的期待形成革命、実物的景気循環理論等々によって経済学の前線から駆逐され、それ以降は見る影もなく衰退したかのように描写されることが多い。

アメリカの経済学者カール・ビブンがマクロ経済学における覇権争いを物語風に描いた『誰がケインズを殺したか』を出版したのは1989年であるが、そのときにはすでに「ケインズが殺された」ことは、既定事実化されていたわけである（Biven［1989］）。

不思議なことに、この「反ケインズ派によって殺されたケインズ」という把握は、ケインズを殺したはずの反ケインズ派エコノミストたちの側よりもむしろ、ケインズ派ないしはそれに近い立場のエコノミストにおいてこそ強く保持されていることが多い。[▼1] ポール・クルーグマンは、世界経済危機が深まりつつある2009年6月10日に行われたライオネル・ロビンズ記念講演において、進行中の危機を意識しつつ、「マクロ経済学の過去30年のほとんどが、良くても驚くほど使い物にならない、最悪の場合には非常に有害なものであった」と述べた（Krugman［2009］）。

クルーグマンは元来、ケインズ『一般理論』の新版への序文の執筆を依頼されたときに「文字どおり欣喜雀躍だった」と明かしたほどのケインズ信奉者である。その事実を想起すれば、彼がここで言いたかったことは明白であり、それは要するに、「マネタリスト反革命から実物的景気循環理論に至る、ケインズを殺したと称している新しい古典派マクロ経済学なるものは、30年以上も前に成立していたケインズ経済学よりもはるかに無益であり、時には有害であった」ということである。

学者よりもエンジニアになりたがっていた

こうした認識は、単にクルーグマンだけではなく、ポスト・ケインジアンと称されるような、より原理主義的な立場のケインジアンにほぼ共通する。[2] しかし、同じケインジアンといっても、「過去30年間のマクロ経済学の展開」に対するニュー・ケインジアンたちによる評価は、それとは真逆のごとく異なる。そのことは、現代のニュー・ケインジアンを代表するグレゴリー・マンキュー、マイケル・ウッドフォード、オリビエ・ブランシャールらによる、その主題についての議論を確認すれば、きわめて明白である。

▼1　その数少ない例外は、ロバート・ルーカスによる「ケインズ経済学の死」(Lucas [1980]) である。

▼2　アメリカのケインズ研究家であるブラッドリー・ベイトマンの論文「アメリカに帰ってきたケインズ」(Bateman [2010]) は、一時はアメリカで隆盛をきわめたケインズ経済学が、「反革命」以降からリーマン・ショック前まではアメリカからほぼ追放された状況にあったと論じている。

マンキューの論文「科学者とエンジニアとしてのマクロ経済学者」（Mankiw［2006］）は、ケインズ革命、マネタリズムから合理的期待形成学派を経て実物的景気循環理論にいたる「新しい古典派」によるケインズ経済学批判、そしてニュー・ケインジアンの台頭までのマクロ経済学の展開を概観したうえで、この「ケインジアンと新しい古典派との対立」の意味を、単に純理論的な視点からだけではなく、経済政策への応用という視点から位置づけたものである。

世界大恐慌という資本主義経済の未曾有の危機を背景に確立されたマクロ経済学は、その成立当初から、不況の克服という政策目標が強く意識されていた。マクロ経済学者に対して、純粋に科学的真理のみを追求する科学者としての視点だけではなく、理論を政策にどう応用するのかというエンジニア的視点のもまた要求されるようになったのは、そのためである。ケインズ自身、1946年に没するまで、現実の政策形成に深く関与していた。それはアメリカの初期ケインジアンたちも同様であり、ジェームズ・トービン、ロバート・ソロー、オットー・エクスタインたちはすべて、1960年代には大統領経済諮問委員会で働くために研究生活から離れて過ごした。

マンキューはそうした概観からの結論として、「マクロ経済学という領域において生じたケインジアンと新しい古典派との対立は、理論それ自体の対立としてよりもむしろ、マクロ経済学者という存在における科学者としての側面とエンジニアとしての側面との間の対立として把握したほうが適切である」と主張する。というのは、マンキューが以下のように述べるとおり、政策への関与という観点から比較すれば、両者の相違はまったく明らかだからである。

注目すべきは、ニュー・ケインジアンたちは気質として、新しい古典派の伝統のなかで研究しているマクロ経済学者よりも、マクロ経済学のエンジニアになりたがっていたことであった。新しい古典派の主導者たちのなかで、アカデミズムの場を離れて国政の重要な職に就いた学者は（私の知るかぎり）一人もいない。対照的に、ニュー・ケインジアンの隊列は、これに先立つ世代のケインジアンたちと同様、象牙の塔を出て数年を国家の首都で過ごした人々であふれている。そうした例として、スタンリー・フィッシャー、ラリー・サマーズ、ジョセフ・スティグリッツ、ジャネット・イエレン、ジョン・テイラー、リチャード・クラリダ、ベン・バーナンキ、そして私が挙げられる。最初の4人はクリントン時代に、後の4人はブッシュ時代にワシントンへ行くことになった。新しい古典派とニュー・ケインジアンを分け隔てるものは、基本的には、政治的な右派・左派ではない。それはかなりの程度まで、純粋な科学者と経済学的エンジニアの違いによるものである（Mankiw［2006］p. 37）。

ケインズは本当に殺されていたのか

それに対して、ウッドフォードの論文「マクロ経済学における収斂――新しい統合の諸要素」（Woodford［2009］）は、よくいわれる「ケインジアンと新しい古典派との対立」というのは、過去のある時点ではそうであったというにすぎず、現状を正しく描写したものではないと論じる。その主旨は、以下の概要から明らかである。

マクロ経済学はしばしば、経済学の他の領域と比較すれば、共有された中核がほとんどなく、したがって累積的な進歩もほとんどないような、極度に分裂した領域と考えられてきた。実際には、こんにちのマクロ経済学者たちの間では、過去の時代と比較すれば、根本的な対立点はきわめて少ない。そしてそれは、一見解決不能のように思われた過去の論争が解決に向かったという重大な進歩によるものである（Woodford［2009］p. 267）。

ウッドフォードはこの論文において、こんにちのマクロ経済学者たちの間では、各々の流派を超えた幅広い合意が成立していることを明らかにしている。その合意には、マクロ経済分析は一貫した異時点一般均衡モデルに基づいて行われるべきという基本認識だけではなく、計量経済モデルのあるべき性質、「期待」の取り扱い方、経済変動の原因、金融政策の有効性等々についての認識が含まれている。

ウッドフォードはさらに、その合意に基づいて得られた成果が、各国の政策当局において稼働しているマクロ計量モデルのなかに取り込まれていることを、いくつかの具体例を挙げて指摘し、右のマンキュー論文を批判している。マンキューは前記論文で、新しい古典派が生み出した理論的成果は経済政策の現場には何ら具体的貢献をもたらさなかったかのように述べているが、ウッドフォードによればそれは真実ではないのである。

ブランシャールの論文「マクロ経済学の状態」（Blanchard［2009］）は、このウッドフォードのいう「マクロ経済学における収斂」がどのように実現されたのかを明らかにしている。それは具体的には、１９９０年代後半におけるニュー・ケインジアン・モデルの確立である。このニュー・ケインジアン・モデルとは、動学的確率的一般均衡（Dynamic Stochastic General Equilibrium：ＤＳＧＥ）モデルのうえに独占的競争に基づく価格硬直性を導入した、ＩＳ＝ＬＭやＡＤ＝ＡＳのような従来のケインズ型モデルとはまったく異なったマクロ経済モデルである。

ニュー・ケインジアン・モデルがマクロ経済学の収斂を意味する理由は、それがＤＳＧＥモデルを基礎としているからである。ＤＳＧＥモデルの原型は、「ミクロ的な基礎を持つ動学的なマクロ経済モデル」の最も初期のものである、第5章で言及したラムゼイ・モデルである。そのタイプのモデルがアカデミズムにおいてケインズ的モデルにとってかわる標準となったのは、新しい古典派の最大勢力である実物的景気循環理論派がそれを用いてきたためである。

ちなみに、科学では一般に、時間という変数が入らないモデルを静学（Static）モデル、それが入ったモデルを動学（Dynamic）モデルと呼ぶ。また、解が一意に決定されるモデルを決定論的（Deterministic）モデル、方程式に攪乱項が入るために解が確率分布としてのみ導き出されるようなモデルを確率論的（Stochastic）モデルと呼ぶ。動学的一般均衡モデルとは、レオン・ワルラス以来の一般均衡モデルを、貯蓄、消費、投資に関する異時点間の意志決定を含むように拡張したものであり、ラムゼイ・モデルはその最も初期のものである。ＤＳＧＥモデルとは、それをさらに確率論的に構成し直したものである。

第5章で詳述したように、ＩＳ＝ＬＭやＡＤ＝ＡＳといった従来のケインズ型モデルは、「消費、貯蓄、投資といった異時点の資源配分に関する経済主体の合理的意志決定」というミクロ的基礎づけを持たないため、その政策的結論の信頼性を新しい古典派から批判されつづけてきた。

われわれは常に、所得のうちのどれだけを消費し、どれだけを貯蓄すなわち将来の消費に回すのかという意志決定を行っている。住宅や自動車などを購入する場合には、マイナスの貯蓄としての借金も行う。こうした「消費」、「貯蓄」、「投資」という経済行動は、まさに「現在と将来の間で希少な資源をどう配分するのか」という異時点間の経済的意志決定にほかならない。それらは明らかに、時間という概念を前提としてのみ意味を持つ、動学的な事象である。しかし、従来のケインズ型モデルは、それを静学分析の枠組みのなかに無理矢理に押し込めてしまっていたのである。

ニュー・ケインジアン・モデルがDSGEモデルという新たな土台を得たことは、経済学者たちがようやく、景気変動やマクロ経済政策の効果といったケインジアン的な課題の分析を、新しい古典派と同様なミクロ的基礎に基づくマクロ経済モデルに基づいて遂行できるようになったことを意味していた。

彼らニュー・ケインジアンによる「過去30年間のマクロ経済学の展開」についてのこうした評価は、「反ケインズ派によって抹殺されたケインズ」という単純な図式は、必ずしも現実そのものではないことを示唆する。それはとりわけ、政策パラダイムとしてのケインズ主義に関しては、より強くいえる。というのは、マンキューが述べているように、アカデミズムにおける新しい古典派の勢力拡大にもかかわらず、政策現場を支配してきたのは一貫してケインジアンたちであったからである。

ウッドフォードが批判したように、新しい古典派の知的影響力が政策現場にはまったく及ぶことがなかったかのように述べたのは、マンキューの勇み足であったかもしれない。しかし、新しい古典派の理論的成果を積極的に取り込んだのはもっぱら政策現場にいたケインジアンたちであったという事実は、その批判によって揺らぐことはないのである。

ケインジアン・マネタリスト論争の「貢献」

クルーグマンがその意義を否定する「過去30年間のマクロ経済学の展開」を主導してきたのは、ミルトン・フリードマン、ロバート・ルーカス、エドワード・プレスコットといった経済学者たちであった。現在では新しい古典派と総称されている彼らの研究上の動機が、ケインズ的マクロ経済学の克服と、それにとってかわるより古典派的なマクロ経済学の確立にあったことは明らかである。そして、彼らのその試みは、少なくともアカデミズムの世界では大きな成功を収めた。というのは、彼らの知的影響力の拡大によって、マクロ経済学の純粋な理論研究論文ではもはや、IS＝LMやAD＝ASのような「粗野な」ケインズ・モデルをそのまま用いることは許されなくなったからである。

しかし、ケインジアンたちは必ずしも、新しい古典派に一方的に押しまくられていたわけではなかった。それは、単に政策という領域においてのみではなく、経済理論の領域においてさえもそうであった。

ケインジアンたちはたしかに、新しい古典派のパイオニアたちに理論的な主導権は奪われていたが、彼らの挑戦から逃避しつづけていたわけではない。というのは、ケインジアンたちは、みずからの中核的な経済観を堅持しつつも、新しい古典派から彼らに対して投げかけられていた批判を部分的に受け入れて、みずからの防備帯の漸進的な改変に取り組みはじめたからである。もちろんなかには、新しい古典派の議論のすべてを原理的に拒否するポスト・ケインジアンのような立場も存在はしたが、それはマクロ経済学者の全体からみると少数派にとどまった。

そうしたケインズ主義における防備帯の漸進的進化の実例は、ケインジアンの間での金融政策についての位置づけのなかに見出すことができる。既述のように、初期のケインジアンの多くは、マクロ経済政策の主要な手段は財政政策であり、金融政策はそれを補完するにすぎないと考えられてきた。ケインズ自身も、『一般理論』の段階では、不況によって低金利が長期化した場合の金融政策の効果については懐疑的な見方を示していた。そうした「貨幣は重要ではない」という初期ケインジアンの金融政策観を変えたのは、フリードマンが築き上げたマネタリズムであった。

フリードマンのケインズ経済学批判が学界において拡がりはじめたとき、それと真っ向から対峙したのは、当時のアメリカ・ケインジアンを代表するジェームズ・トービンであった。両者は1970年前後に、直接的な論争を繰り広げている。

このときの論争は、IS＝LMモデルという、フリードマンにとってはいわば「敵の土俵」の上で行われていたものであったため、必ずしもフリードマンにとって有利な形では終わらなかった。フリードマンがこのとき、そのケインジアン的土俵をあえて選択したのは、この段階の新しい古典派には、IS＝LMモデルに匹敵するような基本モデルが存在しなかったためである。結局、その「新たな古典派的な土俵」の構築は、ロバート・ルーカスやエドワード・プレスコットといった後の世代にゆだねられることになったのである。

それにもかかわらず、フリードマンのケインズ経済学批判は、結局は徐々にケインジアンの立場を侵食していった。その最大の要因は、1960年代末から顕著になりはじめたアメリカ経済の高インフレ、そして1970年代に進展したスタグフレーションすなわち高インフレと高失業の並存であった。というのは、この「高いインフレにもかかわらず雇用は改善しない」という事態は、フィリップス曲線に依拠してインフレと失業のトレードオフを想定し、インフレの抑制よりも雇用の拡大を優先すべき政策目標として掲げてきた当時のケインズ主義の政策戦略に、きわめて大きな打撃を与えるものであったからである。

それは同時に、「フィリップス曲線は長期的には垂直であり、インフレによって失業率を恒常的に

図10-1　モディリアーニ＝パパデモスによるNAIRU（NIRU）のオリジナル図

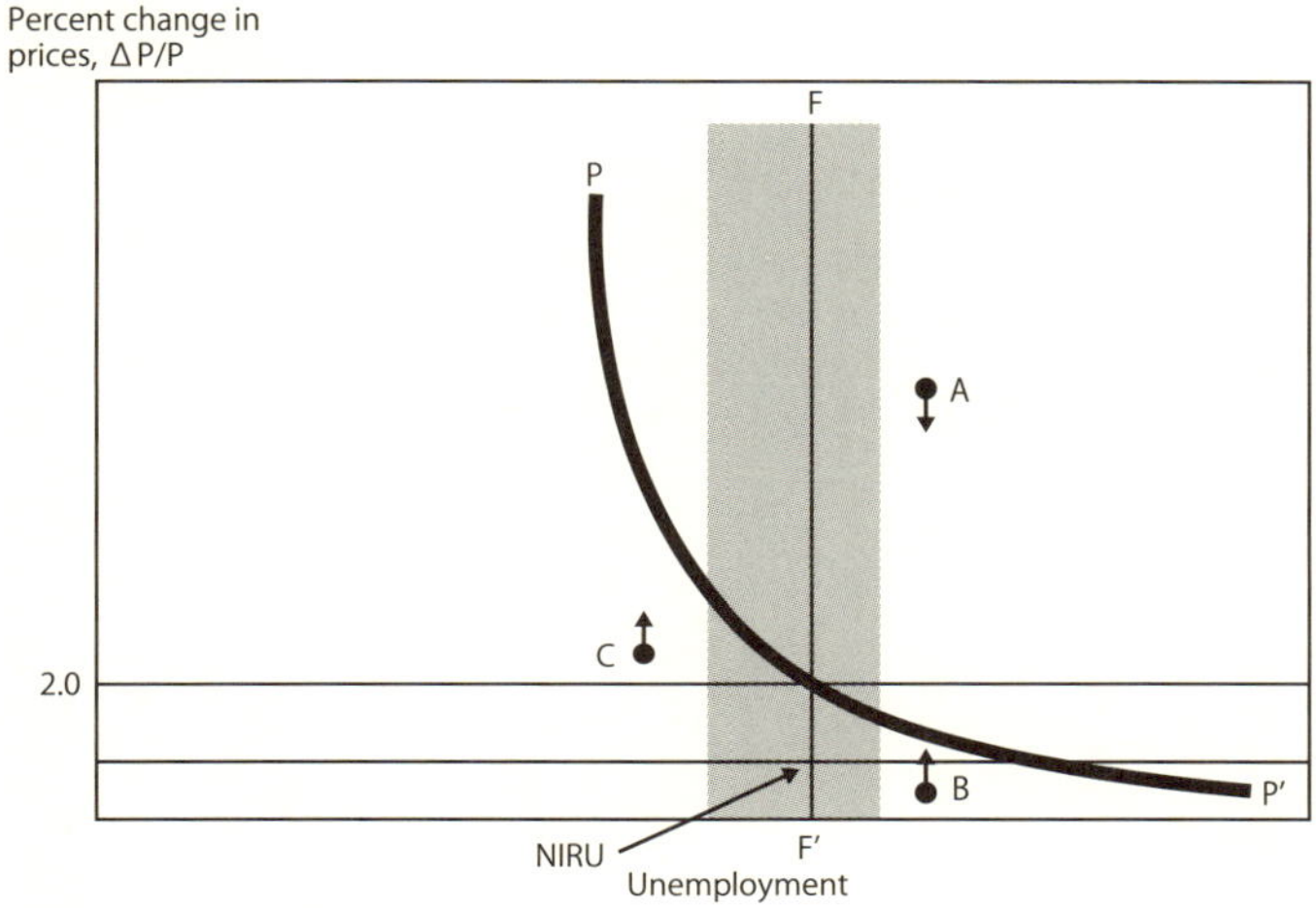

（出所）Modigliani and Papademos［1975］p. 146.

低下させることはできない」という、第3章で詳述したフリードマンの自然失業率仮説を、ケインジアンを含む多くのマクロ経済学者に受け入れさせる契機となったのである。

新たな防備帯としてのNAIRU仮説

このマネタリストの主張に対するケインジアンの側の批判的受容を示す最も典型的な実例の一つは、代表的なケインジアンであったフランコ・モディリアーニとルーカス・パパデモスによって提起されたインフレ非加速的失業率（Non-Accelerating Inflation Rate of Unemployment：NAIRU）仮説である（Modigliani and Papademos［1975］）。彼らの考えは、その論文に掲載された図10-1に端的に示されている。この図の形式は一般的なフィリップス曲線と同様であり、縦軸にはインフレ率が、そして横軸には失業率が取られている。そこで「NIRU」と示されているのが、いわゆる

NAIRUである。

このモディリアーニらによって描かれた曲線は、形状としてはフリードマンのいう「短期フィリップス曲線」と同じであるが、その含意はフリードマンとはまったく異なる。フリードマンの場合には、インフレ率と失業率の間にトレードオフが成立するのは、人々が抱く期待インフレ率と現実のインフレ率が異なるという意味での「貨幣錯覚」が存在する状況においてだけであり、期待インフレ率と現実のインフレ率が一致しているときには垂直な長期フィリップス曲線が成立する。その貨幣錯覚が存在しないときの失業率が、フリードマンが定義する自然失業率である（第3章図3‐14参照）。

モディリアーニらはそれに対して、フィリップス曲線には水平に近い領域と垂直に近い領域があり、その相違はもっぱらGDPギャップの大きさに依存すると考える。GDPギャップが十分に大きいときには、労働市場には大量の遊休労働すなわち失業が存在しているため、失業率が多少改善しても名目賃金と物価の上昇率はそれほど大きくはならない。それに対して、GDPギャップがゼロを上回ると、遊休労働が払底して労働市場が逼迫し、失業率の多少の低下とともに名目賃金と物価の加速度的な上昇が始まる。NAIRUあるいはモディリアーニらのいうNIRUとは、このフィリップス曲線の水平的領域と垂直的領域の境界において成立しているような失業率のことである。

フリードマンの自然失業率仮説とモディリアーニらのNAIRU仮説はまた、政策的な含意も異なっている。フリードマンのいう自然失業率の実現において何よりも重要なのは、貨幣錯覚すなわち「期待インフレ率と現実のインフレ率との乖離」をもたらさないことである。フリードマンがその政策論において、中央銀行の裁量的な政策運営を否定し、「貨幣をk％ずつ拡大させる」といったルールに基づく金融政策を唱えたのはそのためである。

それに対して、NAIRU仮説は、政策的には二つの含意を持つ。それは第一に、ケインズ的総需要拡大政策は「垂直なフィリップス曲線」の局面ではインフレ率を加速させるにすぎず、失業率を低下させる効果を持たないことを示唆する。それは第二に、ケインズ的総需要拡大政策は「水平なフィリップス曲線」の局面ではインフレの多少の許容によって雇用と所得の大きな改善をもたらすことを示唆する。

このように、モディリアーニらのNAIRU仮説は、フリードマンの自然失業率仮説に強く影響されつつも、それをケインズ的に換骨奪胎し、ケインズ主義の理論的な防備帯として再構成したものと考えることができる。

NAIRU仮説は、失業率が構造的水準に到達した場合には「垂直なフィリップス曲線」が成立するであろうことを認めている点で、フリードマンによるケインジアン批判を部分的に受け入れている。しかしながら、それは他方で、マクロ経済政策は失業率が構造的水準に到達していないかぎりは有用であり、NAIRUがまさしくその分岐点となることを明らかにしている。NAIRU仮説はその意味で、「マクロ経済政策を用いた雇用と所得の安定化」というケインズ主義の核心を、マネタリストたちの批判から守り抜く役割を果たしたのである。

ところで、NAIRU仮説は他方で、ケインズ主義の政策戦略にも大きな改変をもたらした。それは具体的には、政策目標としての「インフレ率」の位置づけの変化であり、それにともなう金融政策の比重の高まりである。

モディリアーニらによる図10-1には、NAIRUにはそれに対応する「失業率の拡大を加速させないインフレ率の下限」が存在し、それは2%前後であることが示されている。つまり、インフレ率が2％を超えても失業率はほとんど改善しないが、インフレ率が2％を下回れば失業率は急速に上昇するのである。その事実は、マクロ経済の安定化のためには何よりもインフレ率の安定化が重要であり、かつその達成されるべきインフレ率はゼロではなく2％程度のプラスの値でなくてはならないことを示唆する。そのインフレ率の安定化に割り当てられるべきマクロ政策は、当然ながら金融政策である。その後の世代のケインジアンたちが、財政政策よりも金融政策をより重視し、さらには金融政策の枠組みとしてのインフレ目標を重視するに至るのは、そのためである。

ケインジアンたちはルーカス批判にいっせいに反発した

ケインズ主義における防備帯の漸進的進化を示すもう一つの実例は、反ケインズ派経済学者たちによって提起された「合理的期待」概念の、ケインジアンによる受容である。ケインジアンたちがそれを受け入れるに至ったことは、その概念がそもそもケインズ主義の政策戦略を葬り去ることを一つの明確な目的として提起されていた事実を想起すれば、まったく驚くべきことであった。

いわゆる合理的期待形成学派の議論のなかで、ケインズ主義的な政策戦略にとって最も致命的と考えられてきたのは、トーマス・サージェントとニール・ウォレスによって提起された「政策無効命題」である（Sargent and Wallace［1976］）。その命題は、「マクロ経済政策はその帰結が経済主体によって合理的に予想されてしまう場合には無効となる」ことを言明している。逆にいえば、マクロ経済政策が効果を持つためには、政策当局が経済主体の期待を裏切りつづけなければならないのである。しかし、政策当局が人々の期待を裏切りつづければ、人々はやがて政策当局を信用しなくなるため、政策当局が人々を一貫して裏切りつづけることは不可能である。そうであるとすれば結局、合理的期待という仮定のもとではマクロ経済政策は無効という結論となる。

この議論が提起されたとき、ケインジアンたちは当然ながらいっせいに反発した。それは、この政策無効命題の目的が、ケインズ的マクロ経済政策の有効性の否定にあったことは明らかであったからである。

この命題をめぐる論争の初期の時点では、ケインジアンによる批判の多くは「合理的期待」という概念の非現実性に対して向けられていた。ケインジアンたちは要するに、「経済主体が将来を常に正しく予見するかのような仮定に基づくモデルは現実的ではない」といった類の批判を展開していたのである。しかし、この命題に関する理解が進んでいくにつれて、じつは合理的期待そのものは「ケインズ的なマクロ経済政策は無効」という政策的結論にとって本質的ではないことが次第に明らかになっていく。

合理的期待形成学派が政策無効命題を導くときに用いた基本的なモデルは、フリードマンの自然失業率仮説の背後にある考え方をロバート・ルーカスが定式化した「ルーカス型供給関数」である(Lucas [1973])。それは、期待インフレ率と現実のインフレ率との格差から労働供給が決まるといという関数である。そこで期待インフレ率と現実のインフレ率が一致するときには、フリードマンのいう自然失業率が成立する。重要なのは、このモデルでは、人々が合理的期待によって将来のインフレ率を正しく予見することが、自然失業率が成立するための唯一の条件となっている点である。

それに対して、このモデルでの「人々の期待を裏切るマクロ経済政策」は、期待インフレ率と現実のインフレ率の乖離という「期待錯誤」をもたらし、失業率を自然失業率から引き離す役割しか果たさない。つまり、合理的期待形成学派は、マクロ経済政策が本質的な役割を果たす余地がそもそも存在しないモデルを用いてマクロ経済政策の効果を分析していたのである。

合理的期待形成学派のこうした方向性は、彼らが古典派経済学の神髄を現代のマクロ経済学に復活させようとする「新しい古典派」そのものであったことを示している。需要と供給の価格による調整があらゆる市場で円滑に機能することを想定する古典派経済学の世界では、失業も資源の遊休も発生しないため、雇用や所得の安定化を目的としたマクロ経済政策を発動する必然性がそもそも存在しない。そこであえてマクロ経済政策を行っても、それは経済を攪乱させる効果しか持たない。合理的期待形成学派の政策無効命題は、マクロ経済政策の効果に対する古典派以来のそうした否定的把握を、新しい分析用具によって蘇らせたものと考えることができる。

やがてケインジアンたちは合理的期待を受容した

他方で、「経済主体は政策の結果を予見して行動する」という合理的期待の考え方そのものに関していえば、それがケインズ主義の政策戦略にとっても重要な意味を持つことは明らかであった。ケインジアンたちはやがて、合理的期待概念を外在的に批判するのではなく、ケインズ的なモデルのなかにそれを導入することに取り組みはじめた。合理的期待形成革命以前に支配的だったケインズ的モデルの多くは、期待変数に関しては、モデルとしての単純化のために「期待インフレ率は過去のインフレ率に等しい」といった「静学的期待」を仮定していた。その静学的期待を合理的期待に変更した場合にはモデルの結論がどう変わるのかを検討することは、十分に意義のある課題であった。そうした研究の結果として明らかになったのは、賃金や価格の硬直性などによって労働や資源の遊休が発生しているようなケインズ的なモデルでは、古典派的モデルの場合とは異なり、合理的期待はマクロ経済政策の効果をおおむね高めるというように機能するということである。

そのことは、ある程度は直感的に明らかである。通常のIS＝LMモデルでは、拡張的金融政策が効果を持つのは、それが名目金利の低下を通じて実質金利を低下させ、その実質金利の低下が投資の拡大をもたらすからであった。この名目金利と実質金利は、「実質金利＝名目金利－期待インフレ率」というフィッシャー方程式によって結び付けられている。旧来のIS＝LMモデルでは、静学的期待が仮定されていたために、期待インフレ率は常に一定であった。それに対して、政策の結果が人々の期待インフレ率に反映されると想定する合理的期待のモデルでは、拡張的金融政策によってより高いインフレがもたらされるのであれば、それは必ず人々の期待インフレ率の上昇となって現れることになる。それは、合理的期待モデルでの拡張的金融政策が、静学的期待モデルでのそれよりも低い実質金利と高い投資拡大効果をもたらすことを意味する。

要するに、合理的期待という概念がケインズ主義とは相容れないかのような理解は、単なる誤解にすぎなかったのである。合理的期待形成学派の主導者たちが反ケインズ的な意図に基づいてその理論を展開していたことはまったく明白であったが、彼らは実際には、マクロ経済政策が本来無効であるような古典派的ケースでの分析結果を提示したにすぎなかった。合理的期待そのものは、ケインズ的なモデルにも何の問題もなく接合可能だったのである。

他方で、既存のケインズ的モデルの持つ欠陥に対する合理的期待形成学派による批判はきわめて鋭く、かつ的を射ていた。ルーカスは、「ケインズ的モデルの多くは政策の変更によって生じる経済主体の行動の変化を無視しているため、その政策的結論を十分に信頼することはできない」と主張した（Lucas［1976］）。

その後のケインジアンたちは、モデルの構築を行うに際しては、常にこの「ルーカス批判」を念頭におくことを強いられたのである。しかし、それは結果として、ケインズ主義の防備帯をより強靱かつ洗練されたものにすることに貢献した。その一例は、本書第7章で示されているような、非伝統的金融政策における期待の役割の分析である。

ニュー・ケインジアン・モデルの確立

そして最後が、エドワード・プレスコットらの主導で構築された実物的景気循環（Real Business Cycle：RBC）理論の基本モデルとして用いられていた動学的確率的一般均衡（DSGE）モデルの受容による、ニュー・ケインジアン・モデルの確立である。

RBC理論は、フリードマンに始まる反ケインズ的かつ古典派的なマクロ経済学の完成版であると同時に、フリードマンやルーカスらが展開した貨幣的景気循環理論の否定でもあった。その理論が示す景気循環についての理解は、当然ながらケインズ的なそれとは天と地ほどもかけ離れていた。そのような理論の枠組みをケインジアンたちが受け入れたのは、いったいなぜだったのであろうか。

前述のように、フリードマンとルーカスは、マクロ経済の変動とは人々の期待の誤りによって生み出された結果であることを指摘した。このような、景気変動の原因としての貨幣錯覚や期待錯誤の役割を重視する立場が、貨幣的景気循環理論である。この理論によれば、政策に関する人々の期待錯誤が存在しない経済では、景気変動は原理的に存在しない。フリードマンが裁量ではなくルールに基づく金融政策を求めたのは、そのためである。

それに対して、フィン・キッドランドとエドワード・プレスコットは、貨幣錯覚が存在しないような「貨幣が実物経済に対して中立」な経済においても、技術の変化が突発的に生じた場合には、人々が労働供給を異時点間で調整する結果として、景気変動が発生することを示した（Kydland and Prescott［1982］）。この異時点の労働調整とは、たとえば「予想外の不作に直面した農民が、今期の労働を諦めて収穫の回復が期待できる来期の労働に振り替える」といったものである。

つまり、RBC理論によれば、景気変動は経済に発生する生産技術に関するランダムなショックに対して人々が労働供給を合理的に調整する結果として生じる。そこには、マクロ経済政策によって経済状況を改善させるような余地は存在していない。これは、RBC理論が、総需要の変動とそれを調整するマクロ経済政策の役割に焦点を当ててきたケインズ以来のマクロ経済理論はもとより、期待錯誤や貨幣錯覚の役割を重視してきたフリードマンやルーカスらの考えとも別物であることを意味する。RBC理論の現実説明力に対するローレンス・サマーズによるきわめて否定的なコメントは、その当時のケインジアン側からの見方を代表している（Summers［1986］）。

ニュー・ケインジアンたちが、それにもかかわらずRBC理論の土台にあったDSGEモデルを受け入れたのは、「ミクロ的基礎のない静学的モデル」という旧来的ケインズ理論の宿命的欠陥を強く認識していた彼らにとって、それが「ミクロ的な基礎を持つ動学的なマクロ経済モデル」というより強固な土台に立つための最も手っ取り早いやり方だったからである。そこにおいて決定的であったのは、合理的期待の場合とまったく同様に、DSGEモデルそれ自体は非ケインズ的な性質を持つものではまったくなかったことである。

ニュー・ケインジアンたちは、DSGEモデルを受け入れたとしても、「景気変動は技術の突発的変化によって生じる」といったRBC理論の結論を受け入れる必要はなかった。景気変動におけるケインズ的なメカニズムを再現するための十分条件は、価格や賃金の粘着性である。つまり、合理的期待モデルであれDSGEモデルであれ、価格や賃金の粘着性さえ組み込まれていれば、それをケインジアン的なモデルと呼ぶことができるのである。「粘着価格という仮定に基づくDSGEモデル」としてのニュー・ケインジアン・モデルとは、そのような理論的便宜主義の産物であったと考えることができる。

ケインズ主義の漸進的進化が示す驚くべき生命力

総括的にいえば、ケインズ主義の防備帯に生じたこの30年間の漸進的進化は、その政策プログラムの持つ驚くべき生命力を示している。その事実を虚心坦懐に振り返れば、原理主義的なケインジアンに根強い「反ケインズ派によって殺されたケインズ」という把握は、反ケインズ派からの影響をすべてケインズからの退行と考えるような、彼らの思考様式の狭隘さを示しているにすぎないことがわかる。

たしかに、ケインズ主義の防備帯は、反ケインズ派からの批判によって大きな改変を余儀なくされた。しかしそれは、反ケインズ派への屈服を意味するものではなかった。というのは、その防備帯の改変によって「マクロ経済政策を用いた所得と雇用の安定化」というケインズ主義の核心が侵食されることはなかったからである。ケインジアンたちはむしろその逆に、反ケインズ派が先鞭を付けたマクロ経済学の理論的革新を利用して、みずからの防備帯を強化したのである。

ケインズ主義的政策プログラムの強い生命力を示すもう一つの証左は、ケインズ主義を一時は凌駕したとさえ認識されていたマネタリズムが、独立した政策パラダイムとしては死に絶え、現在その痕跡はケインズ主義の防備帯のなかにしか残っていないという事実である。

政策パラダイムとしてのマネタリズムの中核にあったのは、「市場経済はみずからを安定化させるような機能を本質として備えているのに対して、政府の政策的介入はその作用を妨害し、経済を逆に不安定化させる」という、きわめて古典派的な経済観であった。フリードマンとシュウォーツの『大収縮』で提起された「世界大恐慌の原因はFRBによる金融政策運営の失敗にある」という命題は、その経済観の経済政策史における現れにほかならない（Friedman and Schwartz［1963］）。

したがって、フリードマンが「ルールに基づく金融政策」を提起した真意も、金融政策における中央銀行の主導的な役割を認めるというよりは、「中央銀行による恣意的な介入を抑止する」というところにあった。金融政策の重視とはいっても、マネタリストにおける本来のそれは、「マクロ安定化のために金融政策を積極的に活用する」というケインジアン的な意味とはまったく異なっていたのである。

結果としては、このマネタリズムの政策戦略は、そのままの形では定着しなかった。フリードマンの考えはその後のマクロ経済学に大きな変化をもたらしたにもかかわらず、貨幣供給の安定化のみを政策戦略とした「狭義のマネタリズム」は消失したのである。それは、政府による政策の失敗がマクロ経済の攪乱をもたらすことは事実としても、景気変動の原因は決してそれだけではなかったからである。

市場経済には常に、需要ショックや供給ショックなどのさまざまな経済的ショックが発生する。それらのショックは必ずしも、価格調整によって円滑に吸収されるわけではない。現実の経済は、ミクロ経済学がベンチマークとして描く完全競争市場とは異なるのである。

深刻な経済的ショックが発生した場合、そのショックを吸収すべく、政策当局は多かれ少なかれ裁量に基づいた政策の実行を余儀なくされる。その政策のための指針を与えてくれる理論枠組みは、良かれ悪しかれケインズ経済学しか存在しない。新しい古典派の提起は、ケインズ的なマクロ経済学や経済政策論が持っていたさまざまな欠点を明らかにすることには役立ったが、それにとってかわるような政策指針を与えるものではなかった。それは、彼らの研究プログラムが、「市場の持つ自律的調整機能への強い信頼」という古典派の経済観から出発したものである以上、ある意味で当然のことであった。

クルーグマンはみずからの心変わりを認めた

以上のように展開されてきたケインズ主義の政策戦略に対して、世界経済危機という現実は、どのような新しい要素を付け加えたのであろうか。そのことを考える一つの手がかりは、みずからの政策スタンスの変遷についての、ポール・クルーグマンによる以下の総括にある。

私は1998年に、日本を見て、現在広く使われていると思われる言葉でいえば、中央銀行が信認ある形で無責任になることにコミットできるかぎりにおいて、金融政策は効果を持つ、と結論づけた。それはつまり、中央銀行がインフレの上昇を容認し、経済が回復したからといってただちに貨幣を収縮させないという限りにおいて、という意味である。危機がより広く世界を襲ったとき、私は、それを達成するのがいかに困難かを痛感した。まず、中央銀行家たちにより高いインフレ率の目標が必要なことを説得するのは、明らかに時間がかかる。さらに、投資家たちに中央銀行が本当に性格を変えたことを納得させるのは、それ以上の時間がかかるからである。

私はそこで、実践的な財政主義者になった。それは、マイケル・ウッドフォードがうまく説明している理由によるものである。財政刺激のいいところは期待に依存しないことであり、さらに誰もうまくいくと信じていなくても機能する点にある。

残念なことに、この実践的な視点からの財政刺激擁護論も、別の現実世界の問題にぶち当たった。それは、もっともらしい理由をみつけるとすぐに緊縮策に飛びつく政策決定者の頭の硬さだ。このことは、私や他の人々にかなりの時間を考察に費やさせ、結局、貨幣拡張政策を呼びかけることになった。それは、中央銀行ならある程度の行動の自由を持っている、という単純な理由による（Krugman［2013］）。

クルーグマンはここで、1998年の日本とリーマン・ショック後の世界を念頭に、景気回復のために重視されるべきは金融政策と財政政策のどちらかという問題に関する、彼自身の考え方の変遷を要約している。1998年以降の日本とリーマン・ショック以降の世界各国は、ともに「流動性の罠」あるいは政策金利の下限という、それまでまったく経験したことがなかったマクロ経済状況に直面した。これは、「マクロ経済の安定化をもっぱら政策金利の操作という伝統的金融政策を用いて実現させる」という、1980年代以降に支配的となっていたケインズ主義の政策戦略が、もはや機能しなくなったことを意味していた。

そこでの選択肢は、基本的には二つしかない。その第一は、かつてはケインズ主義の代名詞であったマクロ財政政策の復活である。そして第二が、量的緩和政策等を含む非伝統的金融政策への移行である。クルーグマンは、みずからの政策論の重点が、金融政策から財政政策へ、そして再び金融政策へと、二転三転したことを告白している。

政策手段と政策戦略の実行可能性

クルーグマンは結論として、「重要なのは助けになるあらゆることを試みることだ」と述べている。それは、彼の場合の金融政策重視や財政政策重視が、もう一方の否定を意味するのではまったくないことを示している。ここで留意すべきは、クルーグマンが一方から他方へと政策論の重点を変えた理由が、経済学的な根拠よりはむしろ、政治的な意味での実現可能性にあったという点である。

これは、軽視されがちではあるが、政策戦略としてはきわめて重要な部分である。というのは、中核にある政策目標が何であれ、ある政策プログラムが現実的な意味を持つためには、明確な政策手段を持つだけでなく、その政策手段が一定の政治的なプロセスを通じて実現可能であることが必要だからである。政策手段と政策目標との因果関係がいかに科学的に強固に裏づけられていようとも、その政策手段を現実化させる政治的戦略なくしては、政策プログラムとしては無意味なのである。

こうした意味での政策の実現可能性を考慮した場合、クルーグマンが最終的には「行動の自由を持つ」ことを理由に金融政策重視に落ち着いたことは、一つの重要な論点を提起している。それは、金融政策の機動性の高さであり、さらには政策当局者個人の権限の強さと大きさである。それに対して、社会各層のさまざまな経済的利害に直接的な影響を及ぼす財政政策の場合には、より多面的な政治的配慮が必要となる。政策プログラムにおける政策手段の選択においては、こうした要素も十分に配慮しなければならない。

リーマン・ショック後の各中央銀行の金融政策運営を概観して明らかなのは、トップに立つ人物の個性が金融政策のあり方を大きく左右し、それがさらに各国の経済状況を大きく左右するという事実である。その最も典型的かつ劇的な実例は、日銀における白川体制から黒田体制への政策レジーム転換であろう。それが「投資家たちに中央銀行が本当に性格を変えたことを納得させた」のは明らかだからである。ECBにおけるトリシェ体制からドラギ体制の移行も、それにも劣らず重要である。古い中央銀行的な理念に最後までとらわれていたトリシェのような人物がECB総裁を続けていたとすれば、ユーロの危機は決定的なものになっていたに違いない。

この日銀とECBと比較すれば、FRBの場合には、バーナンキが世界経済危機の発生段階から一貫して金融政策を統括していたため、バーナンキ個人が果たした本質的な役割が見逃されがちである。しかし、もしこのときのFRB議長がバーナンキではなかったとすれば、その後の世界経済の成り行きが実際のそれとは大きく異なっていたであろうことは想像に難くない。というのは、このときにFRB議長の地位にいる可能性があったなかで、「大恐慌研究マニア」であり日銀の失敗を熟知していたバーナンキよりも大胆な金融政策対応を行う可能性があった人物は誰もいないからである。それは、想像するだけでおそろしいことである。

仮にFRBが危機に際して白川日銀やトリシェECBのような政策的無作為を続けていたとすれば、その世界経済への悪影響は、日銀やECBにおけるそれの比ではなかったはずだからである。

非伝統的金融緩和政策という新たな防備帯

ケインズ主義的政策プログラムにおける防備帯の進化という観点からいえば、世界経済危機によってもたらされた最大の改変は、「流動性の罠のもとでは金融政策は無効であり、有効なのは財政政策のみである」とする初期ケインジアン以来の政策戦略が、非伝統的金融緩和政策の実現により最終的に廃棄された点にある。本書第6章と第7章で詳述しているように、その非伝統的金融緩和政策の理論的展開を主導していたのが、バーナンキであり、クルーグマンであった。

クルーグマンが指摘しているように、非伝統的金融緩和政策をめぐる論争の発端は、1990年代末の日本にあった。日本経済には当時、深刻なデフレが進行していた。日銀は、そのデフレへの対応として政策金利の引き下げを強いられ、それはやがてゼロに達した。日銀はそれ以降、「政策金利がゼロになった以上、金融政策にできることは何もない」と主張し、政策的無為主義の立場に引きこもった。

クルーグマン、バーナンキ、そして彼らの影響を受けた後にリフレ派と呼ばれることになる日本のエコノミストたちは、非伝統的金融緩和政策が可能であることを指摘して、日銀を批判した。日銀はそれに対応して、やむなく量的緩和政策を導入したが、その意義をどう評価するかについては、依然として内外で論争が続いた。しかし、世界経済危機への対応策として2009年から実行された英米両中央銀行の量的緩和政策、そして黒田日銀によって実行された量的・質的緩和政策は、この長きにわたる論争にようやく決着をつけたのである。

なぜ非増税コミットメントが重要なのか

ケインズ的政策のもう一本の柱は、マクロ財政政策である。その役割を世界経済危機の経験を踏まえてどう総括するのかという問題への答えは、明らかにより微妙である。その微妙さの源は、理論的というよりも、もっぱら政治的な部分にある。

理論面に関しては、初期ケインジアンが重視していた「財政乗数」の考え方は大きな欠陥を持っていること、現実の「乗数」は存在するにしても相当に小さいこと等々は、多くのエコノミストによって合意されている。そうであったとしても、「政府が財やサービスの購入を拡大するかぎり、需要は確実に増加するのだから、それを躊躇せずに行うべきだ」というのが、ある時期のクルーグマンに代表される財政重視派の立場である。そして、それによって生じる一時的な政府財政赤字の拡大をおそれる必要はないというのが、ケインズ主義が誕生して以来の防備帯の一つであった、赤字財政主義である。

現実には、世界経済危機の初期段階に各国で導入された拡張的財政政策は、ギリシャ・ショックの勃発によってきわめて短期間のうちに打ち切られ、それ以降は赤字削減を目標とした財政緊縮が展開された。しかし、そのような不況下の緊縮は世界経済の回復を遅らせるものでしかないことが明らかとなった結果、経済成長を通じた財政再建という考え方の重要性が改めて認識されるに至った。そうした経緯は、ケインズ的赤字財政主義の基本的な正しさを裏づけるものであった。

他方で、こうして生じた各国財政スタンスの急転回は、既存のケインズ的赤字財政主義が持っていた一つの大きな問題点を顕在化させることにもなった。それは、「不況によって財政赤字が一時的に拡大しても、それが財政危機のような事態に発展することはなく、速やかに民間部門主導の自律的回復が始まり、それによって財政赤字は徐々に縮小に向かう」という、循環的財政赤字についての楽観主義である。

このような想定があまりにも予定調和的にすぎたことは、世界経済危機のなかで生じた各国の財政赤字の拡大が、実際に各国の財政危機や財政懸念をもたらしたという事実そのものによって示されている。それは、循環的財政赤字が財政危機に連結する可能性の考察を怠り、したがってそれへの対策を怠り、結果として緊縮主義の世界的拡大に途を開いてしまったという意味で、ケインズ主義にとっての明らかな敗北であった。

幸いなことに、ユーロ圏解体の可能性はやがてほぼ消え去り、ユーロ圏以外の先進諸国の経済は着実に正常化に向かいはじめた。その状況から改めて振り返れば、ユーロ圏諸国の財政危機は基本的にはユーロ固有のものであり、非ユーロ圏諸国の多くが現実には財政危機とは無縁であったことは明らかである。

とはいえ、仮にそれが自明な真実であったとしても、それだけを強調しておけばよいと考えるのは、緊縮主義という政策パラダイムの現実世界での影響力を見くびりすぎている。というのは、経済政策の形成において最も重要なのは、現実そのものというよりも、現実を解釈するその観念だからである。緊縮主義の観念のなかでは、現実のあらゆることが財政危機の徴候になってしまうのである。問題は「もっともらしい理由をみつけるとすぐに緊縮策に飛びつく政策決定者の頭の硬さ」にあるとクルーグマンが指摘しているのは、おそらくそのような意味である。

そのような教訓から導き出されるケインズ主義の政策指針は、「不況下の財政政策については、政治状況に十分配慮しつつ柔軟に行う」に尽きている。そこで最終的に死守すべきボトムラインは、不況下の緊縮財政、とりわけ増税を阻止することである。赤字財政政策が効果を持つためには非増税コミットメントが必要なことは、本書第5章で述べた。それがヘリコプター・マネー政策において必要不可欠な理由は、本書第8章で述べた。ケインズ的赤字財政主義にとって、拡張財政は必ずしも必要条件ではないが、非増税は絶対的な必要条件なのである。

それに対して、政府が積極的に拡張財政を行うべきか否か、行うとすればそれは公共投資なのか減税なのかといった問題への答えは、経済状況や政治環境に依存する。第5章では公共投資と減税の間の効果や問題点の比較をもっぱら経済的側面から行ったが、現実の政策選択においては、政治状況への配慮を欠かすことができない。

アメリカのような政治風土では、減税は容易ではあるが、公共投資を含めた政府支出の拡大は、きわめて大きな抵抗に直面せざるをえない。それに対して、現在の日本では、無駄な公共投資への懸念が広範に存在する一方で、公共投資こそが景気対策の本道であるかのような主張も未だに根強い。それらは本質的には「社会にとって望ましいものは何か」という価値判断の争いであるから、最終的には有権者の価値判断を尊重して決定する以外にはないのである。

2 反ケインズ主義の中核と防備帯

ネオ・リベラリズムの源流としてのシカゴ学派

トーマス・クーンの批判者でもあり継承者でもあったイムレ・ラカトシュは、科学の歴史は異なるパラダイムあるいはリサーチ・プログラムの競合的展開として把握されると論じた。そのことはおそらく、政策パラダイムについてもいえる。ケインズ主義と競合する政策パラダイムは、過去にも存在していたし、現在でも存在する。

過去についていえば、ケインズ主義を最も脅かしていたものの一つは、いうまでもなく社会主義である。というよりも、ケインズ主義はそもそも、社会主義への危機意識を一つの動機として形成されたというほうが正しい。しかし、ソ連や中国などの有力な社会主義国が資本主義に移行したことによって、社会主義の政策プログラムとしての影響力は、現在ではほとんど取るに足りないものになっている。

現代の世界においては、ケインズ主義と対峙する少なくとも二つの有力な政策パラダイムが存在する。その第一は、ネオ・リベラリズムである。その第二は、マクロ緊縮主義である。この両者は、中核的な世界観を共有してはいるが、その政策戦略において大きく異なる。ケインズ主義の側から見ると、この両者との間には大きな世界観の相違があるが、政策戦略という局面でネオ・リベラリズムと直接対立する部分はじつはそれほど多くはない。ケインズ主義が政策戦略において真っ向から対立するのは、もっぱらマクロ緊縮主義のほうである。

ネオ・リベラリズムにはいくつかの有力な源泉があるが、その一つが、マクロ経済学における新しい古典派の母体でもあったシカゴ学派である。そのシカゴ学派の事実上の創始者と考えられているのが、ミルトン・フリードマンとジョージ・スティグラーである。シカゴ学派の本来の元祖はフランク・ナイトであったが、古い意味でのリベラルであったナイトの思想的影響を彼ら二人が遮断したことにより、むしろフリードマンとスティグラーのほうがシカゴ学派の本流となってしまったのである。

フリードマンが、古典派的な経済観に基づいて、ケインズ的マクロ経済学に対する「反革命」を実行し、それが十分な成功を収めたことはすでに述べた。しかし、シカゴ学派にとっての政策戦略の本丸は、じつは別のところにあった。それは、市場というミクロ的領域における政府規制の排除である。その戦略を主導したのが、ジョージ・スティグラーである。スティグラーの主要な業績は産業組織論という領域におけるものであるが、それは政策論的には「市場を競争的に保つには政府規制としての独占禁止法が必要」という従来型の競争政策への批判を意図していた（Stigler [1968]）。スティグラーのもう一つの重要な業績は、「政府規制の多くが圧力団体の経済的利害を反映して決定される結果として、社会全体の利益が阻害される」という可能性についての分析である（Stigler [1971]）。彼のこの主題についての研究は、公共選択論と呼ばれる新しい政治過程分析の手法を生み出した。

スティグラーを中心として展開された、こうした政府規制の問題点についての分析は、「政府の失敗」アプローチと総称することができる。経済学者たちが従来、政府による市場への介入や規制を正当化してきた根拠は、「市場の失敗」にあった。独占や寡占による消費者の搾取、外部不経済の発露としての公害や環境破壊は、その実例である。スティグラーらはそれに対して、現実に行われている政府の介入や規制の多くは、状況を改善させるよりもむしろ悪化させる結果となっていることを主張した。彼らにいわせれば、「問題は市場にあるのではなく、市場の正しい働きを阻害している政府のほうにある」というわけである。

市場重視の世界的潮流を生み出した

結果としてみると、シカゴ学派のこの方面での政策戦略は、マクロ経済政策という領域以上に大きな成果を収めたといえよう。というのは、その試みは現実に、規制緩和や公的企業の民営化といった市場重視型の制度改革を推し進める世界的な潮流を生み出したからである。

1979年に成立したイギリスのサッチャー政権と1981年に成立したアメリカのレーガン政権は、それら市場重視型改革の遂行を最重要の政策アジェンダとして掲げた政権として知られている。1980年に出版されて世界的な大ベストセラーとなり、それに基づくテレビ番組まで作成されたフリードマンの『選択の自由』は、当時のネオ・リベラル派が何を問題としていたのかをよく示している（Friedman and Friedman［1980］）。こうした政策の潮流は、批判者たちによってその後、「市場原理主義的改革」と呼ばれるようになる。

シカゴ学派の経済観や世界観がケインズ主義のそれとはまったく異なっていたことは明らかであるが、規制緩和等々のネオ・リベラル派が唱導する具体的な政策レベルの問題に関して、ケインズ主義の側に一致した対案が存在していたとはいえない。原理主義的ケインジアンやリベラル派ケインジアンの多くは、ネオ・リベラリズムや「市場原理主義的改革」への批判を積極的に展開したが、他方でミクロ的な市場規制改革の問題についてはネオ・リベラル派と共闘するようなケインジアンも珍しくはなかった。彼らの立場は必ずしも矛盾していたとはいえない。市場の機能を尊重し、市場経済システムの自由をできるかぎり確保するという大枠においては、たしかに「市場原理主義」ではなかったにせよ、ケインズ主義もやはり市場主義の一形態であったことは間違いないからである。

ただし、レーガンやサッチャーが先鞭をつけ、その後に世界全体に拡大した金融市場の規制緩和に関していえば、それがケインズ主義の中核に抵触する要素を多分に含んでいたことは否定できない。というのは、ケインズ自身はおそらく、「資本主義の根源的な不安定性が最も鮮明に現れるのは金融市場であり、金融市場には何らかの制約が必要」と確実に考えていたはずだからである。とはいえ、ケインズが具体的に述べているのは、資本移動規制の問題のみであり、それも国際通貨制度に関連した文脈においてであった。ケインズが国内的な金融市場規制のあるべき姿をどのように考えていたのかは、まったく不明である。

結局のところ、金融市場規制の問題に関しても、ケインズ主義には一貫した政策戦略は存在していなかったのである。学者時代にはニュー・ケインジアンを代表する存在であったローレンス・サマーズが、クリントン政権では金融規制緩和派の急先鋒としてデリバティブの拡大を放任し、リーマン・ショック後にそのことを批判されると金融規制強化派に転向し、そのまま素知らぬ顔でオバマ政権入りしたことは、その意味ではきわめて象徴的であった。

オーストリア学派の景気循環理論

ネオ・リベラリズムのもう一つの源泉は、オーストリア学派である。ただし、オーストリア学派それ自体は、新古典派経済学の始祖の一人であるカール・メンガー以来のいくつかの世代を含んでおり、世代ごとに理論の重点は大きく異なる。ここで念頭においているのは、その学派独自の景気循環理論を提起したルードヴィヒ・フォン・ミーゼスとフリードリヒ・ハイエクによって代表されるそれである。

ハイエクはリバタリアンの知的結社として知られるモンペルラン協会（1947年設立）の創立者であり、ミーゼスはその設立メンバーであった。その事実が示すように、彼らは疑いもなく、初期のネオ・リベラリズムにおける中心的存在であった。リバタリアンの思想源としての彼らの知的威信は、現代にまで引き継がれている。

彼らは他方で、シカゴ学派など他の流派の市場重視主義者とは異なる、きわめて独特な思考の特質を持っていた。それが、マクロ経済政策運営における緊縮主義である。このマクロ緊縮主義は、ネオ・リベラリズムとは基本的に独立した政策プログラムと考えることができる。その理由は、マクロ緊縮主義が、ネオ・リベラリズムと中核を共有しながらも、政策プログラムの焦点がマクロ経済政策に特化しており、かつその政策戦略はネオ・リベラリズムのなかでもひときわ特異なものであったからである。ケインズ主義が、ネオ・リベラリズムとは部分的に共存可能であっても、マクロ緊縮主義とは共存不可能なのは、まさしくそのためである。

オーストリア学派景気循環理論は、『一般理論』の出現とその後のケインズ革命がそれ以前のあらゆる競合理論を駆逐する前までは、数多くある景気循環理論のなかでも最も有力なものの一つと考えられていた。ケインズは1930年に『貨幣論』（Keynes［1971b; 1971c］）を、ハイエクは1931年に『価格と生産』（Hayek［1931］）を発表するが、両者はこの当時、景気循環理論という分野におけるライバルと目されていたのである。ハイエクとケインズは実際、この時期にそれぞれの理論をめぐって、彼らの周辺の経済学者たちを巻き込みつつ、激しい論争を展開している。

オーストリア学派景気循環理論の特徴は、景気循環の本質を、低金利による信用膨張と、その是正作用としての信用収縮という現象の循環として把握する点にある。その循環の過程は、およそ以下のように想定されている。

出発点は、人為的な低金利である。それによって信用の拡大が生じ、その信用供給によって生み出された過剰な投資が発生する。しかし、その投資はじつは、人為的低金利によって生み出された「誤った投資」にすぎない。ところが、その「誤り」は、信用バブルによる景気拡大が続く間は気づかれることはない。それが気づかれるのは、過去に行われた投資が事前に期待された収益をもたらさないことが明らかになったときである。それによって信用バブルは弾け、それを境として信用収縮が始まる。その収縮のなかで、過去に行われた誤った投資は清算され、経済はようやく正常な状態に戻る。

緊縮主義の二つの政策命題

このオーストリア学派景気循環理論が典型的であるように、『一般理論』以前の景気循環理論の多くは、景気循環すなわち「景気の拡大と収縮の循環」を説明することこそが、最も重要な理論的課題と考えていた。それとは異なり、ケインズは『一般理論』において、「静学的モデルを用いて不況の一断面を切り取る」という手法を用いた。つまり、「景気が良くなったり悪くなったりするのはなぜか」ではなく、「景気が悪く失業が多く発生しているという状況が生じているのはなぜか」という問いへの答えに課題を限定したのである。この方法的限定こそが、ケインズ経済学の最大の強みであり、同時に弱みでもあった。ケインズ革命はそれなくしてはありえなかった一方で、それが本書で言及したケインズ経済学のさまざまな欠陥の源泉にもなったからである。

重要なのは、景気の拡大から収縮までの循環を解明しようとするこのオーストリア学派の思考的特質は、必然的にケインズ経済学とはまったく異なる政策指針を生み出すという点にある。その第一は、「重要なのは信用バブルを生み出さないことであって、不況の政策的な治癒にあるのではない」という命題である。その第二は、「不況とは信用バブルによって生み出された誤った投資の矯正過程であり、政策的な介入はその矯正を妨げるものでしかない」という命題である。

この第一命題は、「不況のそもそもの発端は低金利による信用拡大にある」という、景気循環についての彼らの把握から直接に導き出される。第二命題は、問題の本質は信用膨張による過剰投資にあるという彼らの把握に基づく。そこから導き出されるのが、「誤った投資を矯正する唯一の手段は債務の清算であり、不況対策と称して財政拡張や金融緩和を用いることは問題の先送りにすぎず、二日酔いをアルコールで治そうとするような愚かな試みである」という、オーストリア学派に特徴的なマクロ経済政策否定論あるいは政策的無為主義なのである。不況期における彼らのこうした政策戦略は、しばしば清算主義とも呼ばれる。

ケインズとフリードマンによる清算主義批判

この緊縮主義の二つの政策命題、とりわけ二番目の清算主義命題が、ケインズ主義の政策戦略とまったく相容れないのは明らかであろう。ケインズは、１９３１年に公表された彼の講演「失業の経済分析」のなかで、オーストリア学派の清算主義を以下のように批判している。

緊縮主義者たちは世界恐慌を、彼らのいうところの「過膨張」にたいする不可避的かつ望ましい報いであるかのように考えている。彼らによれば、それは過剰な繁栄が全般的破綻によって反撃されるというような、不正な富に対する勝利なのである。彼らは、われわれがみずからを正すためには、彼らがおごそかにも「引き延ばされた清算」と呼ぶものが必要なのだという。彼らはわれわれに、その清算はまだ完了していないが、やがては完了するであろうと告げる。そして、清算が完了するのに十分な時間がたてば、すべてはわれわれにとって再びよいものになるであろうと述べるのである（Keynes［1931］p. 12）。

ケインズがここで批判の対象として念頭に置いていたのは、ハイエク、ライオネル・ロビンズ、ヨーゼフ・シュンペーターである。このなかの一人であるシュンペーターは、後にハイエクとはまったく異なった景気循環理論を提起することになる。とはいえ、彼もまたその出自はオーストリア学派であった。それに対して、ロビンズは生粋のイギリス人であったが、１９３１年にハイエクをロンドン・スクール・オブ・エコノミクスに招聘するなど、イギリスにおけるオーストリア学派の最大の理解者として知られていた。

興味深いのは、その政策思想においてケインズとは正反対と考えられるフリードマンが、ことオーストリア学派的な清算主義に対しては、ケインズとほぼ軌を一にする以下のような批判を述べていることである。

私が思うに、オーストリア学派の景気循環理論は世界に大きな悪影響をもたらした。焦点である1930年代に戻れば、ロンドンにはハイエクやライオネル・ロビンズなどのオーストリア学派が居座っている。そして、世界を景気の底が突き抜けるがままに放置しろ、などという。つまり、景気は自己回復するに任せるしかない、というのである。それに対して何か対策を行うことは許されない。何をしてもより悪くしかならないのだから。ロスバードにいわせると、全銀行システムの崩壊を許容しないことはたいへんな間違いだということであるらしい。私が思うに、彼らは、イギリスやアメリカでこの種の無作為政策を吹聴したことによって、害を為したのである（Friedman［1998］）。

ちなみに、ここでフリードマンによって言及されているロスバードとは、アメリカにおけるオーストリア学派の継承者であり、ハイエクやミーゼスを引き継ぐリバタリアニズム運動の中心的人物であった、マレー・ロスバードである。

モンペルラン協会の活動にはフリードマンも積極的に関与していたことからも明らかなように、フリードマンらシカゴ学派とハイエクらオーストリア学派は、自由市場経済の擁護と政府介入への反対という主要なアジェンダを共有しており、基本的にはきわめて密接な同盟関係にあった。そのハイエクの同志でもあったフリードマンが、オーストリア学派の景気循環理論に対してのみはあれほど否定的であったという事実は、その緊縮主義がネオ・リベラリズムのなかでもきわめて特異な位置を占めるものであったことを物語っている。

緊縮主義の「中興の祖」ミーゼス

こうしたケインズやフリードマンの全否定にもかかわらず、オーストリア学派の景気循環理論とそのマクロ緊縮主義は、決して消え去ることはなかった。その理論は、ケインズ革命やマネタリスト反革命といったマクロ経済学の表舞台とはまったく別のところで、熱心な信奉者たちによって脈々と受け継がれた。その点に関して大きな役割を果たしたのは、ハイエクよりもむしろミーゼスであった。ユダヤ系であったミーゼスがナチスの脅威から逃れるべく欧州からアメリカのニューヨークに移住したのは、彼が60歳近くにもなった１９４０年のことである。彼はその新天地で、公的あるいは私的なセミナーや講演を通じて、ケインズ主義の誤りと緊縮主義の正しさを人々に訴えつづけた。

ミーゼスはアメリカの経済学界ではまったく孤立した存在ではあったが、他方ではその頑迷ともいえるほどの反ケインズ的信念に共鳴する多くの追随者を生んだ。それは、経済学者から思想家に転じて以降のハイエクが、マクロ経済政策に関連する問題に言及することはほとんどなくなったこととは対照的であった。

以下では、１９４９年に初版が出版されたミーゼスの主著『ヒューマン・アクション』のなかから、彼のマクロ経済における政策思想の特質を最もよく示すと思われる部分をいくつか紹介しておこう。

> 干渉主義者の政府や圧力団体は、物価や賃金率を操作しようとする彼らの努力にとって、金本位制が最も重要な障害であると考えているから、それと闘っているのである。しかし、金に対して最も狂信的な攻撃をするのは、信用膨張を意図する人々である。彼らにとって、信用膨張はすべての経済的病弊を癒す万能薬である（Mises［1996］p. 473）。

膨張主義者が金本位制の欠点と称していることこそ、じつはその卓越性であり有用性である。それは政府による大規模なインフレーションへの冒険を阻止する。金本位制が失敗したのではない。政府がそれを喜んで廃止したのは、彼らが、信用膨張は金利を引き下げ、貿易収支を「改善する」適切な手段であるという誤った考えを信じたからである（Mises［1996］p. 475）。

膨張は最初、繁栄であるかのような錯覚を抱かせる。それは、大多数の者はもとより、すべての人までも豊かにするように思われるので、非常な人気があり、人を惑わす特性をもっている。それを止めるには、特別な精神的努力が必要である。他方、収縮は誰もが災いであると非難したがる状況をただちに生み出してしまう。その不人気は、膨張の人気と比べものにならないほど大きい（Mises［1996］p. 567）。

デフレーションと収縮は、まれにしか用いられないので、大混乱が広がる可能性は少なく、それら特有の影響が悲惨を招くことも少ない。信用膨張は、誤投資と過剰消費を生み、希少な生産要素を浪費する。一度信用膨張が終わると、それが残した貧困化を一掃するためには、長期にわたる回復過程が必要である。しかし、収縮は、誤投資も過剰消費も起こさない（Mises［1996］p. 567）。

経済システムに影響を及ぼす波状的運動、すなわちブーム期に続く不況期の繰り返しは、信用膨張によって市場粗利子率を引き下げようとする企図を繰り返した不可避的結果である。信

> 用拡大によってもたらされるブームの最終的な崩壊を避ける方法はない。これ以上の信用膨張を自発的に放棄した結果として危機が早く来るか、当該通貨制度の最終的・全体的破局として遅く来るかの二者択一しかない（Mises［1996］p. 572）。

> 新たな信用膨張によって、再調整プロセスに干渉しても無駄である。それは、不可避的なあらゆる結末をともなった新たなブームを起こさないにしても、不況という治療プロセスを妨げ、混乱させ、長引かせるのが関の山であろう（Mises［1996］p. 578）。

緊縮主義の真の影響力

現在、オーストリア学派の景気循環理論とそのマクロ緊縮主義は、非常にコアな一部のリバタリアンにとっての秘蔵の教義のような扱いを受けており、一般的なマクロ経済学やマクロ経済政策の文脈のなかで語られることはほとんどない。そのコアなリバタリアンを代表する存在は、オーストリア学派の信奉者を自任し、オーストリア学派の理念を実現するために政治家になったとさえ述べている、共和党の超保守派下院議員であり、リバタリアン党の大統領候補でもあったロン・ポールであろう。

ポールがミーゼスの政策思想を受け継いで、ＦＲＢの廃止と金本位制の復活を訴えつづけていることは、よく知られている。今回の世界経済危機を引き起こしたのはグリーンスパンでもブッシュでもなくケインズだと主張するポールは、まさに現代におけるオーストリア学派の代弁者といえる。

しかしながら、マクロ緊縮主義をそのような宗派的集団の信仰のようなものとして考えるとすれば、それは緊縮主義の真の影響力を見誤っている。というのは、その政策的規範は、より漠然とした形ではあるが、各国の政策当局者の思考のなかに確実に入り込んでいるからである。というよりも、それはある意味で、中央銀行や財政当局にとっての伝統的理念そのものとさえいえる。

中央銀行が果たすべき役割についての「パーティが盛り上がってきたまさにそのときにパンチボールを片付ける」という有名な格言は、「重要なのは信用バブルを生み出さないことである」というオーストリア学派の政策命題を、より卑近な例で言い換えたものと考えることができる。また、各国の財政当局では現在でも、財政赤字そのものを財政規律の喪失であるかのように考える傾向が根強いが、それもまたオーストリア学派の発想に通じる。

そして、こうした思考様式は必然的に、政策当局のなかに、不況期における積極的な政策対応を忌避し、政策的無為主義に逃げ込むような強い傾向を生み出すのである。それは、仮に意図的な清算主義ではなかったにしても、清算主義の無意識的な現れであることは間違いない。

対峙しつづけるケインズ主義と反ケインズ主義

思想家としてのハイエクの高い人気を反映して、2008年に経済学者としてのハイエクの主著である『価格と生産』の邦訳新版が出版された。生前のハイエクと交流があった日本のエコノミスト嶋中雄二によるその邦訳新版あとがきには、ハイエクの政策思想の影響が現代にまで及んでいることの一つの例証として、ある中央銀行家による以下の発言が引用されている。

中央銀行の観点からすると、短期的な事情、目先の景気だけにフォーカスして金融政策の運営をすると、経済全体がインフレになっていく。その結果、経済はいったん押し上げられるけれども、最終的には落ち込む。そういう歴史的な経緯を踏まえて、短期的な事情から金融政策を分離しようというのが中央銀行の独立性重視という主張だと思う。

これは、２００８年3月21日に行われた日銀副総裁就任記者会見での、白川方明の発言である。ちなみに、この白川を副総裁に指名したのは当時の福田康夫自民党公明党連立政権であったが、参議院で多数派であった民主党に総裁候補者を拒否されたことによって、結局は白川が総裁に格上げされることになったわけである。

ここでの白川の発言はたしかにきわめてオーストリア学派的であるが、白川の主著『現代の金融政策』（２００８年）の内容等を見るかぎり、白川がオーストリア学派の景気循環理論から明示的な影響を受けたような痕跡は存在しない。そのことは、現代における緊縮主義の世界的総本山であるＢＩＳのチーフ・エコノミストとして活躍し、ＢＩＳにおけるアンチＦＲＢを象徴する存在であったウィリアム・ホワイトとは対照的である。

第2章で言及したように、ホワイトは２００６年に公表した論文「価格安定だけで十分なのか」のなかで、その後にＢＩＳビューという名で定着することになる「金融政策による資産バブルの積極的抑制」という政策戦略を提起した（White [2006]）。ホワイトの場合には、当該論文中でオーストリア学派の景気循環理論が好意的に言及されており、その影響はきわめて明示的である。しかし、白川の場合には、みずからの発言がハイエク理論と結び付けられるなどは、想像もしていなかったはずである。

おそらく、政策当局者の多くは、こうした意味での「意識せざるオーストリア学派」なのである。

このことはむしろ、マクロ緊縮主義の裾野がいかに広いかを物語っている。

ケインズ主義は今後も、この根強く幅広い緊縮主義と対峙しつづけていかなければならない。というのは、それは単に、政策当局者の思考のなかにのみではなく、多くの人々の意識や無意識のなかに深く入り込んでいるからである。世界経済危機のなかで復活した緊縮主義という現実は、そのことを物語っている。

その意味で、ケインズ主義にとっての世界経済危機は、非伝統的金融緩和政策やヘリコプター・マネー政策といった新たな政策戦略の可能性を示すものであったと同時に、緊縮主義という古くからの敵を軽視してはならないという重要な教訓をも残したのである。

終章

ケインズ主義の終わりなき闘い

本書ではこれまで、世界経済危機がどのように拡大し、各国の政策当局がそれに対してどのように対処してきたのかを、その政策の背後にある経済学的論理と経済思想を含めて吟味し、さらにそれらをケインズ主義的な観点から評価してきた。

リーマン・ショックからギリシャ・ショックを経て世界的な緊縮政策へと至る今回の危機の展開は、マクロ経済政策に関するケインズ主義の政策パラダイム、とりわけその政策戦術論に、結果として大きな変更を迫るものであった。つまり、ケインズ主義の防備帯は、世界経済危機によって再構築を求められたのである。問題は、それがいかなるものであったかにある。

ケインズ革命は猛威をもって広がった

政策パラダイムとしてのケインズ主義が生み出された契機は、いうまでもなく1930年代の世界大恐慌である。マルクス主義者たちの常套句を借りれば、それはまさに「資本主義経済の全般的危機」であった。というのは、世界大恐慌は明らかに、それ以前の時代に支配的であった、市場の自律的秩序という経済観を中核に持つ、自由放任主義の政策パラダイムに、修復不能と思えるほどの致命的な打撃を与えていたからである。

ケインズが1936年に『一般理論』を明らかにすると、その新奇な経済把握と政策的主張は、既存の権威と思考様式をまたたく間に駆逐し、学界と政策世界を一挙に支配することになった。それは、古典派経済学に依拠する自由放任主義パラダイムへの信頼がすでに完全に失墜しており、そこに大きな知的空白が生じていたからである。それがいわゆる「ケインズ革命」である。

その革命が熱病のように拡大していく様相は、その病に感染した最初の世代の一人であるポール・サミュエルソンによって、以下のように描写されている。

『一般理論』は、南海島民の孤立した種族を最初に襲ってこれをほとんど全滅させた疫病のごとき思いがけない猛威をもって、年齢35歳以下のたいていの経済学者をとらえた。50歳以上の経済学者は、結局のところ、その病気にまったく免疫であった。時がたつにつれ、その中間にある経済学者の大部分も、しばしばそうとは知らずして、あるいはそうとは認めようとせずに、その熱に感染しはじめた（Samuelson［1946］p. 187）。

ケインズ主義はこのように、資本主義経済の最大の危機を背景として確立された。それは、所得と雇用の安定化という意味でのマクロ安定化を、その最も優先されるべき中核的な政策目標として位置づけた、一個の政策パラダイムであった。それ以降、この所得と雇用の安定化という政策目標は、国家が責任をもって実現すべきものと考えられるようになった。それは、ケインズ主義の理念が、まさしく社会常識のレベルにまで浸透したことを意味していた。

ケインズ主義ＩからケインズＩＩ主義へ

ところで、学界においてケインズ経済学が支配的であった１９４０年代から60年代までは、マクロ安定化政策の主軸は財政政策であり、金融政策はそれを補完するにすぎないと考えられていた。そのような財政政策主導主義の裏づけとなっていたのが、１９４８年に初版が出版されたサミュエルソンの『経済学』に登場した45度線モデルであり、それを用いて展開されていた財政乗数理論である。それに対して、低金利のもとでの経済停滞という世界大恐慌時の残像がまだ強く残っており、専門家たちの多くが「投資の利子弾力性は低い」という弾力性悲観論に支配されていたこの時代には、マクロ安定化政策としての金融政策の位置づけは自ずと限定的なものとならざるをえなかった。

そもそも、１９４５年から71年ニクソン・ショックまでのブレトン・ウッズ体制のもとでは、形骸化していたとはいえ、アメリカが形式的には金本位制を維持しており、その他の国々の通貨の為替レートはドルに対して固定されていた。そのため、金融政策の発動余地そのものが、各国ともきわめて限定されていたのである。

この財政政策積極主義と金融政策消極主義によって特徴づけられる初期のケインズ主義は、現代の地点からは「ケインズ主義Ⅰ」と呼ぶことが可能であろう。それに対して、今回の世界経済危機を経て浮かび上がってきた新しいケインズ主義は、いわば「ケインズ主義Ⅱ」とでも名づけられるべきものである。本書の副題にあるように、これを「ケインズ主義２・０」といってもよいだろう。その本質は、赤字財政主義と金融政策積極主義の統合である。

このケインズ主義ⅠからⅡへの移行は、突発的に生じたものではまったくない。それは、１９７０年代から２０００年代までの40年もの歳月を経るなかで徐々に現れた、おおむね連続的な変化であった。つまり、１９７０年代から２０００年代までの40年間は、ケインズ主義ⅠからⅡへの「過渡期」として位置づけることができる。

この過渡期において生じた最も重大な変化は、マクロ安定化政策の主要な手段が、財政政策から金融政策に移り変わったことにある。その契機となったのが、ミルトン・フリードマンによって主導され、1960年代末から学界を中心に急速に浸透していったマネタリズムであった。

その動きはさらに、1971年のニクソン・ショックによるブレトン・ウッズ体制の崩壊によって後押しされることになる。というのは、ニクソン・ショックによって固定相場制から変動相場制へのなし崩しの移行を余儀なくされたことで、各国はそれ以降、自国の金融政策を為替レートの安定化のために割り当てる制約を負うIMF制度の枠組みから解放されたからである。

反ケインズ的マクロ経済学の「貢献」

フリードマンによるマネタリスト反革命はその後、ロバート・ルーカスらによる合理的期待形成革命を経由して、古典派経済学への回帰としての「新しい古典派」と呼ばれるパラダイムを生み出した。それは一般には、マクロ経済学という領域における「ケインズ経済学の死」を意味するものとして理解されている。そして、そのことはたしかに、学術専門誌への公刊論文の数によって知的影響力を競うようなハード・サイエンス的な経済学の世界においては、ある程度までは当てはまる。

しかしながら、そうした反ケインズ派の支配は、結局はマクロ経済政策の現場にまで到達することなく終わった。マネーサプライの安定化を主要な政策戦略とする「狭義のマネタリズム」は、一時は各国の金融政策のあり方に大きな影響を与えたものの、1990年代以降は実務的にはほぼ消滅した。

「新しい古典派」の基本理論となった実物的景気循環理論に至っては、現実の政策にはほとんど何の痕跡も残すことはなかった。それは、彼らの分析が、マクロ経済政策が本質的な役割を果たす余地がない、価格や賃金が伸縮的な古典派的モデルに基づいて行われていた以上、ある意味では当然であった。

他方で、これら反ケインズ的なマクロ経済学の展開は、マクロ経済政策の現場を支配していたケインズ主義の政策戦略に対しては、きわめて大きな改訂をもたらした。新しい世代のケインジアンたちは、前の世代とは異なり、財政政策よりも金融政策をより重視しはじめるようになり、その傾向はその後ますます強まっていくが、それは多分にマネタリズムの影響によるものであった。また、その新世代のケインジアンたちは、マクロ経済政策の効果を考察するときには常に「期待」の役割に重大な注意を払うようになるが、それは彼らが合理的期待形成学派の問題提起をおおむね受け入れたからであった。

こうしたことから、ケインズ政策といえばすなわち拡張的財政政策といったステレオタイプな把握は、1980年代にはもはや完全に実態にそぐわなくなっていたのである。

財政政策それ自体についていえば、財政乗数理論が依拠するケインズ型消費関数に対する疑義は、早くも1940年代には提起されており、1950年代には恒常所得仮説やライフ・サイクル仮説のような代替的な理論が確立されはじめていたことは重要である。たしかに、ケインズ経済学の核心は財政乗数理論にあるといった認識は、一般的にはその後も大きく揺らぐことはなかった。しかし、少なくとも専門家たちの間では、ケインズ的な「乗数効果」を額面どおりに受け取るわけにはいかないことは、ロバート・バローによる「赤字財政政策の中立性」命題の登場を待つまでもなく、ケインズ経済学の最盛期においてさえ十分に明らかになっていたのである。

結局のところ、1970年代から2000年代までの40年間に生じたとされる「ケインズ主義の没落」とは、現実には「財政政策主導のケインズ主義」すなわちケインズ主義Iの没落にすぎなかったのである。というのは、たしかに財政政策はマクロ安定化政策としての役割から退いたものの、それは単にその役割を金融政策にゆだねたというにすぎず、「所得と雇用の政策的な安定化」というケインズ主義の中核的理念は、まったく揺らぐことはなかったからである。

「ケインズ的なもの」への関心が高まった

2000年代に拡大したアメリカのサブプライム住宅バブルが崩壊し、2008年のリーマン・ショックが世界経済に「百年に一度の危機」をもたらしたとき、最初に生じたのは、長く忘却され、もはや復活する見込みもないかのように思われたケインズ主義Iの復権であった。すなわち、マクロ政策としての拡張的財政政策の復活であった。

それは、主要中央銀行の政策金利がその下限にまで低下することによって、それ以前には十分に有効に機能していると考えられていた「マクロ安定化政策としての伝統的金融政策」が機能停止に陥ったからである。それは、ケインズが『一般理論』において可能性としてのみ言及していた「流動性の罠」が、はじめて世界的な現象として発生したことを意味していた。

こうした政策世界におけるケインズ主義Iの復権と並行して生じたのは、ケインズ主義が本来的に保持していた経済観、社会観への関心の復活であった。

リーマン・ショックの以前には、伝統的金融政策という手段によるマクロ経済の安定化という目標がおおむね到達されたことで、世界経済の大安定（Great Moderation）と呼ばれる時代が長く続いていた。そして、その成功は皮肉にも、「資本主義経済の持つ本源的な不安定性」という、ケインズが世界大恐慌等の経験から導き出していた資本主義把握を、あたかも時代遅れのものであるかのように印象づける役割を果たしていた。

ところが、サブプライム住宅バブルからリーマン・ショックへと至るその経緯は、金融資本主義に適切な制約を設けることなく、それを暴走するにまかせたとき、その帰結は時には破滅的なものになりうることを改めて示したのである。それはまさに、ケインズが抱いていた資本主義観そのものであった。ケインズ関連出版物の急増が示すように、経済思想における「ケインズ的なもの」への関心がこの頃を境として急速に高まっていったのは、おそらくそのためである。[1]

緊縮主義からの容赦ないしっぺ返し

しかしながら、こうした政策世界および政策思想における「ケインズ主義復活」の動きは、その後ただちに、反ケインズ主義の側からのきびしい反撃に直面することになる。

それはまず、経済的反政府主義の根強い伝統を持っていたアメリカでの、ケインズ的拡張財政政策に対する反対運動として現れた。民主党オバマ政権が掲げていた経済刺激策(stimulus package)に対する、ティーパーティーに代表される「草の根保守主義」勢力による抵抗がそれである。この動きはやがて、米二大政党の一角である共和党にも浸透し、アメリカ政府の財政政策運営にとっての大きな足かせとなっていく。

世界的に見ると、ケインズ主義Iの瓦解の決定的契機は、2010年5月のギリシャ・ショックによって訪れた。そのショックは、各国の財政政策運営を、拡張から緊縮の方向へと、まさに急転換させた。国債金利の上昇という現実の財政危機に直面していた欧州諸国においては、とりわけきびしい緊縮政策が実行された。そこではもはや、景気対策としての拡張的財政政策はもとより、「不況下の財政赤字拡大は許容されるべき」とする赤字財政主義すら、政策的な考慮の対象とはみなされなくなってしまったのである。

つまり、復活したケインズ主義Ⅰは、反ケインズ主義あるいは緊縮主義の側からの情け容赦のないしっぺ返しによって、再び政策世界の前線から退くことになったのである。そして、そのケインズ主義Ⅰの後退とは、世界経済の本格的回復の実現が、各国で展開された「不況下の緊縮財政」によって大幅に先送りされることを意味していた。

ケインズ主義Ⅱこそが必要だった

このような不幸な事態を避けるためには何が必要だったのかは、今となってはもはや明らかである。それは、赤字財政主義と金融政策積極主義との統合、すなわち「ケインズ主義Ⅱ」である。

そこでの焦点は、「不況期には財政赤字を可能なかぎり許容し、財政の緊縮措置は十分な景気回復が実現されたのちに行う」という、ケインズ主義の一貫した政策戦略である赤字財政主義を、いかに

▼1　その傾向を代表する著作の一つは、ケインズ研究の第一人者として知られるロバート・スキデルスキーによる『ケインズ――師の復活』（Skidelsky [2009]、邦訳は『なにがケインズを復活させたのか?』）である。スキデルスキーはその書で、資本主義経済の持つ不安定性の根源を「不確実性」に求めていたケインズの洞察の意義を浮かび上がらせたうえで、世界経済危機が生じた根本的な原因はその洞察が見失われたことによると指摘している。

揺るぎなく貫徹するかにある。あるいは、財政赤字の循環的な拡大に惑わされて拙速に行われがちな増税等の緊縮財政を、財政問題顕在化の抑制を通じて、いかに阻止するかにある。

その課題の達成のために重要なのは、財政政策よりもむしろ金融政策である。というのは、金融政策がたしかに景気回復に寄与するのであれば、それは財政政策のように財政赤字の一時的な拡大をもたらすこともなく、かつ所得が拡大した分だけは循環的財政赤字が確実に縮小するからである。

当然であるが、そこでの金融政策とは、伝統的なそれではなく、量的緩和政策のような非伝統的なそれである。ケインズ主義Ⅱの成立においてとりわけ大きな意味を持ったのは、１９９０年代末からの日本の金融政策をめぐって始まり、リーマン・ショック後には世界各国の金融政策をめぐって展開された、非伝統的金融政策に関する理論展開、政策論争、そして政策実践である。ポートフォリオ・リバランス効果に基づく資産チャネルと為替チャネル、政策レジーム転換に基づく期待チャネル、赤字財政政策と量的緩和政策の統合としてのヘリコプター・マネー政策等々が、そこでの焦点であった。

重要なのは、非伝統的金融政策は、単に伝統的金融政策の機能停止状況下での景気刺激策として役立つというだけでなく、国債市場への影響を通じて、財政危機の顕在化を未然に防ぐという課題をも果たすという点である。

それは、政府から民間への国債利払いを、「民間が保有する国債残高の縮小」と「国債利回りの低下」という二つの経路を通じて圧縮する。中央銀行が量的緩和によって国債購入を拡大していけば、民間が保有する国債はそれだけ縮小し、統合政府から民間への利払いは減少する。また、その民間の国債保有残高の縮小は、リスク・プレミアム低下を通じた国債利回りの低下をもたらす。そのため、政府から民間への利払いはさらに減少する。それらのことは、財政赤字によって拡大する国債の市場消化をよりいっそう容易にする。

こうした事情は、リーマン・ショック後の経済縮小によってあらゆる国の財政赤字が拡大したにもかかわらず、財政危機が生じた実例はユーロ圏の域内国にとりわけ集中していたという事実を説明する。前述のように、非伝統的金融政策は、財政赤字を拡大させることなく景況を改善させるというだけでなく、国債市場の安定化にも役立つ。しかし、ユーロ圏諸国は、その手段を統一通貨によって完全に奪われていたのである。PIGSが典型的であったように、景気悪化にともなう通常の循環的財政赤字が、国債金利の上昇をともなう財政危機にただちに結びついたのは、まさしくそのためである。

このケインズ主義Ⅱは、金融政策を目標実現のための必要不可欠な手段と位置づけている点においてケインズ主義Ⅰと異なるが、「マクロ政策という手段を用いた所得と雇用の安定化」というケインズ主義の伝統的な理念を引き継いでいる点においては、間違いなくケインズ主義そのものである。

本来、ケインズ主義Ⅰを特徴づける財政政策積極主義と金融政策消極主義は、「流動性の罠」論と弾力性悲観論を根拠とする金融政策無効論に基づいていた。流動性の罠のもとでも金融政策は有効であることを明らかにした、非伝統的金融政策に関するさまざまな理論展開は、この金融政策無効論に基づくケインズ主義Ⅰを最終的に過去のものとしたのである。

ケインズ主義の闘いに終わりはない

興味深いのは、このケインズ主義ⅠからⅡへの進化に対しては、ケインズ経済学よりもむしろ、マネタリスト反革命に始まる古典派的＝反ケインズ的経済学のほうが、明らかにより大きく貢献していたという点である。つまり、政策パラダイムとしてのケインズ主義は、みずからへの批判をも取り込みつつ、その防備帯を強化しつづけていたのである。

その点を考慮すれば、「マクロ経済学の過去30年のほとんどが、良くても驚くほど使い物にならない、最悪の場合には非常に有害なものであった」（Krugman［2009］）というポール・クルーグマンによる現代マクロ経済学評価は、ケインズ主義という基盤の持つ対応力と柔軟性をあまりにも過小評価したものといえる。

これまでの長くきびしい回復過程から推測するとすれば、世界経済危機からの完全な回復には、おそらく２０１０年代末を待たなくてはならないであろう。ユーロ圏諸国においては、さらに長い時間が必要になるであろう。そしてその間には、アメリカのリベラル派と保守派、欧州におけるドイツを中心とする緊縮派とそれに抵抗する反緊縮派、日本でのアベノミクスを支持する成長重視派と財務省を中心とする増税派といった、ケインズ派と反ケインズ派との局地戦が、さまざまな局面で展開され続けることになるであろう。

ケインズ主義は、そのような政策をめぐる闘いのなかで、みずからの中核は保持しつつも、新たな防備帯を確実に構築しつづけていくと考えられるのである。

【著者紹介】
野口　旭（のぐち　あさひ）
1958年生まれ。東京大学経済学部卒業。同大学院経済学研究科博士課程単位取得退学。専修大学助教授等を経て、現在、専修大学経済学部教授。主な著書に、『構造改革論の誤解』（共著、東洋経済新報社、2001年）、『経済学を知らないエコノミストたち』（日本評論社、2002年）、『昭和恐慌の研究』（共著、東洋経済新報社、2004年。日経・経済図書文化賞受賞）、『エコノミストたちの歪んだ水晶玉』（東洋経済新報社、2006年）、『グローバル経済を学ぶ』（ちくま新書、2007年）、『経済政策形成の研究』（編著、ナカニシヤ出版、2007年）等。

世界は危機を克服する

2015年3月12日発行

著　者——野口　旭
発行者——山縣裕一郎
発行所——東洋経済新報社
〒103-8345　東京都中央区日本橋本石町1-2-1
電話＝東洋経済コールセンター　03(5605)7021
http://toyokeizai.net/

DTP…………………アイランドコレクション
装　丁………………吉住郷司
印　刷………………丸井工文社
製　本………………東京美術紙工協業組合
編集担当……………中山英貴
　Printed in Japan　ISBN 978-4-492-44411-5

参考文献

Abel, B. Andrew and Ben S. Bernanke [1995] *Macroeconomics*, Addison-Wesley（福地崇生監訳『マクロ経済学［Ｉ］［Ⅱ］』CAP出版、2000年・2002年）.

Akerlof, George A. [1970] "The Market for 'Lemons': Quality Uncertainty and the Market Mechanism," *Quarterly Journal of Economics*, Vol. 84, No. 3.

———— , William T. Dickens, and George L. Perry [1996] "The Macroeconomics of Low Inflation," *Brookings Papers on Economic Activity*, No. 1.

Andrews, Edmund L. [2008] "Greenspan Concedes Error on Regulation," *New York Times*, October 23.

Arrow, Kenneth J. [1963] "Uncertainty and the Welfare Economics of Medical Care," *American Economic Review*, Vol. 53, No. 5.

Bagehot, Walter [1999] *Lombard Street: A Description of the Money Market*, Wiley（久保恵美子訳『ロンバード街』日経BPクラシックス、2011年）.

Bailey, Martin J. [1956] "The Welfare Cost of Inflationary Finance," *Journal of Political Economy*, Vol. 64, No. 2.

Barro, Robert J. [1974] "Are Government Bonds Net Wealth?" *Journal of Political Economy*, Vol. 82, No. 6.

———— [1979] "On the Determination of the Public Debt," *Journal of Political Economy*, Vol. 87, No. 5.

Bateman, Bradley [2010] "Keynes Returns to America," in Maria Cristina Marcuzzo, Toshiaki Hirai, and Bradley W. Bateman, eds., *The Return to Keynes*, Harvard University Press（平井俊顕監訳『リターン・トゥ・ケインズ』東京大学出版会、2014年、所収）.

Bernanke, Ben S. [2000] *Essays on the Great Depression*, Princeton University Press（栗原潤・中村亨・三宅敦史訳『大恐慌論』日本経済新聞出版社、2013年）.

———— [2000] "Japanese Monetary Policy: A Case of Self-Induced Paralysis?" in Ryoichi Mikitani and Adam S. Posen, eds., *Japan's Financial Crisis and Its Parallels to U.S. Experience*, Institute for International Economics（「自ら機能麻痺に陥った日本の金融政策」清水啓典監訳『日本の金融危機——米国の経験と日本への教訓』第6章、東洋経済新報社、2001年）.

———— [2002a] "On Milton Friedman's Ninetieth Birthday," Remarks by Governor Ben S. Bernanke at the Conference to Honor Milton Friedman, University of Chicago, Chicago, Illinois, November 8（「ミルトン・フリードマンの九〇歳の

誕生日を祝して」髙橋洋一訳『リフレと金融政策』日本経済新聞社、2004年、所収).

——— [2002b] "Deflation: Making Sure 'It' Doesn't Happen Here," Remarks by Governor Ben S. Bernanke before the National Economists Club, Washington, D.C., November 21 (「デフレ——アメリカで『これ』が起きないようにするためには」髙橋洋一訳『リフレと金融政策』日本経済新聞社、2004年、所収).

——— [2003] "Some Thoughts on Monetary Policy in Japan," Remarks by Governor Ben S. Bernanke before the Japan Society of Monetary Economics, Tokyo, Japan, May 31 (「日本の金融政策に関するいくつかの論考」髙橋洋一訳『リフレと金融政策』日本経済新聞社、2004年、所収).

——— [2005] "The Global Saving Glut and the U.S. Current Account Deficit," Remarks by Governor Ben S. Bernanke at the Sandridge Lecture, Virginia Association of Economics, Richmond, Virginia, March 10.

——— [2009] "The Crisis and the Policy Response," at the Stamp Lecture, London School of Economics, London, England, January 13.

——— [2012a] "The Federal Reserve and the Financial Crisis," Lecture Series by Chairman Ben S. Bernanke at the George Washington University School of Business, March 20, 22, 27, 29 (小谷野俊夫訳『連邦準備制度と金融危機』一灯舎、2012年).

——— [2012b] "Monetary Policy since the Onset of the Crisis," Remarks by Chairman Ben S. Bernanke at the Federal Reserve Bank of Kansas City Economic Symposium, Jackson Hole, Wyoming, August 31.

——— [2012c] "The Economic Recovery and Economic Policy," Chairman Ben S. Bernanke at the Economic Club of New York, New York, New York, November 20.

——— [2013a] "Monetary Policy and the Global Economy," Public Discussion by Chairman Ben S. Bernanke at the Department of Economics and STICERD (Suntory and Toyota International Centres for Economics and Related Disciplines) in Association with the Bank of England, London School of Economics, London, United Kingdom, March 25.

——— [2013b] "Chairman Bernanke's Press Conference," December 12, http://www.federalreserve.gov/mediacenter/files/FOMCpresconf20121212.pdf.

——— and Mark Gertler [1989] "Agency Costs, Net Worth, and Business Fluctuations," *American Economic Review*, Vol. 79, No. 1.

——— and ——— [1999] "Monetary Policy and Asset Price Volatility," Fed-

eral Reserve Bank of Kansas City, *Economic Review*, December.
——— and ——— [2001] "Should Central Banks Respond to Movements in Asset Prices?" *American Economic Review, Papers and Proceedings*, Vol. 91, No. 2.
———, ———, and Simon Gilchrist [1996] "The Financial Accelerator and the Flight to Quality," *Review of Economics and Statistics*, Vol. 78, No. 1.
Biven, Carl W. [1989] *Who Killed John Maynard Keynes?: Conflicts in the Evolution of Economic Policy*, Irwin Professional Pub.（斎藤精一郎訳『誰がケインズを殺したか——物語で読む現代経済学』日経ビジネス人文庫、2002年）.
Blanchard, Olivier [2009] "The State of Macro," *Annual Review of Economics*, Vol. 1.
Blyth, Mark [2013a] *Austerity: The History of a Dangerous Idea*, Oxford University Press.
——— [2013b] "Why Austerity Is a Dangerous Idea: When Everyone Tries It at Once, Austerity Makes the Debt Bigger, Not Smaller," *TIME*, April 18.
Buchanan, James M. [1976] "Barro on the Ricardian Equivalence Theorem," *Journal of Political Economy*, Vol. 84, No. 2.
Campbell, Jeffrey R., Charles L. Evans, Jonas D. M. Fisher, and Alejandro Justiniano [2012] "Macroeconomic Effects of Federal Reserve Forward Guidance," *Brookings Papers on Economic Activity*, No. 1.
Cassidy, John [2008] "Anatomy of a Meltdown: Ben Bernanke and the Financial Crisis," *New Yorker*, December.
Dunlop, John T. [1938] "The Movement of Real and Money Wage Rates," *Economic Journal*, Vol. 48, No. 191.
Eichengreen, Barry [1992] *Golden Fetters: The Gold Standard and the Great Depression, 1919–1939*, Oxford University Press.
——— and Jeffrey Sachs [1985] "Exchange Rates and Economic Recovery in the 1930s," *Journal of Economic History*, Vol. 45, No. 4.
Friedman, Milton [1957] *A Theory of the Consumption Function*, Princeton University Press（宮川公男・今井賢一訳『消費の経済理論』巌松堂出版、1961年）.
——— [1968] "The Role of Monetary Policy," *American Economic Review*, Vol. 58, No. 1.
——— [1969] "The Optimum Quantity of Money," in *The Optimum Quantity of Money and Other Essays*, Aldine Publishing Company.
——— [1998] "Mr. Market,"（interview by Gene Epstein）, *Barron's*, August 24.

——— and Rose Friedman [1980] *Free to Choose: A Personal Statement*, Penguin Books（西山千明訳『選択の自由』日本経済新聞出版社、2012年）.
——— and Anna Schwartz [1963] *A Monetary History of the United States, 1867–1960*, Princeton University Press（久保恵美子訳『大収縮1929–1933——「米国金融史」第7章』日経BP社、2009年）.
Galí, Jordi [2014] “Thinking the Unthinkable: The Effects of a Money-Financed Fiscal Stimulus,” *VoxEU*, October 3.
Greenspan, Alan [2007] *The Age of Turbulence: Adventures in a New World*, Penguin Press（山岡洋一・高遠裕子訳『波乱の時代（上）（下）』日本経済新聞出版社、2007年）.
Hall, Peter A. [1993] “Policy Paradigms, Social Learning, and the State: The Case of Economic Policymaking in Britain,” *Comparative Politics*, Vol. 25, No. 3.
Hayek, Friedrich [1931] *Prices and Production*, Routledge（古賀勝次郎他訳『貨幣理論と景気循環／価格と生産　ハイエク全集 I-1』春秋社、2008年）.
Hoover, Herbert [1952] *The Memoirs of Herbert Hoover, Vol. 3, The Great Depression, 1929–1941*, Macmillan.
Kaldor, Nicholas [1939] “Welfare Propositions in Economics and Interpersonal Comparisons of Utility,” *Economic Journal*, Vol. 49.
——— [1982] *The Scourge of Monetarism*, Oxford University Press（原正彦・高川清明訳『マネタリズム——その罪過』日本経済評論社、1984年）.
Keynes, John Maynard [1931] “An Economic Analysis of Unemployment,” in Wright Quincy, ed., *Unemployment as a World Problem*, University of Chicago Press.
——— [1971a] *The Collected Writings of John Maynard Keynes, Vol. 4, A Tract on Monetary Reform*, Macmillan（中内恒夫訳『ケインズ全集　第4巻　貨幣改革論』東洋経済新報社、1978年）.
——— [1971b] *The Collected Writings of John Maynard Keynes, Vol. 5, A Treatise on Money, Vol.1: The Pure Theory of Money*, Macmillan（小泉明・長澤惟恭訳『ケインズ全集　第5巻　貨幣論1　貨幣の純粋理論』東洋経済新報社、1979年）.
——— [1971c] *The Collected Writings of John Maynard Keynes, Vol. 6, A Treatise on Money, Vol. 2: The Applied Theory of Money*, Macmillan（長澤惟恭訳『ケインズ全集　第6巻　貨幣論2　貨幣の応用理論』東洋経済新報社、1980年）.
——— [1972a] *The Collected Writings of John Maynard Keynes, Vol. 9, Essays*

in Persuasion, Macmillan（宮崎義一訳『ケインズ全集　第9巻　説得論集』東洋経済新報社、1981年）.

――――［1972b］*The Collected Writings of John Maynard Keynes, Vol. 10, Essays in Biography*, Macmillan（大野忠男訳『ケインズ全集　第10巻　人物評伝』東洋経済新報社、1980年）.

――――［1973a］*The Collected Writings of John Maynard Keynes, Vol. 7, The General Theory*, Macmillan（塩野谷祐一訳『ケインズ全集　第7巻　雇用・利子および貨幣の一般理論』東洋経済新報社、1983年）.

――――［1973b］*The Collected Writings of John Maynard Keynes, Vol. 8, A Treatise on Probability*, Macmillan（佐藤隆三訳『ケインズ全集　第8巻　確率論』東洋経済新報社、2010年）.

――――［1981］*The Collected Writings of John Maynard Keynes, Vol. 19, Activities 1922–1929: The Return to Gold and Industrial Policy Part 1*, Macmillan（西村閑也訳『ケインズ全集　第19巻　金本位復帰と産業政策』東洋経済新報社、1998年）.

Knight, Frank H.［1921］*Risk, Uncertainty and Profit*, Houghton Mifflin Company（奥隅栄喜訳『危険・不確実性および利潤』文雅堂書店、1959年）.

Krugman, Paul［1998a］"It's Baaack: Japan's Slump and the Return of the Liquidity Trap," *Brookings Papers on Economic Activity*, No. 2（山形浩生訳『クルーグマン教授の〈ニッポン〉経済入門』春秋社、2003年）.

――――［1998b］"Japan: Still Trapped," http://web.mit.edu/krugman/www/japtrap2.html（中岡望訳『恐慌の罠――なぜ政策を間違えつづけるのか』中央公論新社、2002年、所収）.

――――［2009］"The Return of Depression Economics Part 3: The Night They Reread Minsky," Lionel Robbins Memorial Lecture, June 10, London School of Economics and Political Science.

――――［2010］"Nobody Understands the Liquidity Trap（Wonkish）," *New York Times*, The Conscience of a Liberal, July 14.

――――［2012］*End This Depression Now!* W. W. Norton（山形浩生訳『さっさと不況を終わらせろ』早川書房、2012年）.

――――［2013］"Fiscalists, Monetarists, Credibility, and Turf," *New York Times*, The Conscience of a Liberal, June 14.

Kuhn, Thomas S.［1962］*The Structure of Scientific Revolutions*, University of Chicago Press（中山茂訳『科学革命の構造』みすず書房、1971年）.

Kydland, Finn E. and Edward C. Prescott［1982］"Time to Build and Aggregate

Fluctuations," *Econometrica*, Vol. 50, No. 6.

Lakatos, Imre [1970] "Falsification and the Methodology of Scientific Research Programmes," in Imre Lakatos and Alan Musgrave, eds., *Criticism and the Growth of Knowledge: Proceedings of the International Colloquium in the Philosophy of Science*, London, 1965, Cambridge University Press (森博監訳『批判と知識の成長』木鐸社、1985年).

Lerner, Abba P. [1948] "The Burden of the National Debt," in Lloyd A. Metzler et al., eds., *Income, Employment and Public Policy, Essays in Honour of Alvin Hanson*, W. W. Norton.

Lucas, Robert E. [1972] "Expectations and the Neutrality of Money," *Journal of Economic Theory*, Vol. 4, No. 2.

——— [1973] "Some International Evidence on Output-Inflation Tradeoffs," *American Economic Review*, Vol. 63, No. 3.

——— [1976] "Econometric Policy Evaluation: A Critique," in Karl Brunner and Allan H. Meltzer, eds., *The Phillips Curve and Labor Markets*, Carnegie-Rochester Conference Series on Public Policy, Vol. 1, Iss. 1, North-Holland.

——— [1980] "The Death of Keynesian Economics," *Issues and Ideas* (University of Chicago), Winter.

Mankiw, Gregory [2006] "The Macroeconomist as Scientist and Engineer," *Journal of Economic Perspectives*, Vol. 20, No. 4.

McCulley, Paul and Zoltan Pozsar [2013] "Helicopter Money: Or How I Stopped Worrying and Love Fiscal-Monetary Cooperation," Global Society of Fellows Working Paper.

Mises, Ludwig von [1996] *Human Action: A Treatise on Economics*, fourth revised edition, Fox & Wilkes (村田稔雄訳『ヒューマン・アクション』春秋社、2008年).

Modigliani, Franco and Richard Brumberg [1954] "Utility Analysis and the Consumption Function: An Interpretation of Cross-section Data," in Kenneth Kurihara, ed., *Post Keynesian Economics*, Rutgers University Press.

——— and Lucas Papademos [1975] "Targets for Monetary Policy in the Coming Year," *Brookings Papers on Economic Activity*, No. 1.

Mundell, Robert A. [1961] "A Theory of Optimum Currency Areas," *American Economic Review*, Vol. 51, No. 4.

Murphy, Antoin E. [2009] *The Genesis of Macroeconomics: New Ideas from Sir William Petty to Henry Thornton*, Oxford University Press.

Nurkse, Ragnar [1944] *International Currency Experience: Lessons of the Inter-War Period,* League of Nations（小島清・村野孝訳『国際通貨―― 20世紀の理論と現実』東洋経済新報社、1953年）.

Ramsey, Frank P. [1928] "A Mathematical Theory of Saving," *Economic Journal,* Vol. 38, No. 152.

Reichlin, Lucrezia, Adair Turner, and Michael Woodford [2013] "Helicopter Money as a Policy Option," *VoxEU,* May 20.

Reinhart, Carmen M. and Kenneth S. Rogoff [2009] *This Time Is Different: Eight Centuries of Financial Folly,* Princeton University Press（村井章子訳『国家は破綻する――金融危機の800年』日経BP社、2011年）.

Ricardo, David [1951a] *The Works and Correspondence of David Ricardo: Vol. 1, On the Principles of Political Economy and Taxation,* ed. by Piero Sraffa with the collaboration of M. H. Dobb, Cambridge University Press（堀経夫訳『リカードウ全集　第1巻　経済学および課税の原理』雄松堂書店、1972年）.

——— [1951b] *The Works and Correspondence of David Ricardo: Vol. 4, Pamphlets and Papers 1815–1823,* ed. by Piero Sraffa with the collaboration of M. H. Dobb, Cambridge University Press（磯村隆文訳「公債制度論」『リカードウ全集　第4巻　後期論文集1815–23年』雄松堂出版、1992年）.

Rothschild, Michael and Joseph E. Stiglitz [1976] "Equilibrium in Competitive Insurance Markets: An Essay on the Economics of Imperfect Information," *Quarterly Journal of Economics,* Vol. 90, No. 4.

Samuelson, Paul [1946] "Lord Keynes and the General Theory," *Econometrica,* Vol. 14, No. 3（宮沢健一訳「ケインズ卿と『一般理論』」『サミュエルソン経済学体系9』勁草書房、1979年、所収）.

——— [1997] *Economics: The Original 1948 Edition,* McGraw-Hill/Irwin.

Sargent, Thomas [1982] "The Ends of Four Big Inflations," in Robert E. Hall, ed., *Inflation: Causes and Effects,* University of Chicago Press（国府田桂一・鹿野嘉昭・榊原健一訳『合理的期待とインフレーション』東洋経済新報社、1988年、所収）.

——— and Neil Wallace [1976] "Rational Expectations and the Theory of Economic Policy," *Journal of Monetary Economics,* Vol. 2, No. 2.

Skidelsky, Robert [2009] *Keynes: The Return of the Master,* Allen Lane（山岡洋一訳『なにがケインズを復活させたのか？』日本経済新聞出版社、2010年）.

Stigler, George J. [1968] *The Organization of Industry,* Richard D. Irwin（神谷傳造・余語将尊訳『産業組織論』東洋経済新報社、1975年）.

――― [1971] "The Theory of Economic Regulation," *Bell Journal of Economics and Management Science*, Vol. 2, No. 1.

Stiglitz, Joseph E. [2012] *The Price of Inequality*, W. W. Norton (楡井浩一・峯村利哉訳『世界の99%を貧困にする経済』徳間書店、2012年).

Summers, Lawrence H. [1986] "Some Skeptical Observations on Real Business Cycle Theory," *Federal Reserve Bank of Minneapolis Quarterly Review*, Vol. 10, No. 4.

Tarshis, Lorie [1939] "Changes in Real and Money Wages," *Economic Journal*, Vol. 49, No. 193.

Taylor, John [2006] "Lessons from the Recovery from the 'Lost Decade' in Japan: The Case of the Great Intervention and Money Injection," Paper presented at the ESRI International Conference, Cabinet Office, Government of Japan, September 14.

――― [2007] *Global Financial Warriors: The Untold Story of International Finance in the Post-9/11 World*, W. W. Norton (中谷和男訳『テロマネーを封鎖せよ』日経BP社、2007年).

Temin, Peter [1989] *Lessons from the Great Depression*, MIT Press (猪木武徳ほか訳『大恐慌の教訓』東洋経済新報社、1994年).

Tobin, James [1969] "A General Equilibrium Approach to Monetary Theory," *Journal of Money, Credit, and Banking*, Vol. 1, No. 1.

Turner, Adair [2013] "Debt, Money and Mephistopheles," Speech at Cass Business School, February 6.

Ueda, Kazuo [1999] "Remarks," at the Fed Conference on Monetary Policy in a Low-Inflation Environment, in Woodstock, Vermont on October 20.

Wheatley, Jonathan and Peter Garnham [2010] "Brazil in 'Currency War' Alert," *Financial Times*, September 27.

White, William [2006] "Is Price Stability Enough?" BIS Working Papers, No. 205.

Wolf, Martin [2013] "The Case for Helicopter Money," *Financial Times*, February 12.

Woodford, Michael [2009] "Convergence in Macroeconomics: Elements of the New Synthesis," *American Economic Journal: Macroeconomics*, Vol. 1, Iss. 1.

新井俊三 [2012]「ユーロ支援を躊躇するドイツ」『フラッシュ』(国際貿易投資研究所) 157、9月4日。

伊藤裕香子 [2013]『消費税日記』プレジデント社。

岩田規久男［1992］「『日銀理論』を放棄せよ」『週刊東洋経済』9月12日号。

————［2000］「長期国債買い切りオペを増額すべき」（岩田編著［2000］所収）。

————［2002］「予想形成に働きかける金融政策を」（小宮ほか編［2002］所収）。

————編［2003］『まずデフレをとめよ』日本経済新聞社（2013年に『日本経済再生——まずデフレをとめよ』として復刻）。

————編著［2000］『金融政策の論点——検証・ゼロ金利政策』東洋経済新報社。

————編著［2004］『昭和恐慌の研究』東洋経済新報社。

————・宮川努編［2003］『失われた10年の真因は何か』東洋経済新報社。

————・浜田宏一・原田泰編著［2013］『リフレが日本経済を復活させる——経済を動かす貨幣の力』中央経済社。

翁邦雄［2011］『ポスト・マネタリズムの金融政策』日本経済新聞出版社。

————・白塚重典［2000］「非不胎化介入論の『錯覚』」『週刊東洋経済』1月15日号（岩田編著［2000］所収）。

————・————・藤木裕［2000］「ゼロ金利下の量的緩和政策」（岩田編著［2000］所収）。

熊谷徹［2012］「欧州中銀とドイツの対決」『ドイツニュースダイジェスト』9月21日。

クルーグマン、ポール［2013］『そして日本経済が世界の希望になる』山形浩生監修、大野和基訳、PHP新書。

小宮隆太郎［1976］「昭和48、9年インフレーションの原因」『経済学論集』（東京大学）42巻1号。

————［2002］「日銀批判の論点の検討」（小宮ほか編［2002］所収）。

————・日本経済研究センター編［2002］『金融政策論議の争点——日銀批判とその反論』日本経済新聞社。

佐藤隆文［2011］「金融規制改革の潮流と望ましいプルーデンス政策への展望」『一橋ビジネスレビュー』秋号。

猿山純夫［2010］「マクロモデルからみた財政政策の効果」『経済のプリズム』（参議院）5月。

白川方明［2008］『現代の金融政策——理論と実際』日本経済新聞出版社。

————［2012］「セントラル・バンキング——危機前、危機の渦中、危機後」日本銀行総裁・白川方明、Federal Reserve BoardとInternational Journal of Central Bankingによる共催カンファレンスでの講演、3月24日。

須田美矢子［2013］「アベノミクスへの期待とリスク——金融政策は主役か？」関東政治社会学会　第10回研究会、6月8日。

田口博雄［2002］「デフレ基調とマクロ経済政策」日本経済政策学会、5月25日。

竹森俊平［2007］『1997年——世界を変えた金融危機』朝日新聞社。

田中角栄［1972］『日本列島改造論』日刊工業新聞社。

トーズ、アダム［2012］「債務ブレーキとドイツ経済のジレンマ――国内投資か債務削減か」『フォーリン・アフェアーズ・リポート』9月号。

内閣府［2012］「定額給付金は家計消費にどのような影響を及ぼしたか――『家計調査』の個票データを用いた分析」『政策課題分析シリーズ』（内閣府）第8回、4月。

中川秀直［2006］『上げ潮の時代――GDP1000兆円計画』講談社。

中原伸之［1999］「日本経済の現状と金融政策の課題」資本市場研究会における審議委員講演、11月1日（岩田編著［2000］所収）。

日本銀行［2003］「岩田副総裁記者会見要旨」10月2日。

――――［2010］「『包括的な金融緩和政策』の実施について」10月5日。

野口旭［2001］「インフレ目標はなぜ必要か（クリティーク［経済論壇］23）」『経済セミナー』11月号。

――――［2006a］「マネーの攪乱は不可避だったのか――マネーサプライ論争［1］（平成経済論争10）」『経済セミナー』1月号。

――――［2006b］「長期停滞への最後の分水嶺――マネーサプライ論争［2］（平成経済論争11）」『経済セミナー』2006年2／3月号。

――――［2012］「ギリシャに必要な『痛み』の短縮化」『週刊エコノミスト』7月31日号。

――――・田中秀臣［2001］『構造改革論の誤解』東洋経済新報社。

浜田宏一［1999］「日銀の不胎化政策は間違っている」『週刊東洋経済』11月13日号（岩田編著［2000］所収）。

――――［2013］「デフレの即効薬は金融政策」（岩田ほか編著［2013］所収）。

――――・安倍晋三［2012］「官邸で感じた日銀、財務省への疑問。経済成長なしに財政再建などありえない」『現代ビジネス』11月29日。

――――・堀内昭義編［2004］『論争　日本の経済危機――長期停滞の真因を解明する』日本経済新聞社。

原田泰・岡本慎一［2001］「90年代以降の日本経済停滞の原因――水平なフィリップスカーブの恐怖」『週刊東洋経済』5月19日号。

ブラインダー、アラン［2011］「共和党が主張する財政支出の『雇用破壊』効果」『ウォール・ストリート・ジャーナル日本版』6月21日。

ポーゼン、アダム／J・ブラッドフォード・デロング［2013］「金融政策と財政政策の間――イギリスの失策から何を学ぶ」『フォーリン・アフェアーズ・リポート』8月号。

溝口善兵衛［2004］「為替随感」『国際金融情報センター』9月17日。